우리들의 이야기

固中사나이

사랑·우정·존경

since 1951

고성중학교동문회

國中사나이

초판 인쇄　2013년 10월 20일
초판 발행　2013년 10월 22일

발행인　박수안
명예추진위원장　김선호
추진위원　한원우 · 박기석 · 이학열

편집고문　서병진
편집위원장　박진광
편집부위원장　강재환
편집위원 김삼석 · 이찬수

펴낸이 임수홍
발행처 도서출판 국보
주소　서울시 강동구 길동 395-3　2층
전화　02-476-2757~8, 7260　　FAX 02-476-2759
카페　http://cafe.daum.net/lsh19577
E-mail　kbmh11@hanmail.net

ISBN 978-89-93533-60-6 03800

이 도서의 국립중앙도서관 출판시도서목록(CIP)은 서지정보유통지원시스템 홈페이지(http://seoji.nl.go.kr)와 국가자료공동목록시스템(http://www.nl.go.kr/kolisnet)에서 이용하실 수 있습니다. (CIP제어번호 : CIP2013021088)

값 20,000원

固中사나이

–『고성중학교동문문집』창간을 축하하며–

서병진(7회)

꽃이 핀다
봄 여름 가을 겨울
사계절 꿈을 안고
푸르름이 피어난다

대독천(大篤川) 물결에
갈고 닦은 하얀 몽돌처럼
빛나는 오로라 가슴에 품고
온 누리를 달려온 고중 사나이들

뜨겁게 뛰는 맥박
멈추지 않는 열정과 기백
사랑 · 우정 · 존경 한데 모아 모아서
섬으로 담아 곳간 가득 채운
창간의 기쁨이여

영원한 고중(固中)의 깃발아래
새 힘이 샘솟는 고중 사나이
구실잣밤나무 꽃 향을
지구촌 방방곡곡 뿌리리라.

발간사

동문회장 박수안(17회)

고성중학교 선후배 동문 여러분 안녕하십니까?

제25대 총동문회장직을 맡고 있는 17회 박수안입니다.

제가 1951년생입니다만 우리 모교 고성중학교가 개교한 것이 1951년, 한국전쟁이 한참이던 때였습니다. 그 후 우리 고성중학교는 무수한 인재를 배출하는 산실이었고, 우리 동문들은 한국 산업화에 큰 역할을 담당한 분들이었습니다.

특히 수준 낮은 패거리 정치로 지탄을 받고 있는 작금의 의회 정치에 고 제정구 선배 같은 청렴강직한 분이 국회의원으로 그리고 우리 동문회장으로 활동을 하셨던 것은 정말 자랑스러운 일입니다. 그 외에도 일일이 거론하기 힘든 많은 분들이 우리 모교를 위해, 국가를 위해 헌신적 노력을 해왔습니다.

역사는 바르게 기록으로 남을 때 그 의미가 있습니다. 오죽했으면 지금도 지탄받는 일부 대통령조차 '후세의 역사가 평가' 운운 했겠습니까? 일제의 역사왜곡에 의해 당파싸움이나 하여 외세에 나라를 내준 별 볼 일 없는 왕조로 평가받은 조선 500년도 그 기록에 의해 선비정신과 사간제도 등이 재평가 받고 있습니다.

제 개인적으로 사업을 운영해온지 34년이 되고 있습니다만 그 지난날의 기록들을 제대로 보존을 하지 못했던 것을 많이 후회하며 지금부터라도 34년간 지난날의 기록들을 다시 찾아서 정리하느라 애를 쓰고 있습니다.

오늘 이 「固中사나이」를 발간함에 있어 우리 동문의 역사를 재조명하고, 오늘의 우리들의 얘기를 싣고, 후배들에게 선배들의 경험과 산지식을 지금이나마 전달하게 된 것은 너무나 다행이라 아니할 수 없습니다. 비록 이 동문문집이 제 이름으로 발간되기는 하지만 모든 동문

여러분들의 뜨거운 정성과 애정 섞은 참여 그리고 23회 동창들의 특별한 관심과 노력에 의해 탄생했다는 점을 밝혀드리며, 다시 한 번 후배들의 노고에 진심으로 감사를 드리는 바입니다.

이번의 이 발간이 끝이 아니고 시작인만큼 앞으로 제2, 제3호의 「固中사나이」가 발간이 돼서 금번에 못 찾은 역사, 금번에 못 올린 기수의 얘기들을 많이 싣는 그런 작업이 계속 되길 진심으로 기원합니다.

우리는 어려운 한 시절을 3년간 동고동락했던 친구들로 각 기수가 구성이 돼있습니다. 권력을 가진 사람, 돈 많이 번 사람만이 우리 친구가 아니고, 평범하게 한 평생 살아오면서 자식 공부시키고, 이웃에 인정 베풀어온 사람이 진정한 우리 친구들입니다. 죽는 날까지 친구로서의 따뜻한 정을 놓지 마시고, 고성중학교 출신이라는 것을 큰 자부심으로 가지시길 바랍니다.

끝으로 현재 학교를 구성하고 있는 교직원, 재학생 여러분이 먼 훗날보다 알찬 「固中사나이」를 구성하는 주역들이 돼주시길 바랍니다.

감사합니다.

2013년 10월

축사

『固中사나이』 발간을 자축하면서

명예추진위원장 김선호(11회)

이 세상에 변화지 않는 이치 중 하나는 개인이건 집단이건 극한의 시련과 역경을 뛰어넘어야만 원대한 꿈과 희망을 이룰 수 있으며, 더 큰 영광 또한 누릴 수 있을 것이다.

동족상잔의 참혹한 6 · 25 전쟁이 한창이던 여름 그즈음, 옛 소가야(小伽倻) 고성(固城)에 미래 동량(棟梁)의 꿈과 희망의 씨앗이 움트고 있었으니, 바야흐로 역사와 전통에 빛나는 고성중학교의 태동(胎動)! 개교(開校)! 그날은 1951년 8월 31일 이었고, 무척 무더웠을 것이다.

친애하는 고성중학교 동문여러분!

지난여름은 참으로 혹독하였습니다. 그 지루했던 장맛비와 불같은 땡볕은 우리를 많이 힘들게 했지만 가만히 돌이켜 생각해보니, 우리 고성중학교 개교 62주년에 즈음한 동문문집 『固中사나이』의 위대한 탄생을 위한 시련의 전주곡이었나 봅니다.

저는 이 지면을 빌려 우리 동문문집 『固中사나이』의 위대한 탄생을 자축하고, 더 나아가 제2의, 제3의... 『固中사나이』를 기다리는 마음과 바람을 같이 하고 싶습니다.

우리 동문문집 『固中사나이』의 슬로건이 사랑 · 우정 · 존경이라 했습니다. 공자의 제자 증자의 '삼성오신(三省吾身:세 번 나 자신을 살핀다)' 이란 말을 들어 『固中사나이』의 더 발전된 미래를 기약해보려 합니다.

증자의 "나는 날마다 세 번 나 자신을 반성한다." 함은

그 첫째는 다른 사람을 위해 도모하는 데 진심을 다하지 않았는가?

둘째 벗을 사귀면서 믿음이 없지 않았는가?

셋째 전수받은 것을 익힘에 게을리 하지 않았는가? 라고 할 수 있을

것입니다. 이를 다음과 같이 친애하는 동문 선후배 여러분과 같이 이해하고 나누어 실천한다면 분명코 모든 『固中사나이』의 더 밝고 영광된 미래는 반드시 보장될 것입니다.

사랑하는 후배를 성심을 다해 이끌었는가?

동기간의 사귐에 믿음을 다 했는가?

존경하는 선배로부터 전수 받은 바를 최선을 다해 익혔는가?

친애하는 고성중학교 동문여러분!

혹독한 여름이었기에 올해 가을걷이는 더욱더 풍요로울 것입니다. 아마도 지금쯤 고향, 고성 들녘은 황금물결 넘실거리고, 농부의 손길은 힘들어도 임무를 다한 허수아비는 한가로이 졸고 있을 것입니다. 농부의 환한 웃음 띤 얼굴에는 어느덧 수확의 기쁨이 아이 같은 미소로 가득할 것이고, 산야(山野)엔 어느새 이름 모를 꽃들이 가을 햇살 받아 더욱 소담스럽고 향기 진하겠지요? 1959년 사라호태풍에 쓰러진 목조막사 교실에서 그래도 배우려고 애쓴 그 시절을 추억하고, 지금까지 많은 인재를 양성한 모교 고성중학교 영욕의 60수년을 회상하며, 그때를 더듬습니다. 이를테면 어김없이 피고 지는 우리 중학시절의 아름다운 추억들처럼 말입니다.

끝으로 『固中사나이』의 발간을 위해 애쓰신 관계자 여러분께 감사를 전합니다. 열심히 노력했지만 과정에 매끄럽지 못한 점과 부족함에 대하여는 동문여러분들의 너그러운 이해를 부탁드리며, 동문여러분들의 가내 평안과 행운을 기원합니다.

다시 한 번 우리 같이 『固中사나이』의 출간을 자축합시다.

2013년 10월

이용훈 고성중학교장

카르페 디엠 현재를 즐겨라

「固中사나이」 창간호 발간을 진심으로 축하드립니다. 청소년들은 희망찬 미래를 꿈꾸며 살고, 거울 앞에 선 어른들은 과거를 반추하면서 살아간다고 볼 수 있습니다.

개교 62주년을 맞아 사랑 · 존경 · 우정을 슬로건으로 '고성중학교총동문문집' 를 발간하게 된 것은 고성중학교의 개교 이래 가장 큰 경사라고 할 수 있습니다. 이제 환갑을 넘긴 나이에 접어든 고성중학교가 추억의 앨범을 펼쳐보며 과거를 회상하기 시작한 것입니다. 어린 시절 힘겹게 생각했던 일이 지금 생각하면 얼마나 아름다웠던가? 하고 생각하기 시작한 것입니다.

우리 인간이 궁극적으로 추구하는 것은 '행복' 이라고 생각합니다. 돈도, 명예도, 성적도, 행복으로 가기 위한 수단에 불과하지 그것이 목적이 될 수는 없습니다. 인생에서 목적 설정이 잘못되면 결코 성공에 도달할 수 없습니다. 사람은 가치관과 삶의 철학을 바로 세워야 행복의 길로 쉽게 갈 수 있습니다.

사실 과거라는 것도 따지고 보면 현재 시점에서 해석하는 것입니다. 우리가 기억하고 있는 역사도 지금 어떻게 해석하느냐에 따라 달라지는 것입니다. 미래도 해석하는 시점에 따라서 달리 예상되는 것이고, 사람에 따라서 달리 전망되는 것입니다. 저는 '죽은 시인의 사회' 라는 영화에 나오는 키딩선생님의 말을 나의 인생관으로 삼고 있습니다. "카르페 디엠(Carpe diem)-오늘을 즐겨라." 오늘을 즐길 줄 아는 사람만이 아름다운 추억과 희망찬 미래를 소유할 자격이 있습니다. 너무 미래를 강조하다보면 오늘의 즐거움과 낭만 그리고 젊음을 충분히 즐기지 못하게 됩니다.

나이 들어서 지금 생각하면 청춘이 얼마나 아름다운 시절입니까? 그런데 지금 청소년들에게 질문해보십시오. “지금 내 인생이 충분히 아름답다”고 대답하는 청소년은 과연 몇이나 되겠습니까?

존경하는 고성중학교 선배 여러분!

여러분이 후배들에게 들려줄 이야기가 있다면 후배들이 현재를 충분히 즐기면서 생활할 수 있도록 조언해주십시오. 오늘을 즐기면 너희들의 미래는 열려있다고 말해주십시오. 너희들의 꿈과 희망은 젊음을 만끽할 때 얻을 수 있는 것이라고 말해주십시오. 그리고 많은 실패를 통해서 성공에 이를 수 있다고 말해주십시오. 너무 내가 못하는 것에 연연하지 말고 내가 잘할 수 있는 일에 집중하라고 말씀해주십시오. 공부 못한다고 주눅이 들지 않도록 해주십시오.

살아보니까 그렇지 않습니까? 미래에 대한 두려움에서 자유로울 때 공부도 잘되는 것입니다. 미래에 대한 두려움에서 자유로울 때 꿈과 희망에 가득 찰 수 있습니다. 동문 여러분이 추억의 「固中사나이」를 발간하는 것도 잊혀져가는 과거를 회상함으로써 ‘지금’ 행복하기 위한 하나의 작업입니다.

많은 책에서 강조하는 것이 ‘지금’입니다.

‘지금’을 인생의 최고의 순간으로 생각하고 살아야 행복한 삶을 살 수 있습니다. 오늘이 인생의 마지막 날인 것처럼 살아야 행복하게 살 수 있다고 생각합니다. 미래의 안락을 위하여 현재의 행복을 희생해서는 안 된다고 생각합니다. 오늘 행복하지 않은 사람은 내일도 행복할 수 없습니다. 성공이 행복을 보장하지 않지만 행복한 사람은 반드시 성공할 수 있습니다.

여러분 ‘지금’ 행복하십니까?

‘지금’ 행복한 사람은 이미 성공한 사람입니다.

2013년 10월

교목 : 소나무

인생 바다

문승찬(1회)

환상의 바다에서 구름 잡기 팔십년
잡았던 구름이 나를 보고 웃고 있구나
사람은 구름 찾고 구름은 사람 찾다
서산에 해가 제집을 찾는 구나

이슬 한 방울이 길을 잃고 떨어졌다
정신 차려 눈을 뜨니 발가벗은 자태로다
눈을 감고 생각하니 이슬이 나로구나
단잠에서 꿈을 깨니 이슬도 나도 간데없네.

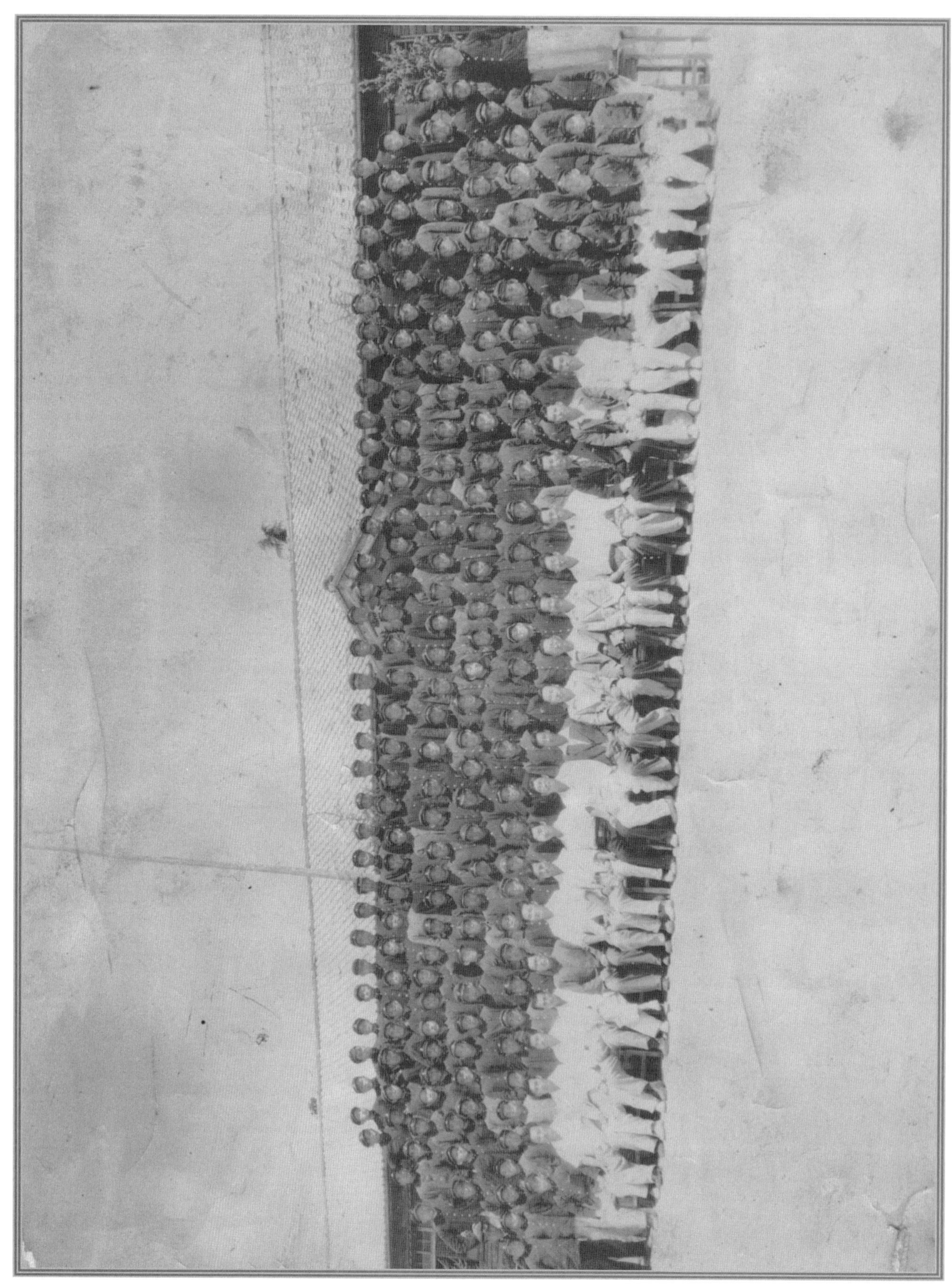

▲ 제1회 졸업사진(1951년)

▲ 제63회 졸업사진(2013년)

졸업생을 대표하여

63회 졸업생 대표 김우영

안녕하십니까?

저는 63회 졸업생 대표 김우영입니다.

지루하던 장맛비가 지나가고 이제는 더위가 기승을 부리는 8월이 다가 오고 있습니다. 우리 고성중학교 동창회 선배님들 모두 건강한 여름을 보내고 계신지요.

명문 고성중학교를 졸업을 하고 다시 글로써 많은 선배님들을 만나게 되어 영광스럽고 기쁜 마음이 가득합니다.

저는 지난겨울, 다사다난했던 중학교에서의 3년이라는 짧은 시간이 지나고 졸업을 하게 되었습니다. 졸업하던 그 순간 지난 시간들이 스쳐 지나가면서 정들었던 선생님들은 물론 친구들과는 헤어진다는 아쉬움과 슬픔, 낯선 세계로 간다는 두려움이 가장 컸던 것 같습니다.

그날의 아쉬움을 뒤로 하고 고등학교에 진학하여 지금은 새로운 친구들을 만나 조금씩 적응을 하고 있습니다. 고등학교에 와보니 중학교 때와 많이 다르다는 생각을 하게 되었습니다. 스스로 감당하고 해결해야 하는 일이 많고 미래에 대한 고민과 책임이 더 느껴지는 것 같습니다. 고등학교에 와서 가끔 힘들 때마다 중학교 친구들과 찍은 사진을 보며 옛날을 추억하기도 하고 중학교 선생님께서 해주시던 따뜻한 조언과 꾸지람도 떠올려 보곤 합니다. 그럴 때면 미소가 지어지고 용기가 생기는 것 같습니다.

중학교 시절을 돌아보면, 제 자신이 참 많이 부족했다는 생각이 듭니다.

천방지축의 혼란스러웠던 그 시절을 함께 할 수 있었던 든든한 친구들이 있었고, 언제나 사랑의 가르침으로 바르게 성장시켜 주셨던 선생님들이 계셨기에 지금의 제가 있는 것 같습니다.

특히 3학년 때 학생회장이라는 자리를 맡게 되면서 제 자신만이 아니라 친구들, 학교를 생각하게 되고, 저 자신에게 좀 더 엄격해지며 막중한 책임을 다하는 과정에서 저 자신이 엄청난 성장을 했다는 생각이 듭니다. 이러한 경험이 고등학교라는 더 큰 세계에서 버틸 수 있는 원동력이 되었다고 생각합니다.

누구에게나 잊을 수 없는 시간이 있을 것입니다. 떠올리는 것만으로도 힘이 되는 그 추억의 순간이 저에게는 중학교 시절이라고 생각합니다. 고성중학교 졸업생이라면 모두가 느끼는 자부심이 있습니다. 우리 고성중학교는 오랜 역사와 전통을 넘어서는 현재 진행형의 보이지 않는 자긍심을 느끼게 하는 무언가가 있습니다. 그것은 저희 졸업생은 물론이고 지금 재학 중인 후배들 모두가 느끼고 있을 것입니다. 고성중학교 학생이라면 뭔가 다른 학교 학생과 다르다는 생각, 달라야 한다는 생각이 우리 학교 학생 모두를 바르게 발전할 수 있도록 만든다고 생각합니다. 이러한 생각은 선배님들이 만들어 주셨다고 생각합니다.

우리는 모두 서로 알지도 못하고 같이 있지도 못하지만, 고성중학교라는 것으로 모두 연결되어 있습니다. 여러분 모두 고성중학교를 자랑스럽고 영광스럽게 느끼리라고 믿습니다. 고성중학교 졸업생으로서 항상 자부심을 가지고 언제 어디서나 당당하게 자신의 길을 걸어간다면 고성중학교의 명예는 더 높아지리라고 생각합니다.

고성중학교 선배님, 후배님, 여러분 언제나 파이팅입니다.

격려사

고성중동문의 역사서로 길이 이어지길

고성신문사장 강덕희(13회)

이름은 바꾸어도 우리가 졸업한 학교와 동문을 영원히 바꿀 수 없는 것입니다.

역사와 전통을 자랑하는 고성중학교동문회에서 늦게나마 동문문집 「固中사나이」를 발간한다는 이야기를 듣고 동문의 한 사람으로써 정말 기쁘고 자랑스럽습니다.

고성중학교동문회에서 첫 동문문집을 발간하는 「固中사나이」는 우리 동문들의 발자취를 담은 역사서의 의미를 담고 있습니다.

「固中사나이」 동문문집의 슬로건이 사랑 · 우정 · 존경이듯이 동문 모두가 서로 존중하고 우정을 돈독히 해 나가는 매개체가 됐으면 합니다.

우리 고성중학교는 62년의 전통을 자랑하면서 현재 1만여 명이 넘는 많은 인재를 배출해 지금 동문들이 서울과 전국 각지에서 맡은 일에 충실하면서 돈독한 동문애를 과시하고 있어 자랑스럽습니다.

특히 재경고성중학교총동문회에서 후배 재학생들에게 수년간 유럽과 일본 등 해외문화 탐방을 실시해 동문들의 후배사랑을 몸소 실천하고 있어 고성중 동문들이 대견스럽습니다.

이번 고성중학교동문문집 발간은 전국 각지에서 잘 구성돼 있는 동문들의 정성과 힘이 모아졌기에 가능했다고 봅니다.

「固中사나이」는 동문회와 출향 동문가족들의 소식은 물론 모교 학생들의 활동모습을 상세히 실어 전하는 동문 사랑방 역할도 해 나갔으면 합니다.

첫 발간한 고성중동문회의 역사기록물인 「固中사나이」문집이 후배들에게 계속 이어져 발간되어 나가야 합니다.

고성중학교동문회 임원들과 동문들의 정성이 담긴 「固中사나이」문집 발간을 축하하며 동문들의 무궁한 발전과 건승을 기원합니다.

2013년 10월

「固中사나이」 발간에 부쳐

재경고성향우회장 심의표(14회)

19세기 영국의 낭만파 시인 George G. Byron은 "미래에 대한 최선의 예언자는 과거이다"라고 지나간 시간을 예찬했습니다. 요즘처럼 급변하는 초고속 시대를 너나없이 바쁘게만 살다 보면 과거는 마치 동화 속 먼 환상처럼, 때로는 자신의 추억마저 남의 이야기처럼 착각에 빠질 때가 있습니다. 아예 과거의 기억이 깡그리 사라져버릴까 걱정되기도 합니다.

고성중학교동문회가 동문문집 「固中사나이」를 발간한다는 소식을 듣는 순간 너무나 긴 세월동안 망각의 창고 속에 방치해두었던 중학교 학창시절이 실로 오랜만에 나의 '역사의 장' 으로 되살아났습니다. 어디에 버려져 있는지도 몰랐던 옛 졸업앨범도 찾아내 묵은 먼지를 털어내고 수십 년 소식도 모르고 지내온 오랜 친구의 앳된 모습에 아련한 옛 기억을 되살리기도 했습니다. 또한 코흘리개나 다름없던 우리들을 가르치셨던 선생님들의 사진들을 대하면서 그동안 한 번도 찾아뵙지 못한 후회와 죄송스러움에 몸 둘 바를 모를 만큼의 참담함을 느끼기도 했습니다.

시와 수필, 산문, 칼럼, 성공기 등 동문들의 다양한 글 솜씨와 값진 기록들이 노랗게 빛바랜 옛 사진들로, 디지털 시대의 화려한 컬러 사진으로 함께 다시 되살아나게 된다는 사실에 벌써부터 가슴이 설렙니다. 이제는 백전노장이 된 모교 선, 후배 졸업생들의 "노마지지(老馬之智)"도 이 한 권의 동문문집 속에 가득 담겨질 것입니다.

서울을 비롯한 수도권 지역에서 터를 닦고 우리 사회의 선구자적 역할을 하였거나 현재 동량이 되고 있는 「固中사나이」는 수를 헤아릴 수 없을 만큼 많습니다. 그러나 이들의 기념비적 성취와 족적이 제대로 정리되어 남겨져 있는 기록은 어느 곳에서도 찾아볼 수 없었습니다. 아마 다른 지역도 크게 다를 바가 없을 것입니다. 이번 동문문집의 발간은 「固中사나이」의 빛나는 과거와 현재의 기록을 단편적으로나마 정리하는 의미 있는 계기가 되리라 믿습니다.

부디 이번에 시위를 떠난 동문 역사기록의 첫 화살이 모교 고성중 동문의 총체적 기록이라는 목표과녁을 꿰뚫는 효시가 되기를 간절히 바랍니다.

2013년 10월

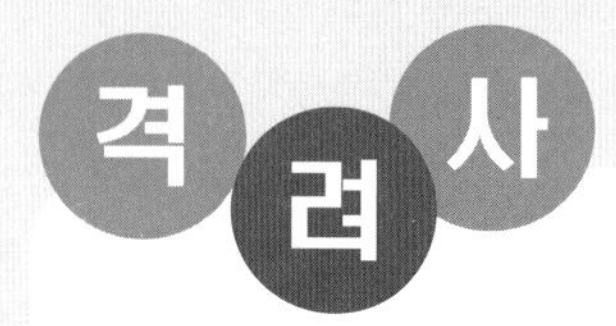

동문회상임부회장 한원우(18회)

동문문집
발간에 즈음하여

동문회에서 처음으로 동문문집을 발행하게 되어 진심으로 환영하고 축하합니다.

올해는 유난히 더 뜨거운 태양이 내리쬐는 무더운 여름입니다. 시간이 흐르면 선선한 바람이 불어오는 가을이 찾아오겠지만, 그래도 미처 즐기지 못하고 보낸 봄이 못내 서운하게 느껴집니다.

다가올 가을에 대한 기다림보다 지나간 봄에 대한 아쉬움이 좀 더 큰 걸 보면 우리는 살면서 앞으로의 모습보다 지나온 모습을 더 많이 생각하며 사는 듯합니다. 그것은 아마도 남은 날은 알 수 없지만 지나온 날은 셀 수 있어 자꾸 뒤를 돌아보게 되는 것과 같은 이치일 것입니다.

하지만 아무리 봄을 그리워한들 지나간 봄이 돌아오지 않는다는 것을 모르는 이는 없습니다. 우리를 기다리는 것은 작열하는 여름 태양이 지나간 후의 온화한 가을 햇살이겠지요.

동문문집을 통하여 학창 시절을 회상하고 동문 상호간의 단결과 친목을 위하고 또한 동문회 자체의 발전을 위해서 큰 힘과 도움이 되리라고 생각합니다.

마지막으로 바쁜 와중에도 동문문집 발행을 계획하고 실행에 옮긴 교지발행 및 편집에 애써준 동문들에게 깊은 치하의 말씀을 드립니다. 재미있으며 가치 있는 동문문집이 발행되기를 축원합니다.

동문여러분! 여러분이 있어 행복합니다. 늘 건강하시고 행복하시길 기원합니다.

2013년 10월

격려사

「固中사나이」 발간을 축하하며

재경동문회장 박기석(23회)

모교를 졸업하고 먼 서울로 유학 온 지도 수십 년이 지나서 이제는 몇 년이 지났다고 헤아려 보는 것도 큰 의미가 없다고 생각될 정도로 시간이 많이 지났습니다.

그래도 고향을 찾을 때는 항상 모교의 앞을 지나게 되고, 간혹 찾아갈 때마다 조금씩 달라져 있는 교정에 서서 느끼는 감정은 항상 똑같아서 그때마다 놀라고 웃음 짓게 됩니다.

그 까까머리 친구들은 다 어떻게들 지내고 있을까?

어디에서도, 어떤 환경에서도 늘 활기차게 잘 살고 있을 거야.

「固中사나이」니까!

오늘 역사적인 우리 모교의 동문문집창간호 「固中사나이」의 발간을 축하합니다.

그리고 문집의 발간에 더없는 애정과 격려로 옥고를 보내주시고 성원 해주신 많은 선후배님께 감사드립니다. 또한 언제 어디서나 뜨거운 열정과 자부심으로 동문회의 뜻 깊은 동문문집발간 사업에 참여해주신 동문친구들과 선후배님께도 정말 감사드립니다.

오늘 이렇게 모교에서의 어린 시절 꿈과 희망의 흔적들을 다시 되새겨보고 그리운 동문들을 추억하며 소통할 수 있게 한마당의 판을 벌여주신 동문회의 박수안 회장님과 한원우 수석부회장님, 이학열 사무국장님 및 동문회 선후배 여러분들께도 다시 한 번 감사의 인사를 올립니다.

아울러 연락조차 어려운 여러 동문들을 찾아서 교류하면서 안부를 전하고 원고를 수집하며 불철주야 수많은 시간과 노력을 아끼지 않으시고 오늘의 이 눈부신 작품을 엮어내신 재경의 동문 박진광 편집위원장님과 여러 편집위원님께도 깊은 감사의 말씀을 드립니다.

모교의 이용훈 교장선생님과 훌륭하신 여러 선생님께도 감사의 말씀을 드립니다. 아울러 재학생 후배들에게 「固中사나이」로서의 멋과 긍지를 더욱 키워 나갈 수 있게 잘 이끌고 지도해 주시리라 믿습니다.

세계의 무대가 점점 더 좁아지고 빨라져가는 글로벌 시대에 앞장서서 지구를 개척해 나가고 있는 많은 동문들과 언제 어디서든지 서로 격려하고 박수치면서 응원하는 동문들, 그런 선배들을 거울삼아 꿈을 키우는 후배들이 다 같이 힘을 모아 다시 한 번 더 「固中사나이」 2호가 발행되는 그날의 희망을 기대해 봅니다. 수고 하셨습니다.

고중사나이! 사랑합니다! 고맙습니다!

2013년 10월

故 제정구 빈민운동가(9회)

故 제정구 빈민운동가

〈自傳에세이 나의 길 50 (1991. 4. 8.)〉

해방되기 한 해 전 삼월 초하루, 경남 고성군 대가면 척정리 척곡, 긴 장대를 하늘로 던지면 양쪽 산에 걸쳐진다는 산골에서 태어났다. 만세소리가 듣고 싶어 그랬는지 태어난 시간이 정오가 되기 전인 열시 무렵이라고 한다. 그래서 그런지 세상사의 구석구석에서 만세소리가 없으면 기를 쓰고서라도 만들어 내려고 하는 것이 나의 삶이 되어버렸는지도 모르겠다.

만세소리, 인간해방의 마지막 탄성을 위해, 그 탄성에 이끌려 때로는 투사가 되고, 때로는 김삿갓이 되고, 때로는 구도자가 되어 성(聖)속에서 속(俗)을 살고 속(俗)속에서는 성(聖)을 살아 천당과 지옥, 성(聖)과 속(俗)을 함께 사는 것이 나의 길이 되고 있는지도 모른다.

비록 산골이긴 하지만 유복자를 안고 살림을 일군 할머니 덕에 백석이상의 유복했던 살림이 해방이후의 토지정리와 내가 열 두 살이던 해 아버님이 돌아가시면서 기울어지기 시작하여 고등학교를 졸업할 무렵에는 거의 거덜이 나 있었다.

대학입시에 4전5기(四顚五起)

엎친 데 덮친 격으로 62년 대학 시험에 낙방하자 일시에 허물어진 자존심을 견딜 수 없어 '에라 죽어버리자' 했다. 그러나 병원에서 울부짖는 어머니의 울음소리를 들으면서 불효를 깨닫고 다시는 스스로 죽지 않으리라는 각오를 하면서 깊은 잠에 떨어졌다. 그 후 죽어라 하고 공부를 했는데도 다음 해 또 다음 해 계속 떨어졌다. 핑계 없는 무덤이 없다지만 매번 두 세 문제를 실수하게 되니 낙방에 승복할 수가 없었다. 네 번을 내리 떨어진 후에는 먼저 군대부터 갔다 와야겠다면서 지원 입대를 했다. 그런데 지원자가 많아 그것마저 떨어졌다.

그로부터 진주에서 깡패 되는 공부를 했다. 새벽에 일어나 권투도장 태권도장 역도도장에서 서너 시간동안 운동을 한 후, 아침을 먹고는 늘어지게 잠을 잔 후 오후에는 친구들과 어울려 유원지를 어슬렁거리며 놀고 밤이면 남강 백사장에 나가 싸움연습 겸 데이트 족들을 괴롭히는 것이 일과였다.

그렇게 봄, 여름을 보내고 가을 찬바람이 일자 공부해야지 하는 생각이 들어 형을 따라 서울로 올라와 형님친구의 도움으로 난생 처음 학원 종합 반에서 두 달간 공부를 했다. 또 떨어지면 2차 대학에 가겠다는 약속을 하고서 이번에는 문리대 정치학과에 지원을 하고 시험장에 들어갔다.

4전5기, 기쁨과 함께 남보다 4년 늦었으니 4년 더 오래가 아니라 4년 더 많이 살자고 다짐했다. 그로부터 5년이 지난 71년 10월 위수령과 함께 제적, 체포의 손길을 피해 낙엽 진 밤길을 걸을 때 고통스러워하실 어머니를 연상하면서 비로소 더 많이 산다는 것이 무엇인지를 깨달았다.「대의를 위해 모든 것을 버리고 아픔을 감수할 때 성취되는 것」이라고.

판자촌 하느님이 진짜

71년의 위수령 사건이 마무리되기까지 체포되지 않았기에 당시의 중앙정보부에서 3박4일의 곤욕만으로 감옥도 면하고, 이미 제대한 후였기에 강제입대도 면한 나는 갑자기 아무 할 일이 없는 실업자가 되고 말았다.

그 무렵에는 우리 집이 신림동 관악산 밑으로 이사를 와 있던 때였으므로 궁색한 살림에 밥을 축내며 매일 관악산에 올라가 실업자의 아픔을 살 속 깊이 맛보는 것이 일과였다. 실업, 멀쩡한 육신을 두고서도 천하에 할 일이 없는 것, 그것은 인간의 존재를 야금야금 갉아먹는 지옥이라는 것을, 당시만 해도 예수 믿는 사람들을 가장 미워할 때였는데도 지옥이란 아무 것도 할 일이 없는 상태라는 것만은 확실하게 깨달았다.

한편으로는 관악산 암벽 위에서 하늘은 왜 나에게 이렇게 잔인한가를 되씹다가 문득「하늘이 나에게 이런 지독한 아픔을 특별히 주는 것이라면 그것은 하늘이 나에게 그 어떤 뜻을 부여했기 때문이다. 그러므로 그 뜻을 완수하기 전에는 이 절벽에서 떨어져도 죽지 않을 것이며 달리는 기차에 뛰어든다 해도 절대로 죽지 않을 것이다」는 확신이 번개처럼 전신을 엄습했다. 그로부터 며칠 후 송정동 판자촌의 활빈교회를 소개받게 되었고, 판자촌을 처음 보는 순간 낯을 들 수 없는 부끄러움과 함께 나의 내면에서 이 사람들이야말로 내가 일생을 바쳐야 할 사람들이라는 외침이 울려 나왔다.

가난한 사람들은 영원한 내 스승

70년대의 판자촌, 그렇게 비참한 삶이 있다는 것도 모르는 주제에 민주주의를 혼자 다 하듯이 외치고 진리와 정의를 외쳐온 나 자신이 너무나 부끄러웠었다. 민주주의도 정의도 진리도 이 사람들이 그 주역이 되지 않는다면 그것은 거짓말이요, 한낱 말장난일 뿐이다. 한편으로는 시내 어디서나 금방 눈에 드러나는 크고 잘 지어진 교회와 이기적인 교인들을 볼 때마다 느끼던 거부감, 저기에는 하느님이 없다, 「저건 가짜 하느님이다」는 반감이 없어지고 여기 이 판자촌에 있는 하느님은 진짜라는 생각과 함께 여기 있는 하느님은 믿을 수 있다는 믿음이 생겼다. 이렇게 나의 신앙은 판자촌에의 중독과 함께 시작되었었다.

거기에서 내 신앙의 아버지요 영적 지도자가 된 미국출신 정일우 신부님을 73년에 만났으며 정 신부님을 만남으로써 내 삶에 새로운 장이 열리게 되었다. 그로부터 정 신부님과 지금까지 함께 살지만 내 생에서 정 신부님만큼 미워해 본 사람이 없고 정 신부님만큼 사랑하고 신뢰해 본 사람도 없다. 신부님을 미워할 때는 언제나 미국에 대한 증오, 잘 알지도 못하면서 미국적인 모든 방식에 대한 역겨움과 증오가 함께 서려있었으니 때로는 미국을 미워하는지 정 신부님을 미워하는지 분간할 수 없었다.

빚더미 삶 언제 갚을까

불씨만 남은 화로 속의 재처럼 이제는 따뜻한 온기만 있을 뿐 증오든 사랑이든 그렇게 형형(炯炯)하던 불길이 사라진 것은 늙었기 때문일까. 아니면 그동안의 숱한 삶의 고통 속에서「나」라는 것이 타버린 재가 된 탓일까. 남에게 감사를 표시하는 게 서툰 나지만 내 생의 또 다른 측면에서 감사해야 할 대상이 있다면 그것은 박 정권이다. 만일 박 정권으로 인해 내가 대학에서 제적되고 감옥으로 보내지지 않았다면 나는 아마 출세가도를 내달려 5공을 거쳐 지금도 억압과 수탈을 일삼으면서도 마치 그것이 조국과 민족과 인류에 크게 기여하는 줄로 확신하고 있을지도 모른다. 말하자면 출세는 했겠지만 사람 되기는 영 글러버린 쓰레기가 되어 있을지도 모른다는 것이다. 박 정권 덕택에 사람을 잃어버린 출세대신 출세를 잃어버린 사람의 길, 삶이 뭔가를 이해하며 사람이 되는 길을 가게 된 것이 얼마나 다행스럽고 고마운지 모른다.

「사람이 온 세상을 얻는다 해도 제 목숨(참 생명)을 잃어버린다면 무슨 소용이 있겠느냐」감옥 덕택에 참 신앙에 눈을 뜨게 되었으며 이 세상과 사악한 권력이 자행하는 온갖 핍박과 고통 덕에 하늘을 향해 곧추 서는 법을 익혔으며, 가난하지만 인간으로 남아있는 가난한 판자촌 주민들 덕에 「가난의 눈」이 열리게 된 것을 감사한다.

72년 판자촌에 뛰어든 이후 초기에는 내가 그들을 위해 희생하고 일하는 줄로 알았지만 세상의 이치에 눈뜨면서부터 덕을 본 것은 그들이 아니라 바로 나요, 나야말로 이 세상과 가난한 사람들에게 영원히 빚진 자라는 것을 알게 되었다. 그러므로 나의 삶은 빚더미일 뿐 나의 것이 아니요, 「그 무엇」의 것일 따름이다. 단지 하도 오랫동안 억압과 수탈이 자행된데다 경제성장과 더불어 단 한 번도 청소되어진 적이 없는 부정과 부패와 타락이 온 나라에 가득차고 종교마저도 날이 갈수록 물질주의의 기름기에 미끄러져 동서를 분간하지 못하는 바람에 힘센 자들을 따라 가난한 이들마저도「가난의 눈」대신「탐욕과 보복의 눈」에로 곤두박질하는 것을 보면서 남 몰래 통곡할 따름이다. 하지만 통곡이 중요한 것은 아니다. 통곡은 화장실에서나 길을 걸으면서 해도 된다.

통곡은 조연일 뿐 주연은 어디까지나「가난의 눈」을 따라 그 눈이 가는 대로 따르는 것이다.

사람이 주인 되자는 게 민주주의

87년 대통령선거 직후 내가 정치판에 뛰어들자 사람들은 날더러 운동판을 떠나 정치판으로 갔다고 하다가 금년 초「천주교정의구현전국연합」과 「주거권 실현을 위한 국민연합」의 일을 맡자 이제는 운동판으로 다시 돌아 왔다고 한다. 물론 그동안 정치판에서 보고들은「돈판 정치」「사기정치」를 꽤나 곤혹스러워 한 것은 사실이다. 그러나 나에게 싫고 좋은 그런 것은 별 의미가 없다. 중요한 것은「가난의 눈」을 뜬 이후 단 한 번도 그 눈을 떠난 적이 없기에 어디를 가고 온 적이 없다는 사실이다. 단지 그 눈이 겉옷을 이것저것 바꾸어 입었을 따름이다.

앞으로도 나는 그 눈을 따라『이제 우리의 경제는 사람으로 살 만큼의 능력은 충분히 갖추었지 않느냐. 이제는「물질의 눈」, 「물리적인 힘의 눈」, 「따로따로 살기, 끼리끼리 살기의 눈」에서 돌아와 「사람의 눈」, 「생명의 눈」, 「함께 살기의 눈」, 「가난의 눈」으로 돌아가자』고 외치며 돈과 권력과 기술이 이 세상의 주인노릇을 하는 게 아니라 사람이 주인노릇을 하는 새로운 문명, 새로운 사회를 향한 길목 길목에 뛰어들 것이다. 그러므로 내가 언제 어디에서 무슨 옷을 입을 것인지는 나도 모르고 아무도 모른다.

(출처 및 사진도움 : 사단법인 제정구기념사업회)

故 제정구 동문 두산백과 기사

(1944년 3월 1일~1999년 2월 9일)

도시빈민의 대변인으로 불리던 빈민운동가 출신의 국회의원, 사회운동가이다. 1972년부터 서울 청계천 판자촌에서 도시빈민운동을 시작해 일생을 도시빈민의 생존권 · 인권 보호운동을 전개하여 '빈민의 벗', '빈민운동의 대부' 로 불렸다.

경상남도 고성군 대가면 척정리 제병근과 박수연의 차남으로 출생하였고, 대흥초등학교와 **고성중학교(1959년 제9회)**, 진주고등학교를 졸업하였다. 1966년 서울대학교 정치학과에 입학한 뒤 학생운동에 뛰어들어 이듬해 제적되었고, 1973년에 복학했다가 1974년 민청학련 사건에 연루되어 긴급조치 위반으로 투옥되었다. 15년형을 선고받았으나 형집행정지처분으로 출소하였으며, 1980년에야 대학을 졸업하고 1984년에 비로소 사면 · 복권 되었다.

1972년 청계천 판자촌에서 야학교사로 소외계층을 가르친 것이 계기가 되어 빈민운동에 투신하였다. 1975년 양평동 뚝방동네로 이주하여 빈민들과 생활하다가 1977년 강세철거가 시작되자 정일우 신부와 함께 철거민들을 이끌고 지금의 경기도 시흥시에 복음자리 마을을 세웠다. 1980년 도시빈민 사목협의회를 결성하여 계속되는 빈민촌 강제철거에 맞서 투쟁하였으며, 철거민들의 집단이주를 주도하여 한독마을, 목화마을 등 도시 빈민의 정착지를 마련하는 데 헌신하였다.

제5공화국 말기에 민주헌법쟁취국민운동본부 공동대표로서 1987년 6월 항쟁을 주도하였고, 1988년 한겨레민주당을 창당하여 공동대표를 맡아 제도권 정치에 발을 디뎠다. 이 해에 13대 국회의원 총선거에서 종로구 후보로 출마하였으나 낙선하였다. 1992년에는 통합민주당의 공천을 받아 시흥 · 군포 지역에서 출마하여 14대 국회의원에 당선되었다. 국회의원이 된 그는 민주개혁정치모임의 상임 운영위원을 맡아 깨끗한 정치를 위한 자정(自淨)선언을 주도하였으며, 1995년 야권이 분열하여 통합민주당에서 새정치국민회의가 분당할 때 소신을 지켜 합류하지 않았다. 1996년 15대 국회의원에 재선된 뒤 민주당 원내총무를 지냈으며, 국민통합추진회의를 결성하여 사무총장을 맡았다.

1997년 민주당과 신한국당이 한나라당으로 합당할 때 합류하였다.

1998년 폐암 진단을 받고 투병하면서도 정기국회 국정감사에서 서면 질의서를 제출하는 등 선량으로서의 의무를 성실하게 수행하다가 이듬해 55세의 나이로 작고하였다.

도시 빈민의 벗, 철거민의 대부로 불릴 만큼 빈민운동에 헌신한 공로는 해외에서 더욱 잘 알려져 1986년에 정일우 신부와 함께 막사이사이상을 공동 수상하였으며, 1999년 사망 직후에 국민훈장모란장이 추서되었다. 저서로는 자서전인 《신부와 벽돌공》을 1997년에 출간하였으며, 2000년 1주기에 맞추어 '제정구를 생각하는 모임'에서 이 책을 중심으로 유고를 모아 《가짐 없는 큰 자유》를 펴냈다.

(출처 : 두산백과)

固城中學校同門會

고성중학교 동문임을 자랑스럽게 생각합시다!

★고성중학교동문회 동문문집 발간 원고 청탁 안내★

존경하는 동문 제위

녹음이 점점 더하는 초여름에 동문님의 가내 평안과 행운을 기원합니다.

우리 젊은 날의 꿈과 희망의 전당이었고, 우리 삶의 영원한 젖줄인 모교, 고성중학교 개교 62주년에 즈음하여 동문문집 『固中사나이』 발간의 대역사를 지금 시작하려 합니다.

두고두고 누구라도 부러워할 튼튼하게 잘 생긴 동문문집 『固中사나이』순산을 위해 존경하는 동문님의 옥고(玉稿)를 꼭 게재하고 싶습니다. 바쁘시더라도 붙임과 같이 써 주시면 큰 용기가 되겠습니다.

감사합니다.

안녕히 계십시오.

붙임 : 동문문집 『固中사나이』발간 계획서

2013년 6월 10일

固 城 中 學 校 同 門 會
동문문집 『固中사나이』발간추진위원회
발행인 겸 고성중학교동문회장 박수안
주간 겸 재경고성중학교동문회장 박기석

中
고성중학교

유치환 작사
함사순 작곡
1951년9월1일 인가
옛 이 몸 도 고 올 세 라 고 자 미 동 국
무 량 천 왕 철 - 마 의 봉 우 리 들 이
울 울 한 반 만 년 의 겨 레 의 꿈 이
휘 영 찬 조 국 하 늘 받 들 고 섰 듯
잇 고 이 어 아 득 - 히 여 기 머 물 러
큰 하 나 에 맺 힌 몸 임 못 내 새 기 어
자 라 노 니 어 진 슬 기 맑 은 이 목 들
다 듬 노 니 외 로 운 열 어 샌 동 량 들
자 랑 은 높 으 고 저 뜻 은 멀 고 저
한 결 같 이 떨 - 어 날 고 중 사 나 이

Contents

Contents

Contents

고성중학교 초창기의 이모저모

문 승 찬

나는 고성중학교의 제1회 졸업생 문승찬입니다.

우리 고성중학교동문회에서 동문문집을 발간한다는 신문기사를 보고 65년 전후의 기억을 더듬어 생각나는 대로 글을 쓰게 되었다.

내가 입학할 때는 6년제 농업중학교였다. 교문은 현 항공고 자리였으며, 현재의 중학교 건물 자리 및 운동장은 뽕나무 밭과 그 밑 왼쪽 부분은 선생님들의 사택이 몇 채 있었다. 중학교 운동장 입구에서 서쪽으로 교문까지 매화나무가 한길로 심어져 있었으며, 중학교 강당 자리에는 계단으로 밭이 되어 있었는데, 1950년 봄에 소나무를 심었다.

6 · 25사변 때 소나무는 거의 없어지고, 각종 폐차와 총탄이 흩어져 있었다. 항공고 동쪽 길에서 북쪽으로 거북산 윗부분까지 탱자나무 울타리가 잘 되어 있었으며, 항공고 팔각정 동쪽(본관과 비행기고) 사이에 중학교 2학년 때 연못을 팠다. 입구에는 개인집이 한 채 있었는데, 6 · 25 때 폭격을 당해 없어졌다. 본관은 항공고 건물 자리이며, 본관 동쪽 중간 부분에 기숙사 한 채가 있었는데, 훗날 양잠실로 사용하였으며, 주위에는 복숭아밭이 있었다.

교장선생님 사택은 고성중과 항공고 사이 동쪽 현 건물이며, 주위에는 맹종죽이 심어져 있었고, 대문 앞에 무화과나무가 있었고, 사택 안 우물가에는 돌로 만든 세면대에 세심(洗心)이라고 판 글씨가 있었는데, 얼굴 씻을 때 마음도 씻어야 한다는 것이었을 것이다.

실습지는 항공고 웅비관(강당) 자리와 비행기고는 논이었으며, 학교 뒤뜰(현 고성군 체육시설)에는 작은 연못과 실습 논이 있었는데, 거머리가 너무 많아 모 심을 때 마늘을 다리에 문질러 방어한다고 야단법석을 떨었다. 특히 6 · 25 이후 더욱 심하였는데 인민군 죽은 귀신이라고들 하였다.

고성중 서북쪽 묘 있는 주위에 6 · 25 전에 돼지감자를 심어 두었는데, 방위군(아군임)들이 학교를 통째로 사용하였다. 방위군들이 배가 고파서 다 파먹은 일도 있었다. 6 · 25 이후에는 학교는 방위군이 점령하여 우리는 거북산 아래 밭이나 학교 서북쪽 마을 묘 등에서 칠판을 들고 다니면서 조례와 수업을 하였는데, 하루는 방위군과 학생들 사이에 문제가 있다고, 방위군들이 전교생을 강제로 운동장에 불러 세우고, 당시 대대장이었던 강두성 선배를 교단 위에 세워 놓고, 총으로 죽인다고, 조준을 할 때 우리들은 혼비백산하였다.

그리고 고성중 역사는 거북산을 빼놓을 수 없다. 거북산은 함산 李씨 종중산인데, 이 산은 고성중, 고성농고 학생들의 놀이터요, 담배 피우는 치외법권적 장소이어서 학창시절을 연상하는데 빼놓을 수 없는 존재로 학창시절의 산실이 될 것이라고 확신하기 때문에 한자리 차지하게 되었다.

교장선생님은 고성읍 게엔지(거운지:통영 가는 길 월평리 지나)김봉일(金奉日) 선생님으로 기억되며, 독립운동가로서 애국장과 2012년 대통령 표창을 받은 줄로 알고 있다.

특히 2학년 때 최낙섭 체육선생님이 진주사범학교에서 부임해 고성사회에 처음으로 조립식 철봉과 평행봉 등을 보급하고 열심히 지도하여 각종 운동열기가 대단하였으며, 이우성 동문은 후에 진해에서 개최된 전국 고등부(기계체조) 종합1위를 하였으며, 2회 선배(6년제 고성농중을 말함) 최도삼은 철봉을 아주 잘하여 각종 모임에 시범을 보여 칭찬이 자자하였다.

나는 6년제 중학교 1학년 때 개교기념일(4월 26일 경)에서 마라톤 61등을 하였으며, 고등학교 3학년 때는 3등을 하였다. 나의 학창시절 운동회는 두 번 뿐이었는데 달리기, 기마전, 줄다리기, 마라톤 등을 하였다. 운동회 때 응원가가 있었는데 "철마산에 맹세한 사나이 의기 드높은 하늘 아래……"

끝으로 고성중학교는 그때 고성군에서 유일무이한 중학교로 자랑스럽고 주위 친구들의 선망의 대상이며, 아름다운 꿈의 산실이었습니다.

후배들이여! 경향 각계각층에서 자랑스러운 고중 건아의 소식과 모교의 발전에 기여하고, 친목을 도모하고 있는 소식들은 정말로 기쁘고 자랑스럽습니다. 문인(文人)이 아니므로 부족함이 많아 문학성은 보장되지 않겠지만 우리들의 모교, 명문 고성중학교 태동기의 역사적 사실들을 조금이나마 기록으로 남길 수 있게 되어 다행스럽고 감사할 따름입니다.

사랑하는 후배들이여! 『固中사나이』의 드높은 긍지로 때와 장소에 알맞은 주역이 됩시다!

참고 : 김봉일 교장 (6년제: 1945~1949년 8월 31일)
강정대(1949년 9월 1일~ 1952년 2월 27일)
1951년부터 고성농고 교장 겸직 · 겸무

문승찬

고성중학교 제1회 졸업
교육계 31년 근속
고성중학교총동문회 고문
자유당 시절 고성군 민주당 창당 선전부장
5 · 16후 제1야당 고성군 지부장 및 도당상무위원, 도당선전부 차장
민방위 경남 소양강사
현)고성군 노인회 이사 및 상리면 분회장

꿈틀거리는 대륙의 이국異國 땅 홍콩 마카오의 신新 고찰考察

황 민 준

홍콩은 남중국해에 접해 있으며 중국대륙의 동남쪽 끝에 위치하고 있다.

홍콩은 아열대기후지만 예외적으로 11월 중순부터 2월까지는 10℃까지 하강한다. 5월~9월까지는 아열대몬순기후의 영향으로 간혹 비가 억수같이 쏟아지는 것은 하나의 장관이기도 하다. 홍콩은 세계에서 가장 편리하게 보고 즐길 수 있는 관광지 중의 하나이다.

서울은 1년의 경우 1,000만 명 정도의 관광객이 찾아오지만 홍콩은 우리의 4배가 넘는 4,200만 명의 관광객이 찾아오기도 한다. 좁은 면적을 이용해서 모든 것이 효율적으로 집약화 돼 있기 때문에 최상의 교통시스템과 완벽한 영업 서비스로 단기 체류나 장기 체류하는 방문객에게 그들이 원하는 기대 이상의 만족감을 제공하는 최상의 가치를 선사하는 것이다.

홍콩의 전체 면적은 1,091㎢ (서울의 약1.8배)로 주롱반도, 신계지, 홍콩섬을 포함한 235개의 외곽섬으로 이루어져 있다. 홍콩은 최상급의 수식어로 다양하게 표현되는 경이로운 도시이다. 세계 최대의 은행센터가 들어서 있는 도시 중의 하나이며, 자유무역항으로서 세계무역의 무대에서 당당히 선두에 있는 곳이다.

또한 세계에서 3번째 가는 영화산업의 본거지이며, 두 개의 세계 최장 옥외 에스컬레이터가 있으며 세계 최대 규모의 중국식 레스토랑이 있는 곳이다. 이곳의 맥도날드는 세계에서 가장 바쁜 곳이라 할 수 있고, 세계 최대의 경마베팅 액수를 기록하고 있기도 한 홍콩은 세계 최대 청동좌불상도 보유하고 있다.

①도심 속의 해변(Repulse Bay): 편안한 휴양지의 정취를 가지고 있고,

넓은 모래시장과 파도치는 해변은 홍콩인과 방문자들에게 똑같이 인기 있는 곳이기도 하다. Repulse Bay는 도심 속에서 멀지 않은 곳에 위치해 있으며 넓은 모래사장을 특징으로 한다. 모래사장에는 10M 높이의 천후상과 관음상이 있다. 해변으로 향한 그림 같은 정원에는 어부들을 보호하는 두 개의 커다란 여신상인 쿤암과 틴 하우도 눈길을 끌었다.

②세계에서 두 번째로 긴 케이블카가 있는 해양공원(Ocean Park): 동남아시아 최대 규모의 수족관과 위탁시설인 Ocean Park는 많은 홍콩 방문객이 일정 중 가장 선호하는 곳으로 놀이시설, 돌고래 쇼, 케이블카와 해마, 독특한 쇼핑과 훌륭한 식사와 많은 볼거리를 제공해 준다. 필름 판타지아, 시뮬레이터 영상관, 공룡탐사트레일, 고대세계의 발견, 세계최대 산호수족관, 투명한 아크릴로 만든 상어수족관에는 11.5M 길이의 터널을 갖춘 상어전시 탱크가 설치되어 멋진 수중 경관을 볼 수 있다. 해양극장에서는 돌고래와 잠수부들이 고난도의 묘기를 펼치고 한 면이 유리로 처리된 웨이브코브에서는 팽귄과 물개들이살고 있다. 또한 72M 높이를 자랑하는 Ocean Park는 타워는 관광객들에게 환상적인 경관을 제공하고 있다.

225M의 에스컬레이터를 타고 내려오면 도착하게 되는 미들 킹덤에서는 기원 전 2205년부터 서기 1911년 청나라 시대까지의 중국의 13개 왕국의 면모를 엿볼 수 있다.

③백만 불짜리의 야경을 볼 수 있는 빅토리아파크(太平山頂): 홍콩섬 최고도에 위치한 이곳은 각종 홍콩영화에서 야경 장면을 촬영하는데 단골로 이용되는 곳, 빅토리아파크에서 본 홍콩의 야경은 다른 곳에서는 보기 힘든 스카이라인을 이루고 있다.

두 개의 지역이 바다로 나뉘어져 있고 그 사이를 유유히 떠다니는 유람선과 징크선들, 이곳에서 홍콩의 야경을 바라보며 일상에서 모든 스트레스를 날려 보낼 수 있다.

끝으로 중국대륙의 중추적인 홍콩은 영국의 조차지령이었던 것이 중국으로 반환된 지 올해로 16년째를 맞아 홍콩의 최근 경제성장과 투자 환경들을 설명하기 위해 부산에 온 제니촉(홍콩경제무역대표부 한 · 일 겸임수석대표)은 맹청선(홍콩정부 무역발전국 한국대표), 카노(홍콩정부 관광진흥청 동북아 대표)와 함께 한국-홍콩 간 무역 규모가 2012년 320억$ 정도로 2002년 이후 연평균 22.8%씩 증가하고 있고, 2011년 한해에만 118만명이 한국과 홍콩을 오갔다고 이같이 말했다.(홍콩, 마카오 전문가)

원래 Hou Kong 또는 Hoi Keang으로 불렸던 마카오의 현재 지명은 아미라는 이름으로 알려진 여신의 전설에서 유래한 것으로 16세기 포르투갈 사람이 들어오면서 붙어진 것이다. 전설에 의하면 어느 날 남 차이나해를 항해하고 있던 징크선이 갑자기 폭풍우를 만났다. 광란하는 바다에서 사람들이 생존의 희망을 버렸을 때 한 아름다운 여인이 일어서서 바다를 향해 멎으라고 명령했다. 그러자 이상하게도 폭풍우가 즉시 가라앉고 바다도 잠잠해져 배가 무사히 도착했다.

수백 년이 지난 후에 포르투갈의 선원들이 상륙해서 그곳 사람들에게 지명을 물어보았을 때 '아마가오'라고 대답했다고 한다. 포르투갈 사람들은 이를 '아마가오'라고 부르다 마침내 '마카오'라고 쓰게 되었다. 성단 정면과 계단만 남아 있는 성 바오로 성당(The Ruing of st Paul)은 마카오의 유명한 관광명소 중의 하나로 1602년에서 1637년 사이에 이태리 예수회 선교사들에 의해 설계되어지고 종교박해 때 나가사키에서 도망 온 일본인 기독교 장인들의 도움으로 건설된 것으로 추정된다.

1835년 성 바오로 성당에 화재가 발생하면서 건물의 정면과 계단 벽의 일부만을 남긴 채 모든 것이 소실되었다. 김대건 신부의 흔적도 이곳에서 발견할 수 있다.(최초의 한국인 천주교 신부, 파리 외방전 교회의 신학교에 가서 수학함. 1925년 7월 5일 로마교황 비오11세로부터 福者位에 올림을 받았음)

중국으로 가는 통로인 중국 국경선(국경관문) 치장벽토 장식에 까모에스의 인용문이 새겨져 있는 원래의 관문은 1849년에 세워졌는데 지금은 작은 공원에 보존되어 있다. 이곳에는 오래된 마카오의 지도와 사진들이 청백의 타일 터널 위에 설명문과 함께 장식되어 있다.

국경관문은 매일 오전 7시~자정까지 개방된다. 마카오는 앞에서 언급한 바와 같이 우리나라 김대건 신부는 신부서품을 받고 마카오 초등학교 1학년 교과서에 수록되어 있을 정도로 훌륭한 인물이며 우리 교민은 100여명에 불과하지만 북한 교민은 450여명이다.

카지노 26개 중 23개는 중국인 하홍신 씨가 소유하고 있다. 12개는 지금 건설 중에 있으며 마카오 중심가에는 우리나라 중심기업 삼성이 있다. 삼성 메이커는 우리 한국인의 자부심을 갖게 하며, 많은 외국 기업들이 투자를 앞 다투고 있는 실정이다.

황민준

재고 부산대학교 동문회장

固中 5회의 자랑

김 성 렬

우선 개교 62주년을 맞이하여 「固中사나이」 창간호를 발간하게 된 것을 진심으로 축하하는 바이다.

固中 5회라 하면 해방 후 첫해인 1946년 초등학교를 입학하여 1952년도에 졸업하고, 1955년도에 固中을 졸업한 고중사나이 중에 사나이들이다. 해서, 선배 형들보다는 어깨와 체격이 유난히 건장했던가 하면, 한반 60명 다섯 개 반(A,B,C,D,E)으로 당시 300여명의 동기생을 배출한, 지금까지 졸업한 선후배 동기 숫자 중에 제일 졸업동기 숫자가 많았던 기수로 자랑스럽다.

특히, 해양수산부 장관을 지내신 조정제 박사를 우리 동기회에서 배출하였고, 우리나라 미술계의 거목이신 정수경 화백, 5회 동기모임인 고우회, 재경고성향우회 및 향우골프모임인 철성회를 수 십 년간 이끌면서 재경고성향우회의 발전에 크게 기여하신 한미양행 정종경 회장은 어느 누구보다도 자랑스러운 동기들이다.

지금도 1년에 한번 씩 전국(고성, 부산, 서울)을 순회하면서 동기회를 개최하여 서로 각 지역의 친구들 안부를 묻는 우리 固中 5회 동기회를 이끌고 있는 부산지역 이찬재 회장 동문에게도 자랑스러운 큰 박수를 보내고 싶다.

돌이켜보건대 서부경남의 요충지, 진주 마산 통영의 세 갈래 길인 고성에서 우리 동기중의 큰 주먹이었던 박용조, 박삼용, 김평식, 김수재 친구 등은 고성을 지켜주었던 우리들의 힘이었고, 자랑스럽던 친구들이다.

이제 평균나이 75세를 넘기면서 아직도 각계각층에서 활동하고 건강하게 미래를 설계하는 우리 5회 동기 친구들에게 큰 목소리로 "Fighting"이라고 외치고 싶다.

김성렬

현) (주)서희건설 부사장/공학박사
전) 수원과학대 겸임교수
전) 주한미군사령부 기술담당관
전) 대체에너지 연구소장

2010년 12월 고중 5회 부산동창 고성지역 동창 초대 시 고성지역 회장 답사

박 재 만

존경하는 고중 5회 동창 여러분! 반갑습니다.

고성지역 회장 박재만입니다. 오늘 부산에서 고성지역 동창을 초청해 주셔서 감사합니다.

5기 동창 여러분!

61년 전으로 돌아가서 회고컨대 그 당시 우리 동창은 가정이 어렵고 배고픈 보리 고개 때의 중학생이었습니다. 유년시절 그래도 우리는 딴사람보다 형편이 좀 나았기에 공민중학교, 고성중학교를 억지로 졸업했습니다.

그 당시 중학교 학모 쓰고 다닐 때, 진학 못한 동네총각이나 처녀들이 부러워하고 선망의 대상이 된 가치 있는 중학시절도 있었으며, 어려웠던 시절 동고동락한 동창생이라 항시 애절한 정이 많은 친구들입니다.

그래서 2010년 10월 고중총동문 총회 때, 1 · 2대 총동창회장들이 경비지출이 많아 기금이 바닥나서 장학금 지급이 어려웠는데, 총동창회의 활성화를 위해 5회 동창회에서 1백만 원(고성지역 60만원, 부산지역 40만원)을 본부에 협찬하여 참석 동문들로부터 많은 격찬을 받았으며, 2011년 10월 총동문회 때에는 고성지역 10만원 부산지역 10만원 합 20만원을(개인 참석 접수비 제외), 기별 참석 명목비 지불 결과 1회~10회 기 중에 유독 5회만이 성과를 낸 것은 정이 많은 부산 동창의 협찬으로 대단한 공로를 이뤘습니다. 부산 친구들 정말 고맙습니다.부산지역 동창이 오늘 이렇게 성대하게 주연을 베풀어 주게 되어 60년 만에 얼굴을 보게 되니 꿈 많은 학창시절의 얼굴은 온데간데없고 성명을 대어야 어른푸시 알듯말듯 기억이 나니 정말 세월의 무상함을 다시 한 번 실감나게 하네요.

우리 나이 80을 바라보는 현실에서 '인생은 유턴 없는 외길 인생이다'는 덕담을 마음에 담아가시기 바랍니다.

로또복권 열풍은 일확천금에 대한 열망을 보여주고 있습니다. 하지만 복권을 통해 부자가 된다는 것은 인생을 거듭 산다 해도 성취하기 어려운 꿈입니다. 건강도 마찬가지입니다. 한 번의 대량운동, 비싼 보약이 불로장생의 길은 아닙니다. 지금 있는 건강을 점차적으로 불려나가는 것이 뜻밖의 질병으로 인한 건강 알거지 신세를 면케 하는 유일한 방법이 아닐까요?

부처님은 일찍이 인간의 삶을 인과응보의 틀 속에 윤회하는 것임을 설파하셨습니다. 쉽게 말해 좋은 일을 하면 좋은 보답을 받고, 나쁜 일을 하면 해로움을 당한다는 뜻인데 이것은 자기자신의 행위에 따라 결정된다고 합니다. 이제 우리는 인생 종착역을 향하여 터벅터벅 가고 있습니다. 돈, 명예, 권력 등이 무슨 소용이 있습니까? 아무 것도 가지고 가는 사람이 없습니다. 누구나 빈손으로 떠나니까요. 인생은 한 번 가면 돌아갈 수 없는 외길입니다. 이 외길은 어느 누구도 피할 수없는 길인데도 우리는 내일을 모르고 오늘을 살아가고 있습니다.

아무리 과학문명이 발달된 세상이지만, 하늘의 조화인 천재지변은 막을 수 없고 생로병사는 어쩔 수없는 자연의 섭리라고 봅니다.

우리 서로 자주 만나서 짧은 인생길에 값진 삶을 영위합시다. 지금이라도 인생은 유턴 없는 외길 인생이라는 것을 우리 동창들은 다시 한 번 생각해보는 계기가 되었으면 합니다.

앞으로 남은 인생, 건강하고 아름답게 지내기를 기원하면서 답사에 가름합니다.

박재만

고성중학교 5회 고성지역 회장

톰보우(TOMBOW)연필의 애환

이 상 태

내가 본교에 입학한 때는 6.25전쟁 중인 1953년으로 그해 7월 27일의 휴전협정을 앞두고 전쟁이 한창 치열했던 봄이었다. 춘궁기의 어려운 농촌사정에다 더욱이 전쟁 중이어서 우리네 살림살이는 궁핍하고 척박하기 그지없어서 자식들을 중학교에 보내기는 지금의 대학에 보내기보다 더 힘에 겨웠다.

특히나 당시의 중학교 입학 전형제도는 입학자격시험을 국가시험으로 일제히 치르고, 각자가 거둔 성적표를 가지고 전국 어느 중학교나 형편에 맞추어 후지원하는 제도였는데 지금의 대학수능시험과 비슷한 제도였다고 여겨진다.

나는 상위권의 성적을 얻어 부모님은 말할 것도 없고 국민학교(당시)의 담임선생님과 교장선생님을 비롯한 모든 선생님이 의외의 성적을 올린데 대하여 몹시 기뻐하셨고, 동네사람 모두의 칭찬을 받으며 진학하게 되었다. 그도 그럴 것이 13 만 명이 넘는 군민을 가진 고성군에 남자 중학교와 여자 중학교가 각각 하나 밖에 없었으니 경쟁률도 꽤나 높아 으스대며 당당하게 입학하게 되었다.

나는 열심히 공부하리라 다짐하고 책 보따리를 둘러메고 종이쪽지에 영어단어를 적어 외면서 이십 리 길을 즐겁게 통학하였다.

2학년이 되어 반이 바뀌면서 같은 반에 P라는 친구가 있었다. 그 친구는 읍내에 살았는데 부잣집 아이라고 알려져 있었다.

전교에서 책가방(지금생각하면 미군부대에서 나온 헌 천막을 뜯어 만든)을 들고 다니는 몇 안 되는 학생 중에 하나였었다. 교복도 다른 학생들은 집에서 짠 무명베에 검정 물감을 들여 만든 교복을 입었지만, 그 친구는 미군 군복을 염색한 모직교복을 입고 다니는 특수계층의 학생이었다.

중앙의 요로에 높은 분이 친척 아저씨뻘 되는 사람이 있어 뒷줄이 고래심줄보다 더 질기고 든든하여 아무도 자기 집안을 감히 넘보지 못한다며 자랑하고 다녔다.

그런 친구가 어느 날 교실에서 가방을 풀어놓고 귀엣말로 밀수품이라면서 '톰보우연필'을 비롯하여 만년필이며 각종 학용품들을 책상위에 널어놓고 팔기 시작했다. 그 시절의 학용품은 전쟁 통이라 형편이 없었는데 심지어 독성이 강하다는 납을 녹여 뾰쪽하게 만들어 대꼬챙이에 끼워 만든 연필 대용품도 있었으니까 말이다.

미제나 일제라면 품질이 뛰어나 너나없이 갖고 싶어 하였다. 혹시 돈이 있는 학생들에게는 현금을 받고 팔고, 돈이 없는 학생들에게는 한 달 기한으로 외상으로 팔기도 하였다. 아이들이 와하고 몰려드니 금세 물건이 동이 날 판인지라 나도 가진 돈은 없었으나 같은 조건으로 외상으로 '톰보우연필' 한 자루를 사게 되었다.

대팻밥으로 흑연 심을 말아서 만들어 뚝뚝 잘도 부러지는 국산 연필에 비해 향나무로 만들어 향이 진동하는데다가 흑연심도 질이 아주 좋아 부드럽게 써질 뿐 아니라 짙은 초록색 페인팅은 빤짝빤짝 윤이 나고 금색으로 잠자리 그림과 "TOMBOW" 로고와 HB라는 연필의 경도표시가 되어 있어 글씨가 그냥 씌어질 것만 같았고 게다가 연필 끝에는 사각의 지우개 까지 끼워있었으니 대단한 공예품처럼 보였다.

그러나 우선 연필에 혹하여 사긴 샀으나 돈이 없어 며칠을 고민한 끝에 되돌려 주었지만, 그는 단호히 거절하면서 일주일 안에 갚으라고 했지만 늦어지자 임의로 이자를 붙이기 시작 했었다.

그리고 한 달이 지나자 연필 두 자루 값을, 두 달이 지나자 네 자루 값을, 석 달 만에 여덟 자루…. 이렇게 고리채 같이 기하급수적으로 외상값은 늘

어만 가 갚을 길은 점점 막연해 졌다. 급기야 그 친구는 불량학생 몇 명을 짜장면 두어 번 사주고 동원하여 쉬는 시간마다 어김없이 빚(?) 독촉과 갖은 협박을 더해 가니 이길 수가 없어 학교에 납부할 수업료 몇 달치를 갖다 바칠 수밖에 없었다.

나는 날이 갈수록 공부는 뒷전이고 깊은 고뇌와 난관의 수렁 속으로 빠져들어 가게 되었다.

학교에서 수업료가 수개월간 미납이 되자 독촉이 심해지고, 부모님께는 저질은 죄가 있으니 말씀도 못들이고, 일이 점점 커져가니 학교 간다고 집에서는 정시에 나왔다가 학교 근처의 숲속에 숨어서 하루를 보내고 방과 후 아이들이 집으로 돌아가는 시간에 맞추어 집에 가곤 하였다.

학교에서는 학부형 면담통지서를 급우들 편에 몇 번 보냈으나 중간에서 내가 가로채곤하여 끝내 학부형은 모르는 채 출석하지 않았으니, 그러길 몇 달 후 결국 학교에서는 일방적으로 퇴학조치를 내려버렸다.

뒤늦게 그 사실을 알게 된 부모님은 이른 새벽부터 담임선생님의 댁을 찾아가 대문 앞에서 기다렸다가 문이 열리면 얼른 들어가 엎드려 부모의 무지한 소치로 이런 일이 생겼으니 용서하시고 제발 복학을 시켜 달라고 애원하였으나 담임선생님은 그런 놈은 공부는 이미 틀렸고 농사일이나 돕는 게 훨씬 나을 거라면서 거절하셨다.

며칠을 두고 찾아갔으나 대답은 한결 같았다.

동네 유지 한분의 조언으로 참나무장작 한 달구지를 실은 위에 유리알 같은 '농민육호쌀' 한 가마니와 찹쌀 서 되, 참깨 서 되를 얹어 또 찾아뵙고 빌고 빌어 결국 복학의 영광(?)을 얻게 되었다. 복학한 뒤에 알게 된 사실이지만 담임 L선생님께서는 장작수레와 그 위에 실은 물건을 모두 제값을 쳐서 수업료에 충당해 주셨다.

나는 고등학교 2학년 겨울방학 때에 또 '톰보우연필'을 만나게 되었다. 이장님이 토지조사측량을 하는데 도와달라는 부탁을 받고 두어 주 동안 담당 측량기사와 같이 장애물을 제거하고 죽척竹尺을 당기는 일을 도와주었는데 측량기사는 '톰보우 6H 연필' 을 바늘처럼 뾰쪽하게 깎아 도판위에 이리저리 금을 긋고 있었는데 그 모습을 보고 나는 측량기사가 되기로 마음먹었다.

군에 입대하여 우연히 단위부대의 시설계라는 직책을 맡게 되어 지적도며 건축도면 등 각종 도면을 만지고 그리면서 '톰보우연필' 을 날마다 만지며 근무하였고, 그것이 하나의 인연이 되어 1964년 제대 후 국영기업이던 한국광업제련공사에 입사하게 되어 지하자원 개발을 위한 광산측량기사가 되어 '톰보우연필' 을 마음껏 만지며 전국에서 알만한 특수측량부문의 베테랑 기사로 젊은 시절을 보냈다.

그리고 대한측량공사로 자리를 옮겨 '대통령 긴급명령 제5호' 에 의한 국가의 재정확충을 위한 국유재산일제조사 측량의 주무기사로 전국 방방곡곡을 다니다가 중년이 되어 귀향 하게 되었는데, 고성농지개량조합에서 토목기사로 일하게 되어 고향땅에 정착하게 되었다.

이와 같이 '톰보우연필' 은 측량, 토목, 건축, 전기, 기계 등 할 것 없이 모든 분야의 제도에 애용되는 연필이기도 하며 지금도 각 분야의 기사들이 애용하고 있는 최고 품질의 연필인 것이다.

나는 중학교 시절 '톰보우연필' 한 자루를 악연으로 만난 후 그 연필을 동경하면서 측량기사로 반평생을 '톰보우연필' 을 분신처럼 어루만지며 살아왔다.

철없던 중학교 시절, 전쟁 중에 모두가 가난을 안고 살아왔던 그 때, 고래심줄 덕에 거들먹거리며 학교를 다녔던 그 친구는 내가 고향에 돌아온 후, 연락을 해 와서 만났더니 약장사 모가비 노릇을 하고 있었다. 그는 아직도 고래심줄 같은 뒷줄의 덕을 보고 있는 것 같았다.

한여름에 세모시 바지저고리에 등삼을 받쳐 입고 커다란 상아파이프에 양담배를 끼워 빨면서 너스레를 떨었다.

알고 보니 서울의 경동시장에서 구해온 약재를 되는대로 섞어서 무슨 대보단이라고 금박 인쇄된 고급 종이 박스에 넣어 포장하고, 건달들을 그 밑에 불어모아 한의사와 한약사 같은 역할을 그럴싸하게 맡기고, 조를 이루어 아직도 미개한 도서벽지를 돌아다니며 치고 빠진다고 했었다.

친구 좋은 게 뭐야, 자네에게 꼭 맞은 보약이니 한번 잡숴 보라고 권했다. 현찰이 없으면 할부로 가져가라고 했었다. 세상이 하루가 다르게 변하건만 그의 상술은 중학교 2학년 때의 수법을 그대로 쓰고 있었다. 나는 단호히 거절했다. 한때에는 그렇게 하여 돈도 잘 벌었다고 하더니 얼마 되지 않아 그 만병통치약인 대보단의 효험도 없었던지 사십대 후반쯤 일찌감치 타계하고 말았다.

나는 요즈음, 고희를 훨씬 넘긴 나이에 별다른 욕심이 없다. 모교 근처에 텃밭 하나를 일구고 작물들을 거두는 재미로 살아간다. 주인 발자국 소리를 듣고 자라는 것이 작물인지라 부지런히 가꾸고 있다. 철없던 중학시절 '톰보우연필' 한 자루 때문에 숨어 지냈던 숲도 있고, 대밭도 그 자리에 있어 추억이 물안개처럼 괴어오르기도 한다.

등하굣길에 근처를 지나는 후배 아이들을 보노라면 고급스런 형형색색의 자전거로 씩씩하게 내달리는 아이들도 있는 반면 어쩐지 어깨가 쳐져 보이는 아이들도 눈에 띈다.

우리 때는 장가를 들어 자식을 둔 학생도 있었고, 수염이 가지가 돋은 친구들도 있었는데 덩치는 그때보다 오히려 거류산 같이 크지만 너무나 어려 보이는 것은 무슨 까닭일까. 혹시 학교 폭력은 있지 않을까. 왕따를 당하는 아이는 없을까.

나는 모름지기 말해주고 싶다. 친구를 가리지 말고 잘 사귀어 두라고…. 학교생활은 잠깐이지만 사회생활은 몇 십 년이 될 것이 아닌가. 사회생활에서의 학우들은 다함이 없는 나의 재산이요 든든한 한울타리가 될 것이 아니겠는가.

나는 후배들이 명심보감明心寶鑑 계선편繼善扁에 나오는 구절을 되새겨 보았으면 한다. 〈경행록왈景行錄日 은의광시恩義廣施 인생하처불상봉人生何處不相逢 수원막결讐怨莫結 노봉협처난회피路逢狹處難回避〉 경행록에 이르기를 은혜와 의리를 널리 베풀라 사람이 어느 곳에 살든 서로 만나지 않으리. 원수의 한을 맺지 말라 길이 좁은 곳에서 만나면 피하기 어려우리라.

세상에는 스쳐 지나야 할 좁은 길도 많고 외나무다리도 얼마든지 있다. 이 길 위에서 서로 눈 흘겨보지 않고 부둥켜 안고 기뻐할 참다운 친구를 학창시절에 많이 사귀어 두면 얼마나 좋겠는가.

주 : 톰보우(TOMBOW トニポ鉛筆)
톰보우연필은 일본의 문구 제조업체이자 이곳에서 만든 연필의 이름이다. 주식회사 톰보우의 제품은 일본 최고의 점유율을 자랑하며 세계적으로 애용되고 있다. 잠자리 로고는 1927년부터 사용하며 잠자리의 머리가 아래로 향해 있는 것은 "고객에게 깊이 머리를 숙인 자세"라고 한다.

이상태

현) 한국소설가협회 회원, 한국문인협회 회원
소설집 : 『하늘의 소리 땅의 소리』외 등

그때 그 시절

이 연 찬

처절한 6.25 전쟁의
폐허 속에서

한 손에 펜을 잡고
한손에 망치 들고

오늘은 이곳
내일은 저곳에서
뒷동산 나무 그늘아래
억세 풀 깔고 앉아

몸과 마음 갈고 딱은
반세기 지난 그때 그 시절
고중 5기로 졸업

많은 학우들이 고통 속에서
전쟁의 상처
비운을 겪어야 했다

1950년 한 여름
고성의 심장부 군청은
잿더미가 되었고
여기 저기 탄흔 자국

지금도 그 추억 간절하다

어머니 손으로 지어주신
주먹밥 먹으며 뛰놀던
희망찬 그때 그 시절

다시 만나자고한 학우들
산을 넘고 강을 건너
피난길로 가면
다시는 돌아오지 안했다

선생님은 우리를 그토록
사랑과 열정으로 아끼고
큰 별이 되길
꿈과 희망을

동문들이여
개교 62주년의
찬란한 성장 속에
다시한번 우리 모두
하나 되어

이 나라 이 고장
번영의 선봉에서

그 이름 영원할 것입니다.

우리들의 이름은 영원불멸입니다

소가야 천왕산 정기 받은
찬란한 고중 깃발아래
자랑스런 그 전통을
오늘에 이어

우리들 가슴속에 영원히
꺼지지 않는 그 추억

손에 쥔 펜 자루에
떨어지는 땀방울
한 송이 꽃으로
피어 난 아름다움

밝고 희망찬 내일을 향하여
사랑과 믿음으로 뭉쳐진 우리

새 역사 창조하는 주인 되어
백년이 가고 천년이 가도

그 때 그 시절
아름다웠다고 말하리라

아-우리는 고중 사나이
그 이름 영원불멸 입니다.

월남전 전투수기

내가 수도사단(맹호부대) 제1연대 제7중대장으로 근무하면서 베트남 빈딘성 푸깟군 호아히엡 계곡에서 북베트남 정규군 1개 분대를 섬멸했던 매복전투 성공사례를 소개하고자 한다.

당시 제7중대 전술기지는 지대 내에서 가장 험준한 산악지역인 푸깟산(874m) 북쪽의 푸깟군 까떠이면 타이푸(Thai Phu) 지역을 통과하는 503번 도로 (현재는 633번 도로) 주변 평야지대에 위치하고 있었다. 중대 전술기지 주변은 베트콩과 북베트남 정규군이 은거하기에 용이한 푸깟 산악지대로 이어지는 통로로 이용되고 있었기 때문에 평소에도 비교적 적의 활동이 많았던 곳이다.

따라서 나는 중대장으로 근무하면서 중대전술기지 주변지역 주민들과 긴밀한 관계를 유지하기 위해 민사심리전 활동 등 대민지원 사업에 많은 노력을 계속했다. 그에 따라 평소 지역주민들로부터 적에 관한 많은 첩보를 제공받을 수 있었다. 그러던 중 푸깟 군수와 마을 주민들로부터 전술기지에서 약 1km 떨어진 타이푸 마을 일대의 적 활동 상황에 관한 이야기를 들을 수 있었다.

그러나 그들이 제공한 첩보는 각각 다르고 횡설수설해 신뢰성이 희박했다.

타이푸 마을은 넓은 평야지역에 펼쳐진 마을로 대략 200세대 정도의 주민이 살고 있어 상당히 규모가 큰 마을이었다. 나는 사전에 마을에 심어 둔 베트남 첩자로부터 “전일 타이푸 마을에서 식량을 약탈한 베트콩이 일명 죽음의 계곡으로 불리고 있는 호아히웹 계곡을 따라 푸깟산으로 들어갈 것이다.” 라는 첩보를 입수했다.

그동안 많은 첩보가 있었지만 이번에 첩보를 제공한 첩자는 신뢰성이 비교적 높은 인물이었다.

그렇지만 첩보의 신뢰성을 다시 한번 확인할 필요가 있었다. 이를 위해 나는 매복전투 경험이 많은 제1소대장과 선임하사, 그리고 2개 분대 규모의 병력을 대동해 타이푸 마을과 푸깟산에 이르는 통로에 대해 주간 정밀정찰을 실시했다.

푸깟산 매복지점 주간 정찰 모습 (좌측으로부터 중대장, 무전병)

그 과정에서 푸깟 군수와 면장, 그리고 주민들로부터 중대 전술기지로부터 약 3km 떨어진 푸깟 산악 지대에 1개 소대 규모의 북베트남 정규군이 강력한 요새진지를 구축한 후 야음을 이용, 마을에 침투해 식량과 생필품을 약탈해 가고 있다는 첩보를 추가로 입수했다.

이 같은 첩보는 중대의 매복지점을 선정하는데 결정적인 첩보였다. 지역 내에서 베트콩과 북베트남 정규군이 빈번하게 활동하고 있다고 하더라도 수많은 통로가 산재해 있기 때문에 그들을 만날 수 있는 매복지점을 선정하는 것은 넓은 백사장에서 바늘을 찾는 것만큼이나 어렵다. 그 동안 나는 매복지점을 선정하는데 항상 심사숙고 했지만 적중률은 높지 않았다.

이번의 경우에도 매복지점 선정이 작전의 성패를 결정지을 수 있는 가장 중요한 요소였다.

따라서 나는 현재까지 입수된 첩보와 주간 정찰결과를 종합적으로 판단해 중대전술기지로부터 1km 정도 떨어진 418고지의 동북방 하단 농경지 일대에서 적의 이동 흔적으로 추정되는 발자국을 발견하고 이 일대를 매복지점으로 결정했다. 그리고 중대전술기지 인근에서 유사 지형을 선정해 매복 예행연습을 반복하게 하는 한편 지역의 남베트남군 부대와 매복에 관한 협조를 모두 마쳤다.

남베트남군은 이 일대에서 장기 매복조를 배치해 수차례 베트콩 및 북베트남 정규군과 접전을 거듭했으나 그때마다 작전 실패와 함께 많은 인명피해만 입고 있었다. 지역 내에서 활동하고 있는 적의 전투력이 만만치 않았던 탓이었다. 따라서 아군 역시 적의 능력을 경시했다가는 그들의 역 매복에 걸려 피해를 입을 수 있는 가능성도 높았다.

그래서 나는 철저한 기도비닉을 유지하면서 남베트남군과 완벽한 협조체제 그리고 돌발 상황에 대한 대비책을 강구하도록 했다. 특히 적을 살상지대로 유인할 때 신호 및 연락방법 크레모아 설치 방향, 야간사격 요령, 유탄발사기 배치, 지원화기 운용 등 매복 작전에 필요한 교육과 예행연습을 수차례 반복하게 했다. 아울러 매복조 출발 시부터 주변 마을의 민간인들에게 노출되지 않도록 기도비닉과 은밀한 행동을 강조했다.

당일의 날씨는 이슬비가 내리면서 시계를 제한했고, 바람은 북동풍이 10~15 노트 속도로 불고 있었다. 기온은 최고 28℃, 최저 25℃ 내외로 매복 작전을 수행하기에는 비교적 유리한 날씨였다.

우리의 매복조가 가(假)매복지점으로 진입하자 타이푸 마을에서 적들에게 동조하는 주민들이 불빛(횃불) 등 그들 간에 약정된 신호에 따라 아군의 작전기도를 적에게 알려 주는 것이 관측되었다. 따라서 나는 적에게 기도가 노출된 상태에서 그대로 작전을 수행한다면 성공 가능성보다는 피해를 입을 가능성이 높다고 보고 매복지점 출발시간을 18시에서 19시로 변경해 승인을 얻었다.

해가 진 후 어둠이 깔리자 적들은 우리의 매복조 이동을 관측할 수 없었다. 그때를 이용해 제1소대장 김교정 중위는 매복조를 인솔해 부슬부슬 내리는 비를 맞아가며 은폐 엄폐된 통로를 따라 이동을 개시해 19시 40분에 내가 지정해 준 매복지점에 도착했다.

매복조는 소대장조와 선임하사조로 나누어 선임하사가 1 · 2분대를 지휘하고, 소대장은 3 · 4분대를 지휘하도록 했다. 그 중 소대장조는 다시 1/2

분대씩 4개조로 편성해 4개 지점에 ㄱ자 대형으로 배치했다. 매복조가 배치된 후에는 크레모아를 설치하고, 개인 간 신호 및 연락 수단을 점검한 후 기도비닉을 계속 유지하는 한편 사주경계를 철저히 하게 했다.

소대가 매복지점에 이상 없이 진입했다는 소대장의 보고를 접수한지 약 5분 정도가 지났을 때 소대장이 다시 보고를 해왔다. 매복지점 약 100m 전방에서 이상한 불빛이 나타났다가 사라지기를 반복하고 있다는 것이었다. 나는 소대장에게 기도비닉을 더욱 철저히 하면서 전방관측을 계속하라고 지시했다. 아울러 혹시 반딧불이 숲속에서 움직이는 것이 아닌가 잘 살펴보라고 지시했다.

그러나 그 불빛은 약 3분 후에는 다시 나타나지 않았다.

전투경험이 많지 않았던 매복조는 숨 막히는 긴장감으로 가슴을 조이면서 주변을 경계했다. 나는 사전에 입수된 첩보를 분석한 결과에 따라 오늘 저녁 12시 경에 적이 출현 할 것이라고 알려주면서 만반의 전투준비를 다하도록 강조했다.

긴장된 시간이 지나면서 23시 30분경이 되었을 때 소대장으로부터 수 미상의 적이 예상했던 통로를 따라 접근하고 있다고 보고해 왔다. 나는 소대장에게 선두첨병이 매복조를 거의 다 통과할 때까지 침착하고, 끈질기게 기다렸다가 주력이 완전히 살상지대에 진입했을 때 집중적인 사격을 개시하도록 다시 한번 강조했다.

내가 중대전술기지에 설치된 상황실에서 초조하게 기다리고 있을 때 제1소대 매복지점에서 순간적으로 "꽝꽝…" 하는 크레모아가 터지는 굉음과 함께 콩을 볶는 듯 하는 총소리가 요란하게 들려왔다. 소대장은 긴장 된 목소리로 "적과 교전중이다."라고 보고한 후 교신이 끊겼다. 그 대신 계속해서 폭음과 총소리만 들려왔다.

나는 즉시 대대상황실에 제1소대가 수 미상의 적과 교전 중이라고 보고한 후 지원화력을 대기해주도록 요청했다. 그리고 잠시 후 소대장으로부터 이동 중이던 적 전원이 사살된 것 같다는 보고가 있었다. 나는 더 이상 무차별 사격을 중지하고 적의 최후 발악 및 후속 침투부대의 기습에 대비 해 사주경계를 철저히 하고 날이 밝기를 기다려 현장 및 주변을 탐색하도록 지시했다. 이울러 소대장에게 자신감을 갖고 대처할 것을 주문했다.

푸깟산 호아히엡 계곡에서 매복 전투 성공 (전우들의 모습) -오른쪽 이연찬 모습-

날이 밝아 오자 현장수색에 나서 확인한 결과 총 6명이 사살되었는데 그 중 3명은 머리와 가슴에 총탄을 맞고 그 자리에 쓰러져 있었다. 그리고 3명은 다리와 머리에 부상을 입은 채로 20~30m 떨어진 수풀이 무성한 습지와 옥수수 밭의 언덕에 쓰러져 있었다. 그 중 1명은 그들이 최후까지 발악했음을 증명하듯이 소총의 방아쇠울에 손가락을 끼운 채로 숨져 있었다.

매복전투지역에서 회수한 적 장비와 문서 (좌측으로부터 소대장, 중대장)

숨진 적들의 소지품을 검색한 결과 숨진 6명 중 5명은 북베트남 정규군 제3사단 제18연대 소속인 것으로 확인되었으며 1명은 그들을 안내하던 현지 베트콩인 것으로 추정되었다. 이 작전에서 우리는 이동하는 적 6명 전원을 사살하고 SMG 기관총 등 많은 장비와 문서를 노획했다.

보고에 접한 대대장은 중대의 전과를 크게 격려했다. 우리 중대가 이번 작전을 통해 지역일대에서 식량과 생필품을 약탈하는 적을 사살함으로써

매복 전투 참전 전우(사진 원 내 중대장 이연찬 모습)

중대전술기지 주변의 까떠이면 타이푸 마을 일대는 평온을 되찾게 되었다. 또한 병사들은 긍지를 갖고 부여된 임무에 더욱 충실할 수 있었다.

이어서 며칠 후인 1971년 1월 13일 이세호 주월 한국군 사령관과 김학원 수도사단장, 그리고 유영린 제1연대장과 주월사 관계 참모가 중대전술 기지를 방문해 매복전투 성공을 격려하는 훈장 및 표창수여식을 거행했다. 이 자리에서 이세호 군사령관은 앞으로 전개되는 게릴라전에서는 주민의 협조 여부가 작전승패의 결정적 요건이라는 사실을 강조했다. 그리고 앞으로 전개되는 모든 작전에서 인근 주민들로부터 첩보를 능동적으로 제공 받을 수 있도록 유대를 더욱 강화하라고 지시했다.

베트남전의 특수성은 전선이 따로 없는 전장이었다. 따라서 대규모 작전보다는 지속적인 소규모 작전을 통해 전술책임지역을 확대하고, 매복 작전을 통해 책임지역을 관리, 유지함과 동시에 지역주민과 유기적인 관계유지를 위해 민사심리전활동에 주력하는 것이 중요했다. 또한 전장은 착오와 변화의 연속선상에 있다는 점을 명심해야 한다.

따라서 그 변화와 착오를 최소화 할 수 있도록 하는 것은 실전적 교육훈련을 통해서만 가능한 것이다.

특히 이 매복전투의 성공요인을 주민의 첩보제공으로부터 찾을 수 있는 만큼 나는 평소부터 지역 주민과 가졌던 경로회, 위로잔치, 순회 진료, 각종 자재지원, 도로보수 노력동원 등에 의한 민사심리전의 결실이었음을 나는 확신한다. 또한 입수된 첩보의 정확한 판단과 주도면밀한 기도비닉 유지, 유사지형에서 예행연습, 그리고 적을 살상지대로 완전하게 유인 해 사살하는 등 평소 훈련한대로 전투에 임함으로써 작전을 성공시킬 수 있었다고 확신한다.

※전장은 착오와 변화의 연속선상에 있다는 점을 명심해야 한다.
따라서 그 변화와 착오를 최소화 할 수 있도록 하는 것은 평소 실전적 교육훈련을 통해서만 가능한 것이다.

이연찬

서울특별시 중구가 작사
한국문인 협회 회원
한국 현대 시인협회 회원
서울 문학회원
대한민국 육, 해, 공, 해병대 영관장교 연합회 운영위원
대한민국 무공수훈자회 회원
대표작 '전선의 초병' 외 전쟁과 평화, 호국 관련 작시 다수

맨 윗집

정 수 경

국시산 천왕서기
수리재 쌍무지개

청회색 수태산에
갈매빛 능골산야

중땀들
이팝꽃 나무
하이야한 면사포

불꾹새 송림웃음
모란이 문을 닫고

옥잠화 나팔 불면
황혼에 별이 핀다

먼당집
복사꽃 언덕
꿈이 자란 명당터.

藝苑

드넓은 바다원경
내밀은 땅 끝자락

산정에 꿈을 펼친
덕포루 어린서기

베다리
무지개 세운
세인추앙 하늘 뜻.

정수경

국립부산사범대학 미술과 졸업
제1회 기독교 미술 한국 공모전 최고상 수상(1976년)
프랑스 파리 시장 초대 월드컵 유치기념 파리시청전(도불참여)
미국 필라델피아 제이슨 센터 광복절 기념초대전(도미참여)
현)한려예술원 대표, 세계회화축제 운영위원회 이사장.

회갑 시간여행

조 정 제

4월 끝머리, 시골 초등학교 총동창회에 다녀왔다. 60년 만의 만남이었다. 방산초등학교는 남도 고성 들판이 내려다보이고 동남쪽으로 좌우에 거류산(해발 570M)과 벽방산(650M)이 나란히 감싸 안고 있는 농촌학교이다.

벽방산으로 이어지는 우리 마을 앞산은 곳곳에 맨 흙을 드러내는 민둥산이었다. 대학생이 되어 고향에 내려가 보니 어느 새 울창한 숲으로 바뀌어 있었다. 박정희대통령의 산림녹화 집념이 결실을 보게 된 덕이었다. 울퉁불퉁하던 자갈길은 매끈하게 확 포장되었고 산 아래에는 농공단지가 들어왔다.

고성은 진주 사천, 통영 거제, 그리고 마산 창원 사이에 놓인, 개발과 거리가 먼 외딴 지역이었으나 그곳에도 농공단지라는 소규모 공업단지의 변종이 들어섰다. 이웃 거제의 거대한 조선산업이 내어주는 하청기업이 대세여서 대기오염 사업체가 많은 게 흠이라면 흠이다.

1960년대 서울서 방학 때가 되면 기차를 타고 삼랑진 역에서 마산 역으로 와서 마산에서 버스로 바꿔 타고 오자니 하루해가 저물었었다. 이제 거류산 안쪽으로 서울-대전-고성-통영으로 이어지는 고속도로가 뚫려서 서울서 방산초등학교 까지 3시간이면 주파하는 가까운 곳이 되었다. 우리 선산도 농공단지에 편입되는 바람에 고속도로가 관통하는 거류산 자락으로 이전하는 변고를 당했다.

운동장에 들어섰다. 옛날 운동회 할 때 만국기가 펄럭이던 그 넓은 공간은 손바닥만 해 보였다. 100 미터 경주에서 죽자고 뛰어서 겨우 2등 하였고 학부모를 구해서 함께 뛰는 경주에서 꼴찌 하던 기억이 되살아난다. 외지에서 공부하다 고향에 오면 학교에 친구들이 모여 탁구 치던 추억도 떠오른다. 시골마을에서 처음으로 행정고시에 합격하고 경제기획원에 사무관으로 보임하게 되자 학교의 요청에 따라 졸업선물로 영어사전을 한동안 기증해 오다가 미국유학 가는 바람에 끊기여 아쉬움으로 남는다.

교내 화단은 도시 풍으로 잘 다듬어져 있었으나 어딘가 자연스럽고 여유롭던 옛 모습이 아니었고 교실도 온통 새로 지어져 모두 길손같이 낯설었다. 운동장 밖의 야생화 꽃동산은 주차장으로 변했고 당일은 인근 시도지역에서 동창들이 몰고 온 차량으로 넘쳐났다.

우리 모교는 전교 학생수가 50명 내외여서 폐교위기에 봉착하였으나 동창회와 지역사회에서 강력히 반대하여 어렵사리 살아남았다고 한다. 학생은 1학년이 11명(남학생 7명, 여학생 4명)에 지나지 않았고 교실도 규모가 작아졌다. 대신에, 과학실, 음악실, 도서실, 컴퓨터실, 체육실, 식당 등 여러 기능이 없는 게 없었다. 유치원은 예쁘게 치장하고 7, 8명의 어린이들을 보살피고 있었다. 화장실은 신식 양변기를 갖추고 깔끔한 모습을 선보임으로써 60년 전의 무섭고 냄새나는 구식 변소와 극단적인 대조를 이루었다. 60여 년 전에 콩나물시루 같이 60, 70명의 병아리들이 교실을 메우던 시절이 먼 남의 나라 이야기 같았다.

1학년 교실, 교실 안은 정면으로 향하는 책걸상이 학생 수 만큼 다정하게 놓여 있고 뒤편에 타원형 탁자로 짜인 토론수업공간도 따로 마련되어 있었다. 방가 후 문을 여는 돌봄교실에서는 원어민 영어강의가 일주일에 두세 번 열리고 있다니 세상 참 많이도 변했다. 홈페이지에 들어가 초등학생 경연대회에 참여한 타악앙상블의 동영상을 보니 전교학생의 절반가량이 참여한데다 연주솜씨도 일품이었다.

복도에는 잘 다듬어진 분재가 놓여 있고 사진과 동시 등으로 한껏 모양을 내었다. 동시「풍선」(백지환)이 빙그레 웃음을 짓게 하였다. 어린 학생이 이 멋진 글을 지었다니 믿기지 않았다.

"아이들이 좋아하는 풍선/언제나 좋은 날에는/풍선이 같이해요.
나도 풍선처럼 날고 싶어요./하지만 난 날개가 없어요.
그래도 나는 땅에 있는 게 좋아요./왜냐면 땅에는 친구들이 있으니까요."

60년 전 이처럼 좋은 학교에서 풍선 띄우고 친구들과 어울리며 공부할 수 있었으면 얼마나 좋았을까.

요사이는 귀농하는 경향이 살아나고 있다. 개발 연대에 서울로 몰리던 추세가 가까운 수도권으로 확산되는 J 턴(turn) 경향에 오랫동안 머물러 있다가 최근에 농촌으로 되돌아가는 U 턴 현상을 두렷이 나타내고 있다. J자는 꽁무니를 더 그려 올리면 U자 모양이 되는 것에 주목하자. 귀농이던 U턴이던 간에 내 고향 농촌에도 인구가 되돌아와 우리들의 초등학교가 영원히 살아남아 좋은 인재를 계속 배출할 수 있으면 좋겠다.

조정제

전) 해양수산부장관
전) 재경 고성문인협회장
현) 바다살리기 운동본부 총재

등산길

제 정 호

따스한 봄볕이 스며드는 창가 방, 아지랑이 아른거리는 산기슭 잔디에 누워 종달새 노래 소리를 듣는 꿈을 꾸다 깨어났다.

머리맡에 놓여있는 흰 종이쪽지, 부스스 눈을 부비며 쪽지를 펴보니 '성공아, 오늘 엄마가 바쁜 볼 일이 있어 먼저 나간다. 너도 다 컸으니 식탁에 있는 밥 챙겨먹고 학교 늦지 않도록 서둘러라. 오후에는 영어, 미술, 피아노 학원과 태권도 도장 갔다 오는 것 잊지 말고 길조심하고 학교 잘 다녀오너라.' -어머니-

부모님의 바람이 커서 나를 성공이라 이름 지었단다.

그 날 이후 어머님은 매일 나보다 일찍 집을 나가셨으며 나도 부모님 말씀을 잘 듣는 모범생이 되려고 무척 애썼다. 어느 날 학교에서 집으로 돌아오는데 길에 아름다운 매미 소리에 이끌려 숲속으로 들어갔다. 학교나 학원에서 보지 못한 아름다운 꽃이며 자연에서 풍기는 풀 내음새, 모든 게 신기하기만 했다. 나는 꽃도 꺾고 매미를 잡으려고 이곳저곳으로 뛰놀다보니 시간가는 줄 모르고 놀았다. 사방에서 요란스럽게 노래하던 매미 소리가 끊어진 후에야 어둠이 깃든 것을 알고 집에 갈 시간이 늦어졌음을 알았다.

집으로 가는 동안 어머님께 혼날 생각을 하며 어떤 변명을 할까 여러 궁리를 했지만 좋은 생각은 떠오르지 않고 가슴만 쿵쾅거렸다. 혼날 생각 외 아무 생각도 못하고 집 앞에 이르렀다. 현관 초인종을 누르는 순간까지 두근거리는 가슴을 억누를 수가 없었다. 벨 소리를 듣고

"성공이 좀 늦었구나."

상냥한 목소리로 현관문을 열어주시는 어머니의 말씀 한 마디에 모든 걱정을 다 잊었다.

"힘들지? 내일은 일찍 와. 배고프지? 네가 좋아하는 음식 많이 해 놓았

다. 빨리 손 씻고 와. 밥 먹자."

다른 말씀이 나올까봐 얼른 세수하고 식탁으로 갔다. 평소에는 학교, 학원, 도장에서 일어난 일들에 관해 꼬치꼬치 물었지만 오늘은 별 말씀이 없어 오히려 조금은 불안했으나 별일 없이 지나갔다. 이제는 어머니를 속인다는 생각보다 숲속에서 노는 일이 더 재미가 있었다. 같은 반 친구 실패를 꼬드겨 함께 숲속으로 놀러갔다.

학원이 끝나는 시간에 맞추어 집으로 돌아왔다. 실패와 의논하여 감추어 둔 용돈으로 문방구에서 매미채도 샀다. 갖가지 곤충을 잡아 곤충채집을 만들기로 하고 본격적으로 산으로 들로 쏘다니다 학원 퇴교 시간에 맞추어 집으로 돌아오면서 '엄마, 아버지는 우리들의 행동을 모르겠지' 하고 의기양양하게 현관문을 여는 순간,

"성공이 이놈 어디 갔다 이제 오느냐" 아버지의 불호령이 떨어졌다.

학원에 가지 않은 것을 어찌 알았을까 가슴이 철렁 내려앉았다. 그 순간 실패라는 친구가 자기 집에 가서 놀자고 해서 놀고 왔다고 했더니 변명하지 말라며 아버지의 큰손이 내 뺨을 후려쳤다.

"성공이 네 이놈 거짓말 하지마라. 실패도 오늘 학원에 오지 않았다는데 무슨 변명이냐"며 또 따귀를 때렸다.

그 날 이후 실패와 나는 단짝이 되었고, 둘도 없는 다정한 친구가 되어 부모님 몰래 공부보다는 놀기에 재미를 갖게 되었고, 산과 들을 다니며 장래에 대한 얘기며 우리 사이에는 티끌만한 숨김도 없이 흉금을 털어 놓았다. 우정과 함께 성인이 되어갔다.

군대를 제대한 후 실패와 함께 별 준비도 없이 다른 사람들을 따라 등산길에 올랐다. 처음 산자락을 밟고 등산로를 들어설 때 싱그러운 풀냄새 산위에서 내려오는 맑은 개울물소리 가슴을 씻어내는 맑은 공기를 양껏 들어마시는 것은 참 상쾌하고 즐거웠다. 시간이 조금 지나자 숨소리도 가파지기 시작하며 여러 갈래의 등산로가 나왔다. 친구와 나는 등산객이 제일 많이 가는 곳이 쉬운 코스라 생각하고 그들의 대열에 합류했다. 조금가다 깊은 계곡을 만났으나 그들은 전문가들답게 쉽게 계곡을 통과했다. 우리는 힘들

게 서로 도우며 그 곳을 빠져 나왔다. 다른 일행은 벌써 저만치 앞서가고 있었다. 앞서가는 일행은 등산장비도 제대로 갖춘 것 같았고 장비도 제대로 갖추지 않고 산행을 시작한 것에 대한 후회가 막급했다.

등산에는 평소 충분한 준비도 하고 등산 상식 등산 코스에 대한 충분한 고려를 해야 한다는 것이다. 돌아갈 수는 없고 때 늦은 후회를 하면서 까마득하게 멀어져가는 선두를 따라 열심히 힘겨운 발길을 재촉하였다. 얼마를 못가서 앞에는 몇 갈래의 등산로가 또 나왔다.

실패와 나는 의견이 달라 실패는 오른쪽 등산길을 나는 중간 길을 택했다. 얼마 가지 않아 앞에 괴암 절벽이 등산길을 막고 있어 등산 전문가가 아니면 도저히 오를 수가 없었다.

벼랑 쪽을 자세히 살펴보니 약간의 틈새가 나있는 바위를 두 손으로 간신히 잡고 사력을 다해 위쪽으로 몸을 옮길 수 있었으나, 더울 난감한 것은 옆길을 바위틈도 없고 바위와 바위사이의 수십 미터의 절벽에 나무 한그루가 비스듬히 누워 있었다. 그 나무에 몸을 의지 할 수밖에 없으며 나무에서 떨어지는 날에는 생명을 잃을 위험한 상황이었다. 바위틈에 쪼그리고 앉아 등산을 포기할 것인지 계속할 것인지를 생각하다 평소에 부모님께서 '등산 준비를 철저히 하라' 는 것을 귀담아 듣지 않았던 것이 이처럼 후회되기는 처음이었다.

돌이킬 수 없는 후회를 하면서 또 실패가 택한 등산코스는 어떤지 이런 저런 생각을 하다 처음 마음 정한대로 이 산 정상으로 오르기로 마음먹었다. 마음을 정하니 순간 시장기가 느껴져 아침에 준비한 김밥이 생각나 가방을 여는데 느닷없이 짙은 안개가 밀려와 지척을 분간 할 수 없어 밥을 입에 넣는 둥 마는 둥 먹고 보온병에 있는 따뜻한 물 한 컵을 마시고 나니 온몸에서 힘이 절로 나오는 것 같아 등산을 계속하겠다고 결정한 것이 잘 한 것 같다.

어느 덧 안개도 걷혔다. 그러나 절벽사이에 걸쳐진 나뭇가지에 목숨을 걸고 혼신의 정신을 집중해 절벽을 건넜다. 다리가 후들거렸고 온몸에는 식은 땀이 팥죽처럼 흘러내렸다. 저쪽에서 이쪽 바위로 건너올 때 발아래 펼쳐지는 장엄한 광경은 조금 전의 운무가 완전히 걷히니 더욱 계곡의 아름다운 비경으로 선경을 보는 것 같다. 눈앞에 펼쳐진 아름다움에 피로감도 잊고 정신을 놓고 있다 문든 실패가 생각났다. 실패보다도 정상에 먼저 오르겠다는 잘못된 오기로 정상을 향해 무거운 발걸음을 옮기다 비탈에 넘어지기도 하고 옆 사람의 도움으로 부축을 받기도 했다.

정상에 가까워질수록 기후 변화가 심하고 정상의 아름다운 속살을 쉽게 보여주지 않을 심산인지 변덕스러운 시어머니 마음처럼 기후변화가 심했다. 장대 같은 소낙비가 산을 다 씻어갈 것처럼 쏟아지다가 쨍한 뙤약볕이 흠뻑 젖은 배낭을 순식간에 말려주기도 한다.

다른 등산객은 몰라도 '실패하지 말고 성공하라' 는 뜻으로 이름 지었다는 내 친구인 실패는 지금 어느 정상을 오르고 있으며 무얼 생각하며 등산을 하고 있는지 이런 저런 상념 속에 숨을 몰아쉬며 앞에 빤히 보이는 정상을 향해 안간힘을 다해 한발 한발 앞으로 나아갈 때 마다 넓어지는 시야를 보면서 어린 시절 산자락의 풍경과는 비교도 할 수 없는 희열을 느끼며 산봉우리 정상에 올랐다. 나도 다른 사람처럼 들뜬 기분에 야호를 몇 번 지르고 그 자리에 털썩 주저앉았다. 정상에 오른 사람들의 표정을 가지각색이었다.

'성공아, 죽음을 무릅쓰고 이룬 등반 결과에 만족하느냐?'

'성공아, 너는 무엇을 얻었느냐?' 자문해본다.

'눈앞에 펼쳐진 광활한 산, 산들의 기괴한 모습들에는 어떤 산길에 어떤 봉우리들이 숨겨 있는지 알 수가 없고 애쓴 보람에 결과는 보잘 것 없다.' 고 느껴진다.

기쁨도 잠깐 날이 저물기 전 하산을 서둘러야 한다. 실패는 큰 고생 없이 작은 봉우리에 올랐단다. 하산하는 나를 기다리고 있던 실패는 반갑게 맞이해 주었다. 실패의 머리에도 희끗희끗한 머리카락이 보였다. 하산 길에 귀뚜라미 소리도 간혹 들었다. 우리는 말없이 걸었다. 하산을 하면서 나는 실패보다 더 높이 등산한 것이 어떤 의미를 갖는지 모르겠다. 몇 번이고 생각했지만 실패보다 잘했다는 확신이 없었다. 친구와 나는 오늘의 추억을 다만 가슴에 안고 살아 갈 것이다. 우열을 가릴 수도 없고 그럴 필요도 없는 등산 애길 다음 기회로 미루고 피곤도 하고 씁쓸한 기분에 대포 한잔 하지 않고 헤어졌다.

젊을 때는 하루에도 수십 통의 우편물이 배달되었으나 요즘은 우편물마저도 끊어진지 오래되었다. 우편함에 편지가 있는 것을 보고 반가운 마음에 급히 내용을 보니 동창모임이 있으니 꼭 참석하라는 알림장이었다. 어찌나 반가운지 일찍 잠자리에 들었으나 나이 탓도 있지만 어린 시절 소풍가는 기분으로 잠이 잘 안 온다.

새벽부터 일어나 몸치장을 해도 무언가 부족해 세수, 양치질을 한 번 더 하고 거울을 몇 번 보고 평소 별로 바르지 않던 로션도 발라본다. 젊을 때는 고양이 세수에 아무 옷이나 입고 약속시간에 서둘러 가면 만나는 사람 누구나 다 멋있다고 했는데 오늘은 오랜 시간을 거울 앞에서 용모에 신경을 썼지만 내가 보아도 볼품은 없다.

약속시간에 늦지 않게 버스가 저쪽에서 오는 것을 보고 정류장을 향해 힘껏 뛰었건만 거북이 뜀박질에 버스를 놓치고 말았다. 젊을 때는 버스를 놓친 적이 별로 없는데 세월의 흐름에는 어쩔 수 없다고 자탄을 해본다. 차를 놓치고 약속시간에 늦어지니까 한 친구가 머리에 떠오른다.

매사에 절도 있고 예의바른 그 친구는 약속시간 늦는 것을 매우 싫어하고 핀잔을 준다. 오늘은 그 친구에게 약속시간에 늦지 않으려고 뜀박질까지 했는데 버스를 놓쳤다고 미안하다고 하는데 말을 다 듣지도 않고 대뜸 하는 말이 "우리 약속시간이 무어가 그리 중요하냐. 젊은 시절 생각하고 뛰다 넘어지면 큰일나네. 다음부터는 서둘지 말게." 그 친구의 배려하는 말 한마디에 가슴이 찡 하고 이제 우리도 늙었다는 생각이 들어 약간 서글퍼지기도 한다.

실패와 나는 오랜만에 친구들과 흉금을 터놓고 늦도록 술잔을 기울이다 거나하게 취해 귀가했다.

며칠이 지난 후 존경받던 그 친구가 소천 했다는 연락을 받고 장례식장을 찾았더니 평소 같으면 중앙에 자리를 잡고 큰 소리로 떠들며 세상사를 갑론

을박하던 친구들이 한 쪽 구석에서 꾸부정한 자세로 쓸쓸하게 앉아있는 몇 안 되는 벗들을 만나 망자에 대한 덕담을 몇 마디 주고받았다.

술자리에 앉으면 두주불사로 24시간도 모자라하던 술꾼들이 오늘은 술 한 잔도 마다한 채 해지기 전에 귀가를 서두르는 모습이 참으로 안쓰럽고 초라해보였다. 오늘따라 북쪽으로 날아가는 기러기의 울음소리가 더욱 처량하게 들린다. 나는 그날 밤 조용히 기도를 마치고 성호를 그리며 잠자리에 들었다.

제정호

제정구 기념사업회 운영이사

구업(口業)

무상 김 수 복

횡성 하나 백년 만에 나타나
지구를 돌아 우주로 사라지고
450억 년 전서부터 태양풍은
회오리바람 태풍이 되고
달의 힘으로 밀물과 썰물이 된다

원시림에서 기생하던 에이즈는
인간의 성기에 기생하다가
여자의 혀 바닥으로 옮겨
독 품은 여인에게 달려드는 남정네
입속에 균 맛있게 빨아 먹는다

발가락에 기생하던 균들 손으로 긁어
입속에서 뇌로 올라가
잘 배운 놈 못 배운 놈 바보 같이
전생이 누군지 모르면서
입으로 악담하며 균들을 토한다

핵이었던 인간 다시 죽으면
원숭이 뱀으로 태어나겠지만
시기 중상모략 구업 또 짓고 있다.

얼굴 가린 누나

입혀진 누나는 연꽃이 되어
나비를 춤추게 하고
새들 재잘거려 합주를 했지만
내안의 많은
생각들 때문에 난 들을 수 없었네

구름 속에 얼굴 가린 누나
빗방울 연잎위에 이슬을 모아
물위에 낙수되어
금붕어 입 벌려 합장을 하네
사랑한다고 안부를 묻네.

나의 모교 고성중학교 방문

김 청

나의 고향 고성읍 월평리에 있던 옛집을 허물고 자그마하게 다시 집을 지었다. 세상에서 흔히 말하는 별장도 아니고 전원주택도 아닌데 서울에서 살고 있는 친구들에게는 큰 뉴스가 되나보다. 동네 속에 있던 옛터 그 자리이지만 종심의 나이에 고향에 지었으니 화제가 될 만 했을 게다. 허물기 전에는 어머님 이 세상 떠나가시고 사람의 손길이 없이 아무도 살고 있지 않았으니 온갖 잡초들만 우거져 주인 행세를 하고 있었다. 어머님 떠나시기 전 새 집을 지어 편히 사시게 해 드리겠다고 약속했었는데 어머님 가신 후에야 비로소 지었으니 불효막심하지만, 뒤늦게라도 집을 지어 위로받고자 했다.

새로 지은 집 마당 밟아주겠다며 서울에서 생활하고 있는 중학교 동창생들이 고향집으로 내려왔다. 중학교 시절에도 나는 친구를 좋아하여 옛날 집에 다녀갔던 친구들이 더러 있어 당시 이야기를 기억해내는 친구도 있었다. 실은 가족들이 집짓기를 반대했지만 오랜 설득 끝에 집을 다시 짓게 되어 마음이 불편했으나 친구들이 잘했다고 용기 북돋아주니 그나마 다행이었다. 밤새도록 이야기로 온통 열을 받아 집이 불타기라도 할 듯 후끈거렸다. 친구들은 만나면 반갑고 즐거운 옛 이야기로 중학교 학창시절로 되돌아가 삶의 아름다움과 활력소를 안겨주곤 한다. 정다운 친구들이 멀리서 이렇게 집 찾아와주니 이 아니 반가운가!

한밤 자고난 다음 날 아침 고향 동네 마을을 돌아보고는 옛 중학교를 찾아보자고 하여 나서기로 했다. 나는 중학교를 졸업하고는 세월만 날려 보낸 채 한 번도 찾아가 본 적이 없다. 방문해 보고 싶었는데 막상 그 곳에서 함께 뛰놀던 동창생들과 같이 가게 되니 마음부터 설레었다.

나는 집에서 약 4~5킬로미터 떨어져 있는 학교를 걸어 다녀야 했다. 중학생으로는 먼 길이었기에 겨울같이 추운 계절에는 힘들었지만 가면서 오면서 즐거운 일도 많았다. 하교 길에 배가 고프면 들판의 밭에 심어진 무, 가지 등을 주인도 모르게 캐서 허기를 채우기도 했다. 어쩌다 친구와 말티 고개에서 사먹던 풀빵은 얼마나 맛이 있었던지! 하지만 어머니가 생활을 이어가기 위해 멀리 옹기장사라도 갈라 치면 어린 손으로 밥해 먹고 다녀야하는 고달픔도 감내해야 했다. 남편 없이 홀로 살림을 꾸려 가신 어머님의 고생에 비하면 아무 것도 아니었건만. 이제 많은 세월이 흐르고 보니 그 시절이 그리움으로 닥아 온다. 거리가 먼 중학교 시절의 통학이긴 했지만 나의 중학교 시절은 오늘의 나를 있게 한 바탕이 되었다.

50여 년 전, 흘러간 학창시절의 추억들을 담기 위해 2012년 11월 24일 토요일 오후, 우리들의 고성중학교 그 교문을 들어섰다. 완전히 달라진 모습의 교정이지만 가슴이 벅차 뛰며 우리도 모르게 모두가 두 눈에 고이는 눈물을 닦는 듯 했다. 세월은 유수와 같이 흘러 이제 칠십대, 머지않아 팔순을 바라보는 나이가 되었기에 다시 한 번 더 인생의 허무와 무상함을 실감할 따름이다. 뛰노는 학생, 운동 하는 학생 하나 없는 한적한 학교 운동장에는 오직 적막만 깔려 있었다. 하지만 포근한 당시의 풍광에 조용히 접어든다. 그렇게 크고 넓던 운동장이 작고 좁아 보인다. 부름천까지 가서 책보에 가득히 돌을 담아 날라 만들었던 재갈 길도, 고슴도치 선생님으로 별명이 붙었던 양문석 선생님이 음악을 가르쳤던 입구 왼쪽에 있던 음악실도, 사계절 공부했던 천막가교사도, 울창한 뽕나무 사이의 그 나지막한 언덕길의 황토밭도, 그리고 배구장에 걸려있던 배구네트도, 정구장의 낮은 네트도 눈에 보이질 않는다. 뒤쪽 언덕배기에 있던 소나무만 수많은 세월을 거치면서 어느 듯 고목이 되어 우리를 반기는 듯 했다. 가교사 뒤편 뽕나무밭과 소나무사이의 잔디 공간에서 자주 벌어졌던 김수복 군과 황수용 군의 공개 격투기가 눈에 선하다. 심판은 친구들이고, 승부가 나지 않으면 몇 날이고 반복 계속되었다. 본인들은 아마 기억하지도 못하리라. 저쪽 무량리 뒤로 보이는 무량산은 산토끼 잡으러 몰이꾼으로 자주 동원되었던 그 산 아닌가! 선생님들과 학생들이 총 출동하곤 했다.

당시 천막으로 지붕을 덮은 가교사는 큰 비나 태풍이라도 몰아치면 수업을 할 수 없어 교무실이나 안전한 건물에서 합반을 해야 했다. 언덕배기 비탈에 자갈길 사이로 쭉 늘어지게 배치되었던 여러 채의 가교사는 이제 흔적이 없고 깨끗한 하양 현대식 3층 건물이 우리를 환영하고 있다.

한규필 선생님이 지나가다가도 우리들 머리를 톡 치면 당시 교과 내용의 주요 키워드를 외워 토해내곤 했다. '만주의 5대 농산물' 하면 '콩, 수수, 조, 옥수수, 밀', '독일의 외교 3B 정책' 하면 '베르린, 비잔틴, 박다드', '영국의 외교 3C 정책' 하면 '카이로, 캘컷타, 케이프타운' 등으로 크게 소리 내어 암송했고 지금도 그 단어들의 기억이 너무도 생생하다.

양문석 음악선생님의 '오 나의 태양' 곡의 음계인 '솔파미레도 도레미도 시라라....'를 외워야 했고 외우지 못하면 가느다란 대 회초리로 손바닥을 얻어맞아야 했다. 그 음계는 지금도 그대로 외울 수 있을 정도이다.

이엄수 선생님의 피타고라스 정리를 해석하지 못하면 간이변소에 가서 똥 묻혀오기, 남성중의 남성이었던 김호수 선생님, 실력이 짧다고 평가들 있었지만 잘 넘겨가며 영어를 가르치셨던 이광범 선생님, 초한지, 한신장군과 유방에 관한 일사천리 식 역사 이야기를 허리가 비뚤어져 가면서 이야기하시던 김언호 선생님, 항상 입 속에 가래를 씹듯 했던 권만현 국어선생님, 실력가로 알려졌다가 진주중학교로 전근하게 되어 아쉬워했던 김영백 영어선생님, 항상 불만에 가득 차 있어 보였던 스프링이라 별명이 붙은 박장희 선생님 등이 이름 석 자 그대로 생생하게 기억난다.

3학년 졸업을 얼마 앞두고 무슨 일 때문이었는지는 기억이 없지만 동맹휴학이라 하여 모두 교실을 빠져나가라는 지령(?)을 받아 친구들과의 약속 때문에 응급 결에 무작정 가교사 교실의 창문을 뛰어넘어 도망친 일이 있었다. 우리 반 교실의 출입문이 교무실과 마주 보여 부득이하다고 판단했기 때문이었다. 다음 날은 학생들의 결의에 따라 학교에 등교하지 않았다. 그 다음날 학교에 나왔을 때 박장희 선생님에게 호출 받아 교무실로 불려갔다. 창문을 넘어 도망가는 모습이 발견되었던 것이다. 몇몇 친구들도 호출되어 있었다. '엎드려 뻗혀' 하고는 나무 몽둥이로 무지하게 얻어맞았다. '공부 좀 한다는 놈이 빵소니를 해!' 하며 온갖 욕설도 빠지지 않았다. 그때의 그

광경은 그대로 나의 뇌리에 남아있다. 그리고 이때의 하루 결석으로 개근상도 놓쳤다.

이영백 선생님이 가르친 영어 일학년 책에는 고! 스톱! 으로 시작했지만, 나는 중학교에 입학할 때 영어 알파벳도 쓰지 못했다. 읍내에 사는 친구들은 영어책을 줄줄 읽어댔다. 그나마 비 오는 어느 날 천막 가교사에 비가 새어 여러 반 합동교실 영어수업 때 친구들과 장난치다가 중요한 내용을 듣지 못해 깜깜해져 버렸다. 그 후 영어 진도가 말이 아니었다. 결국 방학을 이용하여 사촌 형님에게 간청하여 동네 친구들과 함께 지도를 받아 어느 정도 궤도에 오르게 되었다. 당시 인기가 있었던 삼위일체, 소야영문법, 고교영문법 등을 교재로 하여 집중 공부를 했으므로 다음부터는 영어 강의가 쉽게 귀에 들어오게 되었다. 형님으로부터 특별한 과외를 받은 덕분이었다. 내가 성장하면서 서울의 대학을 진학하고 가정교사나 영문법 강의도 할 수 있었던 기초를 그때 닦게 되었다.

우리를 가르쳤던 정겨운 선생님들은 지금 얼마나 생존하시고 어떻게 생활하고 계실까? 너무 잊고 세월만을 살아왔나보다. 학교 졸업할 때 당시 유행했던 학창들 졸업 사인지에 '인생은 짧고 세상은 무상하니 뜯고 찢고 싸우지 말고 행복하게 잘 살아라' 고 같은 말을 의미도 잘 모른 채 장난 끼로 써주었는데 그 친구들 지금도 나의 글을 갖고나 있을까?

나의 오늘은 어떤가? 어린 학창시절의 추억이 아스라이 떠오르며 면면 모습으로 남아 주마등처럼 영상으로 머리를 스쳐간다.

중학교 때의 교가가 머릿속으로 울려 퍼진다. 오십년도 넘었는데 유치환 작사의 가사도 거의 잊지 않고 입으로 토해 나오는 것이 신기할 뿐이다.

'옛 이름도 고울세라 고자미동국/ 울울한 반만년의 겨레의 꿈이/ 잇고 이어 아득히 여기 머물러/ 자라노니 어진 슬기 맑은 이목들/ 자랑은 높으고저 뜻은 멀고저/ 한결같이 뻗어 날 고중 사나이'

선창을 하자 모두가 생각나는 듯 따라서 더듬더듬 합창을 시작한다.

우리는 1957년 2월에 졸업한 제7회 졸업생들이다. 그러기에 서울에서 생활하고 있는 동창들은 '고칠회' 라 이름하여 오래전부터 매월 1회 산행이나 둘레길 걷기로 정겹게 만나고 있다. 강홍길, 고영수, 김수복, 남정현, 박정진, 서병진, 신장효, 이근무, 이영만, 이장근, 이정렬, 이향렬, 정갑수, 정영수, 제정보, 허도정, 허호기 등이 회원으로 건강하게 만나고 있다. 최정길, 최덕포, 최창주 는 먼저 저 세상으로 떠났지만 만나기만 하면 옛날 학창시절의 에피소드를 비롯하여 어제와 오늘 그리고 미래에 이르기까지 삶의 전반에 대하여 끝없는 대화가 이루어진다. 웃기조차 힘든 세상살이 속에서 파안대소하며 즐거운 시간을 보내곤 한다. 이름만 들어도 정감이 있는 학창친구들이다.

중학교를 졸업한지 55년도 넘어 불청객 백발과 주름살로 뒤덮인 노인들이 옛 교정에서 어린 시절의 마음으로 만나게 되니 감개무량할 뿐이다. 천막 가교사나 자갈길 등 옛 교정의 분위기는 사라지고 없지만 새로 지은 깨끗한 교사와 오래된 화단의 수목에 감싸이며 흘러간 시간의 세월을 세어 본다. 아스라한 옛 학창시절의 추억에 취해 눈을 지그시 감는다. 머릿속 스쳐가는 주마등을 더듬으며 감개무량한 마음 가득 품고 기념사진 한 장을 찍었다. 떠나기 싫은 정다운 엄마 품 같은 교정의 이곳저곳을 만져본다. 모두가 아쉬운 마음으로 발길을 돌려야 했다.

학교를 나와 갈모봉 삼림욕장에 둘러 정상 가까이까지 걸어 삼림욕을 하며 몸과 마음을 씻는다. 계곡에서 불어오는 바람이 세상 살면서 쌓이고 쌓여온 마음의 때까지 씻어 청소하니 전신이 가볍고 시원해지면서 맑아진다. 옛 중학교 시절을 반추하며 그때 그 동창생들과 웃음보를 터트리니 산속으로 메아리쳐 다시 들려온다.

김 청

공학박사/기술사
한국포장산업연구소 회장

고조선은 실존의 역사다
-역사를 잃으면 나라가 없다-

김 화 홍

우리나라에 역사 이전 부터 사람이 살아온 것은 구석기 시대인 3만년전후다. 최근 중국 요령성 조양시 근교에 위치한 우하량 유적지에서 세계를 놀라게한 고조선 문화의 정수인 여신묘(女神墓)가 출토 되었다. 묘내부의 청동물은 방사성 탄소에 의한 측증 년대는 BC5515년 경이며 세계 최고의 문명임이 판증 되었다. 이는 고대 국가를 건설한 청동기 문화 유적지로서 국가성립에 필수적인 성곽과 도시, 궁전, 대형무덤, 청동기무기 등을 두루 갖추었다. 여기가 바로 우리국가의 원조인 고조선이 실제로 건재한 고대 국가로서 그 사실이 과학적인 유적조사에서 확실히 밝혀 졌기에 우리의 옛 국가인 고조선을 자랑스럽게 본장을 통하여 소개 한다. 일연선사의 삼국유사에 의하면 고조선의건국 연대가 BC2333년전 이라 적고 있다. 또 1911년 연초 계연수 선생의 환단고기에서도 환국(桓國)이 7세로서 400여년간을 존속한 6374년전이었고, 환웅의 배달국이 치우(蚩尤)의 청구국(靑邱國)을 합하여 18세 1865년간으로 4509년전이며, 단군의 조선건국이 47세 2013년 존속으로 BC2496년전이 되었다고 적고 있다. 두분이 고찰한내용이 차이없이 비슷하다. 뿐만아니고 중국의 고서인 수서, 위서, 송서, 당서의 기록에서는 고조선은 청동기 문화를 바탕으로 그 판도가 한반도와 송화강을 경계로한 민주의 전영역과 중국의 화북성까지-요하, 요령, 산해관을 포함한 황하, 화이허강 이북의 산둥반도가 고조선의 영역이었다. 지금 이웃나라의 일본 교과서를 보면 그들은 우리나라 역사의 시발점을 한 4군의 하나인 낙랑(3세기경)으로, 또한 서기1,2세기후의 삼국시대로 잡고 있다. 이웃나라의 역사를 이렇게 왜곡할 수 있는가. 남의역사를 날조하는 것은 바로 범죄행위이며 또한 저질스러운 침략 행위다. 그들의 식민사관은 오늘도 그대로 존속되어 한

강이남은 일본 식민지가 되고(임나일본부) 그들의 고대 문명인 승문(신석기) 미생(청동기) 문명등은 전부가 중국을 중심한 대륙문명의영향 및 그들 자신의 문화로 확정짓고 일본문화를 역류시켜 한국의 역사를 모두가 그들의 식민사관으로 정착 시켜 놓은 지금이다. 우리나라의 식민사관을 주장한자는 이병도와 그추종자 들이다. 그들은 낙랑군의 위치를 황해도 수안군의 수성현에 비유하여 우리학자들 스스로가 우리의 역사를 한반도로 축소시키는 망나니짓을 범했다. 우리의 고문헌은 물론 중국의 문헌에서도 낙랑군이 갈석한(碣石山)과 산해관은 물론 만리장성의 시발점인 북경 인근 지방까지가 낙랑군의 땅이었음을 증명하고 있다. 이같이 엄연한 역사의 사실을 거역한 식민사관은 일본의 식민사관의 원조인 쓰다소키치(津田左右吉)와 그의제자들인 조선사학자들이 조선사 편수회를만들어 북으로는 몽고까지, 남으로는 일본의 전영역을 평정한 우리역사를 한반도로 축소시킨 우를 우리 스스로가 범한 사실이다. 우리의 역사왜곡은 일본뿐만 아니고 중국은 동북공정으로 고조선과 고구려, 발해 등의 정통적 우리 고대국가를 그들의 지방분국으로 둔갑시켜 30년에 걸친 막대한 자금을 투입시켜 중국의 국책사업으로 우리국가의 원조인 고조선을 탈취하고 있는 엄청난 음모를 꾸미고 있는 지금이다. 이 같은 빌미를 준 것이 바로 우리역사를 한반도에 국한시킨 매국적 식민사학자들이다. 내가 국회 및 각종 역사 연구 발표회에서 놀란 것이 지금도 우리 선현의 주옥같은 연구서는 멀리하고 가필과 윤색으로 쓰여진 일본서기 및 거짓으로 쓰여진 식민지 연구물을 들고서 한사군과 고조선을 위증(僞證)하는 썩은 학자들을 많이 대한다. 그러면서 다음세대의 주인공인 초, 중,고, 우리역사 교과서에도 낙랑군이 한반도에 위치해 있다고 적고 있다. 이같은 역사왜곡은 크다란 범죄행위다. 사실은 요령부근의 갈석산 언저리와 만리장성의 시발점인 부근에 낙랑,진번, 임둔 현도가 중국의 북경과 접하고 있는 오늘의 실증 사학을 멀리하고 있는 것이 너무나 한심하다. 우리나라의 사학계에도 젊은 학자들이 중심이된 가람역사 연구소에서 역사 되찾기 운동은 대단한 찬사를 보낸다. 중국과 일본은 없는 역사를 만들고 있는데 우리는 있는 역사를 스스로가 난도질하고 있는 어제와 오늘이다. 우리나라 식민사학자들이여, 아직까지 고조선이 신화전설에 의한 미정립된 고대국가로 인정하려하는가. 아니면 지금도 일제의 식민사학의 틀속에서 일본에 종속된 식민지역사로 있어야 하는가. 아니면 차제에 과학적, 지정학적, 역사적(중국고서 및 신채호, 바은식 선생의저서 및 최근의 발굴내용)재 발견에 의해 정립된 고조선을 한국 역사의 근간으로 재정립 시켜야 할 싯점에 온 것인가. 앞에서 지적한 요령성 조양시 근교에 위치한 우하량 유적지에서는 청동기 고대국가 성립의 핵심체인 주물들과 빗살문늬토기, 비파형동검,적석총과 엄청난 옥기유물 및 하늘에 제사를 지낸 원형제단도 발견 되었다. 이런 유물들은 중국의 황하문명과는 원형이 다르다. 이곳 요령성이 동이족(우리민족)의 거점이고 여신이 발견된 모계사회이며, 부계 사회이었던 중국의 원형과는 근본에서 달라 콧대높은 중국 사학자들도 서섬없이 동이족(東夷族)문화임을 인정하고 있다. 이 지역이 바로 홍산(紅山)문화요, 요하문명으로 정의한 신비의 제국 고조선이다. 중국으로서는 세계4대 문명중에 가장 연대가 낮은 그들로서 이곳은 동이족 문명을 인정하고 보면 황하문명 자체가 요하문명의 지류로서 2천년의 역사가 뒤늦게 처지는 결론이다. 다시말해 동쪽 오랑캐로 얕잡아보던 문화보다 중국문화의 츨발점이 후대인 것이 과학적으로 밝혀진 것이다, 중국사학자들은 그들이 동북공정에 필요한 신조어인 “다민족 역사관”이다. 중국땅에 있었던 우리의 고유 노래인 아리랑이 그들의 문화유산으로 유네스코에 등제를 제청한 일이 있었다. 이유인즉, 그곳에 살고있는 조선족 자체가 다민족관으로서 중국인으로 정의하고 있기때문이란다. 정말 우섭고 한심한 일로서 정부의 강력한 반발이 있었다. 아리랑은 그 원류가 조선인의 정서와 삶의 역사가담긴 멜로디로서 드디어 작년(2012년)에 우리의 가치높은 전통 노래로 유네스코에 등재가 된사실이다. 따라서 조양시 근교에 발굴된 “하가점 하층문화”도 그자체가 고조선의 고토였기 때문이다. 발굴된 유물 연대가 BC220년 경으로 고조선 성립연대와 동일하고 출토된 유적도 동이족(조선족)의 그것이다.환언하면 주목 되었던 청동기 문화유적과 옥으로만든 비파형동검, 각종 청동기 무기류등의 고증으로보아 고조선은 실제로 건재한 고대 국가라는 것이 과학적인 유적의 검증에 의해 밝혀

졌다. 그런데 여기에 주목할 것은 중국인 그들의 다민족 역사관이 새로운 장애로 떠오르고 있다. 곰형태의 유적이 중국 각지에서 발견되자 사마천의 (사기) 오제 본기에 중국 시조인 황제(黃帝:헌원씨)는 유웅(有熊)씨였다는 기록을 들며 중국시조가 웅시임을 강조하지만 오히려 중국인이 고조선의 동이족 후손임을 자인하는 내용이 된다. 사실인즉 중국 시조를 요하 문명과 관련 시켜야 하겠다는 강박관념이 그들의 자존심을건 다민족역사관으로 변한 다급함을 보여주는 현실이다. 일본 역시 고조선, 고구려, 발해등의 고대국가가 중국 대륙과 일본등을 호령하던 고대사를 잘라내지 않고서는 식민정책 수행과 우민화 정책을 수행하기 어렵다고 판단했기 때문이다. 그들이 식민지 통치에 내걸었던 내선 일체란 것도 조선과 일본이 같은 뿌리라는 억지이지만, 1300년(일본국7세기)밖에 안된 일본 역사로는 수천년이 앞선 고조선이 그들에겐 걸림돌이 된 것은 사실이다. 지금도 식민사관의 종이된 한국의 일부 인사들이 고조선이 없다고 주장하고 있는 것이 슬픈현실이다. 이들은 실증사학을 표방하면서 역사는 과학이라며 고조선은 청동기 문화가 없다라고 부정해온 이들이 이제는 수 많은 청동기 유적이 과학적으로 백일하에 드러난 만큼 이제는 논쟁의 가치조차 없어진 것이다. 최근에 광신도에 의해 단군상의 목이 잘리는 참담함을 당했다. 중국과 일본에서 아니 우리 민족자체가 제 나라의 국가 원조인 고조선을 없앨려는 수난사가 계속되는 현실을 보고 국민들은 느낀점이 없는지 묻고 싶다. 고조선은 우리 역사의 뿌리다. "고조선 회복을 부정한다면 한국의 역사는 없다" 라고 울부짖던 단제 신채호 선생의 역사관을 되새기며 우리역사를 우리가 되찾는 애국적 가치관을 가지도록 노력할때다. 세계화는 주체적으로 발전된 역사와 문화로 응결된 힘의 원형으로 그 나라의 발전을 기약하는 것이다. 갈석궁지를 고찰하면 성벽은 돌로 쌓았다. 예로부터 중국의 장성은 벽돌이요, 우리것인 고조선, 고구려, 발해의 성은 모두가 돌성이다. 환인의 환국, 환웅의 배달국, 단군의고조선이 있었던 7000여년의 역사의 숨결이 쉬고 있는 요령성은 바로 고조선의 영지(靈地)다. 그 시대의 인구는 1억 8천만이었다. 정치이념은 홍익인간(弘益人間):널리 백성을 이롭게함)과 경종유축(耕種有畜:곡식파종과 가축사

육) 및 치시교역(置市交易:시장경제)으로 경제가 번성하였고, 특이나 가림토문자(加臨土文字)가 있어 수많은 백성들의 의사소통이 원활 하였으며, 8조법금(8條法禁)으로 법치주의 국가를 실행했다. 상술한 바와같이 고조선은 그들의 신앙으로서는 토템이있었고 정치는 천왕밑에 풍백, 우사, 운사의 관리를두어 주곡(主穀), 주명(主命), 주형(主刑), 주병(主病), 주선악(主善惡)을 축으로 다스리면서 범주인간(凡主人間)의 집다한 인간사 360여사를 관장하며 만물의 삶의윤택과 평등철학인 재세리화(在世理化)로 오늘날의 국민복지를 축으로하는 정치를 행하였다. 동이족은 요령성에서 청동기 문화를 꽃피웠던 홍산문화의 주역이었고 정치, 경제, 사회, 문화의 체계적인 인문과 만물의 발전적 토대위에 번성된 국가임을 우리는 인식 할해야 할것이다.나는 역사를전공한 사람으로서 이나라 정치인과 역사학자들에게 간곡히 부탁하노니 이제우리의 고조선이 확고한 역사적 과학적인 검정에의하여 증명이 되었으므로 역사를 재정립시켜 세계최고의 고조선문화(홍산문화)를 세계화 시켜야할것이다. 역사를잃으면 나라가없는법이다. 특히 우리주변국인 중국의 동북공정과 일본의 식민사관에 대응할수 있는 역사의 힘을 우리 스스로가 배양해야 할 시급한때다. 이들나라에 실존역사를 빼앗기면 우리는 주권국으로서의 생존이 불가능한 것이 냉엄한 역사의 교훈이다. 중국과 일본에게 역사실증을 과감히 밀어붙이고 국제기구등을 통해 고조선, 고구려, 발해등의 독립된 우리의 역사를 홍보하며 중국의 동북공정 및 일본의 식민사관은 과거 제국주 팽창정책에의한 침략행위의 재현임을 인식하고 강력히 대처할 수 있는 실효적 방법을 다각적으로 찾아야 할겄이다. 주어진 기회를 놓치면 않된다.중국학계에서도 인정한 홍산문화를 바탕으로 고조선은 물론 우리할아버지들의 꿈을 키우던 만주의 천리옥야를 힘을모아 되찾도록 하자. 통일과 국토회복의 문제는 미루면 영원이 우리손에서 멀어저간다. 역사는 열심히 가꾸는자의 몫이다.

김화홍

한국방송대영문학과 졸
2004년 고성중앙고등학교장 퇴임
저서 : 대마도도 한국땅, 독도는 한국땅 외 문학서 20여권
수필가등단, 문예한국수필가대상수상
한국예술문화협회서예 심사위원
고성신문논설주간

교정

중암(中巖) 남 정 현

등 굽은 소나무 말없이 손 내밀며
언재 왔느냐고 왜 이제 왔느냐고
돌아서니 좀 더 있다 가라고 하네

우리의 인연은 고목도 알고 있더이다
교정을 지켜온 등 굽은 소나무
땡, 종소리와 함께 달려와서
점심 나눠 먹던 뽕밭 간데없고

고슴도치 선생님 회초리 생각나건만
선생님 보이지 않고
등 굽은 소나무 말없이 교정을 지키고 있네.

좋은 인연

밥이 보약이라고 하던 시절도 있었다. 그때 쌀밥이던 보리밥이던 배부르게 먹는 사람은 부유한 집 아니면 잘 못 먹었다. 주변에 밥 잘 먹는 사람은 거위 없었다. 그리하여 '밥은 보약' 이라고 하였던 것 같다.

이웃 어른들 아침에 만나면 '아침진지 드셨습니까?', 점심때에 만나면, '점심 드셨습니까?' 라는 말이 인사였던 시절이었다. 얼마나 먹고 살기가 힘들었으면 이런 인사의 말이 예의가 되었겠느냐 생각을 해 본 적이 있었다.

봄이면 엄마가 담아준 보리밥 한 그릇 개 눈 감추듯이 해치우고는 한 시간도 안 돼 허기를 참지 못하고 뒷산에 올라가서 창꽃(진달래꽃)을 타다 먹기도 하였다. 웃자란 소나무 꺾어 겉껍질 벗겨내고 송구(소나무) 속껍질을 먹기도 하였다. 속껍질에서 흐르는 당분이 어찌 그렇게 맛이 있었는지 쭐쭐 빨아먹던 시절 아직까지 곁을 떠나지 않고 생각난다.

손발은 늘 흙 손발이고 상처는 떨어지는 날이 없었다. 왜냐하면 일상이 농사 짓는 생활이었기 때문이다. 봄이면 이산저산 오르내리면서 아름답게 피어 있는 창꽃 따먹은 얼굴로 웃으면, 흰 이빨에 입안은 온통 검푸른 입술로 화전놀이도 하였다. 귀신같다고 서로 쳐다보면서 웃던 우리들이다.

하릴없이 바깥을 쏘다니다가 언 손발로 따뜻한 안방의 아랫목에 있는 이불 속에 손발을 넣으면 따뜻한 손발이 되어 그릇을 잡아도 떨어지지 않게 잡을 수가 있었다. 이런 지난 추억을 되새김하여 보면 요즘은 너무나 행복한 시절이다.

논밭에 일하러 나가신 아버지가 늦게 들어오시면 아버지 밥상에 따스한 밥 올리기 위해 어머니는 담요에 싸서 아랫목 이불 속에 넣어둔 아버지 밥그릇 생각이 난다. 뚜껑을 열면 물기를 가득 머금은 먹음직스러운 하얀 쌀밥이 그리워진다. 그릇에 밥을 담을 때 아래는 보리밥 담고 위에는 하얀 쌀밥을 담는다. 쌀이 귀하였기 때문이다. 위 하얀 쌀밥을 보면 쌀 기가 비치는 그 형상 눈에 선하다.

아무도 넘볼 수없는 아버지 밥그릇이지만 쌀밥이 먹고 싶은 철부지는 보리밥을 덮은 쌀밥 몇 알 먹어보고 야단칠 엄마 생각하며 얼른 아버지 밥그릇 덮던 생각이 난다.

소가야의 도읍지라고 자랑하는 우리가 자란 고성은 크게 내세울 만한 특산품도 없고 농토는 좁고 바다를 삼면을 끼고는 있지만 앞을 가로막은 많은 작은 섬과 복잡한 해안선, 얕은 수심은 항구로 개발 발전하기도 어려운 척박한 지역 아닌가 싶다.

하지만 돌이켜보면 우리는 참으로 배고프고 어려운 시절을 같이 하였던 친구들 아닌가. 그래도 다행인 것은 고칠회(재경고성중학교 7회) 회원 여러분들은 복 받고 운 좋기에 중학교이라는 보통교육을 시골에서 함께한 친구들이다.

이름 세자는 아름답고 추억이 가득한 곳에 두고 푸르른 꿈을 가슴에 안고 한양천리 올라 와 뿌리를 서울 땅에 심었던 고칠회원 친구들 먹구름이 일 때 먹구름을 거두고 푸른 하늘 아래서 온갖 시련 떨치고 위풍당당하게 뜻을 펼친 고칠회 친구들 아니냐?

실개천 노래 부르며 가재 잡고 버들피리 불던 그 시절 어찌 잊겠느냐? 태풍이 불어도 넘어지지 않고 한양천리 뿌리 내려 튼튼한 나무들 아니냐? 이제 우리 고칠회 친구들뿐이라는 생각이 든다.

재경고칠회원 여러분! 보고픈 친구, 만나서 오손도순하게 소담 나누고 싶은 친구, 시위를 떠난 화살처럼 쏜살같이 지난세월이 벌써 56년이 흘렀다. 먼저 세상을 떠나간 몇 친구, 고칠님의 명복을 빌며 병환 중에 있는 몇 친구도 빠른 시일 내 쾌유를 빈다.

다음 달에도 고칠회원의 만남은 지난 달 보다 많은 친구가 나올 거라 기대한다. 나는 모임 날 며칠 전부터 하늘을 보면서 비가 아니 와야 할 것이라는 조바심을 가진다. 당일은 일찍이 일어나 하늘을 먼저 바라본다.

우리 고칠회는 참으로 좋은 인연이다, 56년 전에 코흘리개로 고성이라는 척박한 작은 고을에서 만나 싸우고, 눈치보고, 경쟁하다. 56년이 지난 오늘에도 살아 숨 쉬며 이곳 수도 서울에서 다시 만나고 또 만나고 있다.

우리는 전생에 수만 수천 번의 만남이 있어도 이 세상에서 다시 만나는 인연을 늘 새싹이 모락모락 트는 날이 되기를 두 손 모아 본다. 고칠회원이 단 두 사람이 만날 때까지 좋은 인연 이어지기를 기원한다.

남정현

아호 : 중암(中巖)
대성공인중개사사무소 대표
서울문학 수필부문 신인상 수상
서울문학문인회 부회장
재경고성문인협회 부회장

그때 그 시절

서 병 진

그때 그 시절이 그리워진다. 아득한 시간을 찾아 그때 그 시절을 잔잔히 되새김 해본다. 잘 먹지도 못하고 잘 입어보지도 못하였던 그때 그 시절 학창시절이 생각난다.

공부는 뒷전이었다. 아침에 소치며 땔감도 해놓고 학교 다니든 시절이었다. 일요일이나 학교 안가는 날은 지게지고 산에 가서 땔감 나무 해오기도 하였다. 나무뿌리도 캐고 마른 솔방울도 채취하여 집에 모아 두어다가 가마니 담아 1가마 또는 2가마를 지게에 지고 시장에 팔아 학용품 구입이나 수업료에 보탰다.

낙엽은 솔잎파리만 갈퀴로 긁어모아 두었다가 5일 장날에 지게 가득히 한 짐으로 지고 가서 팔기도 하였다. 몇 명 학생을 제외하고는 대부분 농부의 아들들이었다.

그리하여 농사일을 안 해본 일이 없었다. 논밭을 갈아 흙을 뒤집는 쟁기질, 논에 벼를 심기 위해 물이 고르게 고이게끔 땅을 고르는 쓰레질, 논밭 잡초 김매기 등 농사일이 끝도 없이 밀려들었다. 쓰레질은 아무나 못한다. 허리를 펴고 하는 것이 아니기 때문에 고된 일이다. 그리고 지혜와 기술을 요하는 일이다. 쓰레질 해본 학생은 거의 없을 것이다.

중학생이지만 생활환경에 적응하면서 성숙한 마음가짐이었다. 사회성도 일찍이 깨달은 것 같다. 동네 어른들 섬기는 존경심이나 4H 봉사활동도 시간이 나는 대로하였다.

그때 우리나라 산은 벌거숭이 민둥산이었다. 요즘처럼 울창하지 안했다. 비가 오면 이산저산에서 산사태로 농작물을 덮어 피해가 이만저만이 아니었다. 자기 사는 마을 산이나 다른 마을 산에도 가서 사방공사에 자원 봉사하는 학생들도 있었다.

나는 뱀등산을 넘어서야 학교가 있었다. 이 뱀등산은 산사태가 자주 나는 산이었다. 그리하여 인력을 동원하여 사방공사를 한다. 아카시나무, 오리목, 싸리나무 등 많이 심었다. 요즘은 산이 울창하여 넘나드는 사람이 없다고 한다.

집에서 학교까지 왕복 8km 이상 걸어서 다닌 학생들도 상당수이었다. 꽃피는 봄이 오면 수업이 끝나고 하굣길에 허기진 배를 달래기 위해, 온 산에 지천으로 핀 진달래꽃을 따서 맛나게 먹고 나면 혀와 입안이 검퍼렇게 또는 검붉은 색으로 물이 든다. 서로 마주보면서 정신없이 웃던 그 시절이 새삼 그립다.

구전으로 전해져 오던 전설이 주저리 배인 산길을 넘으며 선배가 들려주는 옛날이야기에 정신이 팔려 어느새 멀고 험한 하굣길을 힘겨운 줄도 모르고 집에 도착하는 날도 있었다. 나는 긴 등 뱀등산을 넘어 불암(弗岩) 대독천(大篤川)을 건너서 학교를 다녔다. 그때는 이 산은 황토 산이었고 큰 나무는 없었고 벌거벗은 산이었다. 산이 얼마나 길었기에 뱀같이 길다고 뱀등산이라고 하였던가.

대독천은 고성(固城)의 대표적인 큰 하천(河川)이다. 백두대간 곧게 이은 낙남정맥 정수리의 봉황 깃을 휘날리는 대독천 물결에 하얀 몽돌 까만 몽돌 터를 일구어 보듬고 해를 맞아 새로워져 하늘 높이 반짝거렸다.

여울물 빙빙 돌아 돌아서 정겹게 흐르는 하얀 마음으로 한가로운 삶의 투명한 유리빛, 서걱이는 갈대숲 잠재우는 은하의 별들이 쏟아지는 밤에 너울너울 춤추는 물새들 하늘을 수놓았고, 논둑길 방죽길섶 풀잎들이 이슬 맺힌 얼굴 곱게 단장하여 아련한 정을 종이배에 실어 철롯둑 수문(水門)을 밀치고 한려수도(閑麗水道) 다도해를 굽이굽이 휘돌아 어울려 오대양 넘실대는 큰 바다로 긴 여행을 떠나는 고성의 빛 대독천이 유달리 깊고 넓어 보였다.

공부의 기본은 복습과 예습이다. 그런데 제대로 하지 못하고 학교 다녔다. 주로 집안일과 농사일을 하였기 때문이다. 예습하기는 힘들었다. 참고서나 자습서를 안 가졌기 때문이다. 참고서나 자습서는 부유한 집 학생 아니고는 가진 학생이 별로 없었다. 참고서는 도시에서 전학 온 학생들은 가지고 있었다. 그때 시골 촌놈에겐 꿈도 못 꾸던 시절이었다.

그 당시 학교 시설은 교실마다 흙바닥 판자교실이었다. 고르지 못한 교실 바닥은 울퉁불퉁한 땅바닥이어서 책상이 기울고 흔들려서 공책에 받아 적는 글씨는 지렁이 기어가 듯 꼬불꼬불 갈지자로 엉망이었다. 책걸상이 안 움직이도록 납작한 돌멩이를 주어 왔어 책걸상 밑에 받쳐 평행을 잡아서 공부하였던 기억이 아스라이 떠오른다.

판자교실 사이사이 다니는 길은 흙바닥 자갈을 깔아 놓은 길이었다. 장마철 질퍽해지는 면적이 넓어지면 전교학생들이 불암 대독천에서 자갈을 책보자기에 싸서 운반하여 깔았다. 책보자기에 자갈을 많이 싼 학생은 책보자기 구멍도 나고 찢어지기도 하였다. 교실 벽은 나무판자이고 외부는 검정방수페인트를 칠하였고 지붕도 판자로 지은 판자교실이었다. 다른 교실에 가려면 흙바닥 자갈길로 가야했다. 걸어가면 자갈이 발에 차이고 서로 부디치는 소리가 유난히 났다.

요즘처럼 콘크리트 건물과 시멘트로 잘 다듬어 이어져 있는 교실 아닌데도 불편불만을 하는 학생은 없었다. 수업 끝나면 반장이 선생님께 감사의 인사 구령 '쉬어! 차례! 선생님께 경례' 하면 학생들은 '감사합니다.' 끝나자마자 선생님보다 먼저 교실 밖으로 뛰어 나간다. 다음시간 수업과목 책을 다른 반 친구들에게 빌리기 위해셨다. 가정형편이 어려워 책을 과목별로 모두 구입 못해 선배의 책을 물러 받거나 헌책을 구입한다. 또한 다른 반 아이들 책을 빌려서 공부하였기에 수업 마치면 다른 교실에 얼른 달려가 책을 빌려 수업 준비하는 경우도 있었다.

학교에서 경작하는 넓은 밭이 교정 위쪽에 있었다. 특히 기억나는 것은 뽕나무 밭이었다. 뽕나무에 거름 주고, 잡초 뽑기, 가지치기, 뽕잎 따서 누에 밥 주기 기억이 생생하게 난다. 닭장에는 노오란 병아리가 어미 따라 종종 다니는 모습이 지금도 새록새록 눈에 선하게 떠오른다.

정부정책인지 학교방침인지 몰라도 그때는 여름방학 숙제가 공부에 관한 과제물보다 농작물 수확에 관한 과제를 주었다.

봄이 오면 볍씨를 모 자리에 뿌려 어느 정도 자라면 논에 옮겨 심는다. 벼가 커 가면 잡초인 피가 벼보다 빨리 자라서 벼가 약해져 벼 수확량이 떨어지므로 피를 뽑아 없애야 한다.

농부는 피 뽑기 일손이 부족하였다. 그래서인지 학교에서 여름방학 숙제가 피 뽑기 숙제를 주었다. 피 뽑은 량에 따라 농업과목 점수를 부여하였다. 그때는 시골학생들은 읍내학생들에 으스대었다. 이것뿐만이 아니었다. 풀베기 퇴비증산도 있었다. 풀도 얼마만큼 베 분량을 주었다. 집에서 풀을 베 놓았다가 지게에 한 짐 지고 학교 간 기억들 새록새록 난다.

우리나라는 봄, 여름, 가을, 겨울 사계절이 뚜렷하게 있어 자연의 참 멋과 맛을 마음 것 즐길 수 있어 세계 어느 나라사람들보다 계절의 아름다운 혜택을 많이 받고 있다. 봄은 만물이 소생하는 아름다운 소생의 계절이고, 여름은 활력이 넘치는 열정의 계절이다.

가을은 결실의 계절, 독서의 계절 등 이름으로 많이 부르는 계절이다. 분명하게 가을은 완성의 계절이다. 만물이 소생하고 성장하여 일생을 달려와 그동안 뿌리고 가꾸어온 노력을 수확하는 기쁨이 있는 완성의 계절이다. 그리하여 나는 가을을 완성의 계절이라고 한다.

겨울은 낭만이 있는 계절이란 생각이 든다. 눈이 오면 남녀노소 할 것 없이 좋아하지 않는 사람이 거의 없을 것이다. 들판에 나가서 두 팔을 펴고 큰 소리도 내어 보기도 하고 설레는 마음도 펼쳐 보기도 하는 계절이다.

그때 그 시절 눈 오면 학교에서 몇 개 반을 편성하여 뒷산에 토끼 사냥하러 가기도 하였다.

토끼는 앞다리가 뒷다리보다 짧기 때문에 아래에서 위로는 잘 올라가지만 위에서 아래로 내려가면 자꾸 뒹굴러져 잘 못 가는 동물이다. 그 약점을 이용하여 전두 지휘하는 선생님이 토끼에 대한 특성을 학생들에 설명한 후

한 줄로 산꼭대기 기점으로 좌우 일렬로 서서 아래로 토끼몰이 했던 추억들이 지금도 생생하게 기억이 난다.

지금은 문명의 혜택을 입어 더 이상 바랄 것 없을 정도로 풍족하지만, 마음이 가난한 탓으로 자살률이 OECD 회원국 중 상위라는 불명예스러운 딱지를 붙이고 있는 현실이다.

욕심을 비우고 마음의 여유를 찾아 힘들고 어렵고 배고파 눈물로 밥을 삼던 그때 그 시절이 그리워지고 행복한 추억으로 떠오르는 것은 인간적인 유대와 끈끈한 정이 흐르기 때문이라고 생각해본다.

서병진

아호 : 가산(嘉山), 교육부 장학사, 주례여고 교장역임
한국문인협회남북문학교류위원, 한국현대시인협회 이사
서울문학 · 청계문학 심사위원
국민훈장, 셰익스피어 문학대상, 세계예술문화상 외 수상
시집 : 「세월 속에서 꽃은 핀다」, 「이파리 없는 나무도 숨은 쉰다」 외 다수

우리고칠회

신 장 효

재경고성중학교 제7회 동창회는 1994년 5월에 결성하였으며 한 해에 한두 번씩 모였으나 크게 활성화 되지 못하던 차 서병진 회원이 2005년도에 서울로 이주한 후 서병진 회원을 회장으로 선출하고 본격적으로 수시로 만남을 가졌으며, 이후 남정현 회원이 회장으로 선출되고부터는 매월 한번씩 모여 서울근교의 문화유산인 능들을 참배하여 잊혀진 역사를 다시 배우는 기회를 가지고 또한 매월 한차례씩 서울근교의 산으로 등산을 하며 건강을 다지고 학창시절의 정답고 아름다운 추억을 되새기며 훈훈한 정을 나누는 모임을 오늘날까지 갖고 있습니다.

2013년 현재의 집행부는 회장 고영수, 총무 정영수 동창이 맡고 있으며 매달 모이는 회원 수는 14명 내외로 깊은 우정을 나누며 상부상조하는 초로의 기쁨을 나누고 있습니다.

지면을 빌어 작년 가을에 고성 귀향모임의 감회를 전할까 합니다.

2012년 11월 24일 토요일 오후, 뛰노는 학생, 운동을 하는 학생 하나 없는 한적한 학교 운동장에는 오직 적막만 깔려 있었습니다. 부름천까지 가서 책보에 가득히 돌을 담아 날랐던 그 자갈길도, 고슴도치 선생님이 음악을 가르쳤던 그 교실도, 봄 여름 가을 겨울 사계절 책걸상에 앉아 공부하였던 그 가교사의 교실도, 울창한 뽕나무 사이의 그 나지막한 언덕길의 황토밭도 그리고 배구장에 걸려있던 배구네트도 이제는 먼 먼 추억 속의 모습으로만 남아 있었습니다.

한 여름철의 시원한 그늘이 되고 한 겨울철의 따스한 햇살의 등받이 노릇을 했던 그 소나무는 어느덧 고목이 되어 수많은 세월들의 얼굴들을 기억하고 있는 듯 우리를 반기고 있었습니다.

가슴이 벅차 나도 모르게 두 눈에 고이는 눈물을 닦았습니다.

50년 전, 그 아름답던 학창시절의 추억들을 담기 위해 우리들의 고성중학교 그 교정을 밟았습니다. 세월은 유수와 같이 흘러 이제 칠십, 머지않아 팔순을 바라보는 나이가 되었기에 다시 한 번 인생의 허무함을 실감할 따름입니다.

고칠회 회원님, 가내 두루 평안하시기를 기원합니다.

재경고성중학교 제7회 고칠회

엄동설한의 긴긴 겨울로 접어들면서 다사다난했던 임진년을 보내게 되었습니다. 석양의 낙조에 한 해를 마무리하는 이 시점에서 뒤돌아보니 우리 인간들의 삶이 결코 순탄치만은 않은 것 같습니다. 동녘하늘에는 그래도 붉은 태양이 솟아오르니 내일에 대한 희망을 안고 건강하고 활기찬 계사년을 맞이 합시다.

고칠회 회원님!

그동안 건강하시오며 가내 편안하신지요?

계사년의 새해를 맞이하여 인사 드립니다. 새해에는 건강하시고 가내 두루 화평이 함께 하시기를 소원 드립니다.

2012년 12월

신임회장 고영수

전임회장 신장효

울릉도(독도) 소고(小考)

李榮萬

우리 내외는 2011년 10월 8일 묵호항에서 배에 올라 울릉도로 향하였다. 금년 들어 갑자기 울릉도에 관광객이 모여든다기에 우리도 덩달아 단체여행에 끼어들었다. 나에게 울릉도는 특별하게 연관된 일은 없다. 다만 농촌진흥청에 있을 때 본청 청사 앞에 둥글게 화단 같이 만들어 놓은 사료작물 전시포에서 보았던 섬바디가 생각난다. 당시 농촌진흥청장이 울릉도에 자생하고 있는 것을 보고 사료작물로 할 수 있지 않겠는가 하는 생각에 옮겨 왔다는 말을 들은 기억이 난다. 이 후 몇 가지 실험을 하였으나 성공하지 못하고 전시포에만 심겨져 있는 신세가 되었다.

울릉도는 처음 가보는 곳이라 이곳저곳 둘러보고 싶은 곳도 많았지만, 2박3일의 짧은 일정이고 여럿이 같이 움직이기에 제약이 있었지만 그런대로 울릉도와 독도를 대충이나마 볼 수 있었다.

대부분 사람들이 울릉도를 관광하는 목적이 바다와 산과 기암괴석이 어우러져 만들어 내는 자연경치를 보는 것이라고 할 수 있을 것이다. 이번에 섬 일주 도로를 따라 둘러본 경치는 다른 곳에 못하지 않은 풍경을 보여주었다. 특히 인상 깊었던 곳은 산 중턱에 있는 봉래폭포로 나리분지에서 땅으로 스며든 물이 산 정상으로 치솟아 흘러내린 것이 이 폭포로 울릉도의 상수원이라고 한다. 섬은 대체로 물이 부족한데 울릉도는 유달리 물이 풍부하다는 느낌이었다. 그러기에 여러 종류의 식물이 어울려져 자라고 있는지 모른다. 한 가지 더 든다면 저동과 도동을 잇는 해안산책로로 바다와 해안이 만나 어우러진 경치가 일품이었다.

과거에는 울릉도가 오징어잡이로 유명하였지만 지금은 과거만큼 오징어가 잘 잡히지 않아 산채재배나 관광업이 더 성한 것 같이 보였다.

우리나라에서만 볼 수 있는 특이한 현상으로 울릉도도 다른 관광지와 마찬가지로 관광객 중에 여성이 남성보다 월등히 많아 관광객의 4분의 3은 여성으로 보였다. 우리나라는 외국관광이나 국내관광이나 할 것 없이 여성 관광객이 남성보다 더 많은 이유가 무엇일까? 한 가지 더 특이한 사실은 여성 관광객은 한둘이 다니지를 않고 대부분 여럿이 떼를 지어 다닌다는 것이다. 그 이유를 나로서는 짐작이라도 할 수 없는 일이다.

관광 안내를 하는 가이드가 울릉도를 소개하면서 울릉도에는 기독교 교회가 47개이며, 가톨릭 성당을 합하면 기독교 계통의 교회가 50개 달한다고 한다. 울릉도 주민이 일만 명이 조금 넘는다고 하니 아무리 섬이라는 특수지역이지만 주민 수에 비하여 교회가 왜 이렇게 많은지 이해하기 어려운 한 단면이다.

울릉도 이곳저곳을 둘러보면서 내 머릿속에서 떠나지 않는 의문은 울릉도가 언제부터 실제적으로 우리나라의 영토가 되었으며 이를 지키기 위하여 위정자들은 무엇을 하였는가? 라는 것이었다. 그래서 찾아간 곳이 울릉도 도동에 있는 독도박물관이었다. 아마도 울릉도에 대한 최초의 기록은 위지 동이전에 언급되어 있는 섬일 것이며, 보다 더 명료한 것은 신라 때(512년) 이사부가 우산국(울릉도)을 정벌하였다는 기록일 것이다.

독도박물관에 전시되어 있는 울릉도 연표에는 이사부의 우산국 정벌 이후 신라, 고려, 조선으로 이어지면서 울릉도를 수토(搜討)하였다는 기록이 여럿 있으나 이후 그곳 주민을 위하여 어떠한 조처를 하였는지는 기록되어 있지 않으며, 오히려 울릉도 주민을 육지로 나오라고 명령(1403년)하고 있다. 수토란 수색하여 토벌한다는 의미이니 우리 국민의 보호가 아닌 적을 토벌한다는 의미로 본다면 당시 울릉도가 어떤 상태였으리라 짐작이 간다.

당시 울릉도에는 육지에서 범죄를 저질러 울릉도로 도망을 갔거나 가난한 사람들이 최후의 거주지로 삼은 사람들이 많이 살았던 것으로 알려져 있다. 그러나 당시의 수토는 그들이 대상이 아니었을 것이다. 울릉도 수토는 도망자의 체포를 위해서 라기 보다 울릉도가 여진족 해적(신라, 고려)과 왜구(조선)의 근거지였기에 이들의 상태를 파악하기 위한 것이 주목적이었을 것으로 생각된다. 당시 해적들은 해상에서 상선을 나포하는 것이 아니라 육지 해안가에 침입하여 며칠간 머물면서 노략질을 하고는 섬으로 철수하는 형태였기에 울릉도 토포는 울릉도 주민의 보호가 아니라 본토 주민의 보호를 위해서라고 보는 것이 타당할 것이며, 따라서 정부 방침은 울릉도를 임자 없는 땅으로 방치한 것으로 여겨진다. 1436년 강원도 감사 유계문(柳季聞)이 울릉도에 백성을 이주케 하자고 조정에 건의하였으나 이를 윤허하지 않았다는 기록으로 보아서도 알 수 있다.

1696년에 안용복 일행이 일본에 건너가 울릉도가 조선영토임을 인정받았다고 하나 이것은 정부가 아닌 울릉도 거주 민간인의 행위였고, 상대도 일본 정부가 아니었으니 정부로서 공식적으로 울릉도가 우리 영토임을 선언하였다고 볼 수 없으며, 이후에도 울릉도는 여전히 버림받은 무주공도(無主空島)이었을 것으로 보여 진다.

고종19년(1882년)에 조선정부는 비로소 울릉도 개척을 반포하고 전석규(全錫圭)를 도장(島長)으로 임명하였다는 사실은 이때에 와서야 정부가 정식으로 울릉도를 우리영토로 인정한 셈이며 다음해에 이주민 54명이 입도하게 되었다.

만약 당시 일본이 울릉도가 자기 나라 땅이라고 선포하였으면 어떻게 되었을까? 그렇게 되었다면 우리는 이후 1905년에 외교권을 박탈당하고 1910년에 일본에 병합되는 일제강점기에 들어가기에 지금이면 울릉도가 일본영토가 되었을 것으로 생각된다. 결국 우리는 우리 스스로가 울릉도를 공도(空島)로 만들어 어느 국가라도 선점하면 그 나라 영토가 될 수 있게 하였다. 이런 우리 영토를 강탈당하는 비극이 국민과는 상관없이 위정자에 의하여 이루어진다는 사실을 주의 깊게 볼 필요가 있다.

역설적으로 조선 세종 때 대마도를 정벌하고서 대마도가 우리영토임을 선포하고 그곳에 우리 정부 관리와 군대를 주둔시킴과 함께 주민을 이주시켰으면 지금 대마도는 어떻게 되었을까? 대마도는 오래전부터 왜구들의 근거지로 그들은 주로 중국 서남해안과 우리나라 남서해안에 와서 일정 기간 있으면서 노략질을 하고 대마도로 돌아갔으며 그 때까지 어느 국가에 소속되지 않은 땅이었다.

대마도가 일본 영토가 된 것은 도요또미 히데요시가 일본을 통일하고 조선을 침략하기 위하여 그 길목에 있는 대마도를 도주였던 무네가(宗家)의 봉토로 준 이후이다. 무네가는 조선조 때에 우리 조정과 여러 번 접촉한 기록이 있고, 그들은 당시 그들의 해적 거점이었던 울릉도까지 그들의 거주지로 인정해 달라고 상소한 적도 있다.

역사는 가정이 없다지만 과거의 사실을 역설적으로나마 되돌아봄으로서 현재 우리가 어떻게 처신하여야 할지를 생각하게 되지 않을까 하는 생각이 든다.

지금 영토문제로 분쟁을 일으키고 있는 나라는 세계에서 중국과 일본만이 아닌가 생각되며 우리는 이 두 나라 사이에 있어 언제라도 영토분쟁에 말려들 소지가 있다.

중국의 진 시왕이 중국을 통일하는 과정은 중국의 동부와 남부로의 영토 확장이었으며 뒤이어 한(漢)대에는 중국 서부로의 진출이었다. 이후 중국의 역대 왕조는 끊임없이 중국의 주변 국가를 침략 병합하는 과정을 거쳐 왔으며, 지금도 진행되고 있다. 중국은 2차 세계대전 이후에도 소련, 베트남 등과의 국경지대에서 전면전까지 갈 정도의 영토분쟁을 일으켰으며 최근에는 역사적으로 자기 땅 이라면서 타지키스탄 영토의 일부를 할양받았다.

중국 주변에 위치한 우리나라도 계속하여 중국의 침략을 받아온 결과로 결국 우리의 터전은 만주지역에서 남쪽으로 한반도까지 밀려왔다. 중국대륙을 한족이나 몽골족, 여진족이 통치할 때는 만주지역에 사는 여진족에 대한 지배력을 행하지 못하고 행정관이나 파견한 정도였으나, 만주족이 청(淸)을 세움에 따라 우리와 국경협정을 강요하게 되고 결국 간도지역을 그들 영토에 병합함과 함께 백두산의 반쪽까지 차지하게 되었다. 지금은 북한을 앞세워 한반도까지 그들의 영토로 만들려는 의도는 변함없이 이어져오고 있음을 간과하여서는 안 될 것이다.

통일신라 때 우리의 북쪽 국경은 대동강을 넘어서지 못하였다고 한다. 고려 때에 중국과의 소통을 위하여 간신히 압록강 하구까지 우리의 영토로 하였으나 함경도 쪽은 누구의 땅도 아닌 버려진 땅이었다. 그곳에 여진족이 계속하여 들어와서 분란을 일으키기에 고려 말에 이성계 부자가 토벌에 나섰으며 세종은 김종서로 하여금 두만강 하구에 6진을 설치하고 상비군을 주둔케 함으로서 비로소 압록강과 두만강을 이은 한반도 전체가 실제적으로 우리의 땅이 되었다. 이것은 지키지 못하는 땅은 우리의 영토가 되지 못함을 말해주고 있다.

일본도 중국과 같이 지금까지 일관되게 주변으로의 영토 확장을 꾀해 왔으며 단지 중국과의 차이는 일본의 통일국가 형성이 중국보다 늦음에 따라 주변국 침략 합병이 중국보다 더 강력하고 악랄하였음은 주지의 사실이다.

일본은 통일을 이룬 후 임진왜란부터 시작하여 끊임없이 한반도 및 중국대륙에로의 침략을 기하였다. 일본은 청일전쟁과 노일전쟁을 일으켜 북해도에 이어 더 북쪽에 있는 북방 4개섬은 물론이고 사할린까지 진출하였고 이후 한반도를 그들의 영토로 삼았으며 대만을 식민지로 삼고 만주에 허수아비 만주국을 수립하여 실제적으로 지배함과 동시에 남쪽으로는 오끼나와와 센카쿠열도를 넘어 필리핀, 베트남까지 넘보게 되었다.

지금도 센카쿠열도와 남사군도를 두고 중국, 일본, 베트남, 필리핀 간에 일촉즉발의 긴장이 고조되고 있다. 센카쿠열도는 청일전쟁에서 일본이 승리하자 강제로 점령한 지역이며 이후에 미국이 일본을 소련과 중국의 남하를 방어하는 우군으로 삼음에 따라 중국에로의 원상복귀가 아닌 일본에 되돌려 준 데서 분쟁이 시작된 것으로 보아야 할 것이다. 따라서 남중국해에서의 일본의 중국이나 베트남과의 영토분쟁에는 미국의 책임도 간과할 수 없다.

이러한 영토분쟁은 일본 제국주의의 영토 확장을 위한 전쟁에서 비롯되었으며 2차 세계대전이 끝났을 때 미국이 일본과의 강화조약에서 카이로 및 포츠담 선언에서 언급한 일본의 침략이전으로의 복귀에 대하여 세밀하고 명확하게 언급하지 않은데 원인이 있다. 미국은 전후 동북아에서 소련과 중국에 대한 방위를 위하여 일본을 파트너로 삼았고 이 지역의 역사를 알지 못하였기에 일본의 요구를 받아드려 적당히 묵인한 것으로 보지 않을 수 없다.

대한제국의 외교권을 박탈하는 시점(1905년)에 고조된 대륙진출의 사회적 분위기를 틈타 이름도 알려지지 않은 시마네현이 몇 사람한테 회람한 독도 영유권 선언이 지금의 독도가 일본의 영토라는 주장의 근거를 마련하게 되었다.

만약 이전에 울릉도에 관아를 설치하고 관리를 파견함과 동시에 군대를 파견하여 적극적으로 울릉도와 독도를 관리하였다면 일본이 그런 선언을 할 수 있었을까? 당시에는 울릉도 주민이 독도 근처에 출어를 잘 하지 않아 우리의 어선은 찾기 힘들 정도로 적었던 반면 일본 어선은 대량으로 몰려와서 조업을 하였으나 제재가 없었기에 그들이 볼 때는 버려진 섬으로 볼 수 있어 시마네현에서는 독도가 자기들 영토라고 하더라도 별 문제가 되지 않았을 것으로 보았는지도 모른다. 독도뿐만 아니라 이어도도 지금 중국은 분쟁을 일으킬 꼬투리를 잡아 보려는 듯이 어선들이 섬 주변에서 조업을 하면서 맴돌고 있고 일본도 은근히 넘겨보고 있음을 유의하여야 한다.

이러한 중국과 일본이 한반도의 북쪽과 남쪽에서 침략과 동시에 영토합병을 하여 올 때 우리의 위정자들은 무엇을 하였는가?

사실 우리가 독도가 우리 땅임을 주장하는 근거는 몇 가지 역사적 사실과 고지도로 보여지는데 역사적 사실은 앞에서 언급한 바와 같이 울릉도조차 정책적으로 방치하여 공도화 하였으며, 불과 100여 년 전에야 울릉도가 우리 영토임을 선언하였으니 독도는 어떠하였겠는가? 흔히 자기의 영토라고 주장할 때 내세우는 것이 역사적으로 우리 고유의 땅이라는 말이다. 그러면서 이 말 만큼 모호한 말이 없다. 태초부터 이곳은 누구의 땅이라고 정해진 곳이 어디에 있는가? 유럽의 역사 특히 그리스, 로마제국, 나아가 오스만 터키, 신성로마제국의 흥망에서 보면 그곳에는 정말 네 땅 내 땅이 없다. 아마 유럽에서 역사적으로 우리 땅이라고 내 세운다면 매일 전쟁을 하여야 할 것이다. 영토분쟁은 전쟁밖에는 해결책이 없기에.

중국은 센카쿠 열도가 2차 세계대전 이전부터 대만에 복속되었던 섬들이기에 역사적으로 당연히 자기 땅이라고 주장한다. 그렇다면 지금 문제가 되고 있는 위글 자치구와 티베트는 엄연히 역사적으로 중국 땅이 아니다. 그러면서 한사코 이 두 지역의 독립을 무력으로 저지하고 있다. 참으로 모순된 언행이지만 이것이 국제사회에서의 현실이다.

일본도 마찬가지다. 독도를 자기 나라 영토라고 주장하면서 엄연히 역사적으로 자기 영토가 아니었던 센카쿠열도가 자기들 땅이라는 주장은 어디서 나온 논리인가? 오끼나와는 엄연히 유구제국의 영토임에도 이를 점령하여 자기 영토로 삼았으며 2차 세계대전 후에도 미국으로부터 일본 영토로 돌려받았다. 오끼나와가 일본으로부터 독립을 하겠다고 주장하면 돌려줄 것인가?

고지도에서 독도가 우리 영토임을 명시하고 있다지만 그 지도는 대부분이 국가가 인정한 정부 공식 지도가 아니기에 지도를 만든 나라의 정부도 공식적으로 인정하지 않는데 하물며 일본이 인정할 리가 없지 않은가? 과거 일본 정부가 인정한 지도에도 독도가 우리 땅임이 명시되어 있다고 하지만 영토 확장이라는 대명제로 나아가는 일본이 받아들인다고 보겠는가?

과거나 현재나 위정자들은 기득권의 유지를 위하여 현상을 유지하는 것이 우선이라는 생각이 들기에 언제나 조용한 외교만 말하고 있다. 일본이 소련에 대하여 북방 4개 도서의 반환을 주장하였지만 소련이 2개 도서를 주면서 더 이상 이에 대하여 언급하지 말라는 강력한 대응에 이후 일본은 이것에 대하여 한마디 말도 하지 못하고 있다. 이에 반하여 우리 정부 당국이 독도에 대하여 더 이상 언급하지 말라고 말하지만 일본은 끊임없이 문제를 제기하고 있음은 무엇을 의미하는가? 〈2011. 10.〉

이영만

서울대학교 농과대학 농학과 졸업(농학사)
서울대학교 대학원 농학과 졸업(농학석사)
서울대학교 대학원 농학과 졸업(농학박사)
농촌진흥청 시험국(농업연구관)
농촌진흥청 농업기술연구소 유전과(농업연구관)
전남대학교 농업생명과학대학(교수)

군자란

정 영 수

봄여름 가을 겨울
포근함을 느끼는 군자란
보는 마음
여유작작하게 한다
기분이 녹록할 때
보고 있노라면
마음이 한결 고요해 진다

찬바람 새벽별
몸을 움츠리고 있을 때
고상한 기상으로
의젓이 있는 군자란
마음이 다가 선다

꽃대에 봉오리를 않고
올라오는 모습이
하얀 속살로 나타나는 것이
파란 잎과 대비 된다
천사가 사뿐히
주위를 보살피듯이
고요히 나타나는 것 같다

주황색 꽃봉오리
주황색 꽃을 피울 때
탐스러워 살며시
눈 맞추어본다.

문수암

올망졸망한 섬
원근(遠近)이 잘 조화된 섬들
청자 빛깔 보다 더 고운
비색(翡色)의
희망을 가득 실은
한 폭의 그림 같은 바다
그 바다가 그리워
달려가 보고 싶은
그 바다 포근히 안겨준다

산은 바다를 그리워한 듯
바다는 산 정상에 흰 구름
휘감는 것을 그리워한다

무이 산 정상에 있는 문수암
운산운해가
가득한 산과바다
중생을 설법하는 목탁소리
심연을 가라앉힌다

지혜를 상징하는 문수보살
그 분을 모시는 암자에서
청자 빛 고운 바다를
보고 있노라면
삼라번뇌가 사라진다.

정영수

아호 금산(琴山)
중앙대학교 약학대학 졸업
종륜약국 대표
한국문예춘추 시 부문에 등단
사단법인 한국육필문예보존회 이사
한국문예춘추문인협회 이사
재경고성문인협회원
한국문인협회 서울시종로지부회원

고향초(故鄕抄)

구 재 운

골안개 감아 돌면
백방산이 눈을 뜨고
거류산 품에 안겨 어린 나를 돌아본다
지그시 눈 감으면 펼쳐지는 고향산천
들깨향이 코를 찔러 슬쩍 잠이 깨이고
집성촌 그 인심이 나를 키워 놓은 곳
나 이제 무슨 이름으로 성묘 길에 오르나

오늘은 관악산 내일은 청계산에
눈 끝에 걸린 고향 갈대꽃이 가리키면
세월이 찍고 간 자리 주름진 골만 남고
썰렁한 가을 들판을 지켜가는 허수아비
바람 부는 사막 길에서 신기루만 좇던 나
사단 칠정이 구비 쳐 가는 강물에
낙엽이 돼 떠가는 내 그림자를 보도다

잡을 것 없는 지난날을 돌아보는 오늘일레
오늘의 나를 키워준 이웃이 있음이여...
어린 싹 보듬어 길러준 크고 작은 손들을
그리고 그리다가 꿈길 속에 잡습니다.

구주령 (九珠嶺)

이리 오르고 저리 돌아 올라서
동해 운무 금강송에 서러있고
소금장수 넘나던 고개 뒤안길
서러운 정 저러 온다.

옥녀봉 전설에 흰 구름 걸리면
바다는 그리움 되어
구주령에 떠 있다.

故 이근호 전 재경고성향우회장을 추모하며

그렇게도 고향 고성 사람들을 좋아하고, 그다지도 재경 고성향우회를 사랑하더니 의리와 정만 남겨놓고 그는 떠났다. 아~ 하늘도 무상하다! '인명은 재천이요 저승길이 대문 밖' 이라 하지만 손 저어 작별을 나누기에는 아직도 먼 세월이 있다.

지난 2월말 귀향한 향우들이 그가 요양 중인 고향 두호리 생가에 병문을 갔을 때만 해도 이제 한약으로 다스린다며 강한 삶의 의지를 보였는데 1개월이 채 못 되어 저세상으로 떠났다니 이 무슨 청천 하늘에 날벼락안가?

고인은 故 이성기씨의 3남으로 46년2월2일에 고성군 마암면 두호리에서 출생하여 고성중학교와 대구상업고등학교를 졸업하고 상경하여 시대적 어려운 여건에서 고난과 역경을 이겨내고 주식회사 동양을 창업하여 경기도 오산에 프라스틱 성형공장과 물류창고업, 최근에는 김포시에 온 정성을 들어 동양프라자를 건설하는 등 그의 사업재능을 십분 발휘하며 크게 성공한 실업가였다.

또한 사회활동에도 적극참여 재경고성중학교 동창회 회장 및 고문으로 해마다 재학생 해외 역사탐방 장학금을 지원하며 각별한 모교 사랑과 모교 발전에 헌신적이었고, 재경고성향우회 회장을 4년간 재임하면서 수구초심(首丘初心)으로 거액을 희사하고 향인상호간의 친목도모와 향우들에게 믿음과 신뢰 사랑과 희망을 남다른 열정으로 쏟았었다.

그리고 재경경남도민회 수석부회장을 역임하면서 경남 사람들의 친목과 화합에 앞장섰었으며,

20여개의 재외고성향우회 연합회장에 선출 고성사람들의 긍지와 자존심

을 불러일으키고 우의를 돈독히 하는데 크게 기여하였다.

지난해 10월 4일 고성군민의 날 행사시에 고인은 애향부분 자랑스러운 고성군민상을 수상하였다. 수많은 군민이 공설운동장을 가득 메운 가운데 단상에서 상장과 꽃다발을 한 아름 안고 감개무량한 미소를 짓는 모습은 영원히 잊을 수 없으며 서울에서 관광버스로 내려간 향우들에게 일일이 고맙다고 답례를 하는 그의 표정은 만감이 교차하는 듯하였다.

고인과 나는 고성중학교 선후배로서 언제나 만나면 “형님 잘 지내시고, 건강하시지요?”하면서 경륜이 부족한 나를 깍듯이 선배 대접을 해 준 그를 늘 고맙게 생각했는데 이제 그 정의를 갚을 길 없구나!

고인은 오랜 세월 병마와 싸워왔다. 그럼에도 겉으로는 일체 내색하지 않고 언제나 태연자약(泰然自若)하였으며, 그의 병이 악화된 1년 전 부터는 모든 사회활동을 중지하고 전심전력을 다하여 치료를 받아왔으며 소식을 접한 모든 향우들이 그의 쾌유를 두 손 모아 빌고 있었다. 몇몇 향인은 발을 벗고 나서 병원의 병상기록을 뽑아 들고 서울의 아산병원, 삼성병원과 서울대학병원 등 그 분야의 한국 최고의 명의를 찾아가서 상담하고 선진국 명의에게 차트를 보내며 백방으로 치료를 도왔는데 보람도 없이 2013년 봄이 오는 들녘에 저세상으로 떠났다.

아~ 하늘과 땅도 그대의 죽음을 슬퍼한다.

고인의 장례식에는 고성군수를 비롯하여 많은 조문객이 고인의 명복을 빌며 눈시울을 적셨다.

상여 앞소리꾼 고성오광대 회장 이윤석은 구성진 목소리로 “간다 간다 나는 간다. 이승 길 하직하고 저승으로 나는 간다, 어허 어나리 영차 어허” 상여꾼의 애절한 소리는 우리 모두의 심금을 울리고 고인의 부인과 두 아들은 이별의 슬픔을 참지 못하고 하염없이 눈물을 흘리며 울고 있었다.

묘소는 고인이 어린 시절 뛰놀던 뒷산 자락에 앞에는 임진란의 전승지 당항포가 흐르고 저 멀리 거류산 내려다보는 양지에 고이 잠들었다. 재경 향우들이 하직인사를 올리니 고인의 부인이 "행여 지나가는 길이면 묘소를 들러주세요" 하며 울먹이어 가슴이 아팠다.

그렇게도 사랑하던 아내와 자식들의 슬픔도 모른 채 수많은 향우들의 이야기도 못들은 척 저세상으로 외롭게 떠나는 고인이여! 우리와 함께했던 소중한 추억들은 영원할 것이며 현생에서 어려웠던 모든 짐들은 내려놓고 아픔의 고통이 없는 저 세상에서 편히 쉬소서!

구재운

전)합참본부 이사관

우리나라 대학의 구조조정이 시급하다

남 영 현

최근 대학가와 정치권에서는 반값 등록금 문제로 시끄럽다.

80% 이상의 학생이 대학에 진학하는 마당에 대학 등록금은 연간 천만 원을 훌쩍 넘게 올라 하숙비며, 책값이,며 용돈을 합치면 일 년에 수천만 원을 학비로 충당해야 하니 어지간한 능력 있는 학부모도 이를 감당하기 어려운 실정인데 정치인들이 먼저 반값 등록금을 공약하고 나서니 학생들이 가만히 보고만 있겠는가.

이번 사태를 보면서 내 고향 농촌 마을에서 벌어지고 있는 기막힌 일들이 떠오른다.

시골에서 농사를 짓고 있는 부부가 남매를 두었는데 어려운 가정형편에 둘을 다 대학에 보내기가 어려워 딸은 고등학교를 졸업시켜 가사를 돕게 하고 때가 되면 결혼을 시킬 요량이지만 아들만은 꼭 대학 공부를 시키기로 다짐해왔다. 평생 땀 흘리고 고생 고생해봐야 형편이 나아질 희망은 보이지 않는 농사일 대신 도시로 나가 손에 흙 묻히지 않고 좀 더 나은 생활을 하도록 해야겠다는 일념으로 방학 때에도 농사일을 거들지도 못하게 하며 공부만 하도록 키워왔다.

동네 이웃의 다른 집 아이들도 이름 있는 대학이고, 그 보다 못한 대학이고 간에 다들 대학을 시키고 있는데 내 아들을 대학에 보내지 않는다는 생각은 아예 해 보지도 않았다.

시골 고등학교에서 중간 정도의 성적을 유지하던 아들이 그래도 4년제 대학의 지방분교에 학과는 불문하고 입학한 것만도 대견스러웠던 것이 사실이었다. 농협의 영농자금을 빌어 학비로 충당해보곤 하였으나 없는 집에 제사 돌아오듯 하는 등록금을 제 때 내기가 어려워 몇 번이고 휴학을 하면서 간신히 졸업은 하였으나 번듯한 자리에 취직은 어림도 없어 도시로 나가 아르바이트로 겨우 용돈이나 벌며 지내 온지가 벌써 몇 년이다.

그런데 아들이 한 살 두 살 나이가 들어 결혼할 나이가 되어 가는데 변변한 직장도 없고 그렇다고 부모가 재산이 많은 것도 아닌 집에 누가 선뜻 딸을 출가시키려하겠는가. 그 생각을 하면 잠을 이룰 수가 없고 지금까지 살아온 인생이 허무하기가 이를 데 없다.

비슷한 처지의 다른 집 아들은 할 수 없이 가까운 소도시에 옷가게를 차려 사업가로 행세해 결혼을 하였으나, 1년 여 만에 가게는 파산하여 빚만 떠안게 되고 설상가상으로 며느리는 사기 결혼이라고 이혼을 요구해 손주까지 할머니가 맡아 기르고 있는 사연을 알고 있는 터라 이러지도 못하고 저러지도 못하는데, 그렇다고 베트남이나 러시아 며느리를 구해야 하나, 생각하면 생각할수록 막막하기만 하다.

이리 될 줄 알았으면 차라리 고등학교만 졸업시켜 농사일이라도 가르쳤을 것을 지금 와서 후회한 들 무슨 소용인가.

언제부터인지 우리나라 학부모는 자녀를 대학에 보내지 않고는 못 배기는 환경에 처하게 되었다. 집안 형편이 아무리 어렵더라도 일단 대학에는 보내야 한다는 의식이 자연스럽게 자리 잡고 있어 그 문제를 심각하게 생각해 보거나 자녀들과 의논조차 하기 어려운 분위기에 휩싸여 왔다.

대학을 나오지 않은 사람은 제대로 된 사람으로 보아 주지 않는 사회 분위기 속에서 친구들 모두가 대학을 지망하여 입시 공부를 하는데 나만이 고등학교만으로 학업을 끝내는 것은 정말로 하기 싫은 일이다. 부모 된 입장에서도 내 자녀들만은 내가 걸어온 고달프고 보잘것없는 일을 하며 어렵게 생계를 꾸려온 길을 절대로 반복하게 하고 싶지 않다는 생각에다 내 이웃도 모두들 자녀들을 대학에 보내고 있는데 내 자녀만 대학 진학을 포기한다는 일은 생각하기 어려운 일일 것이다.

대학을 졸업한 뒤 어떤 직장에 취업하여 어떤 길을 걸을 것인가는 추후의 일이고 우선은 대학생이, 대학생의 학부모가 되고 볼 일이 되었다.

50대 이후의 연령층이 대학에 진학 할 때만 하더라도 지금처럼 모두가 대학에 진학하려고 하지 않았고 가정 형편이 어렵거나 성적이 뒤쳐지면 당연히 실업고등학교에 진학하거나 일자리를 찾아 직장인으로 나아가는 길을 택하였다.

너도 나도 대학은 나왔는데 대학졸업생의 신분에 걸 맞는 내가 원하는 일자리는 구하기가 어렵고 그렇다고 더럽고 힘들고 위험한 이른바 3D업종의 일자리는 가기 싫으니 어쩔 수 없이 청년실업자가 되고 만다.

기업은 기업대로 사람을 구하기가 어려워 공장을 외국으로 옮기거나 외국인근로자를 채용해 공장을 꾸려나갈 수밖에 없게 되었다. 맞벌이 부부도 늘어 아이를 보모에게 맡겨야 할 형편인데 한국인 보모를 구하기가 어려워 연변아줌마에게 아이를 맡기는 일이 일반화 되었고 웬만한 음식점의 종업원도 외국인 여성근로자로 바뀐 지 오래다.

한창 일해야 할 2,30대 청년들은 학원이다, 아르바이트다, 비정규직이다 하여 방황하고 있는데 은퇴한 5,60대 부모들은 알량한 퇴직금으로 자녀들 용돈을 대거나 그럴 형편도 못 되는 부모들은 파출부다, 경비원이다 하여 힘든 일을 마다 않고 벌어 어정잡이 자녀들을 거꾸로 부양해야 하니 이런 세태가 정상적인 사회라 할 수 있겠는가.

나라의 경제가 제대로 발전하려면 인력구조가 이른바 피라미드형으로 형성되는 것이 바람직하다. 일반적으로 기업의 인력구조는 의사결정을 하고 기업을 이끌어 나가는 소수의 경영층이 있고, 그 다음에 좀 더 많은 수의 중간관리층이 있고, 그 아래에 현장에서 일하는 다수의 근로자가 있어야 하는 것처럼 사회 전체적으로도 다양한 인력구조가 형성되는 것이 이상적이다. 종업원 모두가 최고경영자의 입장에서 생각하고 행동하고 대우를 받고자 한다면 그 기업은 과연 어디로 갈 것인가. “사공이 많으면 배가 산으로 올라간다."는 말도 있지 않는가.

최전방 초소에서 근무하는 병사가 참모총장이나 대통령의 입장에서 생각하여 상황을 처리한다면 어떻게 되겠는가. 평등한 사회란 무조건으로 똑 같아지는 것이 아니라 각자의 능력에 따라 일하고 대우받을 기회를 균등하게 제공한다는 뜻이 아니겠는가.

이와 같은 관점에서 보면 현재의 우리나라 대학은 그 수가 너무 많은 것이 사실이다. 고급인력의 양산은 장점도 있겠지만 단점도 많으며 국가적으로도 엄청난 낭비와 부작용을 낳고 있는 사실을 직시해야 할 것이다.

너도 나도 모두가 대학에 진학하는 풍조를 없애는 방안은 없는가?

학생이나 학부모 스스로가 대학 진학을 자제하면 좋겠지만 성적이 별로 좋지 못해도 어딘가 입학할 수 있는 대학이 있고 보면 쉽게 진학을 포기할 수 없는 일이고, 그렇다고 대학이 자율적으로 통폐합하거나 실업학교로 전환하는 것도 어려운 일이다. 결국은 정부가 나서서 대학의 수와 정원을 줄여나가는 길 뿐일 것이다.

우선은 운영이 부실하거나 정원을 제대로 채우지 못하는 대학은 과감히 정리하여 실업학교로 전환해야 하며 같은 지역의 과다한 대학은 과감히 통합하고 대학 전체적으로도 단계적으로 정원을 줄여나가야 한다. 그래야만 학생이나 학부형 스스로 남의 눈치 보지 않고 대학 진학을 포기할 수 있는 명분이 생기게 되어 처음부터 방황하지 않고 각자의 능력과 적성에 맞는 진로를 찾게 되고, 나아가 입시위주의 공교육도 바른 길을 찾게 되는 계기를 마련하게 될 것이고 학부모에게 감당하기 어려울 정도로 무거워진 사교육비를 줄여 나가는 길도 찾을 수 있게 될 것이다.

90년 이후의 민주화 과정에서 정치적 논리로 대학정원이 갑자기 늘어났으나 그 이후 출생률은 나날이 줄어 취학인원은 줄어드는데 대학 정원은 그대로거나 오히려 늘어났으니 오늘의 현상은 이미 예견되었던 일이라 할 것이다.

그 동안 군사 독재의 반작용으로 봇물처럼 쏟아진 욕구를 이제는 하나하나 현실에 맡게 차분히 정돈해 나가야 하지 않겠는가.

"결자해지(結者解之)", 정치인들이 인기에 영합하여 저질러 온 잘못된 줄 알면서도 방치해 온 정책들은 정치인이 스스로 나서서 풀어나가야 할 것이다.

정부 당국도 정치인들의 눈치만 살필 것이 아니라 국민의 어려운 형편을 소상히 살펴 소신을 가지고 과감한 행정을 펴 나가야 할 것이다.

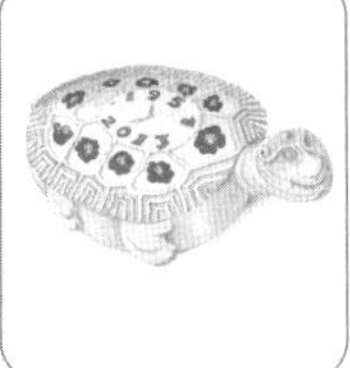

남영현

전) 한일은행 신탁부장

갈라파고스(Galapagos)

서 재 순

우리 대한민국의 제일 큰 섬이자 대표적인 섬의 옛 이름이 탐라(耽羅)이고 지금의 제주도다. 탐라란 한자(漢子)로는 뜻풀이가 될 수 없고 그릇 같은 데 담아둔다는 '담다' 에서 찾아야 한다. 농사일에 간편하게 쓰이는 도구 삼태기가 탐라(담다)의 사촌 쯤 되는 담는 도구의 하나다. 삼태기의 '삼' 이나 탐라의 '탐' 이 모두 '담다' 와 같은 계열이란 말이자 '서다(stand)' 라는 말과 합성된 의미를 갖는다. 담(fence)또한 그 안에 담아 둔다는 말이다. 소쿠리나 삼태기에 흙이나 돌을 담아 웅덩이에 넣어 두었을 때 물에 잠기지 않는다면 그것이 바로 섬인 것이다.

이번에는 에콰도르의 수도 키토에서 비행기로 세 시간 정도 거리(비행시간 1시간 40분)의 태평양 바다 가운데 육지에서 천 킬로미터 정도 떨어진 외롭게 떠 있는 약 20개 정도의 크고 작은 섬들로 이루어진 세계적 해양 동식물의 보고 갈라파고스를 찾아가 보기로 한다. 원래 콜럼버스 군도로 불리던 이 섬은 500만 년 전 화산 폭발로 생겨났고 지금도 화산 흔적이 역력한 이 군도(archipelago; 群島)에 사람이 산 흔적은 그리 오래지 않아 보이고 약 16-17세기쯤으로 거슬러 올라가는 것 같으며, 1535에 프레이 토마스 베를링가(Fray Thomas Berlinga)가 처음으로 이 섬을 발견한 것으로 기록하고 있다. 그 후 1832년 에콰도르 정부가 이 섬을 접수하여 공식적으로 에콰도르 영토임을 선언한 후 한 때 포로수용소 또는 교도소로 사용되기고 했다.

또 북 쪽 노르웨이 고래 사냥 어선들이 이 섬을 점거하여 고래사냥 기지로 사용한 일도 있다. 1832년 비글(H.M.S Beagle)선을 타고 이 섬에 나타난 청년이 있었으니 그가 바로 세계 생물학의 중요한 학설을 정립한 찰스 다윈(Charls Darwin)이고 여기서 다양한 동식물들의 생태를 연구한 다음

1859년 '종의 기원(Theory of Evolution of Species)'을 출간하기에 이른다. 1834년에 이르러 이 섬을 생태계 보존 지역으로 법령화하여 공표하게 되고 1959년에는 국립공원으로 지정하게 된다.

이어 1979년에 이르러 유네스코에서 세계 자연 유산으로 지정하고, 1985년엔 자연 보호 지역으로 지정하게 되는 과정이 이 섬들의 약사가 될 것이다.

비행기에서 첫 발을 디딘 곳이 산크리스토발(Isla San Cristbal)이다. 내리자마자 눈에 먼저 들어온 것이 바다사자(sea lion or lobo marino)이다. 놀이터의 의자 위이며, 배(船)의 바닥, 갑판이며, 길거리 등 아무데나 배를 하늘로 하여 세상에서 가장 편안한 자세로 잠을 자고 있는 모습이다. 이렇게 둔한 모습으로 어떻게 먹이 사냥을 하는지 신기하기도 했으나 물속에서는 헤엄도 잘 치고 제법 날렵하다는 얘기다. 사람이 지나가다가 귀여운 마음에서 새끼 바다사자의 몸을 만지기라도 한다면 사람 냄새가 몸에 남아 있어서 그 어미가 젖도 안 주고 남 보듯 한다니 미아가 되어 죽고 마는 불행한 사태가 벌어지기도 한다.

동물 구경은 일단 뒤로하고 첫 번째 임무인 '농업통계 및 농산물 생산성 향상'이라는 주제의 세미나에 발표가 예정되어 있어 회의장으로 갔다. 오기 전에 많은 사람들이 참석한다는 것과 유익한 지식과 정보를 기대한다는 메일을 받은 바 있어 약간의 부담감을 가진 것이 사실이나 와서 보니 그렇게 많다던 참석자가 고작 20여명이고 대부분 통계를 잘 모르는 농민지도자들이고 보니 그들의 수준에 맞추어 발표회로 조정되어야 했다.

스페인어 통역은 이 곳 다윈 연구소 직원 호세 게레로(Jose Gerrero)가 맡았고, 쉽고 짧은 문장으로만 발표해 달라는 간곡한 부탁도 있고 하여 애써 어려운 용어 등을 피하면서도 열정적으로 알기 쉽게 회의를 진행한 결과 농업통계 아닌 농업 기술 부문의 지도를 위해 여기에 머물러 달라는 것과 자기들의 농장을 꼭 방문해 달라는 간곡한 주문도 받기에 이르렀다.

이틀이 넘는 세미나 다음으로 산크리스토발(San Cristobal)에 있는 다윈 기념관을 찾았다. 이곳에는 사람이 별로 살지 않았던 1800년대의 모습이며 다윈의 행적 등이 기록 자료로 잘 보존되어 있고, 기념관 아래로는 참으로 아름다운 바다풍경이 펼쳐져 있다. 이어서 해안을 따라 파란 물갈퀴 발을 가진 부비(boobie)새, 왜가리, 프리가타(fragata or frigate bird 군함새), 펠리칸(pelican)을 비롯한 여러 가지 새들이 있었는데, 특히 하늘 높은 공중에서 수직 낙하하여 물속으로 내리 꽂히면서 사냥하는 프라가타의 모습은 장관 그 자체였다. 이 갈라파고스에는 작고 귀여운 새들이 많아 이 작은 새들과 섬의 명물인 거북을 대상으로 진화론을 전개하는 연구 대상으로 하였다 한다.

이어 택시로 이 섬을 가로 지른 북단 갈라파고라(Galapaguera Cerro Colorado)로 향했다. 도중에 홍코(Junco)에 들러 풍차와 온 산을 덮은 뻬꼬냐(pecona)나무들을 헤치고 올라가 이 섬의 유일한 민물로 된 맑은 호수를 볼 수 있었다. 여기는 주로 식물들이 자라는 모습을 관측하는 곳이기도 하다. 이어서 갈라파고라에서 수많은 거북들을 볼 수 있다. 원래 콜럼버스 군도로 불리던 이 섬들이 두꺼운(hard) 등껍질의 거북이 많다는 gala or cara(hard 단단한) 의미의 갈라파고스(Galapagos)로 변한만큼 갈라파고스의 모든 섬들에는 거북이 가장 흔한 동물이고 바다사자, 프라가타, 펠리칸, 부비, 가마우지(cormorant) 등이 흔하다.

이곳은 갈라파고라 라는 이름에 걸맞게 거북이 많다. 이어서 뿌에르따데치노(Puerta de Chino=중국 항이라는 뜻)로 갔는데 하멜 표류기에서나 볼 수 있는 제주도에 기항했던 하멜의 모습을 떠 올린다면 좋을법한 곳이다 맑은 바닷물과 바다사자들이 즐겨 놀고 있는 모습, 그리고 펠리칸들이 떼지어 사는 한가롭고 아름다운 해안이다. 섬에서 약간 떨어진 곳에 레온 도르미도(Leon Dormido 사자가 잠자는 섬이란 뜻)라 불리는 사자 모양의 바위선이 있다. 여기에는 부비와 펠리컨 등 새들의 서식처이기도 하고 쪼개진 바위 틈(사자 목 부분)에서 스노컬링이나 다이빙을 즐기기도 한다.

이제 이 섬(San Cristobal)을 떠나 이 섬들의 중간지점 정도 되는 산타크루스(Santa Cruz)섬으로 향했다. 거대한 바다 태평양의 꿈틀거리는 파도를 헤치며 여기 말로 자테(yate=yacht)로 다른 섬으로 이동한다. 요동치는 배가 지나간 뒤에는 하얀 물거품 이는 뱃길로 이어지다간 그 거대한 물결에 사그라지곤 한다. 두 시간 조금 지나자 중간 위치의 선 산타크루스(Santa Cruz) 섬이 나타난다.

앞서의 산크리스토발, 그리고 가장 큰 섬인 이사벨라를 포함한 크고 작은 섬들이 예외 없이 맹그로브(mangrove)로 덮여 있다. 해안을 따라 섬세하고 아름답게 단장한 산책로를 따라가다 보니 생선 어판장이 있고 거기엔 수많은 펠리컨들이 겁도 없이 몰려들어 발길에 밟히면서까지 먹이를 구걸하는 모습으로 보아 원래부터 마치 가축 같이 그렇게 길 들여져 왔던 것으로 보인다. 한참을 더 갔더니 이번에도 또 그 거북들의 향연이 기다리고 있었다. 가는 곳 마다 이구아나들이 득시글거리는 건 어느 섬이나 마찬가지다. 이 섬보다 조금 아래 쪽(위도상)에 작은 섬 에스파뇰라(Espanola)가 있고 유일하게 여기에만 알바트로스(albatross)가 널리 서식한다.

이어서 다시 앞서와 마찬가지로 그 자테(yacht)로 약 두 시간 이상 걸리는 갈라파고스의 가장 큰 섬 이사벨라(Isabela)로 갔다. 제일 먼저 눈을 끈 것은 불그레한 우아한 자태를 뽐내는 플라밍고(flamingo)다. 플라밍고와 또 다른 여러 종류의 새들이 손님을 반가이 맞이한다. 이어서 틴토레라스(Las Tintoreras=shark)라는 작은 섬으로 가게 되었는데 이는 흰 지느러미의 상어(shark) 라는 이름에서이다. 여기는 화산의 흔적이 역력하고 상어는 물론 이구아나의 천국이고 바다사자의 번식지이기도 하다. 여기서 조금 떨어진 곳에 무로데 라그리마스(Muro de Lagrimas 눈물의 벽)가 있는데, 여기에는 1946-1959년 사이에 죄수들을 벌주기 위해 길이 100m에 높이 7m에 이르는 방벽을 쌓은 곳이기도 하다. 갈라파고스 중에서도 이사벨라에서 만이 펭귄의 휴식처를 볼 수 있는데 이는 찬 해류가

이 근처로 흐르기 때문이다.

여기서 대체로 갈라파고스에서만 볼 수 있는 새 들을 몇 가지 들어 보면 카나리오 마리아(Canario Maria), 파하로 브루호(Pajaro Brujo), 파파모스카(Papamosca), 핀손 카르핀테로(Pinzon Carbintero), 핀손데 망글라르(Pinzon de Manglar), 핀손 베헤따리아노(Pinzon Vegetariano), 쿠쿠에베데 갈라파고스(Cucueve de Galapagos), 빨로마 데 갈라파고스

(Paloma de Galapagagos), 뻥귄데 갈라파고스(Penguin de Galapagagos), 꼬모란 노 발라도르(Comoran no valador)등을 들 수 있다.

이곳 탐사를 마치고 20명을 태우는 경비행기로 당초의 공항 산크리스토발로 돌아오는 돌아와 키토행 비행기에 올랐다

여행을 마감하며 뒤돌아보니 무심히 지나가는 길손에 지나지 않은 다윈이었다면 생물학에 큰 획을 그은 그의 진화론이 어디로 갔을 까 하는 생각을 지울 수 없게 해 준다. 구경이나 하고 '일을 시키는 사람만 있고 일 할 사람이 없다면 (We have all chiefs and no Indians)' 공멸이 눈에 뻔히 보이는 사회다. 예리한 그의 눈에는 이 일이 작은 일로 보이지 않았기 때문일 것이다.

서재순

전) 통계청 충남지청장

선운사

백 필 기

가을빛이 찬란한 고장
시성의 눈길이 스쳐간 거리마다
국향이 그윽하다
산정에 가득한 단풍이 붉게 타오를 때
해묵은 동백은
저 혼자 푸르른데
적막을 설움으로 부추기는
구슬픈 독경에
불타오른 단풍이 우수수 흐느끼면
소녀의 가슴 마냥
부풀어 오르는 꽃눈일랑
수줍어하며
잎사귀 뒤에 감추어라
마지막 잎새의 서러움이 가시어지거든
하얀 눈꽃이 사라지기 전에
복분자보다 더 진한
새빨갛게 멍들은
꽃잎을
살며시 펼치어라.

목숨과 바꾼 유작

문화탐방 행사에 참여하여 예향의 고장 남원에 도착했다. 먼저 여류 소설가 최명희의 혼불 문학관으로 들어섰다. 맑은 가을 하늘만큼 정원이 아름다웠다. 단층 한옥으로 정갈하게 지은 건물이 아담하여 친근감이 들었다.

꽃다운 젊음의 정열을 소설 '혼불'의 집필에 다 쏟아서 자신을 돌아 볼 겨를이 없어 혼기를 놓친 작가는 어느 새 훌쩍 가버린 세월에 중년을 넘어서고 있었다. 난소암 말기라는 진단을 받았으나 기나긴 세월동안 청춘을 바친 무르익어가는 작품인데 집필을 중단할 수 없었다. 글쓰기에 손을 놓고 치료에 전념하면 병이 나을 수 있다는 집안 출신 의사의 강력한 권유에도 못다 쓴 소설의 마무리에 전념 하였다.

연명(延命)을 포기하고 집필하던 소설을 완성하였지만 위중하던 지병은 회복할 수 없을 지경으로 깊어만 갔다. 보는 이로 하여금 안타까움을 더 하였다. 오십일 년 묵은 처녀의 소중한 목숨과 맞바꾼 유작만 남기고 생을 마감하여 애석한 마음을 더 하였다.

십육 년 만에 오 부작 열 권으로 마무리 했으나 작품을 완성했다기보다는 얼마 남지 않은 생명의 끈이 다하기 전에 서둘러 마감하여 사실상 미완성 작품이 아닐까 싶다.

쇠진해가는 목숨보다 집필하던 작품 완성을 더 소중하게 여기는 작가의 심정을 그 일을 하지 않은 사람들이야 어찌 이해할 수 있겠는가. 많은 사람들이 애달파하지만 작가만이 가질 수 있는 애착이 아니었을까. 신명과 정열을 불사르며 집필하던 강렬한 집념을 물거품으로 사그라뜨릴 수는 없다. 애련한 선생의 일생이 가슴을 뭉클하게 하였다.

작가의 목숨과 바꾼 소설 '혼불'은 1930년대 남원에서 몰락해가는 양반댁을 배경으로 종가 며느리 삼 대의 힘겹게 살아가는 모습과 정신세계를 그린 이야기이다.

청상과부의 곡절 많은 삶과 새 생명 잉태의 기회조차 가져보지 못한 애달픔이 오죽하였으랴. 양자로 기른 자식과 자손들, 대를 이은 식솔과 주변 사람들과의 애환이나 일본제국의 포탈과 만행을 겪는 격동기의 서러움을 민족사적으로 엮어나갔다.

종가의 대를 이어가면서 목숨보다 진한 의무감으로 가문을 일으킨 종부할머니 삼 대의 파란 많은 이야기를 손녀라기보다 방관적 입장에서 진솔하게 그린 작품이다.

반촌에서 멀리 떨어진 미천한 거멍굴에도 일본제국의 발악적인 횡포는 극으로 치달았다. 연명이 어려울 만치 강제로 곡식을 거두었고, 밥그릇과 놋숟가락마저 공출로 빼앗아가던 암울한 시대 배경으로 작품이 시작되었다.

매안 이씨 종손 준이는 청암부인과 혼례를 올리고 나서 병을 얻어 유명을 달리하였다. 남편 없는 시가로 흰 천을 두른 가마를 타고 애닯은 시집을 왔다. 노환으로 병이 깊어 살았다고 볼 수 없는 시아버지와 쇠진한 시어머니를 두고, 시집 온 다음날부터 새색시일 수 없었고 여자 행세로 살고 있을 수도 없었다. 수절하고 가문의 명예를 드높이는 삶이 있을 뿐이었다.

한 가문의 종손을 대신한 종부로써 책임감이 어깨를 짓누르지만 받아들이지 않을 수 없는 운명적인 삶이었다. 청천벽력 같은 어이없는 운명을 탓할 여지도 없었다. 고단한 생활에서도 여자로써 가슴속에 지닐 수밖에 없는 한도 많았을 것이다. 아래 신분에 있는 식솔들의 원한과 회의도 만만찮게 도사리지 않았겠는가.

이시대의 젊은이들은 이해하기 어려운 시대적 굴레였겠지만, 젊은 종부는 초연하게 받아들이고 시대의 삶에 충실하였다. 고운 새아씨의 심성이었어도 위엄으로 위장하면서 강렬하고 올곧게 살아야만 했다. 아랫사람들을 엄격하게 통제하는 거센 남자로 살 수 밖에 없었던 여리디 여린 여자이지 않았을까.

남자보다 더 강인하게 자신의 운명에 맞서는 후덕한 여장부 청암부인의 슬하에서 삶을 꾸려나가는 가족과 종과 상민들이 서로 얽혀서 혼불을 아우르며 살아가고 있었을 것이다.

작품 속에는 매력 있는 묘사와 정교한 문체와 토속적인 묘미가 있었고, 불교의 해박한 지식과 뚜렷한 역사의식이 독자를 민족의식 함양으로 이끌었다. 일제의 약탈과 가난한 민중의 고달픈 삶을 엮어 민족혼을 상기하게 했다. 왜구의 횡포로 참담하게 살아가는 우리 민족의 분노와 울분을 생생하게 묘사하여 저항의식과 애국심을 갖게 하였다.

조상들의 서러움과 고달픔이 커갈수록 고단한 생활을 헤쳐 가는 삶의 힘이 되고 정신적 지주가 되었던 영혼의 불길은 가슴 깊은 곳에서부터 강렬하게 자라고 있었다. 선대의 피눈물로 쌓은 덕이 영혼에 담겨져 후손들에게 한 줄기 불길로 가슴 깊숙이 전해졌다는 것이다.

'혼불'은 단순한 옛 여인들의 생활사나 치졸한 애정의 이야기가 아니다. 일제의 강압을 겪었던 암울한 시대를 살아간 우리 민족의 암담했던 삶을 그대로 보여주었다. 모든 이들의 희비와 비참했던 설움을 방대하게 펼쳐서 민족혼을 일깨우고, 어떻게 살아야 할 것인지 무언으로 제시하였다.

작가는 직계 할머니인 여장부 삼 대 종부로부터 전해 왔을법한 당찬 기운을 찾아 수소문하며 가첩을 들추고 역사탐방을 하면서, 힘겨워도 몸져눕지 못하고 혼불을 좇아 오로지 한 작품에 일생을 걸지 않았던가.

선생이 제시한 할머니들의 이야기는 우리들의 이야기이고 민족의 이야기이다. 선조의 고뇌와 왜구의 만행을 심도있게 파헤쳤어도 마무리지어야 할 일은 남아있었다. 신명을 바치고 정열을 다 쏟아서 구상한 작품에 끝맺음이 없어서야 일그러진 형국일 수밖에 없다.

작품을 매듭지을 시간은 너무 짧은데 부질없는 목숨을 연명하느니 일생동안 혼신을 쏟았던 작품에 민족혼을 불어넣어야 할 마무리가 더 절실하였다.

선생의 작품 속에는 민족의 분노와 울분을 상기시켜 민족의식을 고양하였다. 뚜렷한 국가관으로 정통성을 지키는 일이 무엇인지 깊이 반성할 몫이다.

선조들의 가슴속 깊이 서려있던 고뇌와 피눈물이 영혼에 담겨져 후손들의 가슴깊이 옮겨진 민족의 혼불은 영원히 남아서 전해질 것이다.

백필기

수필, 시, 시조, 평론 등단.
용수문학회장.
건국대 외래교수
한국시, 해동문학, 한국문학세상 부회장, 편집 · 심사위원.

나의 투쟁

최 윤 열

국민학교 5학년 때 나는 한 친한 친구와 크게 싸운 적이 있다. 그러니까 길가에 백환(그 당시 화폐)짜리 한 장이 떨어져 있는 것을 꼭 같이 보고, 서로 가지려고 있는 힘을 다하여 싸운 것이 끝내는 둘 다 피투성이로 변한 적이 있음을 지금도 기억하고 있다. 분명히 이 싸움은 돈을 서로 가질려는 데에서 싸운 투쟁이라 하겠다. 지금 생각해 보면 어리석고 유치한 생각뿐이다.

또 한편은 몇 해 전에 국방 의무로서 군에 입대하여 근무 중에 자유의 십자군이 되어 이역 월남전선에서 평화를 위해 목숨을 내 걸고 적과 목숨을 내걸고 적과 싸운 적이 있다. 이것은 참으로 값있고 영광된 투쟁이라 할 것이다.

허나 「빅톨 · 유고」는 인간에게 세 가지의 투쟁이 있다고 하였다.

첫째는 이간이 자연에 대한 투쟁이며, 둘째는 인간이 인간과의 투쟁이며, 셋째는 인간이 인간 내심과의 투쟁이라고 한 것이다.

여기에서 첫 번째 인간이 자연에 대한 투쟁은 누구나가 다 계절에 따라 더위 추위와 싸워야 하며 온갖 질병과 홍수, 한재와도 싸워야 한다는 것이다. 이것은 인간의 생은 자연의 변화에 끊임없는 투쟁인 것이다. 그리고 두 번째인 인간이 인간과의 투쟁은 사회는 인간의 생존 경쟁의 무대로서 인간은 돈, 지위, 권력, 성공, 명예, 승리 등을 위해서 서로 부단히 경쟁하며 투쟁하는 것이다. 그런가하면 사회의 부정, 부패, 불평, 독재 등의 온갖 사회악과 늘 싸우기도 하는 것이다. 마지막 세 번째인 인간이 인간 내심과의 투쟁은 즉 내가 나하고 조용히 싸우는 싸움인 것이다.

쉽게 말해서 우리의 마음속에는 여러 가지의 정신악이 도사리고 있다. 이렇게 우리의 마음속에 도사리고 있는 온갖 정신 악은 질투, 악의, 나태, 시기, 사욕, 오만, 비겁, 음탕 등의 온갖 부정적인 암적 요소와 부단히 싸워야 한다는 것이다. 즉 이것은 소아와 대아와의 싸움이고, 미완성된 인격과 완전한 인격과의 대결이다.

이러한 투쟁은 눈에 보이지 않는 싸움이요, 일생동안 싸워야 하는 마음의 싸움이요, 만인이 싸워야 하는 도덕적인 싸움이다. 그런데 우리는 이 싸움을 자칫하면 잊어버리기 쉽고, 포기하고 싶고 또 대수롭잖게 생각하기 쉬운 것이다. 물론 우리는 앞에서 말한 첫째, 둘째의 투쟁도 중요하지만 인격 형성에 있어서는 무엇보다도 세 번째의 투쟁인 인간이 인간 내심과의 싸움이며 중요하다 할 것이다. 내가 나하고 싸우는 투쟁은 인생의 투쟁 중에서 가장 어려운 싸움이요, 또 가장 중요한 싸움이기 때문이다.

중국의 유학자 王陽明이 말한『산중의 적은 파하기 쉬워도 심중의 적은 파하기 어렵다』고 한 것은 바로 이 인간이 인간 내심과의 싸움의 어려움을 단적으로 우리에게 잘 말해 주는 것이라 하겠다.

그리고 앞에서「빅톨 · 유고」가 말한 이 세 가지 투쟁은 투쟁 대상물에 의한 분류라고 볼 수 있다. 이를 다시 시간에 의하여 분류한다면, 일시적인 투쟁과 영구적인 투쟁으로 나눌 수 있을 것이다. 좀 더 부연하자면 일시적인 투쟁은 그때 현실에 부합되는 투쟁이며, 영구적인 것은 개인적인 면에서는 한 인간이 그 일생 전부를 투자하여 싸우는 것이며 단체적인 면에서는 수세기를 요하는 투쟁도 있으리라, 이렇다면, 인간 삶의 형태는 위의 일시적 투쟁의 연속형, 영구 투쟁형, 그리고 영구 투쟁과 일시적인 투쟁의 혼합형으로 분류할 수 있을 것이며 인간이 에너지를 섭취하고 소모하는 과정이 되풀이 되는 한 위의 세 가지 중 어느 한 유형(類型)에 속할 것이다. 하지만 이들 중 어느 것에도 속하지 못하는 유랑자들을 내주위에서 흔히 발견할 때는 심히 침울해 짐은 웬 일일까?

평범 이상의 인간이라 자칭한다면 위의 세 가지 유형에 속해야 할 의무(?)가 있고 보면 각자의 신분과 본분에 맞는 선택권을 행사해야 할 것이다.

불행히도 나는 이점에서 우를 범하는 과거였나 보다. 그 하나는 연령과 투쟁의 대상물 사이에 반비례적으로 생활해온 것이다. 어릴 적에 누군가가『너는 커서 뭐될래?』하고 물으면 항상 대통령, 대장 등 그 당시 나의 실력에서 가장 높은 지위를 곧 잘 말했다. 그러나 연령이 많아짐에 따라서 대통령에서 점차 내려와서 지금은 한 필부 정도에서 머물고 있는 것이 현재의 나(我), 슬퍼해야 할 일이다. 더 비참해지기전에 해야 할 일이 있다. 일시적인 투쟁을 영구적인 투쟁의 대상물에 연결시키는 비법을 터득함이 그것이다.

다른 하나는, 지난 1학기 때 삼선 개헌반대「데모」를 하다 경찰곤봉의 세례로 병원 신세를 진적이 있었다. 병상위의 일주일동안 나를 때린 경찰관이 미움에서 감사해야한다는 마음으로 변하는 과정을 맛봐야만 했다. 아마 이는 나의 투쟁이, 나의 신분과 본분에 어긋났음을 그가 깨우쳐 준 덕분이리라.

이와 같이 한 일시적인 투쟁이 영구적인 투쟁의 경우에서는 가끔 우를 범하는 것이 또한 범인(凡人)의 삶일 게다.

다시는 이 같은 우를 범하지 않는 데에 전진이 있다고 하겠다.

얼마 전 모 일간지에 모 대학 학생들이「국민투표 과정에서 부정이 게재된다면 우리들은 가만있지 않을 것이다…」라고 운운한 성명서를 본 기억이 있다. 사실 나는 이때만큼 내가 눈을 가졌음을 원망해 본적도 일찍이 없었으리라. 부정과의 불(不)타협에서 온 그들의 심정은 능히 이해할만 하다만 그들이 그들의 신분과 본분을 알고 있는지의 의심이 갈 수 밖에 …. 이런 것을 접할 때마다 나는 또 하나의 슬픔에 젖게 된다.

이렇듯 인간이 발전에의 정진과 혁신을 요하려고 하면, 투쟁의 대상물을 잘 선택함이 중요하리라 본다.『투쟁의 성과(S)는 투쟁의 대상물(O)과 행동(B)과의 함수 관계(F)라는 나의 주장이다.

즉 S=F(O · B)다. 여기에「Karl. Lewin」의 행동 방정식 :「행동(B)은 개성(個性)(P)과 환경(E)과 함수관계」를 적용하면 결국 S=F(O · P · E)가 된다.

즉『투쟁의 성과는 투쟁대상물과 개성 및 환경과의 함수관계다』라고 말하고 싶다.

누구나가 다 이 S －「빅톨 · 유고」의 세 가지의 투쟁이 내포된 －지를 많이 소유하기 위해서 투쟁함이 우리의 현실이다. 나도 여기서 예외가 될 수 없기에 이 S의 더 많은 소유를 위해서 한강변에 위치한 명수대 송림 속으로 매일 찾아들면서「나의 투쟁」이라고 하는 것이 부각되고 있는 것이리라.

술(酒)

인간이 살면서 함께 한 술은 하늘이 인간에 준 가장 아름다운 것이라 하여 제왕들은 술로 천신을 공경하고 복을 빌고 만복을 가져오는, 모든 연회에는 반드시 주연이 베풀어지며 서로 권하고 같이 마셨으니 술의 아름다운 본질을 말한다.

그러나 도가 지나치면 해가 됨을 상기하여야 한다.

술(酒)은 알코올 성분이 있고 마시면 취하는 음료의 총칭을 말하며 술의 어원은 여러 설이 있으나 대체로 "수블" 또는 "수불"이 "수을" 또는 "수울"로 "ㅂ" 이 사라져 수불〉수ㅂ〉수을〉수울〉술로 변천하였는데 물에서 난데없이 불이난다(발효과정)하여 수불(물과 불의 합성어)에서 연유된 것으로 보여진다. 술주(酒)는 원래 물수(水)가 없는 酉였다. 유(酉)자는 "닭이나 별, 서쪽 또는 익는다."라는 뜻을 가지고 있으며 후에 십이지 간으로 10번째, 시각으로는 오후 5~7시를 띠로는 닭을 의미한다. 즉, 물이 익는 것이다 하여 술주(酒)자가 탄생되었다.

술은 당분에 효모가 작용해서 이루어지는 것으로 자연 발생적으로 생긴 것을 인간이 이용하게 되면서 술의 역사가 시작된 것으로 과일이나 곡류와 같은 당질원료에 야생의 미생물이 자연적으로 생육하여 알코올이 생성된 발효식품을 우연한 기회에 인간이 마신결과 기호에 적합하게 점차 발효기술을 터득하면서 제조로 이어졌다.

술은 제조법에 따라 양조주(발효주), 증류주, 혼합주로 나뉜다.

양조주는 곡물이나 과일을 곰팡이나 효모로 발효시켜 만든 술이다. 원료에 따라 막걸리(쌀, 밀)와 맥주(보리) 와인(포도) 등으로 구분된다. 도수가 낮다.

증류주는 알코올의 비등점이 78 로써 물의 100 보다 낮다. 그래서 물과 알코올이 섞여 있는 술을 가열하면 알코올이 먼저 증발한다. 이 알코올 기체를 모아 액화시키면 더욱 높은 도수의 술을 만들 수 있다. 소주, 위스키, 브랜디, 보드카, 진등이 여기에 속하며 알코올 도수가 높은 게 특징이다. 증류주를 만들기 위해선 원료가 되는 양조주가 필요하다. 소주와 위스키, 보드카, 진등은 쌀과 보리 등의 곡물 양조주, 브랜디는 포도 같은 과일 양조주를 증류해 만든다. 즉 위스키는 맥주(보리 양조주), 브랜디는 와인(포도 양조주), 소주는 막걸리(쌀 · 밀 양조주)에서 나온 셈이다.

혼합주는 양조주와 증류주를 섞거나 증류주에 향료나 과즙 등을 첨가한 술을 말한다. 칵테일이 대표적이다.

술의 효용으론 1. 각종의식의 필수품으로 신과 인간, 인간과 인간을 연계시키는 역할. 2. 기분전환－도취를 유발함으로써 취한 쥐가 고양이 나와라. 취한 개구리가 뱀 나와라도 불사케 만든다. 3. 인간관계의 원활화 4. 예술영감의 촉진 5. 노동의 효율성 증대 6. 음용과 약용 등을 들 수 있다.

적정음주량은 자기 건강에 책임지고 사회에 누 끼치지 않는 정도의 양, 즉 체중 1Kg당 0.7g으로 20% 알코올도수 60CC가 소주잔 한잔(12g)으로 남성은 3-4잔/日, 여성은 2잔/日하면 음주가 사망위험을 약 18% 줄인단다.

취기단계는, 1. 상쾌기 : 기분이 상쾌해지고 긴장과 속박에서 해방감 느낌 혈중농도 0.02～0.04% 2. 미취기 : 혈중농도 0.05～0.10%로 체온이 상승하고 호흡이 조금 빨라진다. 손의 움직임도 빨라진다. 개방적이 되면서 말이 많아지고 사교적이 된다. 3. 흥분기 : 혈중농도 0.11～0.15%로 감각이 둔해지면서 운동기능 저하, 행동이 어색해진다. 자제력이 없어져 아무 일에나 참견케 되고 점차 큰소리로 고함을 침. 걸음걸이 어색, 성적 충동을 행동으로 옮기고 싶어 함. 4. 명정기: 혈중농도 0.16～0.30%로 갈지자걸음. 말에 두서없고 같은 말 되풀이, 호흡 빨라지고 토하고 싶어지며 구토가 난다. 5. 이취기 : 혈중농도 0.31～0.40%로 의식이 몽롱해지고 제대로 설

수 없다. 횡설수설 한다. 익일에 전일의 일이 생각 안 나는 의식을 망각하는 소위 필름이 끊어지는 현상이 된다. 계속 자주 되풀이하면 뇌의 손상을 가져와 알콜치매를 유발한다. 6. 혼수기 : 혈중농도 0.41~0.50%로 혼수상태로 쓰러져 흔들어도 일어서지 못하며 대소변을 싸게 되고 호흡이 느리며 생명이 위험단계가 된다.

중국은 解口(긴장된 입이 풀리는 단계), 解色(얼굴이 곰보처럼 못생겨도 예쁘게 보이는 단계), 解怨(숨겨둔 원한이 모두 풀리는 단계), 解妄(완전히 인사불성되는 단계)로 구분한다. 해구, 해색 단계를 장시간 지속함이 온당한데 반해 한국인은 짧은 시간에 해구에서 급속하게 해색, 해원, 단계로의 경향이 짙다.

주법의 유형은 서로 다른 문화권에 속하는 세계 인류는 그 술마시는 방법과 절차가 각양각색이다. 1. 自酌문화로 자기 술잔에 자기가 먹고 싶은 만큼 따라 마시는 음주 문화로 개인주의와 합리주의의 서양인들이 술집에서 술마시는 주법이며 술잔은 교환치 아니하며 술을 절제하는 장점이 있는 반면 습관적인 음주행위로 만성적인 알코올 중독자가 될 단점을 내포하며 2. 對酌문화 : 잔을 서로 맞대고 건배를 외치며 마시는 주법으로 중국, 러시아, 동구권에서 전통적으로 내려오는 주법이다.

각자 술을 따라 같이 마시는 절차는 거치지만 양은 스스로 조절한다. 3. 酬酌문화 : 술잔을 서로 주고받으면서 마시는 음주문화, 잔을 돌려 마시는 巡杯도 이에 속하며 우리나라 특유의 주법이다. 집에서 혼자 술 마시는 경우가 드문 게 장점이다. 술 마시는 동기가 개인의 내부에 있기보다는 외부에 있기 때문이다. 내부적 동기에 의해 술을 마시고 싶을 때는 같이 마실 사람을 물색하여 바깥장소인 술집 같은 곳에서 마시게 된다. 그래서 습관적 중독자가 서구에 비해 많지 않다. 단점은 분위기에 의해서 과음, 폭음을 하게 되는 경우가 있고 또 술을 마시지 못하는 사람이나 마시기 싫은 경우에도 주위 사람들의 권유나 강요에 의해 술을 마시게 되는 양이나 시간을 자의대로 조절할 수 없는 타의성 음주문화다. 4. 換杯는 한잔에 가득 따르고 돌려가며 조금씩 마시는 주법으로 몽고족이 마유주를 이렇게 마시는 데는 독살혐의 벗기와 동심일체 공생공사를 다지는 일종의 수작문화의 변형이라 할 수 있다.

기타 交配酒로 두 사람이 잔을 든 팔을 서로 걸고 굽혀서 마시는 형이며 後來者三杯란 주석에 늦게 참석한 사람의 벌이 아니라 먼저 온 사람들이 석 잔쯤 마셨으니 늦게 온 자도 석 잔쯤 먹어야 균형이 맞기에 후래자에게 연거푸 석 잔을 권하는 것이다.

酒禮는 술은 천지신명에게 제례를 올릴 때에 반드시 갖추어야 하는 신성한 제물로써 음식 가운데 가장 고귀한 음식물로 인정해 왔다.

그래서 술 마실 때에는 예의를 갖추고 절도 있는 방법을 지키도록 가르쳐 왔다.

독작 시에는 불필요하지만 함께 마실 때에는 공존의 의미로 필요하고 일본은 酒道라 한다. 일반적 주례로는 1. 술 마시는 사람 통제 2. 좌석배치 3. 어른과 술 마실 때의 예의로는 윗사람에게 술잔을 올리고 (잔이 넘치지 않도록) 어른이 술잔을 주면 반드시 두 손으로 받아 어른이 마신 뒤에 마시도록 (잔을 받아 곧바로 탁자에 놓는 일은 삼가도록 하며 두세 번 나눠 마시도록) 잔을 권할 때는 반드시 오른손으로 잔을 드린 다음에 오른팔 아래 왼손을 대고 술을 따르도록 (이는 과거 도포의 도련이 음식물에 닿을까봐서 왼손으로 옷을 쥐고 오른손으로 따르는 풍속에서 연유함)

4. 술잔을 주고받을 때의 예절로는 나이차가 별로 없는 平交사이에는 대체로 한손으로 술잔을 주고 한손으로 술을 따라도 무방하나 敬語를 쓰는 처지거나 윗사람일 경우에는 두 손으로 따르고 두 손으로 받는 것이 도리일 것이다. 이때 술병을 잡은 오른손의 바닥이 위로 향하게 해서 따른다든지 왼손으로 따르는 행위는 삼가는 것이 좋을 것이다. 첨잔은 제사지내는 경우이므로 삼가야 한다. (중국, 일본은 예외)

또 술잔을 받을 때는 반드시 오른손으로 받아야 한다.

기타 술을 굳이 권하지 말며 눈살을 찌푸리고 못마땅한 자세로 잔을 받아서도 안 되며 빨리 마시지 말고 두세 번 나누어 마시도록(닭이 물 먹을 때 한 모금 먹고 하늘한번 쳐다보듯이) 또 반찬(안주)을 마구 먹어서도 안 되며 이를 표현해서도 안 된다)

酒席의 十不出로는 1. 술 잘 안 먹고 안주만 먹는 자 2. 남의 술에 저 생색내는 자 3. 술잔 잡고 잔소리만 하는 자 4. 술 먹다가 딴 좌석에 가는 자 5. 술 먹고 따를 줄 모르는 자 6. 상갓집 술 먹고 노래하는 자 7. 잔칫집 술 먹고 우는 자 8. 남의 술만 먹고 제술은 안내는 자 9. 남의 술자리에 제 친구 데리고 가는 자 10. 연회 주석에서 축사 오래하는 자이니 위의 주례를 익히고 십불출이 되지 아니하도록 본인은 물론 자식에게도 알려줘서 술로 인한 피해를 사전에 방지토록 하자.

음주전후 관리 : 크게 3가지 체질로 구분됨에 얼굴 등 전신이 빨개지는가 하면(혈관 팽창) 반대로 창백해지기도 하며(혈관수축) 그대로인 체질도 있다. 또, 음주 후 고통을 (장트러블) 호소하는 자도 있다. 후유증이 있는 자는 술 마시기 전에 우유나 치즈를 먹어 위벽을 보호함이 좋다. 날계란도 도움이 된다. 체내 흡수를 지연시켜 준다.

또, 물을 많이 마셔 수분보충도 중요하다. 유난히 장 트러블이 심한 자는 평소 유산균을 섭취하도록 하여 알콜에 대한 내성을 가지도록 하여야 한다. 상대방 보다 먼저 취하지 않도록 주량을 조절하는 요령을 가져야 한다.

人間은 理想的인 社會와 幸福을 追求하려고 몸부림친다. 이상과 현실의 괴리에서 탄식과 눈물과 비애가 솟구친다. 이의 탈출구로 술의 힘을 빌린다. 흐르는 물은 아무리 잘라 봐도 잘려지지 않고 다시 흐르는 것처럼 술을 마시면 근심을 잊는데 일시적으로는 도움이 되는 듯 하지만 궁극적으로 도움이 되지 못한다.

근심을 푸는 것은 결국 마음에 달려있다. 욕심을 버리고 마음을 비우면 수심은 사라지지만 마음을 비우지 않고 술의 힘을 빌려 정신을 마비시킴으로써 근심을 잊으려 한다면 그 근심은 절대 물러나지 않을 것이다. 자기 자신의 슬픈 모습, 기쁜 모습을 여과 없이 참모습 그대로 봐야지 술의 힘을 빌려 본들 결코 술이 바꿔주지 않는다. 자신에게 닥친 일을 정직하게 인정할 때에만 마음의 평화를 느낄 수 있다는 진리를 터득하도록 생각하는 시간을 자주 가져야 할 것이다.

갈수록 음주로 인한 피해가 속출하니 적당히 마셔 약용으로의 가치로 사용되도록 꾸준한 노력이 필요하며 실천토록 하여야겠다.

최윤열

중앙대 물리학과 졸업
성대 무역대학원 석사과정 수료
롯데그룹 근무

남산정(南山亭)에 올라

청강 허 태 기

시월상달 고향의 심장
남산정(南山亭)에 올라
어머님의 품
무량산(無量山)에 안겼어라

동으로 거류산(巨流山)
기백 넘쳐 흐르고
남으로 벽방산(碧芳山)
화려하도다

정면(正面)의 먼 산은
연꽃을 피웠는데
좌(左)로는 황금빛 벌판
우(右)로는 쪽빛 푸른 바다

들판은 산들을
높이 안았고
바다는 섬들을
깊이 감쌌네

금빛 햇님
쉬어가는 월평리(月坪里)
은빛 달님
자고가는 신월리(新月里)

해 저문 고성만(灣)에
그림 긋는 작은 배
내 고장 지난 날의
꿈길을 그리누나.

사향(思鄕)

내가 태어난 곳 유흥리(柳興里),
야윈 계절 뉘었던 허리 펼치고 봄기운 더불어
푸르름 머금고
새잎 틔우며 자비(慈悲)의 나래 펼치는 어머니 품이여

그다지 높지도 낮지도 않은
그러면서도 동네들이 환히 드러나 보이는
옛 등잔 같은 봉화산(峯火山) 아래로 아담하게 자리 잡은
새싹들 배움의 터전이었던 대흥초등학교,
삼계동을 마주한 교정의 뒤 안은 느티나무 숲이 북풍을 가로막아 섰고
운동장 앞뜰의 오래된 벚나무 들은
봄이면 눈처럼 새하얀 벚꽃이 화사하게 온통 하늘을 뒤덮곤 하였지

교정의 둑, 푹신한 잔디에 앉아 정면을 바라보면
멀리 벽방산(碧芳山)을 등지고
왼쪽으로 만년거북 형상의 암전리 뒷산을,
오른쪽으로 고성만(灣)을 향한 유동의 용머리 산을 끼고
바다를 닮은 듯, 넓고 큰 대가저수지는 여의주 마냥
때 묻지 않은 어린 소년소녀들의 푸른 꿈을 품었네

봄이 오면 신흥마을 서재고개에는 진달래가 산불처럼 타오르고
밭둑에는 쑥과 달래를 캐는 아낙들의 웃음소리가
봄바람처럼 싱그럽고

여름이면 당산정 정자나무의 시끄럽게 울어대는 매미소리에
한 더위를 잊어버리곤 했었네

코스모스가 필 무렵이면
초등학교의 운동장은 가을 운동회로
만국기가 하늘높이 수놓은 가운데
청군백군을 나눈 응원가가 푸른 하늘로 메아리 치고,
시퍼런 잉크로 '상(賞)' 도장을 찍은 노트를 받는 아이들이
그렇게 부러워보였던 그 시절

마음으로 그리면 지금도 눈앞에 다가오는
어릴 때의 아지랑이 같은 기억들
뿌연 흙먼지와 함께 자갈을 튀기며 달리는 시골버스의
꽁무니를 쫓던 옛 추억들이 저수지 곁길을 따라 흐르고,
멀리 5일장이 열리는 고성장날이면 간 절인 갈치 두서넛 마리와
까만 고무신을 사들고 오시던 할아버지의 주름진 미소가 새삼 그리운,
내가 나서 자란 고장이며 어린 시절 보금자리였던 유흥리여
내 영혼의 안식처로 가슴 속에 영원히 지워지지 않는
파란무지개로 갈무리 되어있나니.

허태기

한국문인 시부문 신인상
경암백일장 차상
불교문학 대상
재경 경남고성문학 편집위원장

여보, 당신
- 60여년의 詩想-

심 진 표

당신이 1946년 2월 22일생.
나는 1945년 8월 15일생.

그러니까 불과 여섯 달차 동갑내기네 그려
흔히 요새ㅅ 말로「오빠와 동생」사이라네-

39년, 서른아홉 해 전 당신과 나는
웃어른들의 짝지음으로 한 울타리 부부가 되었지!

정말 오래 전의 일인과도 싶지만
한편 얼마 전의 일인과도 같에-

"세월이란 게 참 빠른가 보다."
그 많은 세월 속에 우린 웃기도 하고 울기도 많이 했었지-

우리 정(딸 賢貞)이가 낳은 외손주 놈이
벌써 아홉(9)살이라 하고
가흔이가 어언 일곱(7)살이라네
뛰어놀고---- 그림 그리고----
애린양 부리고----테니스도 곧 잘 치네(고)
짜목짜목 자라는 모습들이 정말
예사롭지가 않구나(료)
당신!

「내 곁에 시집와서 정말 고생 많았어요.」
“흔히들 하는 얘긴” 진 몰라도 「당신만은 진짜야」……

한 지붕, 한 솥밥에 열일곱(17명) 식구,
네(4)가족, 한 가정 팀이 우리네 가정의 가족도(家族圖)라네

어무이(母), 鎭杓, 宣杓, 우리 가족,
삼촌(三寸)네 일곱(7)에다, 누님가족 다섯(5)이었네
일꾼 가족(농, 머슴) 둘(2) 하니(여)
그래서 모두 합(合)이 17이라네. 많기도 많아라---------아이구야!

언감생심(焉敢生心)!
어느 뉘가 이 가정에 큰 며느리로 시집 왔겠소???……
오직 당신! 당신이었기에 왔지 않소.

수월한 계산도 따질 줄 모르던 당신----
어른님들 영(領)이 무서워 왔습지요?

8,000여 평, 산중도가리 논베미----
경운기는커녕, 겨우 리어카 한 대만 달랑
뿐이던 세상에---- 웬 그리 논빼미는
고리 많던고----
----돈도 싫고 부자(富者)도 싫지 않았소?
----진절미도 안 나던교?----

하루에도 삼식(三食) 세끼 밥,
두 나절 중찬, 새벽 해장찬,
꼬박꼬박 일일(一日) 육찬(六餐)을 진상하지 않았소
우~~~아! 그나마도 열일곱을-----

현정이, 성민이, 효민이, 논두렁 삿갓 밑에서
많이도 고맙게 자라 주었지!----
(당시 들일을 할 적엔 논두렁에다 애들을
재워 놓고 삿갓 볕 가림개를 해 주고 들일을 했다.)

호미로도 안 뽑히던 새벽, 찔묘(苗)는
어찌 그리도 안 빠지고 찔기던고-----

못 배운 상농(常農)일에 자~아 소리
못줄 꾼 입 호령에, 포기(苗) 천신도 못하고
옆 눈치들 보니라고 애도 애도 먹었지.
그저 해 종일을 무논(水畓)을 기어 다니다
심는 양만 했더이다.

일 중에도 못할 일이(어려운 일) 오뉴월 보리 베기라
허리 아파 무릎 끌고 그나마도 보름날 이상을 베었지----

가을걷이 벼 수확은 날씨라도 시원커니
벼늘(낫가리)겨러 몽친 수확, 열동(벼늘무더기)
가리가 넘었고야----
자~아, 자~아 밤중 벼늘가림 12시(밤) 전 끝나던가??
동지섣달 타작(탈곡)작업, 스무날을 넘었는데
이레 남짓 북데타작(뒷 잔서리타작)은 도리개질 시험대라.

멸치국밥--- 꼬락김치(곤내나는 동치미)는
일미(一味) 중에 특미(特味)였지요.

새벽 4시, 홀깨(탈곡기) 소리
흥청속에 다반사요, 해거름에 가랫질은

상머슴들 솜씨였고, 쟁기질, 써래질도
상일(常事) 중에 장끼였지----

잘 살기 질러길(지름길)은 복합영농 제일이라,
소 키우고, 돼지 키우고, 닭 키우고 과수원에 양봉까지------
하고----하고----또 하고서 안 해 본기 없는기라(없었다네)

겨울철 한가녁(한가할 때) 굴(석화)까러 새벽가고
애 터지게 벌인 가계, 자식농사 지었도다.
여보! 정말 대단했어요. 하해(河海)와 같았어요.

총 중에도---- 앞 못 보는 시누이, 넷(4) 자식을
외가에서 다 키우고, 팔순 넘은 시어머님
대수술, 병 수발에 7년여를 모셨잖소
고마워요---- 고마워---- 눈물나요---- 눈물이 나----

생긴 대로 낳은 자식 다섯이나 두었는데
이사, 저사 잃은 놈이 반타작이 웬 말이요
07년 7월 그믐, 새벽2시 즈음하여
30년 쌓은 형설, 하느님 자식 되어 순교(殉教)로서 돌아왔네.

애고---- 애고---- 인생살이 애통지 비사로다.
죽지 못해 사는 목숨, 끊지 못해 사는 명(命)줄
하느님의 섭리로 만고지병 고쳐오니(우울, 불면, 울음 등)
(철저한 하느님의 믿음으로 회생의 병치료)사리법(佛家門法)도
맞지 않음은 당신 앞에 무색했소.

돌아보노니 인생살이----- 어언, 일흔 고개가 지척이네요.

이제 좀 쉬(수이) 쉬고서 편한 일정 살다갑시다 그려----

아니라오----「내일부터 또 덕선(德仙)리
귤(밀감)공장 가야 되요. 지난 해 같이 하던
조(組)들 솜씨 맞춰 공장 돌려줘야 된다고요.」
「놀몬(면) 뭐 할끼요! 이 사람, 저사람
만나고, 세상사는 이야기 듣고 살아야지요.
그래야 안 죽고 사는기요???....」

아~ 그렇구나!
「서울내기, 부산내기, 창원내기들 시골 와서
참 재미나답니다....」(중략)......

「여보! 한양 사는 수관 황 박사가
갑자기 세상을 돌아갔대요.
지난 봄 3월 달에 영오(영오면 교회 강의 차 래고)에서
닭띠 갑장이라고, 얼싸안고 당신과
회포덕담, 나누더니, 웃음전도사----
한 일생이 어찌 그리 허망한기요----

"인생이 다 이렇게 허무한가 보오."

올핸 오잘스리 춥던, 소한(小寒),
대한(大寒)이 코 앞이구료!
우수(雨水) 입춘(입춘) 다 지나가고
「따스한 봄 창 열리면 구순(九旬)길, 평택(平澤)
어머닐랑 모셔 옵시다요.」

「생전에 고쳐 못한 일, 불효(不孝)만은
아니 해야지요.」

"여보----오----당신----"
오랜만에, 모처럼 햇살이 따뜻하오.
"여러 일사 제쳐놓고 골안 산소나 다녀옵시다. 그려...."

2013년 1월 초순 어느 날 진표가 아내 미옥이를 두고 읊조리다.

박정희와 나 그리고 박근혜

다시 부활하는 새마을운동으로 이 나라의 새 기틀을 세우고 새 경제를 살리고 새 도약을 예약하자.

자식하나를 잃고도 3년이 넘는 세월을 그렇게 허공을 맴돌고 걷잡을 수없는 인생을 방황했는데, 사랑하는 어머니에 이어 아버지까지... 그나마도 흉탄에 의하여 양 부모를 잃은 근혜의 심중은 과연 어떠했을까? 당해보지 않고서는 어떠한 물음에도 답변될 수 없는 이 세상의 가장 깊은 상처, 처철함 그 자체였을 것이다. 무엇을 각별히 느낌에설까? 그저 단순한 죽은 자 앞의 조문에설까? 아니다. 그 위로조문 뒤에는 말과 글로서 표현할 수 없는 깊고도 깊은 정리(情離)의 내재와 철학이 스며있었을 것이다.

그는 성남에 있는 서울대학병원, 자식 성민(聖珉)이의 장례식장에 조문을 다녀가셨다. 조문자리에서 그는 "얼마나 마음 아프십니까? 아버님, 힘내세요."라고 하면서 따뜻한 손길로 나의 손을 꼬옥 잡아주시면서 하신 말씀이다.

당시 나는 한없이 가눌 수 없는 눈물만을 쏟았다. 장례식 당시로서는 숫자상으로 하도 큰 국제적 피납 사건이어선지 몰라도 이명박 대통령을 비롯한 국회위원, 많은 장차관, 지자체장 등 수많은 조문객이 다녀갔지만, 그저 정신없는 황망 속에서 한갓 조문으로만 생각했었다.

당시 한나라당의 대표시절, 박근혜씨의 조문만은 보다 특별한 의미를 담고 있었는지 모른다. 양부모를 흉탄에 잃은 딸자식 근혜, 머나먼 전쟁국에서 선교활동과 전쟁 고아들의 험난한 국제봉사길에 올랐다가 탈레반의 무자비한 총탄세례에 비참한 죽음을 당한 성민(聖珉)이의 장례를 맞으면서 그는 그동안 수많은 영욕과 체념과 좌절과 환란을 겪어오면서, 때로는 보람과 웃음을 보아오면서 오늘까지 살아온 근혜, 박근혜가 아니더냐?

2012년 12월 19일, 그녀는 드디어 대한민국의 역사적 첫 여성대통령에 당선되었다. 투표날 밤11시를 조금 넘었을까? 당선권의 윤곽이 대략 들어나고 자정을 넘어서는 이미 차점자인 문재인 후보와는 100만 표차를 넘어서는 완승이 확정된 것이다. 그날은 꼬박 하얗게 밤을 지새우면서, 선거운동기간 동안 진정으로 애쓰고 노력한 분들께 '감사, 또 감사'의 사례 문자들을 많은 곳에 쏟아 보냈다.

'승리는 우리의 것이다. 박근혜 만세! 대통령 만세!', '하늘은 스스로 돕는 자를 돕는다.' 등등, 새벽으로 들어서면서 각종방송사들은 앞 다투어 박근혜 당선자의 과거, 현재, 미래의 청사진들을 종합적으로 조명하기 시작하였다. 새벽5시를 넘어서서는 나의 하염없는 눈물이 쏟아지기 시작했다. 아무리 멈출 래도 멈출 수가 없었다. 아, 얼마나 기다리고 기다리던 공들임과 바램이었던가? '두 번의 고비는 있어도 세 번의 실패는 없다', 근혜, 근혜, 박근혜를 따르고 사랑하는 각종 조직과 모임들이 전국의 곳곳 도처에 산재해 있었다. '정말 대단한 정치가 내지 지도자로 공인되는 느낌이 올 때도 많았다.

다음날인 20일, 그간 같이 애써오던 몇몇 동료지인들과 점심자리가 마련되었다. 대통령 당선자를 위한 축하축배의 자축자리였다. 정 많고 눈물 많던 S친구도 '새벽잠자리 이불을 움켜 안고 얼마를 울었는지 몰랐다'고 한다. 그날만은 대한민국이 온통 눈물바다가 된 느낌이다. '기뻐서 울고, 서러워서 울고, 한 많고 인정 많은 우리 할머니, 어머니 세대를 비롯하여 사려 많고 정 많은 국민이면 누구나가 눈물이 흐를 법 했다.'

이러한 눈물은 아마 박근혜 당선자의 그 고통과 쓰라림의 연속, 따뜻하고 자상한 듯한 인간상과 배려심, 만사의 정성됨, 신뢰와 약속의 여성정치인, 지금껏 걸어온 역경에 대한 인간애, 동지애 같은 공감 등이 이렇게 눈물로 화했을 것이다.

아버지에 이어 딸까지 대통령 당선, 세계 역사에도 보기 드문 귀함이요, 돌올지사다. 아, 대한민국의 자랑이자, 인류사의 영광이다, 아마 지구촌 세계인들이 '경이로운 기적'이라고 극찬의 입을 모을 것이다. 박근혜 대통령 그는 제일 어려운 시기에 제일 훌륭한 대통령으로 역사에 남을 수 있도록 최선을 다할 것이다.

지금부터 42년 전, 1970년 1월 1일 군대를 갓 제대한 나는 박정희 대통령의 '새마을운동'에 매료되어 당시 '재건국민운동'에 참여하고 있다가 마을 회의에서 스스로 '새마을 지도자' 길을 선택, 천명(天命)했다.

그 후 30여 년간 새마을지도자로 남아 무한히 봉사하고, 무한히 희생하던 청춘 30여년! 외곬으로 새마을의 길만 묵묵히 걸어왔다. 그 지공(公)의 베품이라도 돌려받은 듯 나는 지역농업과 농민의 기수, 농업협동조합장과 경남도의회 의원직을 대체적으로 쉽게 득할 수 있었다.

그래서 나는 박정희 대통령식, 박정희 대통령한테 대한 입은 음덕을 갚는 심정으로 모든 일을 행하고 실천해왔다. 새마을 국내운동은 물론이요, 국제화운동에도 적극 동참하여 전국에서 5~6명 정도 선택된 운동가로 선정되어 지구촌 저쪽 유럽지역의 많은 나라들을 두루 다니면서 '새마을운동의 국제화'와 영광된 '88세계올림픽을 대한민국에서 치룬다.'는 긍지초유의 뿌듯함을 세계에 알리던 '국제홍보요원' 등, 정말 보람되고 자랑스러운 역군으로 청춘 30년을 빌미하고 활동할 수 있었던 것도 다 박정희대통령 '새마을운동' 덕분이라고 생각된다.

근면성실하고, 근검절약하며, 협동과 단결로, 나눔과 베품의 따뜻한 이웃정신으로......, 향약, 두레, 계 등 우리 고유의 미풍양식을 살리면서 가난하고 배고프던 한의 역사를 깨끗이 물리치는데 우리는 줄기차게 도전해왔다. 세계 지구촌 어느 나라도 구사하지 못한 '기적과 중흥'을 우리 대한민국은 '새마을정신, 새마을운동'으로 새 나라를 꿋꿋이 창조해 왔던 것이다.

이제 우리는 제2의 새마을운동을 재정립해야 합니다. 작금 대한민국은 위험수위까지 벌어져가는 세대, 계층 간의 갈등과 지역감정의 심화, 천차만별의 국민욕구와 의식, 흐트러져 가는 애국관과 국가기강, 이반된 민생의 기초질서 등 치료해야 될 국가, 국민의 병들이 너무나 많습니다.

앞으로 우리 현실에서 전개되고 있는 국내 · 외 정치적 상황, 경제적 난제들과 동북아 질서의 거센 힘의 경쟁 등, 과연 새로 맞아질 박근혜 정부는 어떠한 지혜와 슬기로서 거센 국가 간의 도전적 현실을 풀어갈 것인가?

바라옵건데, 대통령 당선자 박근혜님이시여! 지난날 우리 대한민국은 분단된 조국 아래서 헐벗고 굶주리며 나라의 국권이 상실된 채 혼란과 무질서의 미궁 속에서 헤매일 때, 우리는 당신의 아버지, 박정희 대통령께서 제창한 '새마을운동' 아래 '일면국방', '일면건설'의 기치를 들고 온 국민을 하나로 세워, 이 나라 이 민족을 신흥경제대국으로 잘살 수 있도록 세계 속의 대한민국을 꿋꿋이 일으키지 않았습니까?

제안하노니, 당선자님이시여!

우리는 다시 국민화합과 국운융성을 일으키기 위해서는 '제2의 새마을운동'을 재 점화해야 합니다. 새마을운동을 현 시대성과 국내, 국제 형평성에 맞게 새로이 정립, 부활하여 기울고 흐트러져 가는 이 나라, 우리의 대한민국을 다시 한 번 바로 세울 것을 간곡히 당부 드리는 바입니다.

2012년 12월
경남 고성에서 새마을 운동가 심진표 올림
(이 글은 2012년 12월 19일, 제18대 대통령선거 후 박근혜 대통령에게 바치는 글임)

▲ 1988년고성군「전국새마을종합평가보고회」최우수 군 선정기념촬영

심진표

경남대학교 경영대학원 수료
농업협동조합장 역임
경상남도 도의원(8대)
새마을운동 경상남도 부회장, 고성군 회장
민주평화통일자문위원(현)
문화원 이사(현)
박근혜 동산 고성군 지부장

밖에 나가서는 웃어라

박 용 수

집에서 가족과 다투거나 싸우면 기분이 나빠 얼굴을 찡그린다. 찡그린 얼굴로 밖에 나가 사람들을 만나면 좋은 인상을 줄 수 없다. 그래서 '밖에 나가서는 웃어야 한다.' 고 가르친다. 말이 그렇지 그것이 쉬운 일이 아니다.

집 안에서 서로 사과하고 화해하면 몰라도 한번 일그러진 얼굴이 쉽게 펴지는 것은 아니다. 사과하고 용서를 받아도 마음 한 구석에 조그마한 감정이 남아 있기 쉬워서 밝게 웃는 얼굴로 금방 돌아오지 않는 경우가 있다.

가족 중에 누가 밖에 나가기 직전에 마음을 상하게 하는 말을 하여 웃음을 사라지게 하는 일은 없어야 한다. 아주 급한 일이 아니면 참으며 시간적인 여유를 갖는 것이 좋다. 찡그린 얼굴로 밖에 나가지 않도록 서로 유의해야 한다.

그러한 경우일지라도 급히 밖에 나가서 사람을 만나야 할 때도 있다. 나가기 전에 마음을 가다듬으며 물을 조금 마시고 거울을 보며 입맛을 다셔본다. 웃는 얼굴을 지어보며 '웃고 살자' 고 자신에게 말하며 다짐한다. 그렇게 하면 이마의 주름이 펴지기 시작한다.

집에서 화난 얼굴이 되지 않으려면 언짢은 일을 만들지 않아야 한다. 상대방의 잘못을 거칠게 지적하면 반격을 당하기 마련이다. 일부러 잘못한 일이 아니면 상대방의 입장에서 그 상황을 이해하도록 애써야 한다. 특히 부부 간에는 고의로 잘못하는 경우가 거의 없다. 뭘 잘 모르고 잘해 본다고 한 것이 결과가 좋지 않을 때가 간혹 있다. 이것을 기분 상하게 지적하는 것은 곤란하다.

잘못을 지적 받았을 경우에는 즉시 잘못을 시인하고 사과하거나 용서를 구하면 문제가 쉽게 해결되어 다툼을 예방할 수 있다. 작은 잘못이라도 잘못이 없다고 변명하며 우기면 그 잘못이 커지고, 큰 잘못이라도 솔직하게 인정하고 사과하면 그 실수가 사그라지거나 작아진다.

밖에 나가서는 웃어야 되지만, 집에 들어와서도 웃어야 한다. 가정의 분위기를 흐리게 할 수 없기 때문이다. 밖에서 기분 나쁜 일이 있었다고 집에서 가족에게 화풀이를 하면 분위가가 엉망이 된다.

밖에서 다투며 싸우는 일이 없도록 일을 원만하게 처리하는 것이 우선이다. 비록 언짢은 일이 발생했더라도 집에 가서 상한 마음을 드러내어 가족에게 마음의 상처를 주는 일이 없도록 처신해야 한다.

집에 들어오기 전에 마음의 문제를 정리하고 거울을 보며 표정관리를 하는 것처럼 하늘을 향해 웃음을 지어본다. 깜깜한 밤에 별이 빛나듯이 마음이 상한 경우에도 웃는 얼굴을 보이는 것이 가족과 자신을 위하는 길이다.

일단 가족의 마음을 안정시킨 다음에 천천히 그날 일어난 일을 부드럽게 꺼내는 것이 좋다. 이때도 웃는 모습으로 말하면 가족의 마음을 하나로 이끌어 갈 수 있다.

밖에 나가서 웃으려면 먼저 가정이 화평해야 한다. 집 안에서도 밖에서도 웃는 모습으로 살아가야 행복을 불러들일 수 있다. 웬만한 일은 웃음으로 받아넘기는 여유와 지혜가 필요하다.

장서(丈壻)갈등의 원인과 해결

예전에는 고부갈등이 많았고, 요즈음은 장모와 사위가 갈등을 겪고 있는 경우가 더러 있다. 장 · 서 갈등이라는 신조어가 퍼져 나가고 있다. 육아를 장모에게 맡길 때 처가살이를 하기 쉽다. 또는 남자가 살림집을 장만할 형편이 되지 않아 처가에 들어가 살기도 한다.

옛날에는 사위는 백년지객(百年之客)이라 하여 아무리 스스럼이 없어져도 어려운 손님으로 예의를 잊지 말아야 한다는 뜻이 있었다. 간혹 처가에 갈 때에는 손님 대접을 받지만 한집에 오래 살다보면 그런 대접을 받기 어렵다. 사람은 같이 지내보면 흠이 보이기 시작한다. 사위가 딸에게 잘하지 못할 때 장모로부터 지적을 받게 된다. 이것이 장 · 서 갈등의 시작이다.

사위가 장모와 떨어져 살아도 사이가 좋지 않은 경우도 있다. 일부 장모가 사위에게 "내 딸을 귀하게 키웠는데 자네가 왜 잘해 주지 않느냐?"고 말하며 따지고 든다. 이것은 옛날보다 여권(女權)이 신장되어 양성평등이 이루어져 가고 있다는 증거(證據)이기도 하다.

고부갈등은 어머니에 대한 아들의 사랑을 며느리가 빼앗아 간다는 것에 대한 서운함에서 오는 것이라면, 장 · 서 갈등은 장모 입장에서 사위가 딸에게 잘하지 못하는 것에 대한 불만에서 오는 것이다. 그 불만이 간섭(干涉)으로 나타난다.

옛날의 고부갈등은 많은 가정에서 일어나고 있었지만, 오늘날의 장 · 서 갈등은 고부갈등만큼 많은 것은 아니지만 앞으로 그 비율이 높아질 가능성은 있다. 모계사회로 이동하고 있는 느낌이 있고, 육아 문제에 친정의 도움을 구하는 것이 더 편하다는 생각을 하는 사람이 늘어가고 있기 때문이다.

고부갈등에서는 중간에 끼어 있는 남편이 중심을 잡고 지혜를 발휘해야 하듯이, 장 · 서 갈등의 문제는 아내가 친정어머니와의 대화로 장 · 서관계

정상화를 위해 노력해야 한다. 아내는 친정엄마 편도 들 수 없고 남편만을 위할 수도 없다.

처가살이의 당위성이 있기 때문에 같이 사는 것이라면 그걸 받아들이고 서로 마음을 편하게 해 주려고 노력해야 한다. 상대방에게 너무 많은 것을 요구하면 부담감과 실망감을 느끼게 된다. 요구한 것에 미치지 못하면 실망하게 되고, 요구하는 것이 무거우면 상대방은 부담을 느낀다. 실망과 부담을 주고받으며 같이 산다는 것은 괴로운 일이다.

어차피 같이 살아야 한다면 그 이점(利點)을 생각하며 즐겁게 살아야 한다. 같이 살면 주택문제도 해결되고 생활비도 절약할 수 있다. 무엇보다 육아의 부담이 적어져서 맞벌이하는 데 많은 도움이 된다. 장점을 제쳐두고 단점만을 생각하면 장점을 누릴 수 없다.

비록 남자가 처가살이를 할지라도 친부모를 생각해야 하고, 며느리는 시부모와 인연을 끊고 살 수 있는 것은 아니다. 자녀로서의 도리(道理)를 하면서 살아야 마음이 편하다. 여기에 어려움이 있다. 인간은 인간관계를 원만하게 이어갈 때 행복을 느낀다. 사람끼리 주고받는 편안한 마음이 진정한 행복이다.

장 · 서 간의 문제는 결국 젊은 사람이 대화와 타협으로 해결하려는 의지가 필요하다. 부모의 고정관념을 받아들이면서 조금씩 의식변화를 가져오도록 설득하는 지혜를 발휘해야 한다.

박용수

마산 고등학교 졸업
연세대 교육대학원 졸업
고등학교 영어교사 정년퇴임

한국형 지방자치의 정착을 위한 제언

이 근 식

지방자치제가 부활된 지 어느덧 22년이 지났고, 내년이면 6번째의 단체장 선거와 7번째의 의회의원 선거가 실시된다.

이른바 '풀뿌리 민주주의'로 불리는 지방자치제는 그동안 우리사회 민주화의 진전, 주민본위의 열린 행정, 지역의 다양성과 창의성을 살린 지역개발 등 다방면에서 많은 긍정적 성과를 이룩해냈다. 그러나 한편으로는 선심행정, 방만한 사업추진과 예산운용, 지역 이기주의로 인한 지역 간 갈등유발, 집행기관과 의회 간의 마찰 등과 같은 문제점도 지적되고 있다. 이처럼 지방자치는 많은 성과와 부작용을 함께 낳았으나, 어렵게 싹틔운 '풀뿌리 민주주의'를 잘 가꾸고 발전시켜야 한다는 데에는 이론의 여지가 없다고 생각한다.

그러나 그동안 지방자치의 성과와 시행착오를 놓고 처음의 기대가 너무 컸던 탓인지 요즘 우리 주변에서는 지방자치에 대한 생각들이 어느 한쪽으로만 치우치는 것 같아 걱정이 앞선다.

"지방자치 때문에 나라가 망하게 생겼다",

"지방자치는 비리의 온상이다"라는 사람이 있는가 하면,

"모든 것이 중앙이 문제다"라는 사람들도 있다.

둘 다 위험한 시각이 아닌가 생각한다. 이러한 논란은 정당공천 여부를 둘러싼 제도 개선과 내년의 선거 과정에서 다시금 일게 될 가능성이 농후하다.

우리와 비교되는 선진국의 지방자치제는 100~200년의 장구한 세월 동안 시행착오를 거쳐 그 사회와 문화에 맞게 발전되어 온 것이다. 이에 비하면 우리의 지방자치 역사는 너무나 짧다. 이러한 상황에서 일부 부정적인 측면이 있다고 해서 이제 막 뿌리를 내리고 있는 지방자치제의 싹을 섣불리 자른다거나, 성급하게 외국의 상황에 맞게 형성된 제도를 아무런 여과 없이

그대로 좇아만 간다면 이것 역시 큰 잘못을 저지르는 것이 될 것이다.

이제 우리 몸에 맞는 지방자치제를 정착시키고 더욱 발전시키기 위해서는 그간의 경험을 바탕으로 차분히 자치제도와 자치문화를 만들어 가야 한다. 이러한 것은 어느 한 사람의 노력이나 정부와 정치권의 힘만으로는 이룰 수 없는 것이다. 주민, 자치단체장, 지방의회의원, 중앙정부와 정치권 등 모두의 힘을 하나로 모아야 하고, 서로의 이해와 협력이 절실히 요청되고 있다. 지방자치단체장과 지방의회의원은 주민들의 뜻에 맞는 행정을 펼치기 위하여 노력하고, 주민은 올바른 지방자치가 이루어지도록 적극적인 관심과 참여를 아끼지 말아야 한다. 또한 중앙정부와 정치권에서는 제도적 보완과 지원을 통해 지방의 경쟁력을 제고시켜 나가야 한다. 이러한 다방면의 노력들이 결집될 때 비로소 자율과 책임이 조화되는 바람직한 '풀뿌리 민주주의'의 모습을 일궈낼 수 있을 것이다.

지방자치제는 어느 누구만의 이익을 위한 것이 아니라 진정으로 주민을 위하고 지역과 국가의 공동발전을 이루기 위한 것이다. 우리의 마음속에 일방적인 비난이나 무조건적인 맹신의 자세가 아니라 지방자치에 대한 관심과 애정이 자리 잡고 있어야 이러한 일들을 해나갈 수 있을 것이다. 어렵게 부활된 우리의 지방자치제가 아름답게 꽃피고 풍성한 열매를 맺을 수 있도록 정성과 사랑을 쏟고 지혜를 모아나가야 하겠다.

특히 우리 고성중학교 동문들은 모름지기 새로운 각오와 다짐으로 우리의 살림살이를 살찌게 할 지방자치제의 발전을 위해 자세를 다시 한 번 가다듬어 주었으면 하는 바람을 펼쳐본다.

이근식

전) 행정자치부장관
제 17대 국회의원

발자국

김 세 창

남산 뒷골 능선 따라
신월리 바닷가 쪽으로 넘어가다 중간쯤
정상 부근 오솔길 비켜나
땅속에 묻혔다가 불거져 나온
펑퍼짐한 반석 하나
온갖 풍상이 할퀴어댄 골 깊은 흔적
가뭄 탄 논바닥처럼 갈라져 있었지

삼사월 긴긴 해 서산에 기울도록
남산 뒷골 헤집고 다니던 동네 악동들
길쭉이 찌그러져 어른 발보다 더 큰
여러 개 구멍 패인 반석에 다다르면
–야, 장군 발자국 봐라
좋아하며 발을 쏙 집어넣어 보던 그 시절

덕명리 쌍발이 말고도
바닷물이 씻겨나간 해안가 바윗돌 곳곳엔
여러 개 움푹움푹 줄지어 있는 물웅덩이들
어느 힘센 장군이 밟고 간 발자국이라며
멋모르는 아이들은 신기하기만 했었지

남산 뒷골 너머 추억의 바닷가
저 개구쟁이 아이들 다시 돌아와서는
장군발자국이든 공룡발자국이든
바윗돌 발자국 덕에 '공룡나라' 잔치 벌여
옛 아이놈의 아이들 또한 새로운 발자국 남긴다
고성 공룡나라 대장군 발자국을

고성固城으로 가야 한다

내 고향, 고성에서 어렵사리 고등학교를 갓 졸업하던 해의 이야기입니다.

집안 사정으로 대학진학을 포기하고 나니 세상에 오갈 데 없는 어정잡이 신세로 전락하여 방황하던 때였습니다. 그 무렵에는 젊은이들 중에서 간혹 무전여행無錢旅行이라는 것을 하고 있었습니다. 나도 그만 아무 생각 없이 간소복 차림에 빈 가방 하나만 달랑 들고 무턱대고 집을 나와 버렸던 것입니다. 땡전 한 푼 없는 빈털터리로 아무 데나 헤매고 다니며 걸인乞人이나 다름없이 풍찬노숙風餐露宿에다 구걸까지 해야 했던 어두운 시절의 옛 추억 한 토막이 아직도 우두 자국처럼 또렷이 가슴속에 남아있습니다.

1966년이 거의 다 저물어가는 12월 20일쯤이라고 기억됩니다. 산청에서 함양 방향인 북쪽으로 향해 터덜터덜 걷다가 잠시 쉬어가려고 멈춘 데가 생초면 소재지까지는 못 가서 아마, 그 중간쯤 되는 곳이 아니었나 싶습니다. 근처에는 사람 사는 마을도 전혀 보이지 않았고 막차가 떨어졌는지, 지나가는 버스 한 대도 마주치지 않는 아주 한적하고 외진 곳이었습니다.

오르막인 한길 가에 주저앉아 붉게 물드는 저녁노을을 바라보며 "오늘 밤은 어느 동네에 들러 하룻밤 신세를 져야 하나?" 작은 수첩의 지도를 들여다보며 걱정하고 있을 때였습니다. 무거워 보이는 보따리를 이고 있는 할머니와 찬바람을 피해 아기를 두꺼운 포대기에 둘둘 말아서 업은 젊은 새댁이 큰 짐을 들고 힘겹게 뒤뚱거리며 걸어 올라오고 있는 것이 보였습니다. 지금 같으면 택시를 부르더라도 이리 늦은 시간에 많은 짐을 갖고 노인네와 새댁이 외진 길을 나서지는 않겠지만 60년대 당시 상황으로 봐서는 별로 신기한 일이 아니었습니다.

"옳다구나, 저분들이 걸어가실 정도의 거리라면 그리 멀지 않은 곳에 동네가 있을 것이 분명하니, 무거운 짐이라도 한 개 들어다 주고 유숙할 곳을 사정해봐야겠다."고 생각했습니다. 그분들이 올라오시기를 기다리다가 "할머니, 어디까지 가세요? 짐이 무거워 보이는데 제가 하나 들어드릴게요."하고 정중히 인사를 드렸습니다. 그러나 할머니께서는 경계하는 눈치로 살피시며 "뭐하는 젊은이냐? 해가 저무는데 왜 얼른 가지 않고 길가에서 어정거리고 있느냐?"고 물었습니다.

내가 집을 나와서부터 지금까지 유리걸식流離乞食하며 해오던 버릇대로 거짓말을 곁들여서 학비를 벌려고 연필이나 팔러 다니는 학생이라고 둘러댔습니다. 그리고는 "해가 저물어서 잘 곳을 찾던 중인데 근처에는 동네가 보이지 않아서 할머니께 여쭈어보려고 가까이 오시기를 기다리고 있었습니다."라고 변명을 해보았으나 경계하는 눈치가 여전했습니다.

이러는 동안 한 500m 남짓 걸었을까 싶었는데, 한길 우측으로 손수레나 달구지가 다닐만한 황토색 산길이 길게 뚫려있었습니다. 할머니와 새댁이 산길로 접어드실 것 같아서 더 성가시게 하지 않고 뒤따라서 묵묵히 걷기만 하였습니다. 비탈진 고갯길을 걸어가는 동안 어느새 한겨울 짧은 해는 지리산자락 이름 모를 서산 봉우리를 넘어 자취를 감추었습니다. 지금 막 해가 넘어간 서쪽 하늘의 빈자리에는 빨간 물감을 풀어놓은 것 같은 아름다운 저녁노을이 붉게 타고 있었지만, 정처 없이 떠도는 방랑자에게는 처량해 보이기만 할 따름이었습니다.

한참 뒤 붉은 황토가 크게 드러난 산 중턱에 다다르자, 지그재그로 늘어져 있는 비탈진 산길의 경사도가 점점 더 심해졌습니다. 할머니께서는 숨이 차시는지 "후유! 후유!"하고 깊은숨을 연거푸 몰아쉬시었습니다. 새댁은 새댁대로 들고 있는 무거운 보따리와 겨울 산속 벌거벗은 나목裸木의 잡목가지에서 불어오는 차가운 바람 때문에 짐을 든 손을 자주자주 바꾸어가면서 한쪽 손은 아기를 업은 포대기 밑에 찔러 넣기 바빴습니다. 어떻게 해서든지 이분들을 도와야겠지만 도무지 그럴 틈을 주지 않으니 그저 속마음만 태우면서 묵묵히 따라 걷는 수밖에 어쩔 도리가 없었습니다.

이렇게 산길을 오르락내리락하면서 한 2㎞쯤 더 걸어왔을까요. 길은 점점 더 어두워졌고 계속되는 고갯길은 지그재그와 경사도가 더욱 심해졌습니다. 하도 답답해서 "할머니, 이렇게 많이 걸어와도 동네 불빛은 보이지도 않는데 또 얼마나 더 가야 해요?" 하고 물으니 "시오 리 길이라던데…."라며 걱정스러운 듯 말끝을 흐리시었습니다.

고갯마루에 가까워질수록 경사도는 더욱더 가팔라졌고, 할머니께서는 한 발자국씩 걸어 오르는 것조차 너무 힘들어하셨습니다. 그리고 새댁도 힘겨운지, 걷던 길을 멈추고 걸어 올라온 어두컴컴한 골짜기를 자주 되돌아보곤 하였습니다. 더 이대로 가다가는 산중에서 누가 쓰러질지도 모른다는 위급한 생각에 강제로 빼앗더라도 짐을 내게 맡기게 해야겠다고 결심하고 "할머니, 짐은 저에게 주시고 좀 쉬세요. 계속 이렇게 가다가는 길에서 쓰러지겠어요!"하고 고함을 쳤습니다.

마침내, 할머니께서는 걸음을 멈추고 "후유! 후유!"하고 심호흡을 크게 몰아쉬면서 머리에 이고 있던 보따리를 내려놓으셨습니다. 알고 보니 놀라운 것은 할머니가 이고 있던 큰 보따리는 건어물과 조개류에 미역, 김, 등 해초류 다발로서 크기보다 오히려 가벼운 편이었습니다. 겉으로 보기에는 작고 야무져 보이는 새댁이 움켜 들고 올라왔던 떡 보따리가 더 무거웠습니다.

삼천포에 있는 친정에 가서 아기를 낳고 조리하고 있다가 친정어머니와 함께 산청군 생초면 어느 산골의 시가媤家로 돌아가는 도중에 떠돌이 신세가 된 나를 만났던 것입니다. 사연을 듣고 보니, 일제강점기 해방되던 해 조금 지나 옛날 나의 어머니께서 외가인 상리면 친정에 가서 나를 낳고 첫돌 때가 되어서 외할머니랑 떡 보따리를 장만해서 머리에 이고 와룡 산골의 시가로 돌아왔었다는 사연과도 아주 흡사하였습니다.

우연이라고 하기에는 무언가 가슴에 와 닿는 질긴 인연의 끄나풀 한 가닥을 거머쥔 것 같은 그런 느낌이었습니다. 그랬습니다. 우리 할아버지, 할머니, 그리고 우리 아버지, 어머니세대의 삶은 가난했지만 이처럼 순박하면서도 막사발, 뚝배기 같은 투박한 정情에다가 인간미가 흐르는 것이었습니다. 처음 만나서는 경계의 끈을 늦추지 않던 이분들이 어쩌다 대화의 물꼬가 트이기 시작하고부터는 물어보지 않은 가족사까지 죄다 이야기해 주시기까지 했습니다.

어촌마을의 빠듯한 살림에다 새댁인 딸이 산청의 산골동네로 시집가게 된 사연이며, 포대기에 업힌 아기의 아비가 되는 사위는 군 복무 중이라는 둥, 요즘 말로 해서 개인정보에 관한 집안의 은밀한 이야기도 친절히 알려주셨습니다. 이 얘기 저 얘기를 주고받으면서, "사실은 나도 진주 학생이 아니라 고성에서 왔고, 올해 봄에 고등학교를 졸업했으나 가정이 어려워 대학에는 못 가고 가슴에 바람이 들어 집을 뛰쳐나와 이렇게 한 해가 다 저물어가도록 무전여행이나 하며 얻어먹고 다닌다."고 실토하지 않을 수 없었습니다. 이처럼 서로 신뢰가 쌓이면서 가슴속에 꽁꽁 얼어붙어 있던 마음의 벽을 조금씩 허물고 나니 어느새 나도 할머니와 동행하는 떳떳한 일행이 되어있었습니다.

얼마나 더 걸었는지, 시오리 길이라는 산길이 내 추측으로는 이십 리 길을 더 온 것 같았는데 고개를 넘으면 또 고개가 나오고 산굽이를 한 굽이 돌아가면 또 골짜기가 나왔습니다. "내가 무엇에 홀리기라도 하지 않았나?" 마침내 슬슬 겁이 나기 시작했습니다. 최악의 상황에는 산속에서 밤을 지새우더라도 이분들과 함께 있어주어야지 이제는 어쩔 도리가 없다고 생각했습니다. 캄캄한 어둠 속을 헤매면서도 밤이 더 깊어지기 전에 길을 잃어버리지 않으려고 걷고 또 걸었습니다.

앙상한 나뭇가지가 윙윙 울어대는 겨울밤 산속은 초저녁인데도 사방이 깜깜해져 버렸습니다. 눈발이라도 뿌릴 것 같은 음산한 구름 사이로 어쩌다 간간이 비쳐오는 희미한 별빛을 조명 삼아 앞만 보고 두 눈을 부릅뜬 채 계속 걷기만 했습니다. 앞서서 걷고 있는 내 어깨 위에는 어느새 이분들의 차반 보따리 두 개가 다 둘러메어 져 있었습니다. 그 대신 헌 옷가지에 세면도구며, 구걸할 때 쓰였던 연필과 볼펜 몇 자루 말고는 거의 빈 가방이나 다름없는 내 조그만 비닐 가방을 할머니가 들고 따라오셨습니다.

지금은 이미 장년이 되어서 지천명知天命을 바라볼 나이가 되었을 테지만, 새댁이 업고 있는 아기는 어둠이 주는 무거운 공포 속에서도 새근새근 잠만 자는지, 아무 기척도 없는 것이 아주 신기했습니다. 음산한 야밤중, 겨울 산속에서 아기 울음소리가 앵앵 울려 퍼지기라도 했다면 얼마나 기괴하고 참담했겠습니까?

시야가 캄캄하게 차단된 초행의 산길을 세 시간이 넘도록 거의 헤매다시피 하면서 걷고 있을 때였습니다. 멀리서 개 짖는 소리가 조금씩 들려왔고,

어느 두메산골의 전설에서나 나올듯한 담뱃불처럼 작고 희미한 불빛이 어둠을 뚫고 시야에 서서히 들어오기 시작했습니다. 인가에서 새어나오는 석유등잔 불빛이었습니다. 드디어, 우리 일행은 아무 사고 없이 동네 입구에 잘 도착했던 것입니다.

야밤에 새댁의 시가로 불쑥 찾아가니 시댁식구들이며, 이웃사람들까지 화들짝 놀라서 온 동네가 비상이 걸렸습니다. 우선 멀리서 사돈네 일행이 저녁을 거르고 왔으니 부엌에서는 이웃 아주머니들이 식사준비로 정신이 없었습니다. 이따가 밥상에 차려져 나온 음식은 내가 양쪽 어깨에 둘러메고 왔던 그 차반 보따리 속에 있던 재료로 끓인 떡국이었음을 알고는 즐거운 기분에 속으로는 웃음이 나왔습니다.

이 떡국으로 해서 이웃사촌 간에 밤참을 겸한 새댁의 인사치레 잘하게 되었다 싶어서 여행에 지친 피로감도 깨끗이 잊어갔습니다. 사실은 집을 떠나서 이제야 처음으로, 불량배나 건달 같은 나에게 산골 오지의 그분들이 진심으로 사람대접 해주는 것이 고맙고 기분이 좋았습니다.

저녁 식사가 끝나자, 그 댁 주인어른께서 "군대에 가있는 아들한테서 편지가 왔다."고 보여주시며 "서당공부 말고는 학교공부를 제대로 못 해봐서 한글은 서투니 학생이 좀 읽어봐 달라."고 하셨습니다. 새댁과 함께 온 식구들이 빙 둘러앉은 안방에서 편지를 천천히 읽어드리고 정성껏 답장까지 쓰는 사이에 자정을 넘기고서야 정겨운 자리가 모두 끝났습니다. 귀빈 대접이라도 하듯이 그 댁의 주인어른과 나란히 안방에다 잠자리까지 마련해주셔서 분에 넘치는 극진한 대우에 감사하며 그날 밤은 우리 집처럼 아주 따뜻한 잠을 잘 수 있었습니다.

다음 날 아침 조반도 주인어른과 겸상을 해서 성찬으로 식사 대접을 받았습니다. 그러시고도 "시장하면 꺼내먹으라."고 기다란 가래떡 한 줄을 싸서 가방에 넣어주셨습니다. 양쪽 안사돈과 새댁 및 이웃사람들의 정겨운 배웅을 뒤로하고 주인어른이 직접 마을 밖에까지 나와서 생초면 소재지로 나가는 지름길을 상세히 알려주셨습니다. 인제 보니 어젯밤에는 산길을 잘못 들어 산골짜기 너무 깊숙이 들어가 헤매고 다니면서 아니해도 될 고생을 많이 했던 것입니다. 가르쳐주신 대로 간밤의 눈발이 하얗게 쌓인 고갯마루에 올라서니 멀리 서쪽으로 버스가 다니는 구불구불한 한길이 길게 보였습니다.

때마침, 산 아래쪽에서 우편배달을 하는 집배원이 자전거를 끌고 올라오고 있었습니다. 안녕하세요? 하고 집배원에게 인사를 하고 그가 올라온 자전거와 신발 자국을 따라 삼사십 분 정도 걸었을 때, 눈을 하얗게 뒤집어쓴 여러 채의 집이 보였습니다. 거기가 바로 지금도 민물고기로 유명한 생초生草라는 곳이었습니다. 어제저녁에 편지를 읽어주고 시부모님의 것은 물론, 새댁의 편지까지 대필해주며 귀빈대접을 받았던 그 산골동네가 생초에서부터 동쪽으로 도보로 대략 1시간 정도의 거리라고 추측했습니다.

우여곡절迂餘曲折 끝, 이듬해 초에 옛 총무처 공채시험을 거쳐 국가공무원이 되어 많은 세월이 흘렀습니다. 부산에서 출장 가는 일로 산청의 생초 부근을 지나치거나 고성에 전화국장으로 가 있을 때에도 그 옛날의 무전여행 때 겪었던 그 산골 마을에서의 아스라한 추억이 떠올라 "그 동네가 어디쯤이었을까?" 하고 조용히 알아보려고도 했습니다. 그러나 워낙 오래된 일이었고 많은 세월이 흐르는 동안 크게 뚫린 새 도로와 주변의 지형이 너무 많이 변모되어 기억해낼 수 없었습니다. 무거운 짐을 지고 고개티로 고불고불 걸어 올라갔던 어두운 겨울밤의 산길이라서 더욱 그러리라고 봅니다. 이제는 두 번 다시 되돌아갈 수 없는 오랜 추억 속의 이상향理想鄕이기 때문인 게지요.

좌절挫折과 자학自虐으로 방황하던 그 겨울밤, 진정한 삶의 의미를 보여주시던 사람 사는 모습들이 내 가슴속 아릿한 '추억의 향기' 로서 아름다운 시구詩句처럼 영원히 남아있을 것입니다.

순간의 배고픔을 잊으려고
남의 밭 알뿌리를 훔치다가는
때로는 거짓말로 변명하며
세상을 향해 자학自虐한다 하여
거지처럼 함부로 살아서는 안 된다

뜨거운 양심에 두 손 얹고
추락하는 몸짓에 부끄러워할 줄 아는 한
너는 아직 거지가 아니다
남이 차린 상머리 먼저 차지하고 앉아
얻어먹으면서도 부끄러워하지 않고
도리어 큰소리치는 자를 일컬어
거지라 부르는 게 마땅하다

너는 정말 거지가 아니다
어쩌다 떠돌이 신세로 걸식乞食한다 하여
그렇게 거지처럼 살아서도 안 된다
그래 이제는 돌아가야 한다
햇볕 따뜻한 언덕바지
바닷냄새 그리운 우리
고성固城으로 가야 한다.
(2013.8.15. 개작)

김세창

계간 '詩와 수필'에 등단, 현 운영위원
국제펜클럽 한국본부 부산지역 운영위원
한국문인협회 회원
신서정문학 편집위원
시를짓고듣는사람들 수석부회장
사하전화국장, 고성전화국장 등 역임
지은책 : [시문집] 늘 함께 있어주어서 행복했습니다
[시 집] 바람의 노래

생명 환경쌀 한과(韓菓)

오 기 환

고성 산 환경 쌀로
빚어낸 강정인가

발효한 유과 튀겨
조청을 버무리면

한과의
깊은 맛 은은히
부서질 듯 녹는다.

※생명 환경쌀 :
경남 고성에서 생산하는 쌀.
유기농 재배법을 한 단계 뛰어넘는 방식으로 생산함.
국내에서 최고의 미질을 자랑하며 그 쌀로 빚은 과자.

학창시절의 단편들

중학교에 입학하니 학교의 교문이 없었다. 고성농고 정문을 동시에 사용하였다. 시골 쪽에서 오는 학생들을 위하여 설치된 후문은 철조망을 조립하여 만든 문이 있었는데 이곳은 수시로 드나들 수 있었다.

학교로 가는 길은 먼저 냇물을 건너고 두 개의 공동묘지를 지난다. 공동묘지는 야산 자락에 위치했다. 초등생 때부터 이 공동묘지에서 소를 풀어놓고 놀았기 때문에 무섭다거나 피하고 싶은 곳은 아니었다. 아이 무덤이라 하여 단지에 들어있는 인골을 수없이 보고 어른들의 이야기를 많이 들었기 때문이다. 하지만 땅거미가 내리거나 어둠이 깔린 시각에 이곳을 지날 때는 어린 가슴이 수없이 콩닥거리는 것은 어쩔 수 없었다.

중학교 1학년에 들어가기 전에 1년 선배에게 펜글씨 공책을 받아 영어 알파벳 4개체를 전부 다 익혔다. 지금은 인쇄체 소문자만 통용되다시피 하고 있다. 하지만 그렇게 4개체를 외운 것은 같은 또래의 다른 학교에 진학한 친구와 경쟁심 때문이라 여긴다. 학교에 입학하고 나서도 그 경쟁은 계속되었다. 국어 책에 나오는 시와 시조들을 많이 외우기 경쟁을 했다. 그 연유로 대학을 졸업하고 나서 국어 교사로 중등에서 한평생을 보냈으니 그 친구의 덕을 많이 보게 된 셈이다.

1~2학년 때는 가교사에서 공부했다. 1학년은 A반부터 C반까지는 한 줄로 늘어선 임시로 만든 가교사였다. D반은 떨어진 교사 건물의 한 쪽에 있었던가 보다. 3학년 2학기가 되어서야 겨우 본관에서 공부할 수 있었지만 지금의 완성된 학교 건물은 아니라 생각된다.

이 가교사는 양철 지붕이라 소낙비가 내리면 소리가 울려서 수업을 중단할 수밖에 없었다. 판자로 어슷하게 붙인 벽면은 겨울 삭풍을 막아내기 어려웠지만 추위에 떨면서도 씩씩하게 참고 버텨냈다 싶다. 교실 바닥은 흙으로 되었는데 황토가 굳어진 촉촉한 상태라서 먼지 걱정은 없어서 좋고 청소하기 편했다.

1학년 담임은 영어 선생님이었다. 한 선생님 밑에서 쭉 1년을 배울 수 있었다. 두어 달을 기준으로 금방 다른 영어 선생님이 교체되는 반에서는 선생님마다 영어 발음이 제각각이라 혼란을 일으키는 경우가 많았다. 물론 영어 외 다른 과목 선생님들도 수시로 교체되었다 싶다. 잘 가르친다 싶으면 금방 다른 학교로 가시고 새 사람으로 바뀌는 것으로 보아 후미진 시골학교의 애환이라 여겼었다.

가정 형편상 고교 진학은 참 어렵다고 느낀다. 가난한 농촌 생활은 보리고개를 항상 실감하며 살았다. 당시 빈궁한 시절을 경험하지 않은 사람은 없으리라. 그러다가 중3이 되자 아래 마을 친구와 같은 반이 된다. 그는 형이 둘이 있었다. 그 형들의 지도를 받으면서 묵묵히 야망과 꿈을 키우고 있었다. 이 앞서가는 친구의 야망과 공부하는 방법을 자연히 따라 하게 된다. 큰 나무 밑에서 작은 나무는 정상적으로 자라지 못하지만, 사람은 앞서는 사람만큼 자란다는 옛 성인의 말이 신통했다.

하교 후에는 책가방을 던져두고 농사일을 거들어야 했다. 밤이 되면 등잔불빛에 복습을 하는데 머리에 쉽게 들어올 리가 없다. 앞 머리카락을 등잔불에 태우기도 수차례 하면서 부친의 꾸중도 들어야 했다. 석유가 닳는다고 빨리 불 끄고 잠이나 자라는 질책을 받으면서도 해야 할 공부는 가까스로 마쳤다고 할까.

그런 열악한 환경 속에서도 한 조각 꿈은 있었다. 한 해 선배는 졸업생을 위주로 하는 학교 교지에 영어로 수필을 써서 선후배의 부러움을 많이 받았다. 그분은 내가 사는 마을보다 더 후미진 시골동네에 살았지만 두뇌는 특출하였나 보다. 항상 영어책을 손에 들고 있은 그분은 노력도 타의 추종을 불허했다. 나중에 정부의 장관직을 맡기도 하였다. 고성중의 영광이 아닐 수 없었다.

제3공화국 시절에는 경제기획원 장관을 위시하여 전국적으로 사무관급 이상의 관료가 고성출신이 제일 많았다는 것을 감안하면 고성의 토질이나 기후가 인재를 많이 배출하는 모양이다. 지금까지 고성중 출신들이 전국적으로 많이 활약하고 있다고 알고 있다. 고성중 사나이들의 웅지는 날로 뻗어나갈 기상임이 분명하다고 본다.

나는 13회 졸업생이다. 졸업 후 60여년의 세월이 흘렀다. 교문 입구의 모습도 산듯하여 옛 모습과 판이하다. 지금은 학교 교정이 반듯하게 단장되어 있어서 어디에 내세워도 부러울 것이 없는 교육환경이다. 인사 교류를 통하여 교사들의 수요 공급도 원활하다고 여긴다. 50 여년의 세월 저쪽이 꿈길처럼 아득하다.

고성중학교의 무궁한 발전과 자라나는 고성중 사나이들의 큰 꿈과 활기 넘치는 웅장한 기상이 고성중 교정을 가득 넘칠 것을 기대해 본다.

오기환

연산중학교 교장역임.
수필가, 시조시인.
부산문협회원.
한국문협회원.
수필집-인연의 길목

50년 전의 그날을 생각하면서

최 낙 민

나는 고성읍이긴 하지만 농촌 마을인 우산리 상촌에서 태어났다.

코흘리개를 갓 벗어난 꼬마가 푸른 꿈을 안고 집에서 6Km나 되는 곳에 있는 고성중학교 시험에 합격하여 입학을 했다.

몸무게에 버금가는 책가방과 도시락 주머니에 체육복까지 들고 다닌다고 손바닥에는 굳은살이 가득했고(당시에는 어깨에 메고 다니는 가방은 없었다) 자갈길을 걸어 다녀서인지 그놈의 운동화는 왜 그렇게 잘 떨어지던지…….

동네 앞으로 지나는 길에서 버스를 타고 가면 읍에 있는 버스터미널에서 2Km만 걸어가면 학교에 갈수도 있었지만, 25원 차비가 아까워 폭우가 쏟아지는 날이 아니면 버스를 탄다는 것은 언감생심 생각도 하지 못했다.

집에 돌아오면 뒷산에 가서 소를 먹이고 동네 안이나 멀리 고성읍에까지 나가야 하는 심부름에다, 아래로 넷이나 되는 동생들을 돌보는 일 등 한집안의 큰 아들로서의 역할을 다하면서도 배우겠다는 생각과 공부를 잘해야 된다는 생각은 항상 머릿속을 떠나지 않았던 것 같다.

왜나 하면 내 책상 앞에다 "열심히 공부하자" "경남고로 가자" "하면 된다." 등등의 각오를 담은 글귀를 써서 붙여두고 마음을 다잡았던 기억들이 지금도 생생한 것을 보면 그 시절이 나의 인생의 큰 밑그림을 완성해가는 중요한 시기였다는 생각이 들기도 한다.

초등학교 시절은 아버지께서 초등학교 육성회장을 몇 년씩 역임하시는 등 사업도 잘 되었고 사회활동도 많이 하셔서 부러울 것 없이 자랐는데, 아버지 사업이 어렵게 되어 많은 재산이 없어지고 가세가 기울어 갔지만 중학교 1학년 때까지도 나는 잘 모르고 지냈다. 3학년이 되었을 때 중학교 앞에 있는 고성농고로 가라는 아버지의 말씀이 나에게는 하늘이 무너지는 것 같은 청천벽력이었다.

그러나 그 이전까지는 꿈 많고 즐거운 추억이 가득한 중학시절이었다.

아침에 어머니가 싸주신 도시락의 김치 국물이 흘러나와 책이며 체육복을 모두 버려서 체육복을 입지 않고 나가서 체육시간에 선생님으로부터 벌을 받아도 어머니를 원망해본 적이 없다.

김치 국물이 흘렀건 말건 친구들과 둘러앉아서 나누어 먹던 도시락의 맛은 정말 꿀맛이었으며, 친구들 중에는 가정형편이 어려워서 도시락도 가져오지 못하는 아이들도 있었다. 그런데 반찬이야 어떻게 되었건 매일 같이 도시락을 싸서 주시는 것만으로도 감사해야 했기 때문이다.

옆자리에 있던 C와 아무것도 아닌 일로 학교 옆 작은 산(독메)에서 결투를 해서 얼굴이 시퍼렇게 되었을 때도, 3학년 선배에게 이유 없이 맞아 이마가 터졌을 때도 부모님께는 언제나 체육시간에 축구 골대에 부딪치거나, 철봉에 부딪쳤다고 거짓말을 둘러 대고 넘어갔다. 요즘 같으면 부모님들이 학교로 찾아와 야단법석이 일어날 만한 일들이 아니었을까?

시험 시간표가 발표되고 공부를 해야 하는데 집에 가면 농사일, 집안일 돕는 것이 우선이었기 때문에 공부는 틈틈이 할 수밖에 없어서 집에서 학교를 오가는 시간에 단어 숙어집을 들고 다니며 외우고, 학교에서 요점을 정리한 것을 들고 다니면서 외우는 방법으로 공부를 하여 겨우겨우 상위권은 유지 했다. 어쩌다 한 번씩 전교 석차라도 많이 떨어지면 어린마음에 죽을 맛이었지만 부모님들은 언제나 괜찮다. 공부는 고등학교, 대학교에 가서 열심히 하면 된다고 느긋해 하시면서 아무렇지도 않게 말씀을 하실 때는 너무 화가 나고 섭섭한 때도 있었지만, 세월이 지나고 내가 교직에 몸담고 있으면서 그런 교육이 얼마나 나를 더 성장할 수 있게 만들었는지를 알 수 있었다.

그때나 지금이나 아이들의 심리상태는 매 한가지다 “공부해라” “공부해라” 잔소리처럼 들리는 말을 계속하는 것은 공부하는데 아무런 효과가 없다. 힘들게 농사일도 시키고, 부모님 고생하시는 것도 알고 나서 스스로 열심히 해야겠다는 생각을 한 뒤에 공부를 해야만 능률적인 공부가 되고 성적도 올라간다.

요즘 부모들은 나는 고생하면서 자랐지만, 하나 아니면 둘 있는 귀한 자식은 고생시키지 않겠다는 생각으로 본인은 허리가 휘도록 일하면서도 자식이 거들겠다고 나서면 "아니다. 너는 가서 공부나 해라"고 쫓아 보낸다. 그렇게 하면 그 아이가 부모의 고생을 알고 고맙게 생각하면서 자기 책상으로 돌아가서 정말 열심히 공부한다면 얼마나 좋을까? 당연히 그 결과는 정반대이다.

우리가 중학생 시절로 되돌아가서 생각해보면 그때 "이렇게 해주면 공부를 잘 할 수 있겠다"라고 생각했던 그것을 하도록 하는 것이 공부를 잘하게 하는 방법이 아닐까? 하고 생각해 본다. 그때 우리들을 잡초처럼 강하게, 그리고 책임감 있게, 홀로 설 수 있게 해 주셨던 부모님께 감사를 드리고 싶다. 그래서 부모가 된 우리는 아이들이 푸르고 큰 꿈을 품고, 다른 사람과 더불어 살아갈 수 있도록 관심을 갖고 지켜보면서 힘든 일이든 어려운 일이든 스스로 해 나갈 수 있도록 도와 주는 일이 중요하다.

내 경험으로 보아도 10대는 인생에서 가장 중요한 시기였다. 빌게이츠나 손정의, 박찬호 같은 사람들은 이미 16살 이전에 자기 인생의 밑그림을 뚜렷이 그렸다고 전해진다. 열정을 갖고 도전하는 사람, 유쾌하게 즐길 줄 알며, 생각이 다른 사람을 끌어안을 줄도 아는 사람, 자기가 하고 싶은 일을 열심히 하면서 살아가는 사람이 많은, 그런 사회를 만들어 주는 것이 진정 우리가 해야 할 일이 아닐까?

50년이 지난 지금 생각해 보니 한 교정에서 뛰놀고, 다투면서 쌓아온 정이 얼마나 두텁고 값진 추억으로 남아 있는지 모른다.

지금도 고성중학교 13회 졸업 동기들은 항상 친구라는 뜻의 "늘벗회"라는 회의 이름을 정해서 매 짝수 달 13일에 모임을 갖고 흉허물 없는 친구로 서로 상부상조 하면서 재미있게 지내고 있다.

만약 50년 전 멋모르고 자랐든 중학교 시절에 부딪히고 싸우고 선의의 경쟁을 하면서 자라지 않았다면 지금처럼 속마음을 터놓고 흉허물 없는 친구 사이가 될 수가 없었을 것이다. 따라서 지금 중학생활을 하고 있는 후배들도 전날에 우리가 살았던 것처럼 먼 훗날 진정한 좋은 친구로 기억될 수 있도록 학교생활에서 왕따나 집단 괴롭힘이 없이 과도한 경쟁의식을 버리고 서로도우고 화합하며 선의의 경쟁으로 열심히 공부해야 한다는 것을 알려주고 싶다.

그리고 어려운 삶의 여정에 선후배 동창들이 든든한 버팀목의 역할을 해주면서 살아가면 본인의 발전은 물론 선후배 동창들의 발전에도 도움이 되어 보람되고 즐거운 삶이 되리라고 본다. 우리 모두 그렇게 살도록 노력해 보자.

최낙민

아호 현송峴松
전) 울산자연과학고등학교장

아차! 놓칠 뻔했던 "고중 사나이"

심 의 표

코흘리개 14살, 고성초등학교를 졸업하던 해가 1961년이니 이제 반세기도 더 지난 셈이다. 아버님이 일찍 돌아가셔서 당시 어머님과 누님, 그리고 형과 막내인 나까지 우리 가족 4명은 삼촌(숙부) 식구들과 한 집에서 살고 있었다. 의무교육 기간인 초등학교 시절이라 이렇다할만한 큰 학비가 들어가지는 않았을 때지만 그래도 작은 용돈이라도 숙부님께 타 쓸 때라 숙부님의 말씀 한 마디가 우리 집에서는 절대적일 수밖에 없었다.

그러던 어느 날, 초등학교 졸업과 중학교 입학시험이 얼마 남지 않았던 때였다. 내가 다녔던 고성초등학교 6학년 담임선생님께서 불러서 교무실에 갔더니

"부산중학교에 입학시험 원서를 접수시켰으니 시험치러갈 준비를 하도록 해라."고 말씀을 하셨다. 그 때는 초등학교만 의무교육을 실시하던 시절이라 중학교는 반드시 입학시험을 거친 뒤 많지는 않았지만 모두 등록금을 내야만 학교에 닐 수 있었다. 학교에서 돌아와 선생님이 전해주신 '수험접수표'를 숙부님께 보여드렸더니 언감생심(焉敢生心), 부산유학은 꿈도 꿀 수 없는 일! "할머니가 저렇게 편찮으신데 어려운 우리 집 형편에 부산 유학은 절대로 안 된다."며 한 마디로 잘라 말씀하셨다. 하도 단정적으로 말씀하셔서 더 이상의 논의란 꺼낼 수조차 없었다.

다음 날 학교에 가서 담임선생님께 가정 사정을 있는 그대로 말씀드리고 부산중학교 시험엔 갈 수 없다고 했더니 여간 난감해 하시는 게 아니었다. 부산에 수험원서를 내고 접수표를 전달받는 사이 이미 중학교 입학원서 접수 기간이 모두 만료되어 버린 것이었다. 아마 당시 중학교 원서 접수 기간이 부산과 경남이 같았거나 비슷했던 모양이다. 더구나 우리 집이 고성읍에 있는 학교와 꽤 먼 대가면에 있는데다 집안 사정도 궁핍해 어머님이 한 번

도 학교에 가신 일이 없다보니 담임선생님께서도 어머님과 의논 없이 입학원서도 혼자 알아서 접수시키셨던 것 같다. 예나 지금이나 이른바 명문학교엔 실력만 된다면야 웬만한 가정 형편이면 여간 힘겨워도 보내는 게 보통이라 선생님도 쉽게 생각한 것이 그만 당황스런 상황과 맞부딪치게 된 것이다.

이 일을 어쩌나! 선생님뿐 아니라 어린 나이였지만 나 또한 가슴이 철렁 내려앉을 만큼 큰 낭패감에 휩싸였다. "중학교엘 못가면 무엇을 해야 하나, 그리고 나의 앞날은 어떻게 되는 걸까?"

고마운 선생님 덕에 기사회생(?)

다음 날인가 초등학교 담임선생님을 따라 난생 처음으로 고성중학교 교정엘 갔던 것 같다. 하도 오래 전 일이라 정확한 기억은 없지만 선생님께선 일단 중학교에 가서 한 번 통사정을 해볼 요량이었던 것 같다. 결과적으로 고성중학교에 어렵사리 입학시험은 치를 수 있게 되었다. 당시 고성중학교 교장선생님께서 6학년 담임선생님으로부터 나에 대한 자초지종 말씀을 듣고는 입학원서를 추가로 받아주기로 쉽지 않은 결정을 해주신 것 같다. 얼마 뒤 치러진 입학시험에서 다행히 수석을 하게 돼 마감 후 추가접수라는 딱한 부탁을 해야 했던 담임선생님의 난처했던 입장은 좀 풀어드리긴 했다. 그러나 지금 생각해도 까딱했으면 모교인 고성중학교와는 영영 인연을 가질 수 없을 뻔 했다. 자랑스런 '고중사나이' 도 완전히 빠이, 빠이 .

사족 같은 얘기지만, 그 해 고성여자중학교 입학시험에서 같은 담임선생님께 공부를 배웠던 급우 박영숙씨(현재 고성군여성단체협의회 회장)가 수석을 차지해 선생님께서 "한 반에서 쌍 수석이 나왔다"며 무척 기뻐하셨던 기억은 지금도 잊을 수 없다.

부산중학교에 입학시험을 치르려다 이루지 못한 꿈은 3년 뒤 부산고등학교에 진학하면서 만회하게 되었다. 지금은 고등학교가 대부분 평준화되었지만 당시만 해도 부산에 있는 부산고, 경남고 진학은 경쟁이 아주 심한 편이었다. 우여곡절 끝에 모교가 된 고성중학교였지만 내가 그렇게도 가고 싶어했던 부산고등학교 진학의 바탕돌을 놓아 준 너무나 고마운 학교가 되었다.

지금 와 생각하면 고성중학교 입학은 나의 인생에 있어서 가장 큰 터닝포인터가 아니었던가 싶다. 만일 그 때 중학교 교장 선생님이 입학원서를 받아주시지 않았다면 내 생은 어떤 과정을 거치게 되었을까? 당시 우리 집 사정이나 사회적 분위기로 보아 요즘처럼 1년간 기다리며 재수를 한다는 것은 꿈도 꾸지 못할 일이었다. 남의 집 새끼 머슴으로 가지야 않았을지 모르지만 집 농사일을 거들고 산에 나무나 하러 다니다보면 이렁저렁 그렇게, 그렇게 생이 흘러가지 않았을까 하는 아찔한 생각도 든다.

이제, 우리 나이로 올해 예순 여섯. 지나간 긴 세월들이 길게 늘어선 주마등처럼 갖가지 추억을 담고 되살아나는 나이이다. 한 평생 인생살이에 '만약에 00했다면……' 하는 가정은 무의미하다고들 한다. 그러나 "그때 끝내 입학원서를 내지 못했다면……, 그 후의 나는 어떤 모습이었을까?" 하는 생각은 지금도 지울 수 없는 게 사실이다. 크게 내세울 것 없는 나의 삶의 여정이지만 결코 잊을 수 없는 중요한 한 순간이 고성중학교 입학시험이 아니었던가 싶다.

심의표

현) 대한언론인회 이사
현) 재경고성향우회 회장
현) (주)다하미커뮤니케이션즈 회장
재경고성중동문회 회장 역임
KBS 부산총국장
세종대학교 교수
국민훈장 목련장, 고성군민상 수상

2.5할 지방자치의 현실과 지방재정위기 해결 방법

안 수 일

올해로 민선자치 23년째를 맞이했다. 우리 지방자치의 현주소는 조세총액 240조 중 79%가 국세이고, 21%가 지방세로 재정 자치는 '2할 가치' 이다. 4만 3천여 개의 사무 중 국가사무가 71%, 지방 사무는 29%로 '3할 자치' 이다. 재정과 사무를 두고 보면 2.5할 정도의 자치로 절름발이도 못되는 기형이다.

전국 244개 지방정부 중 절반 이상인 124곳은 자체수입만으로는 인건비조차 해결하지 못하는 실정이며, 특히 이명박 정부 들어 종합소득세 축소 등의 감세조치로 지방 세입이 매년 무려 4조원씩 줄어들어 지방재정은 고사 직전인데도 중앙정부는 무상급식, 영 · 유아 무상 교육 등 온갖 생색은 다 내면서도 그 부담은 지방정부에 떠넘기고 국가보조사업의 지방정부 매칭 부담 등에 따라 지방재정 위기 소리가 그래서 나온다. 이에 빈사 상태에 놓인 지방자주권의 확대, 중앙 · 정부 간 근본적인 역할 조정, 주민참여형 재정운영 방식의 제도화 등이 제안되고 있다.

민선 5기 시장 · 군수 · 구청장들의 연구모임인 목민관클럽 소속 지방자치단체장 52명이 19총선 핵심 공약으로 각 정당에 요구한 다음의 안들이 좋은 예일 것이다. 예를 들면, 지방교부세를 2% 증액하여 지방재정 확충, 기초노령연금이나 영 · 유아 보육비 등 국민생활보장 관련 복지비는 전액 국비로 지출해야 하고, 국세와 지방세 비율은 6:4로 조정하고, 지방자치의 책임성 강화로 자치단체장의 무분별한 낭비성 재정지출 견재 등이 필요하고, 책임행정과 문책성이 더 강화됨으로 주민의 혈세가 절액될 것이다.

흔히 학자들은 학생들 앞에서는 지방자치가 근본적으로 잘못되어 가고 있다고 하지만, 역시 눈치 보기 정치는 법률에 기반을 둔다고 했다. 그러나 이 말은 동상이몽(同床異夢)이라고 할까, 한심한 것이다. 자기 밥그릇이나 챙기는데 앞장서는 정치는 우리 국민들의 의식에 해결할 것이다. 지방자치법의 예로 주민소환제도 있지만 절차상 문제가 복잡하다. 언제 시간이 흘러 해결될지 기다려 보자. 우리 모두에게 숙제라 생각한다.

도 단위 시 · 군 의회 의장단협의회 모임에서 중앙정부에 건의 사항

- 의회 감사기능 강화(행정사무)
- 예산 심의권 강화(집행부 당 해 년도 예산서)
- 의회 직원 인사권 독립 및 시 · 군 간 순환 근무
- 전국 시 · 군 · 구 의장단에서 시 · 군 · 수 의회 시장, 군수, 정당공천 폐지를 줄기차게 건의하고 있는 중이다.

박근혜 대통령이 후보 당시 여 · 야, 대국민과의 약속인데, 지금 국회의원들은 시큰둥하다. 이런 처사는 국민을 무서워하지 않는다는 이야기다. 지역에 덕망 있고 유능한 인재가 많이 등용될 수 있는 세상, 주민의 혈세가 소중하게 쓰여 지고, 주민이 바라는 행정, 서민을 위한 복지행정이 실현되어야 한다. 이런 일들이 실현되기 위해서는 반드시 정당공천제가 폐지되어야 할 것이다.

안수일

전) 고성군 의회 2, 3대의원
전) 3대 고성군의회 의장
전) 민주평통 고성군 협의회 회장
전) 고성청년회의소 회장

벽방산

강 홍 우

등줄기 갈라놓고 발길로 선을 그어
남북으로 통영. 고성 바람도 두 갈래다
봄 향기 정월 대보름달 벼랑 끝에 숨죽이고.

잔잔한 한려수도 올망졸망 다도해라
한 걸음 내딛으면 징검다리 되겠건만
축지법 오가던 선인仙人 그 어디서 쉬고 있나.

푸른 꽃 있다기에 꼭대기에 올랐더니
안정사. 벽암사가 등 대고 누워있고
벽방碧芳은 발아래 있다 남해바다 저 멀리.

*벽방산 : 푸른 꽃 같이 아름다운 산

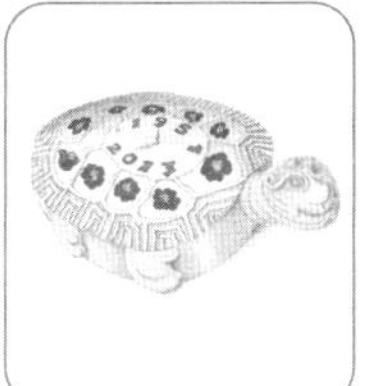

강홍우

마암. 철성초등학교장 역임.
고중15회 회장 역임.
현) 고성예총 감사

고성중학교 다닐 때의 추억

남 덕 현

중학교 때의 친구들 사이에는 그저 호기심 많고 매사에 궁금하고 어떤 새로운 사건들이 매우 인기 있는 화제가 되곤 했다. 필자가 졸업한 고성중학교는 무량산과 천왕산이 병풍처럼 뒤로 둘러서있고 천왕산 산줄기의 끝부분인 고성읍 교사리의 산자락에 자리 잡고 있었다. 넉넉한 주민들이 별로 없고 어렵고 힘든 보릿고개를 넘기기가 힘겨운 주민들이 대부분이었다.

학교주변에는 모두 들과 산이요 밭이었다. 학교 앞쪽으로는 사천으로 가는 국도에 완행버스와 직행버스가 먼지를 훨훨 날리며 다니고 있었다.

그때만 해도 학교 앞 도로는 아스팔트가 아니고 자갈길이었는데 해마다 봄이 되면 마을 사람들이 자갈을 냇가에서 한길로 운반하여 괭이와 삽으로 편편하게 깔았다. 자갈의 크기가 다르다 보니 완행버스의 타이어가 빵꾸나는 일이 예사였고 타이어가 빵꾸가 나면 고성 장날 시장 한번 다녀오는데도 하루가 걸리던 시기였었다. 자갈길로 학교 통학하기가 여간 불편하지 않았다.

교문은 골목길처럼 좁고 기다랗게 한길로 향해 뻗어있었는데 교문앞쪽에는 먼지가 수북이 쌓인 구멍가게가 있었고 나는 단골 고객으로 출입을 했지만 때로는 눈깔사탕 몇 개쯤은 훔쳐 먹기도 하였다.

고성중학교의 10월 달 운동장은 해마다 동문들이 함께 모여서 즐거운 하루를 보낸다. 윷놀이도 하고 배구도 하고 족구도 하고, 노래자랑도 하고. 노래자랑이 끝나면 추첨을 하여 선물도 받고, 추수의 계절만큼이나 모두들 마음들이 풍성하다.

마음 같아서야 하늘을 훨훨 날고 싶지만 나이 탓에 헛발질과 헛손질에 모두들 한바탕 웃기도 한다. 졸업한지 오래되어 머리가 새하얀 선배 동문들도, 그리고 사회적으로 성공한 동문들도, 동문회 준비한다고 바쁜 후배 동문들도 너와 나 구분 없이 이릴 때의 학교생활을 추억하며 지난 이야기에 시간가는 줄 모른다. 교정의 수목들도 동문들의 나이만큼이나 세월이 흘러 아기나무에서 노목나무로 변하였고, 학교 건물도 그렇게 달라졌다.

그땐 나무판자로 교실 벽을 만들었고, 울퉁불퉁하여 고르지 못한 맨땅에 책걸상을 놓고 공부를 했는데 청소시간에 청소하기가 매우 힘들었었다.

먼 곳에서 등교하는 친구들은 논둑이나 밭둑길이나 산길을 걸어서 학교에 다니곤 하였는데 길을 오가며 수학공식이나 영어단어를 외우는 것이 일상이었고, 점심은 고구마나 감자 등을 싸가지고 다녔으며 점심을 굶는 친구들도 많았다. 그때는 교복과 교모(모자)를 착용하였고 교복에는 학년과 학교표시의 뺏지를, 교모에는 모표를 달고 다녔었는데 머리는 까까중처럼 박박 깎고 다녔다. 철이 없고 노는 일에만 정신이 팔렸던 필자는 학급에서도 성적이 거의 꼴찌였었고, 공부와는 아예 처음부터 담장을 쌓았다. 공부를 마치면 학교 앞 골목길에서 동전치기나 짤짤이를 하여 돈 따먹기도 많이 하였는데 선생님께 들켜서 도망을 가기도 하였다.

고성읍 쪽에서 다니는 친구들은 자갈길을 통해 대부분 걸어서 학교를 다녔는데 겨울철에는 철둑 바다에서 불어오는 바람이 얼마나 매서운지 살갗을 도려내는 것 같았다. 고성초등학교에서 구공설 운동장 까지를 제1 시베리아라고 불렀고 구공설 운동장에서 향교 입구까지를 제2 시베리아라고 불렀었다. 지금은 아파트가 들어서서 도시처럼 되어있지만 그땐 허허벌판 언덕길이었다. 친구들은 시베리아를 지나고 나면 볼과 코가 얼어서 발갛다 못해 시퍼렇게 되어 있었다.

학교 동남쪽 조그만 동산은 공동묘지였었는데 별다른 시설도 없이 바위 위에 시신이 들어있는 관을 놓고 석유를 뿌린 다음 하루 종일 장작불로 태웠는데 그 냄새가 교실까지 들어올 때도 있었다. 어찌나 냄새가 독하고 퀘퀘한 지 공부가 되지 않는 때도 있었다. 사람 타는 냄새는 사방에 흩어졌고 그곳에서 피어오르는 새까만 연기는 온 하늘을 뒤덮었다. 거의 날마다 시신을 태웠는데 우리들의 어린 마음들은 그냥 무서운 곳으로 생각 되었을 뿐 별다른 느낌은 없었다. 철없고 장난기가 많은 친구들은 시신 태우는 곳에 가까이 가서 해골을 구경한 이야기도 무시무시하게 들려주곤 했다.

지금은 그곳에 고성 실내체육관이 자리 잡고 있다. 시신을 태우던 옛날 공동묘지 터 위에서 군내 각종 행사와 체육대회를 하고 식사를 하는 사람들의 모습을 보면 감회가 벅차고 세상도 많이 변하였으며 수많은 세월이 흘렀음을 실감한다. 그땐 삶과 죽음에 대한 고귀한 생각들도 없었거니와 자연적인 현상으로 받아들이고 있었고 친구들 사이의 신기한 이야기 거리로 밖에 취급되지 않았다.

학교 뒷산에는 지금처럼 소나무 숲이 울창하게 산을 뒤덮고 있지도 않았고 저희들 무릎정도 높이의 올망졸망한 소나무가 듬성듬성 자라고 있었다. 겨울철이 무르익어갈 즈음이 되면 학교에서는 전교생을 동원하여 산토끼 사냥을 가기도 했는데 전교생이 온 산을 포위하여 조금씩 좁혀 가면서 마지막에는 더 이상 도망갈 곳이 없는 산토끼를 생포하는 일이었는데 산토끼를 생포하는 장면에서는 아이들의 함성이 온 산을 울렸고 산토끼는 아이들의 함성에 놀라 제자리에 우두커니 서면 날쌔게 산토끼를 덮쳤다.

그렇게 해서 잡은 산토끼는 예닐곱 마리는 되었는데 지금 생각해보니 선생님들의 소주 안주를 했었는지 알 길이 없고 궁금하기도 하다.

세월이 흘러 나이가 들다보니 지나간 것이 모두 아름다운 추억이 되어 내 흰 머리카락만큼이나 새로워진다. 아무튼 선후배동문 여러분은 남은 여생 동안 건강하고 행복하게 활기찬 인생을 보내기를 바라며 글을 줄인다.

남덕현

진주교육대학교 졸업
밀양 백산초등, 고성 방산초등, 회화초등, 대흥초등, 동해초등학교 교감
양산 원동초등학교, 고성 거류초등학교 교장
황조근정훈장
현) 고성신문, 미래신문, 시사신문 논설위원

초등정년 퇴직

허 성 과

고성군 덕명 초등학교 교사로 교직을 시작하여 동광, 방산, 광일, 고성, 대장, 동해, 대성, 거제계룡, 수월초등학교 교사로 봉직하였으며, 승진하여 통영시 원평초등학교 교감으로 총 42년간 2세 교육을 위해 헌신 봉사함.

교직 생활 동안 오직 책임과 성실을 신조로 하여 교사시절 경남과학전람회 15회 출품하여 많은 입상실적을 거두는 등 과학교육의 발전에 심혈을 기울였으며, 고성동해초등학교에 근무하면서 남자 테니스(군부)를 지도하여 道 소년체전에서 2연승을 하여 교육감 표창을 받았고, 연구 시범학교 주무로서 선도적 역할을 수행하여 장관 및 교육감 표창을 수상한바 있으며, 교감 재직 시에는 다목적강당과 급식소신축, 본관 뒷편 분수대 및 물레방아 도는 연못조성, 병설유치원 앞 실습지조성, 생태학습장과 도서관 설립, 본관 화단 앞 수생식물원조성, 운동장 동편에 백엽상 설치, 본관 양쪽코너의 생태원 꾸미기, 등나무 밑의 야외학습장과 발 지압대 조성, 도서벽지 학교인 지도 분교의 교육환경 개선에 노력하였으며, 평생교육 시범학교, 저탄소 녹색운동 시범학교, 흡연예방 선도학교운영으로 푸른 학교 조성과 아동복지 시설 확충에 힘써 학생, 학부모, 지역사회로부터 존경을 받음.

허성과

방송통신대학교 졸업
42년 6개월
황조근정훈장
통영원평초등학교 교감

고향후배에게 보낸 편지

강 부 래

규슈여행 생각나는 다섯 가지!
세관 종화, 태재부 1500살 녹나무, 아소 온천, 나가사끼 전차, 현해탄 돌고래
종화님이 맞은 두무태 최초 부경본부세관 방문자의 행운을 가진 내가, 칠흑 같은 현해탄을 건너며 후회했지!
울 아버지 70년 전 강제징용 가셨던 이 뱃길-
일어가 유창했던 울 어머이-
두 분 생전 이 길 로, 왜 한번 모시지 못했을까!
카페리아 갑판위에 무릎 꿇고 천상의 부모님께 눈물로 사과 했지.
"생전불효 사후애도 밖에 드릴게 없다"고
집어등 훤한 저기 저, 쓰시마 파도소릴 들으며 휴게실로 들어 가
관세청 발행 "관우"와 "청파" 등을 펼쳐, 하카다항 도착 전 다 읽었지
"그때 그 친구" "세상사는 얘기" 등은 백미였어.
돌이켜보면 내게도 이런 글 쓸 수 있는 동기부여가 있었지. 때는 바야흐로 50여 년 전, 중1 여름방학이 끝나고 개학한 며칠 뒤 조례대 앞으로 십 수 명이 불려나갈 때, 뜻밖에 나도 나간 거였어.
이윤, 방학과제물로 낸 "詩" 입상 때문이야.
내 이름이 2번째 호명되는 게 아니겠어.
상장! 동시부문: 특선, 1~2 강부래---
연대출신 육척거구 박정호 교장께서 고급앨범을 얹어 주시는 순간, 1,600개 손바닥 충돌소리 귓전에 들려왔어.
얼떨떨한 나.
(제목은 "우리 마을 새마을"이였어!)
정부주도 새마을 운동이 1970년에 시작되었으니. 그 7년 전 "새마을"을

내가 창작 히트 시킨 거야.

어때! 대단하지?

주된 내용은, 수문당 재열이 집 옆 팽나무 아래 연자매 방석 깔고 앉은 어른과 아이들이였어.

"담배연기 빠끔 빠끔 長竹 할배는 호랑이 담배 먹던 시절 얘길 동네 아이들에게 들려주시고-"

(이하 생략)……로 시작되었는데 詩想 주역은 바로 종화 조부님이셨어.

이건 사실이야! 놀랍지?

(난 오늘 이걸 강조하려, 펜을 든 거야!)

조례가 끝난 후 교실로 들어갔지. 2분여 후, 이엄수 수학선생님이 교단에 서실 때 이명수 급장이 건의했어.

"선생님! 강부래가 특상을 받았는데, 축하 박수를 쳐 주기로 합시다."라고 하니,(어떻게 저럴 수가!!???)

"흐응! 지가 그렇게 쓸 수 있는가?, 지가 안 썼다!, 남이 써 준 게 틀림없다!"라며, 일언지하 거절로 내 맘 속 불신의 골병을 들었지만, 사라호(1959) 태풍 때 날려갈까 두려워 방안에서 맷돌 안고 계셨다는 분"시각답다"생각은 훨씬 뒤에 이해하게 됐지.

그런데 수학선생님이 인정 못할 정도의 수작(?)임이 그 날, 두 국어선생님 호출로 판명이 나버렸어.

(사건1)

2교시 후, 운동장에 나가 노니 심의표(3~1급장/ 전교1등/ 前KBS 해설주간)선배님이 날 찾아 와 "이기형 선생님께서 기다리고 계시니 교무실로 가시라"신다

심 선배님은 공부지존에다, 최장신이면서 나같이 작은 하급생들에까지 존댓말로 대해, 전교를 감동시킨 "겸손의 카리스마"였음.

지은 죄는 없지만 긴장하며 교무실로 들어가니 서울사대 출신의 화려한 엘리트!

'튀밥을 좋아 하신다' 는 이 선생님께서 날 알아보시더니,

"잘 썼던데…, 그걸 내가 뽑았어! 앞으로 문학을 해, 응"
이렇게 격려와 칭찬을 해주시니, 돌아서는 내 몸이 공중에 뜨는 기분 였어.
부산대신중에서 퇴직하신 이분 하곤, 1997년 12월 서울 국제호텔에서 동창망년회가 끝난 후, 최진순과 같이 온돌방 사제동침 하며 30여 년간의 회포를 풀었었지, 내가 문학도가 못 된 것에 대한 아쉬움도 말씀하셨고…….

(사건2)

그날 간장 부은 도시락으로 점심을 때운 후, 농고 운동장으로 내려가 놀고 있으니 고2 선배께서 내 명찰 확인 후 (농고)교무실로 김돈수 선생님께 가보거란다.

헤어스타일이 특이해 '검불 국어선생님' 으로 통하는 그 분 앞에 이제 대강 눈치 채며 다가서니,

"자네가 강부랜가? (전시장)돌아봤네, 문학에 소질 있어! 장래가 촉망돼, 필요하면 지도해 줄 테니, 이걸 전공하게!" 이번엔 몸이 날아가는 기분이었어. 이래, 이날 한번 추락, 세 번 비행 하였지.

내환경이 좋았다면 가방 긴 끈으로 "문학"이라는 나부랭일 달고 다니며 지금보다 좀 더 유명해 졌을지도 몰라.

하지만 어쩌랴! 學運이 없는 것을…….

편지 쓴지 10년 만에 종화껜 처음이다.

그리고 언젠간 내가 내게 쓸 때가 올 것이나, 그 이전, 또 오늘같이 고향후배 종화님께 2번째 글을 보낼 수도 있을 거다.

이 글이 격무 속 단잠 같은 휴식이 되길 빌며

십오일 이월 이천십일 년
딸집에서 고향선배

강부래

지방공무원 30년

自己를 찾고 지키는 사람이 되자

천 강 우

사람이 성인이 되기 전의 유년, 청소년 시절은 개인의 지능지수와 성장한 주위환경에 따라서 변화의 폭이 크게 다를 수도 있으며, 유년기 어린이를 흔히 천진난만(天眞欄漫)하다고 표현한다.

그러나 인생은 순진함으로 끝나는 것이 아니고 희로애락의 세파 속에 소용돌이치다가 결국 생로병사(生老病死)라는 자연의 섭리 속에서 삶을 마감하는 것이다. 이것을 증명하는 것이 바로 역사라고 할 수 있다. 역사는 만물의 영장이라고 하는 사람 개개인이 살아왔던 생생한 모습을 조명하는 발자취의 청사진이 된다.

인간은 선과 악 중에서 '선(善)'을 택하는 것이 인륜의 근본적인 공통분모다. 왜 그러면 악인이 되는가? 그것은 자기를 찾지 않고 지키지 않는데서 순간적인 현혹에 유인된 데 주된 원인이 있다고 생각한다.

그러니까 "과거는 부도, 미래는 약속어음, 현재는 현금" 이라는 부정적인 시각에서 사물을 관찰하니까 물욕에 빠져들고 도덕성과 질서가 무너져 사기, 공갈, 협박 강도, 살인 등 인간의 본연을 망각하여 악의 구렁텅이 속으로 전략하는 과오를 범하게 되는 것이다.

"가장 현명한 사람은 자제하는 사람이요, 가장 풍부한 사람은 자기 몫에 불만이 없는 사람이며, 가장 훌륭한 사람은 묵묵히 일하는 사람" 이라고 하였다. 이렇게 해서 "자기를 찾고 지키는 사람이" 되어야 한다. 성인이라고 칭송 받는 공자의 말씀 중에서 모든 백성이 굶주리지 않고 헐벗지 않으며 배불리 먹는 것을 '족식(足食)' 이라 하였고, 적으로부터 귀한 생명과 재산을 지킬 수 있는 튼튼한 군대를 '족병(足兵)' 이라 하였으며, 모든 사람으로부터 신임을 받는 '민신(民信)' 이 상조하는 정치가 '선정(善政)' 이라고 하였는데, 현재 우리나라의 정치는 정경유착의 고리에서 헤어나지 못해 커다란 암초에 부딪혀 침몰하고 있는 형국이다.

또 사회는 도의가 땅에 떨어져 질서가 파괴되고 민생은 불안의 도가니 속에서 사경을 헤매고 문화는 황금만능주의에 편승하여 "사람생긴 모양새"까지도 돈을 주면 미스코리아의 모습으로 변해 인간의 참 모습을 보기 어려운 지경까지 이르고 있다.

우리가 '자기를 찾고 지키는 사람' 이 되려고 하면 수신제가치국평천하(修身濟家治國平天下)의 뜻을 세우고 자기 자신이 주인이라는 확고한 자긍심으로 올바른 인간의 길을 걸어 나가야 한다. 그렇게 함으로써 부지런한 사람이 부자가 되고 게으름뱅이는 가난하게 사는 사회가 되어야만 한다. 특히 세계에서 가장 높은 수준의 교육을 받고 있는 선진 국민으로서의 자부심이 우리 사회에서 뿌리내려서 지금의 어려운 경제여건을 극복하는 복된 대한민국을 만들어야 하겠다.

세월이 흐를수록 사회는 물질문명이 고도화 되지만 인간의 성격은 유독악랄해 지고 도덕과 정의는 진실을 외면한 채 뒤안길로 밀려나고 있다. 옳지 않는 일과 타협해 일시적인 영욕을 누비고자 하는 것은 사회라는 거울을 들여다보지 못하기 때문에 발생한다. 비록 많은 어려움을 겪고 있지만 우리 사는 세상, 사회라는 것은 자기 자신은 물론 우리 모두를 비추고 있다.

사회가 불안정할 때 우리는 "자기를 찾고 지키는 사람" 이 되고자 보다 노력을 기울여야 할 것이다. 바로 이게 참 사회로 가는 지름길임을 우리는 가슴속에 새겨야 할 것이라 생각된다.

예로부터 십년수목백년수인(十年樹木百年樹人) 즉, '10년을 내다보며 나무를 심고, 100년을 내다보며 사람을 심는다.' 고 했다. 교육의 미래는 우리의 미래가 걸려있는 일인 만큼 수십 년을 내다보고 계획을 세워 진행해야 한다.

우리의 미래는 교육에 달려있다. 그러나 우리나라의 교육 현실과 정책은 1년, 아니 몇 개월도 내다보기 힘들 정도로 오락가락하고 있다. 특히 공교육에 대한 불신, 사교육 비대화, 대학의 서열화 등 변하지 않는 교육 현실에 여전히 교육수요자들의 불만의 소리가 높다. 그러나 미래에는 각 지역의 교육 관련 전문가, 교사, 학부모, 학생, 일반 주민 등이 공동체를 이뤄 교육

개혁의 방향과 내용을 논의하고, 그 공동체가 교육개혁과 교육 정책을 만들어 갈 수 있는 제도적 기반을 마련해야 될 것이라고 생각한다.

출구(出口) 전략이라는 말이 있다. 원래 군사적 개념이고 경제적으로 원용되기도 했던 출구전략은 이제 인생에도 적용될 수 있는 상황이 되고 있다. 전 세계적으로 볼 때 인구는 늘어나고 인간의 수명도 계속 늘어나는데 인류가 소모할 자원은 점차 한계를 드러내고 있는 상황은 결국 지구적 파멸을 초래할 수도 있다는 지적이다. 우리나라에서도 인간 수명 100세를 내다보는 의학적 증명이 되고 있다. 90새 아버지와 60-70세 아들이 같은 공간에 존재하는 상황에서 '장수는 결코 축복이 아니다' 고 생각된다. 다시 말하면 '병든 장수는 축복이 아니다' 는 것이다. 장수가 되어도 자신의 의지가 그나마 작동하고 있을 때, 자기 인생의 마감 방식을 결정하는 출구전략을 세울 필요가 있지 않을까 생각된다. 그래서 우리는 항상 자신이 처해있는 상황과 자기 자신을 찾고 지키는 지혜가 필요하다고 본다. 그리하여 우리 모두 사고의 틀을 해체하여 새롭게 다시 세우는 감격의 순간을 맞이하여 우리의 가치를 재확립하고 자기 자신을 재창조하는 정신으로 새로운 차원의 문을 열어나가야 한다. 그리고 내일을 위해 모든 것을 나의 것을 만들고 나의 시대를 열어나가야 될 것을 믿는다.

"가장 현명한 사람은 공부하는 사람이요, 가장 훌륭한 사람은 자기에게 주어진 일에 묵묵히 일하는 사람"이라고 하였다.

천강우

제24대 고성중 총동창회장
1979년 대구대사범대학 졸업
2012년 8월말 고성초등 교장퇴임
고성중학교 총동문회장 역임(24대)
철성고등학교재단이사(현)
국제로타리3590지구 8지역대표(현)

눈 내린 아침

최 재 규

내 어린 날 겨울아침
햇살 내린 비탈에 하얗게 수(繡)논 눈꽃들

사립문을 밀치며
보리밭을 보시던 아버지
-올 보리고개 걱정은 덜겠구먼-
뙤약볕에 그슬린
움푹 패인 주름이 화한 미소로 펴진다

그 겨울을 기억하는 오늘아침
베란다 창문
젖혀진 커텐 사이로
앞 뜰을 하얗게 수(繡)논 눈꽃들
당신의 행복하던 그 미소가
그리움을 더 하네

눈 내린 아침
아이의 하얀 마음은
수북수북 쌓여만 가는데.

여의도의 낙조

회색도시 여의도의 빌딩숲 그늘
바알간 노을 품에 스러지는 저녁 해

흐르는 구름이 품어주고
스치는 바람이 만져주고
윤중로의 벚나무 잎사귀에
연 걸리듯 묵상한다

검은 동녘을 밝혀
한나절 세상의 빛으로 살다
이제는 한 갈피 접어
사라진다는 것의 의미를 생각한다
끝없는 상념의 소용돌이
슬픔, 고독, 좌절

그러나
스러져 머무는 시간은 찰나
그 어둠의 뒤안길엔

기쁨, 환희, 희망
그리고
새로운 아침의 부활이 기다리고 있음에
황혼은 영원히 아름다운 것.

최재규

경희대학교 법률학과 졸업
재경고성중학교 동문회장 역임
현) 재경고성향우회 운영이사
현) 도서출판목산 대표
[풀밭]동인

성공은 가족에서부터

강 동 춘

철들지 않은 망령을 향하여 울부짖는 현상들을 가끔씩 바라봅니다. 사람이라면 누구나 존경받고 성공하기를 바라는 심사는 속 깊은 곳에 간직하고 있습니다. 그러나 쉽게 성공하거나 남들로 하여금 존경받기가 쉽지만은 않습니다.

그렇다면 가족에게서는 그러한 평가를 받고 있는지? 자신에게 반문해 보고 여름 휴가기간을 통하여 가족들로부터는 성공하는 계기를 만들어 보자구요.

첫째로, 가족을 위해 최선의 노력을 해야 합니다.

노력하지 않고 저절로 가정의 행복을 바라는 것은 오늘 산 복권이 최고액수에 당첨되기를 기다리는 것과 같다. 많은 사람들이 가족에게서 편안함을 취하려고만 하지 가정을 위해서 내가 노력해야 된다는 사실을 잊어버리고 살아가기 때문일 것이다.

둘째로, 가족 간 서로 이해하기 위해서 자신을 알려야 합니다.

'나는 이렇게 힘들게 노력하고 있는데, 왜 다들 나를 이해해주지 못하는 것인지? 하는 의문이 생길 때, 한번쯤 내 안에서 벌어지는 일들을 가족에게 충분히 전달했는지 생각해보는 것이 필요합니다. 아침 출근 시 벌어진 일, 직장에서 다툰 일, 반갑지 않은 일이 발생한 것 등 사소한 것들도 말하는 것은 가족들에게 나를 이해시키는데 필요합니다.

셋째로, 가족들과 많은 시간을 가지려 애씁니다. 작은 일이라도 가족이 함께하고, 감사하고, 생일이나, 기념일을 기억하며 서로의 실패나 좌절을 격려해줄 때 행복해지는 것입니다. 특히나 가족에 대한 고정관념을 바꿀 필요가 있습니다.

21세기는 다양한 모습으로 살아가는 가족 군들이 많습니다. 가족이라는 제도가 지금까지 계속되어지는 이유는 가족들이 순수한 사랑을 나누는 집단이기 때문입니다.

'성공은 물질에 있는 것이 아니라 마음에 달려 있는 것입니다. 어떤 마음이 행복을 좌우할 수 있습니다.'

여름휴가 기간을 통하여 '좋은 가정', '좋은 가족' 을 만들어 주시길 감사하는 마음으로 기대합니다.

강동춘

인물의 보고 고성

김 영 만

우리 고을 고성은 산자수려한 고장으로 그 빼어난 정기를 타고나 예로부터 우리 고을은 선비의 고장, 충절의 고장, 인물의 고장이라 불러 왔습니다.

외지의 사람들은 흔히 우리 고성을 일컬어서"인물의 고장"이니 "인재의 고장"이니 하면서 우리 고성을 부러워하였습니다. 한때 정부의 사무관급 이상의 간부 중에서 우리 고성 출신이 제일로 많이 배출된 적도 있었으니, 정말 가슴 뿌듯한 일이며 고향의 자부심을 갖지 않을 수 없습니다.

고성하면 "강원도 고성입니까?"라고 먼저 반문하여 오는 예가 많아 경남 고성이라고 하면 "아~경남 고성입니까?"하고 되물어 오는 사례가 많았지요. 예로부터 철성(고성)을 가리켜 철성은 인재의 보고라고 말한 정도로 인재의 곳간이라고도 했다 합니다.

고성은 고을마다 훌륭한 유현이 잇따라 나오고 풍류나 문아(文雅)를 즐기는 선비들이 선과 의를 소중히 여겨 한 집안 한 고을의 사표가 되어 세상에 출세하여 높고 깊은 경륜을 펼쳐 보였으니 "인재의 보고"라고 합니다.

또한 산세가 한반도의 중추 산맥인 태백산맥의 힘찬 정기를 이어 받아 소백산에서 지리산으로 이어져 천왕봉까지 한반도의 정기를 받아 이곳 고성에 다다랐으니 걸출한 인물들의 탄생 할 수밖에 없는 풍수 지리적 명지라 하겠습니다. 우선 우리 고성의 전 현직 대표적 인물을 몇 분 살펴보면 부총리 겸 경제기획원 장관을 역임한 김학렬 장관(고성읍), 전 국회의장 김형오(고성읍), 제정구 국회의원(대가면, 고성중 총동창회장 역임), 전 대통령 비서실장 허태열(마암면), 전 해양수산부 장관 조정제(거류면), 현 법제처장 제정부(삼산면), 현 서울지방경찰청장 김정석(동해면), 전 진주교육대학교 총장 김성준(거류면) 이외 정계, 관계, 학계, 기업가 등 고성인의 인물은 일

일이 이 지면을 통해 다 소개 할 수 없는 점은 아쉬움으로 남지만 마침 이번에 고성문화원 도충홍 원장님 께서 그동안 숙원사업이었던 "고성명사록"을 발간하게 되어 참조 하였으면 합니다. 이번에 발간한 고성 명사록은 고성이 낳아 길러 배출한 걸출한 인물들을 한 권의 책속에 담아 기록으로 남겼으며 이 책 속에는 1900년대 이후의 고성에서 태어난 인물들을 수록했으며 고성의 인물 즉 고성의 인재를 집대성한 고성 인재의 백과사전이라 해도 과언이 아닙니다. 수록 범위는 입법, 행정, 사법, 언론, 정부 출연기관 등 교육, 사회, 문화, 예술 등을 총망라하여 사무관급 이상으로 등재 하였습니다.

끝으로 이번 고성중학교 총동창회 주관으로 "고중사나이" 동문문집을 발간한데 대하여 진심으로 축하드리오며 고성인의 긍지와 이에 바탕한 명문 고성중학교 동문들의 무궁한 발전과 건승을 기원 드립니다.

김영만

전) 서울시청 행정사무관
서울시 목동종합운동장 소장 역임
상훈 : 국무총리 표창. 내무부장관 표창
현) 시흥공인중개사 사무소, 행정사 김영만 사무소 운영

구운몽

박 수 안

학교 다닐 때 서포 김만중이란 사람이 구운몽이라는 한문 소설을 썼다는 얘기는 들어본 기억이 있을 겁니다. 이미 읽어 본 사람도 있을 것이고…….

불제자인 성진과 도교의 선인인 위부인의 8선녀가 서로 희롱을 하여 각각 스승께 벌을 받아 인간 세상에 태어나, 차례차례로 인연을 맺어 두 처와 여섯 첩으로 된다. 그리고 어느 날 꿈에서 깨어 보니 일장춘몽이더라 뭐 이런 얘기지요. 황당한 것 같기도 하고, 남자로선 천하일색인 미녀를 여덟이나 얻게 되는 얘기니 재미있기도, 부럽기도 한 얘기지요. 문제는 '나중에 이게 꿈이었다.' 이렇게 결말이 나는 것이지만. 그래서 '부귀공명이 일장춘몽' 이라는 것이 이 소설의 시사점이다. 뭐 이렇게 학교에서는 배웠는데. 요즘 한참 인기가 있는 드라마 장희빈의 시대 얘기지요.

작가 김만중은 숙종 임금에게 장희빈과 그 오라비를 중용하는 것은 불가하다 하고 직간을 하다가 유배를 가는 몸이 되고, 유배지에서 노모를 위해 이 소설을 썼습니다. 그런데 그 노모라는 사람이 이런 사랑 얘기나 좋아 할 사람이 아니고, 사실은 이 소설은 작가가 숙종 임금을 깨우치기 위해 은유적으로 표현한 것이라는 이런 해석이 더 설득력이 있는 것 같습니다.

결과적으로 숙종은 장희빈을 몰아내고(나중에 사약내림) 선정을 베풀게 되는데, 숙종이 이 소설을 읽었는지는 불확실합니다. 나중에 정조 임금이 이 소설을 읽었다는 내용은 역사에 기록이 있지만……

결국 소설에서는 부귀영화를 누리던 양소유(성진)와 그 부인들은 죽어서(꿈이 깨서) 불제자로 돌아가고, 서천 극락으로 가서 다시 윤회를 하지 않는 성불을 하게 된다 뭐 이런 황당한(?) 얘기입니다. 유사한 얘기로 옥루몽이란 게 있는데 여기에는 두 처와 세 첩이 등장을 합니다. 아무튼 왕년에는 처첩을 많이 두는 게 출세한 남자의 기준이었던 것 같습니다.

요새는 한 여자한테도 쩔쩔 매고 살지만, 모처럼 읽어본 '구운몽' 을 간추려 봤습니다.

술 못 먹는 얘기

그럭저럭 마무리를 해야 될 때가 되는 것 같습니다.

술 못 먹는 것이 무슨 대단한 일이라고 시리즈로 일곱 번이나 글을 쓰고 있으니, 그저께(24일)는 대항병원이라고 항문 전문병원을 방문했습니다. 한방 치료가 영 진도가 안 나가고, 강영길 친구의 강추도 있고 해서요.

이런저런 일 땜에 4시가 넘어 출발을 했는데, 홈페이지에 보니 5시가 마감이라 돼있어서 불안해하며 병원을 갔는데 정각 5시 도착하여 '끝났겠구나' 생각했더니 '야간 진료' 라는 게 있더군요.

'6시부터 진료를 받을 수 있다' 해서 얼른 신청을 했습니다. 접수부의 아가씨가, "의사가 여선생님인데 괜찮으시겠어요?"

"괜찮지 그럼, 이 나이에 여선생한테 아랫도리 보여주는 게 뭐 대단한 일이라고."

그리고 1시간여를 기다렸습니다. 대충 설문지에 쓴 것을 읽어보고, 어떤 치료를 했는지 물어 보고는 "한번 들여다봅시다."하고는 눈으로 보고, 손가락으로 쑤셔 보고 말씀이, "당장 수술을 하셔야겠네요?"였습니다.

내가 이럴까봐 '이런 병원에 안 올라' 고 했는데 제대로 걸린 겁니다.

"내일 출장을 가야 되는데, 말일에 수술하면 안 되겠습니까?" 하고 통사정을 했더니, "최선은 당장 하는 것, 차선은 내일 하는 것, 일주일 뒤에 하는 것은 악화를 상당히 시키는 것입니다"고 하네요. 젠장, 1분 생각해보고, '하겠다.' 했습니다.

그리고 피검사, 혈압검사, 관장 등을 거쳐 8시 정각에 수술실에 가서 누웠습니다. 하반신 마취라는 걸 하는데 혈압도 올라가고, 가슴도 두근거리고 장난이 아니더군요. 혈압이 좀 내리길 기다리면서 칼 찾고, 뭘 빨아내려는지 색션 어쩌고 하더니 째고, 꿰매고 한 30분 궁둥이를 하늘로 치켜들고, 처음 보는 아줌마한테 똥구멍 맡겨놓고 숨만 할딱이고 있었습니다.

그리고 입원실로 갔는데, 소변이 나오고 마취가 풀리면 다시 보겠다고 했는데, 두어 시간 있으니 집에 가라고 하네요. 그리고 집에 와서 진통제, 항생제, 수면제 등등 먹고 잤는데 새벽 5시에 깨는 바람에 화장실 갈 걱정을 하면서 불안 초조하게 시간을 보냈습니다.

고통의 순간은 생략하고…

25일 하루 종일 반쯤 옆으로 누운 비스듬한 자세로 TV에 영화 다시 보기, 불후의 명곡 다시 보기, 그리고 엉금엉금 기어서 동네 한 바퀴 산보 등으로 시간을 죽였습니다.

그리고 오늘 중국에 왔고요. 어떻게 왔냐 구요? 목에 베는 U자 모양의 쿠션이 있습니다. 이걸 자리에 깔고 엉덩이 주요 부위가 의자에 안 닿게 해서 앉아서 왔고, 회의도 하고, 지금도 그 자세로 글을 쓰고 있습니다.

의사 말씀이 "심하진 않아요. 한 열흘 있으면 아물 건데, 그리고 새살이 찰 때까지 한 달 동안 술 드시지 말고, 골프 하지 말고, 등산 하지 말고, 사우나 하지 말고, 맵고 짠 것 먹지 말고, 마, 홍삼 같은 것 먹지 말고…" 딱 하고 싶은 것 하지 말라는 얘기만 잔뜩 늘어놓네요.

"반달로 어떻게 안 될까요?"

하도 우기니까 일주일 간격으로 상태를 보자고 하네요. 어이구 지금까지 술 굶은 것은 말짱 꽝이고 지금부터 한 달이면 젠장 처음에 이렇게 시작했어야 하는 건데. 마누라는 좋아하네요. 술 못 먹는 시간이 늘었다고.

좌우간, 걱정하고 있는 것보다는 팍 저지르고 나니까 맘은 후련합니다. 그런데 간밤에 김영만이한테 전화가 와서, "우리 5월 2일에 경인 지역 모임을 하려는 데 물만 마시고 있어도 좋으니 나오지 그래."라고 속을 뒤집어 놓네요.

5월 17일부터 거제를 가야 하는데 가는 것은 문제없겠지만, 밍밍해서 어떡하나 하는 마음으로 벌써부터 우울합니다. 10일쯤 의사가 "괜찮네요. 대신 많이 드시진 마세요." 뭐 이런 기적이 일어나길 바라는 마음 간절합니다.

박수안

서울대학교 졸업
서울대학교 경영대학 EC최고 경영자 과정2기 수료
중소기업기술혁신대전 대통령상 수상
현) (주)한국OGK 회장

가악 중에 받은 전화

박 인 목

토요일이라 몇 군데 혼사를 둘러 집에 도착, 마악 저녁식사 마칠 즈음 경욱에게서 핸드폰이 왔다. 왁자지껄…… 분위기 대충 짐작된다. 어느 술집에서 한잔하다가 '합석하러오라는 거겠지' 하며 일단 '참석가능' 작정을 하면서 통화에 돌입했다.

이럴 때 보통 하는 식으로 몇몇 친구 돌림빵으로 오랜만에 통화, 경욱, 인규, 민수…… 등 등. 영관이 혼사참석차 부산에서 만나 뒤풀이 중이라 한다. 다친 발은 어떠냐는 등 몇 마디 안부 묻고, 그런데 본론은 따로 있었다.

우리 형님(박충목)이 중학교 때 선생님이었냐? (대흥)초등학교 때 선생님이었냐? 하는 문제로 내기를 걸었다고. 나 원 참…., 이 친구들(인규, 민수, 재열, 38번 이영수)이 벌써 치매가 올 때도 됐다고 너그럽게 인정(?)하면서 즉석에서 대답해버리면 승패가 바로 판가름 나서 좀 머쓱해 질 친구도 있을 것 같아 답변을 유보하였다.

근데 대흥초등 나온 치매친구 말고 다른 친구가 판정하면 충분할 것 같은데 하는 생각도 해보면서 중학교 2학년 때 국어를 가르쳐 주셨던 '이 경' 선생님 때문에 헛갈리나 싶기도 했다.

내 외사촌 형님(상리면 척번정리 조동 출신)이신데 검정고시로 교직에 입문했지만 국어, 국문학 실력이 대단한 분이었다. 특히 우리말(최현배 선생의 말본)연구에 일가견이 있어 지금도 나는 스승으로 존경하는 형님이다.

하여튼 오늘 친구들 술좌석에서 회자하던 충목 형님은 진주사범 졸업하고 대흥초등이 초 임지였던 것으로 알고 있고, 젊음이 한창이었을 때였으니 열정적인 교직생활을 하다보면 호랑이 선생님이었을 수도 있겠다.(민수가 좀 맞았다나?)

그 당시 우리 고향 삼산면 이당리에 있던 대안초등 졸업하고 진주사범 병설중학에 당당히 합격한 수재였던 형님이었으니, 지금은 은퇴하여 사천에서 노후를 보내고 있다.

경욱이 친구! 약속대로 내기에 건 판돈 중 내 몫은 온라인으로 보내 주기 바란다. 온라인 구좌는 총무가 알고 있어. 그리고 치매증상에 진입한 친구들! 술 좀 조끔씩 먹고 건강하게 오래오래 행복하소들.

固中斷想

1964년 봄 나는 명문 고성중학교에 입학하였다. 까만 교복, 빛나는 모표, 새 가방을 들고 설레는 마음으로 오가던 왕복 삼십 리 길이었다. 1학년 권오복 선생님의 첫 국어시간에 읽었던 청마 유치환의 '봄소식' 은 지금도 즐겨 외는 나의 추억어린 봄 메시지다.

꽃등인양 창 앞에 한그루 피어오른/살구꽃 연분홍 그늘가지 새로/작은 멧새 하나 찾아와 무심히 놀고 가나니/적막한 겨우내 들녘 끝 어디메서/작은 깃을 얽고 다리 오그리고 지내다가/이 보오얀 봄 길을 찾아 문안하여 나왔느뇨?/앉았다 떠난 그 자리에 여운 남아/ 뉘도 모를 한때를 아쉽게도 한들거리나니/꽃가지 그늘에서 그늘로 이어진 끝없이 작은 길이여

또 있다. 처음 배우게 된 꼬부랑 글, 중학생이 된 보람이기라도 하듯 관심과 기대가 컸다. 윤기호 선생님의 발음에 따라 "I am a boy, You are a girl"로 시작하여 마치 새끼병아리가 어미닭의 입놀림을 따라하듯 한눈도 팔지 않고 열심히 따라 하였다. 처음에는 따라 읽는 것이 힘들어 교과서 영문장 밑에 한글발음을 빼곡히 적어 놓고 따라했다가 선생님에게 들켜 혼났던 기억이 난다. 강원석 선생님의 물상시간에는 입담 넘치는 선생님 특유의 유령-박달룡이 만난 귀신-이야기에 빠져 딱딱한 물상시간이 오히려 기다려지곤 했다.

박봉재 체육선생님의 신입생 오리엔테이션 시간에 배운 '거수경례' 는 재미있기도 했지만 의젓한 중학생 폼을 잡는 데는 그만이었다. 한번 가르쳐주고 제대로 못하면 박 선생님 특유의 체벌(손바닥으로 이마를 가격하여 한 대 쥐어박고 확 밀어버리는)은 거의 군사교육 수준의 공포감을 느끼게도 했지만 이런 과정을 거쳐 햇병아리 중학생활도 차츰 익숙해져 갔다.

고중 재학시절 나는 특히 두 분 선생님(송병한, 이동철)한테 감명을 많이

받았다. 송병한 선생님은 2학년 담임이면서 영어를 담당하셨던 선생님이다. 선생님은 중간정도의 키에 약간 이국적으로 보이는 마스크가 요즘말로 핸섬보이였다. 나는 중학시절을 통틀어 2학년 때 가장 열심히 공부하게 된 것도 선생님 영향으로 생각한다. 같은 반이었던 재삼이, 홍모와 셋이 선의의 경쟁을 하는 명트리오(?)였으며 이때 송 선생님께서 우리들이 열심히 공부할 수 있도록 분위기를 만들어 주시고 많은 격려를 해주셨다. 덕분에 좋은 성적으로 3학년이 되었고 이동철 선생님이 우리 담임을 맡으셨다. 선생님은 마산고교에서 고성농고로 그해 전근 오셨다가 같은 울타리 안에 있는 우리학교로 오신 것이다. 내가 마산으로 유학하도록 결정적 조언을 해주신 분이다.

내가 3학년 때 급장하기 싫어 무단결석을 감행(?)했을 때 우리 집까지 오셔서 나를 설득하셨다. 선생님은 호리호리하신 체구였으나 약주를 꽤 즐기셨다. 선생님은 고교 입학시험이 끝나던 날에 교정에서 우리를 기다리시다가 당신 집으로 초대하셨다. 신월동 언덕배기 판잣집이었으며 좁은 마당에 우물이 있는 집으로 기억된다. 들어서자마자 사모님에게 막걸리를 사오게 하시고 한잔씩 따라주면서 "오늘 시험 친다고 수고했다. 너희들 모두 합격을 내가 장담한다."하시면서 격려해 주시고 당신 따님(우리와 동갑내기로 마산 성지여고에 응시)도 불러 우리들에게 소개시킨 뒤 주법에 대해 특별강의(?)를 해주셨던 기억이 난다.

중학시절 재미있었던 추억은 여러 가지가 있다. 옥천사, 안정사 등에 소풍갔던 일, 합천해인사 수학여행길, 상리중학교까지 왕복했던 건보대회가 기억에 새롭고, 1학년 겨울방학을 앞두고 사냥 매니아셨던 박봉재 선생님의 인솔로 전교생이 무량리 뒷산에 토끼몰이 가서 겨울잠을 준비하려는 토끼, 노루, 꿩을 쫓을 때는 옛날 전쟁터에서 적군을 포위하여 쫓는 기분을 연상하게 했다.

2학년 때 '교내 한글 시 백일장'에서 장원급제하여 상을 받고 기뻐했던 일이 있는가 하면, 진주개천예술제 붓글씨대회에 고성군 대표로 참가하여 상은 못타고 마지막버스를 놓쳐 대가면 방향으로 오는 버스를 탔다가 멀미 때문에 엄청 고생했던 기억도 새롭다. 또 가야 · 문화극장 기도가 학교를 찾아오는 날은 우리에겐 큰 희망이었다. 왜냐하면 그 양반이 왔다 가면 그날 오후에는 단축수업을 하고 영화단체관람이 있기 때문이다. 학교에서 극장까지 2열 횡대로 줄을 지어 이동하였고 입장하면 중간부터 보던 영화를 다음 차 상영 끝까지 보고야 극장을 나서기도 했다. 영화 관람이 끝나면 밤이 이슥한 시간이었다. 같은 동네 살던 광수, 찬용 등과 밤늦은 시간 집으로 오는 길에 무량리 공동묘지를 통과할 때는 정말 무섭기도 하였다.

올해로 중학교 교문을 나선지 무려 46년의 세월이 흘렀지만 나를 키워준 모교를 잊을 수 없고 나를 낳아준 고향 고성을 잠시도 잊은 적이 없다. 우리의 고향 고성! 다른 어떤 고을 보다 역사가 오래되고 전통이 찬란하다. 우리 모교의 교가 중에 "... 고자미동국....."은 고성의 옛 이름으로 AD 250년경 중국 역사서' 위지동이전' 에 이미 그 지명이 올라 있다고 한다(고성향토사 자료집). 6가야중의 하나로 한때 찬란한 문화를 꽃피웠던 도시였다. 그리고 고성은 예로부터 관문에 해당되는 위치였다. 군사전략상 요충지로서의 고성은 일찍이 견고한 성곽을 쌓고 외적을 막는 곳이었으며 한반도를 거제, 통영에서 서울로 잇는 꿰지라는 의미에서 고성이라고 붙여진 이름이 아닌 가 해석하고 싶다.

고성은 병영산맥이 동서로 군의 중심부로 지나면서 서북이 솟아있고 동남으로 기울어 있으므로 하천은 짧고 리아스식 해안선이 186.6km나 된다. 군의 면적은 517.06㎢이며 2011년 말 인구는 57,264명으로 군 공보실은 밝히고 있다. 군의 극동은 동해면 용정리이고, 극서는 하이면 덕호리이며, 동서길이가 39km이다. 위도에서 극남은 하이면 덕호리이고, 극북은 개천면 가천리로 남북은 32km나 된다.

고성은 盡忠報國의 숨결이 배어있는 곳이기도 하다. 임진왜란을 당하여 사명대사가 6,000의 승병을 훈련시켰던 운흥사가 있으며 이순신 장군이 거북선을 앞세운 51척의 연합함대를 이끌고 1592. 6. 5일 왜장 '내도통지'가 거느린 왜선 26척을 격파한데 이어 1594. 4. 24일 다시 30척을 섬멸한 당항포가 있는가 하면 의병으로 몸 바친 분들이 많았다.

또 일제에 대항하였거나 고장을 지키느라 기꺼이 산화한 용사들이 잠들고 있는 곳이기도 하다. 이런 역사적이고 전통에 빛나는 고향과 훌륭한 조상을 가진 우리들이야말로 가히 선택받은 사람들이라 할 수 있을 것이다. 각계각층에 골고루 퍼져 지금도 국가와 민족을 위해 맡은 바 제몫을 다하고 있는 우리 동문들의 모습은 각자 본인의 능력 말고도 이런 고향산천의 음덕이 크게 작용하리라고 본인은 확신한다.

천하명문 고중사나이들의 앞날에 무궁한 발전 있기를!

박인목

경영학박사, 세무사
현) 세무법인 정담 회장/대표세무사
현) 가천대 경영대학원 겸임교수
현) (사)건강사회운동본부 감사
전 국세청 중부지방국세청 조사국장(고위공무원)

가훈

이 갑 조

오늘은 일요일이라, 출근하는 "한울"에 가지 않으니 늦게까지 잠을 자고 있는데, 투박한 목소리로, "여보 오늘 내 청을 하나 들어주소." 하면서 마누라가 잠을 깨우는 것이었다.

"무엇인데??"

"오늘 교회에 가는데 교회에서 가정의 달이라 자기 집의 가훈을 적어 오라는데요. 내가 가훈을 정하였는데, 자기가 좀 읽어 보고 좋은 글씨로 적어 주소."

"가훈"

'항상 이마에는 예절이 있고, 눈에는 슬기가 있고, 입에는 친절이 있고, 가슴에는 진실이 있으며 그리고, 손에는 항상 노동이 있어라.' 이었다

내 왈! " 야이 축구야, 가훈이 이렇게 긴 것이 어디 있노?"

"그라모, 당신이 좀 잘 지어 주소."

내는 남자 체면이 있어서 "이리 조 봐라. 내가 지어 줄께."

고민 끝에, "가훈"

"믿고 사랑하며, 최고보다 최선을 다하자"

하고 글을 써서 주었더니, 좋다고 하며 교회에 함께 가자고 졸랐다.

교회에 갔더니 요번 주가 "어버이 주"라고 어버이에 대한 감사의 이야기를 많이 듣고, 점심 한 끼 얻어먹고 오다가 생각해보니, 마누라가 지은 가훈이 딴 데서 보고 적었는가는 모르지만 '좋다' 싶어서 이렇게 올려 봅니다. 내가 팔불출 아이가……

이갑조

회상

이 재 열

옛말에 "10년이면 강산도 변한다." 했습니다.

다섯 번도 더 변했음직한 세월이 흐른 지금. 아니나 다를까 하루하루가 엄청난 변화 속에 우리의 일상은 이어지고 있습니다. 꼭 예를 들어 설명 할 필요도 없겠지만, 굳이 얘기 해 본다면, 모교의 현재 모습을 보면서 옛날을 돌이켜 생각하게 됩니다. 사진을 첨부하지 못하는 아쉬움이 너무 크네요.

1964년 3월 5일, 본관 건물 신축 마무리도 채 마치지 않은, 본관 건물과 골탕(?) 먹인 판자로 지어진 가교사 건물이 전부인, 그나마 교실도 부족한 열악한 황토 흙 운동장에서 우리의 동기생 300명의 입학식은 시작되었습니다. 아니, 그 보다 더 큰 의미로 해석 한다면, 그날부터 청운의 뜻을 품은 '고중 사나이' 로 입문하게 됩니다.

비록 열악한 교육 환경 속이었지만 그나마 다행스러운 건, 우리의 부모님들이 자녀 교육에 대한 남 다른 열의가 있었고, 게다가 부족한 우리를 인도해 주실 훌륭한 선생님들이 계셨고, 한편으론, 자랑스러운 선배님들이 계셨고, 죄송하게도 어느 집안 어떤 분의 묘소인지는 지금도 알 길이 없지만, 점심시간이나 쉬는 시간이면 삼삼오오 모여 놀 수 있는 큰 소나무 아래 잔디밭도 있었고…..

수업 마치고 교문 밖에 나서면, 한창 혈기 왕성할 나이에 하굣길 배고픔을 달래 줄 풀빵집 할매도 계셨고, 입학 후, A, B, C, D도 잘 모르던 우리가 처음으로 맞이하던 영어시간, 워낙 촌놈인 탓에 윤 기호 선생님께서 들고 들어 오셨던 생전 처음 보는 큰 녹음기에서 울려 퍼지던 "렛슨 원 !" 하는 혀 꼬부라진 소리에 주눅 들었고, 생물, 물상, 농업 등 생소한 과목들에 어리둥절하기도 했지만, 그래도 워낙 출중한 동기생들이 많아 모두 열심히 공부한 보람이 있어 졸업 후 알게 된 사실이지만, 고성 중 개교 이후 상급하교 최고의 진학률을 보이며 17회 전성기를 구가하기도 했다고 들었습니다.

재학 중 있었던 재미있었던 일들, 자랑하고 싶은 일들. 전부 열거하자면 며칠 밤을 꼬박 세워도 모자랄 것 같네요. 아쉽게도 이제 와서 50여 년 전 추억을 더듬기엔 너무 많은 시간이 지난 것 같습니다.

허지만, 옛날 기억을 더듬다 보니 내 입가에 스치는 미소는 왜일까요? 더듬어지는 추억마다 마치 한 폭의 아름다운 산수화를 보는 듯 다시 그 날, 그 시절로 돌아가고픈 마음뿐입니다.

작년, 총동문회 행사 땜에 정말 오랜만에 모교를 방문하게 되었습니다. 공식 행사 후, 맛있는 점심 식사, 오랜만에 만난 선 · 후배님, 그리고 동기생 친구들과의 뒤풀이 주흥…… 동문들과 어울려 생전 처음 가수 싸이의 말춤도 춰 보면서 따뜻한 동문간의 사랑을 느끼는 의미 있는 시간을 가졌습니다. 너무 재미있고 행복한 시간을 보낸 탓에 벌써부터 올해 10월 총 동문회 행사가 기다려지네요.

비록, 짧은 시간이었지만 엄청나게 변한 우리 학교의 모습에 순간적으로 놀라기도 했습니다. 다행히 혼란 속에서도 나를 깨워 진짜 '고중 사나이' 임을 알게 해 준 건, 그 어린 시절 3년 동안 모자 정면에 달고 다녔고, 학교 본관 건물 정면에 붙어 있는 우리 학교, 모교 고성중학교의 상징인 그 모표였습니다.

가슴 뭉클했지요. 17회 졸업생인 나를 필두로 내리 동생 3명이 모두 고성중학교 동문이다 보니 모교에 대한 애정이 남 다를 수 밖에요. 예나 지금이나 변함없이 고성중 출신임이 자랑스럽고, 앞으로도 멋진 '고중 사나이' 로 살고 싶을 뿐입니다.

특히 후배님들께 바란다면, 우리 모두 주어진 현실에 최선을 다 할 때, 자랑스런 모교 교가에 나오는 가사 대로 모교를 빛내고 나아가 대한민국을 빛낼, 멋진 "미목" 중의 "미목" 이 되리라 봅니다.

17회 동기생 친구님들, 그리고 존경하는 선 · 후배님 사랑합니다.

한 울타리 속 친구들

아침 기상 하자마자 아침 운동으로 맞은 편 산으로 등산길에 나섭니다. 점심시간 끝나고 숟가락 놓기 바쁘게 친구들이 탁구대 앞으로 모여서 시합에 열중합니다. 저녁 식사 후엔, 함안 광려천 뚝방길을 나란히 산책길에 나섭니다.

토요일, 일요일엔 모두 편안한 휴식 시간을 갖거나 등산, 낚시 등등 나름대로의 취미 생활, 또는 레저 활동 시간을 갖고요.

그리고 월요일이면 또 모여서 즐겁게 일합니다. 바로 12명의 고성중학교 17회 동기생들이 모여 일하는 회사 '(주)한울'(대표 박 수안)의 일상생활의 모습입니다.

(주)한울이라는 회사는, "한 울타리 안에서 공부했던 친구들이 한 울타리 안에 다시 모여 일하는 회사"라는 뜻으로 2013년 2월 19일 경남 함안군 칠원면에 공장 문을 열고 가동을 시작했습니다. 공장 설립 취지는 박 수안 회장님의 개업에 즈음한 소박한 인사말을 통해서 잘 알 수 있습니다.

"이 일은 3-4년 전부터 거론이 돼 오던 일이었습니다. 이제 60줄이 넘어 하나둘 직장을 떠나는 우리 친구들이 무언가 소일거리가 없을까 하는 얘기들이 숱하게 오고 갔고, 그래도 이런 일을 마련해 볼 수 있는 내가 무언가를 해야겠다는 생각은 계속 하고 있었습니다. 그러나 보수를 주고 일을 시킨다는 것, 그것은 그렇게 간단한 일이 아닙니다.

그냥 아무 값어치 없는 일을 시키고 돈만 주자면 할 수는 있겠지만, 그건 시키는 사람도 하는 사람도 신나는 일이 아니라 지속하기 어려운 일입니다. 물론 지금 이렇게 간판을 걸었다고 해서 내년부터 대번에 돈이 팍팍 벌어지는 일이 되느냐 하면 그렇지는 않습니다. 그냥 우선 시작할 꺼리를 만들었나고 보는 것이 옳을 깃입니다.

그러나 우리는 아직 젊습니다. 인생 전반전 40년, 후반전 40년 그 후로 연장전이라는데 아직 후반전이 진행 중이지 않습니까?

다들 2~3년 전까지만 해도 일선에서 활발히 일하던 사람들입니다. 아직 녹슬지 않은 머리가 있고, 움직일 만한 건강한 육신이 있습니다. 우리들의 두뇌와 몸을 최대한 움직여서 '의미 있는 일'을 만들어 보기로 합시다. 그냥 소일거리로 일하러 오는 게 아니고, 부가가치를 만드는 의미 있는 일을 하러 오는 그런 일터로 만들어 봅시다. 그래서 함안 어느 곳에 60대의 중학교 동기생들이 모여 '돈 버는 일을 한다,'더라 하는 뉴스를 만들어 봅시다. 여기서 벌면 내가 갖고 가겠습니까? 누가 뺏어 가겠습니까? 우리들의 노후가 더욱 재미있고 풍성하게 하는데 쓰여 질 것입니다. 그 밑거름은 내가 만들겠습니다."

지금은 비록 극장용 3D안경을 조립하는 수준의 작은 회사이지만, 조그마한 구멍가게 같은 공장을 거대한 "OGK 그룹"으로 키워 온 박수안 회장님의 경영 수완과 작지만 우리 친구들의 열정이 보태진다면 재미있고 알찬 회사로 발전 할 수 있으리라 우리 모두 기대하고 있습니다.

그리하여 훗날, "한울"이라는 회사 이름 그대로 나이 70대의 동기생들이 모여 건강 다지며, 오손 도손 즐겁게 일하는 우리나라에서 전무후무한 아름다운 회사로 키워나갈 겁니다.

이재열

촌로(村老)와 제대군인

정 찬 용

‘벼가 자라는 소리에 개가 짖는다.’는 입추가 지났건만 연일 30도를 넘는 불볕더위와 열대야가 벌써 한 달 넘게 계속되고 있다. 내일모레가 말복이고 다음 날은 일 년에 한 번 견우와 직녀가 만난다는 칠석이다.

사람은 누구나 한 번쯤은 평생 잊지 못할 추억을 가지고 있을 것이다. 나는 해마다 이맘때 쯤 이면 가끔 한번 씩 생각나는 일이 있었다. 벌써 38년이란 결코 짧지 않은 세월이 흘렀지만……

정확하게 말하자면 1976년 8월 8일은 34개월의 군대생활을 마감하는 나의 전역일이며 도끼만행(미류 나무)사건이 나기 10일전이다. 약간 머리가 나쁜 사람이라도 자기 주민등록번호, 군대입대 날짜와 제대날짜는 좀처럼 잘 잊어버리지 않는 법이다.

상급부대(군단)에서 근무하던 후반기 교육대 동기며 사천시가 고향인 강병장과 나는 업무상 수시로 전화연락을 하며 지내왔다. 우리는 이날 낮 12시에 종로 3가에 있는 피카디리 극장 앞에서 만나기로 미리 약속이 되어 있었다. 개구리 복을 입고 처음 서울시내에 나오는 순간이다. 약속시간에 맞춰서 나의고향 친구도 한사람 오라고 했다. 점심 식사 때 부터 시작하여 오후 늦게까지 세 사람이 마신 술은 빈병이 꽤나 되었다. 고향 친구와 헤어진 제대군인 두 명은 서울역에서 부산행 열차에 몸을 맡겼다.

때는 휴가철이 한창이라 바캉스 족들이 대부분의 승객이다. 창밖은 이미 어둠이 깔렸고, 우리는 술기운에 그대로 골아 떨어졌다. 시간이 얼마쯤 흘렀을까! 누군가가 자꾸 기대고 밀고 하도 답답해서 눈을 뜨니 이게 웬일인가! 아직 나는 타 본적은 없지만 피난열차가 이 보다 더 하랴 싶었다. 객실통로는 말할 것도 없고 마주보고 앉은 열차 좌석과 좌석안쪽까지 그야말로 콩나물시루가 따로 없었다.

열차는 충청도 어느 지역을 달리고 있는 듯 했다. 꽉 들어찬 인파 사이에서 매달린 손잡이를 붙들고 몸을 비스듬하게 세운 채 서있는 노인 한분이 눈에 띄었다. 나는 얼른 일어나면서 노인에게 말했다. "할아버지, 여기 앉으이소." 고맙다는 말 대신에 얼굴이 환해지시는 노인을 보면서 "할아버지, 어디까지 가십니까?" 하고 말을 걸었다.

충청도 어느 시골마을에서 살고 있는데 부산에서 직장에 다니는 둘째 아들집에 다니러 간다면서 삼베 윗저고리 주머니에서 쪽지 한 장을 내밀었다.

『부산시 진구 가야2동 000번지 0통 0반 아무개 댁 000』

지금은 초등학생도 스마트폰을 가지고 다니지만 당시에는 부잣집이나 마을이장 집에나 전화가 있었던 시절이다. 밤새달린 열차는 날이 밝으면서 어느 듯 부산진역에 정차를 했다. 나와 강 병장은 할아버지를 내리시라고 하며 잘 다녀가시라고 인사를 하고 노인과 헤어졌다.

한 20여 미터를 걸어 나왔을까? 문득 걱정이 되어 우리는 다시 노인에게로 가서 "아들이 사는 집을 찾아드릴 테니 할아버지 우리하고 같이 가입시다." 역전에서 간단하게 해장국으로 아침식사를 마치고 택시를 잡아 노인을 태우고 가야 2동으로 가자고 했다.

택시에서 내린 우리는 어느 건물 아래 그늘에 노인과 보따리 옮겨놓고, 절대로 어디 가시지 말고 이 자리에서 기다리시라고 해놓고 강 병장과 나는 노인의 아들이 사는 집을 찾아 나섰다. 가야2동 0통 통장 집을 먼저 찾아야겠다 싶어서 물으니 한참 올라가서 오른쪽으로 가라고해서 올라가면 또 저쪽으로 가야된다하고, 올라가서 물으면 내려가라 하고…….

70년대 가야 2동에 가보신 분은 짐작이 가겠지만, 겨우 사람이 걸어서 올라가고 내려와야 되는 달동네가 즐비하던 시절이라 찾기가 쉽지 않았다. 겨우 묻고 물어서 통장 집을 찾으면 또 반장 집을 찾아서 물어 보라고 하고, 올라가라고 해서 한참 올라가서 물으면, 또 내려가야된다 하고, 세 들어 사는 주인집을 찾는데 까지 무려 4시간 정도가 걸렸다.

시간은 어느 듯 점심시간이 다 되었다. 보따리 하나를 옆에 놓고 몇 시간을 기다리는 노인을 모시고 아들이 사는 집으로 올라갔다. 아들은 직장에 가고 며느리가 혼자 시아버지를 반갑게 맞이하였다. 고맙다며 잠시라도 앉았다 가라는 노인과 며느리의 말을 뒤로 한 채 우리는 그 집을 나왔다. 젊은이 둘이서 찾아도 이렇게 힘든 것을 노인 혼자서 찾았으면 얼마나 어렵고 힘들었겠나 하며 내려왔다.

아무튼 우리는 사회에 첫발을 들여 놓으면서 부터 큰일을 하나 했다 하며 서로의 고생을 위로했다. 노인덕분에 제대비로 받은 몇 푼의 여비도 다 써 가면서 큰 봉사를 했구나! 하고 생각하니 마음이 뿌듯했다.

벌써 고인이 되었겠지만 그때 그 노인이 잘 다녀가셨는지 지금도 한 번씩 생각이 난다.

정 찬 용

고성라이온스 클럽 회장 역임.
고성군 국제교류회 회장 역임.
현) 고성군 국제화추진협의회 위원
현) 창원지검 통영지청 형사조정 위원
현) 한국 보건교육원 교수

광복절의 추억 아버지 이야기

최 두 찬

어제 밤 삼수가 전화로 많은 이야기를 해서 더욱 중학교 시절이 그립다. 벌써 8월이고 특별한 날이 광복절이다. 일제가 저지른 아버지 이야기가 뇌리에 남아서 나는 공 · 사 생활에서 늘 업무에 연결시키려 노력했다.

"국가에 세금을 한 푼이라도 덜(작게) 내려고 하지 마라. 열심히 해서 남에게 빌리려하지 말고 빌려주는 사람이 되라. 빚지고 살지 마라. 개인의 행복과 국가의 운명은 일치한다." 이런 평소 때의 아버지 말씀으로 나는 공직생활에서 의료비, 기부금으로 세금혜택을 보려 하지 않았다. 그래서 때로 나보다 수입이 많은 사람들보다 연말 정산 때 우리 직장에서 세금을 가장 많이 내는 때도 많았다.

이런 내용은 보국대에 잡혀 가서 뼈가 부스러지도록 일하고 일본군 십장에게 맞아 죽은 친구의 한과 아버지의 한이 서려있는 경험 철학이다. 우리 동네서 고성 중학교까지 60여리 걸어 다닌 저력도 아버지의 이야기가 많은 도움이 되었다.

1940년 무렵 일본군 보국대에 끌려가서 진해 경화동 장복산 아민고개 포진지와 포차 길을 인력으로 닦는 공사에 투입되어 일을 하셨다. 지금 우리들의 발음으로 경화동이지만 아버지 세대는 늘 귀화동이라고 하셨다. 하루 작업량을 부여 받아 일을 하면 아무리 열심히 하여도 일의 량이 남았다.

어느 날 밤 취침 점호 때, 아버지의 한 친구가 일 분량이 너무 많아서 열심히 하여도 남을 수밖에 없다고 일본군 십장에게 항의 하였다. 그 친구는 그 일로 일본 십장에게 맞아서 골병이 들어 죽었다. 애지중지 단짝 친구가 맞아 죽자, 아버지께서도 시름시름 아프셔서 오래 동안 고생했다는 사무친 이야기를 자주 들려주셨다.

육십 중반을 넘은 지금 이 나이에도 일본과 싸운다면 나는 총을 들고 전쟁에 나갈 것이란 환상이 머리에 꽉 차 있다. 아버지의 한이 잘 사는 것이었다. 새벽별을 헤아리게 하면서 천자문, 명심보감, 격몽요결을 가르쳐 주시던 아버지 얼굴이 너무나 사무치게 그립다.

오늘 아침 중앙일보 내용이다.

배고프던 시절, 일본 군수공장에 취직 시켜 준다 해서 속아 끌려간 사람, 친구 집에서 놀다 일본군 순사한테 잡혀간 사람, 총 들고 위협해서 강제로 따라간 사람이 위안부이다. 그 때 일본군 위생병으로 위안부 성병 검사를 해 주던 마쓰모토 마사요시의 증언을 보면, "저 자신이 전범자 같고 제가 본 것에 대해 말하는 것조차 매우 고통스럽습니다. 다 덮어 두고 잊고 싶지만 꼭 말해야 될 것 같고 이것에 대해 말하는 것이 제가 이토록 오래 살아 있는 이유라고 생각합니다." 며 눈물을 흘렸다.

요즘 전 세계 비정부기구(NGO) 68개 단체에서 일본 아베 수상의 위안부 정당화 발언을 비난하는 공동 성명을 발표 했다.

오늘은 유난히 아버지가 보고 싶다. 내 11살 때 돌아가신 아버지가……

최두찬

거제 가면서 쑥 캐다가 있었던 일

최 윤 갑

작년 3월 중순쯤 있었던 일이다.

거제에 사는 모 친구가 부친상을 당하여 아내와 같이 문상을 가는 길에 남쪽은 쑥이 빨리 나오니 쑥이나 캐어서 도다리 쑥국이나 쑥떡을 해 먹자고 만반의 준비를 하고 조문 때 입을 까만 양복과 넥타이, 구두 등은 양복 씌우는 커버에 잘 넣어서 차 안에다 걸고 간편복과 운동화 차림으로 서울에서 좀 일찍 아침밥을 먹고 거제를 향해 출발 했다.

모처럼 장거리 운전이라 힘들어서 옆에 있는 아내와 교대하면서 대략 6시간 후쯤 통영을 지나고 거제대교를 지나 농가들이 보이는 어느 시골길 양지바른 산기슭에 차를 대고 농사를 짓지 않는 묶은 밭 귀퉁이에 쑥이 파릇파릇 올라오는 것을 발견하고, 쭈그리고 앉아 쑥을 캐는데 무릎과 허리가 아파 여간 힘들지 않았지만 제법 많이 캐서 고성으로 돌아와 새시장에서 도다리 사서 마암면 집에서 쑥국을 맛있게 끓여 먹고 남은 것은 서울로 가져와 쑥떡도 해먹고 조개 넣고 국도 끓여 먹은 적이 있다.

그런데 문제는 도다리 쑥국이나 쑥떡이 아니라 그날 쑥을 다 캐고 옷을 갈아입는 과정에서 일어난 것이다. 쑥을 캘 때 입었던 간편복을 상가 조문 때 입을 양복으로 갈아입으려고 승용차 뒷좌석에서 두 사람이 옷을 벗기 시작했다. 그런데 아내는 그런대로 벗고 겨우겨우 갈아입는데 나는 배도 좀 있고 해서, 도저히 차 안에서 갈아입을 수가 없어서 차 밖으로 나와 바지를 벗고 양복으로 갈아입는 순간 아차! 일이 벌어진 것이다.

바로 그 때 그 동네 할머니 한 분이 우리를 향해 삿대질을 하면서 “대낮에 남의 동네 옆에서 뭐하는 짓이고?”, “나이도 깨나 처무꺼마는 대낮에 더~런 짓거리하고 있네.”, “올매 전에는 달밤에 젊은 것들이 지랄하더마는 이번에는 대낮에 늙은 것들이 지랄하고 있네, 세상 말세네… 대~끼순”

정말 황당하여 할머니께 변명 한번 못하고 그야말로 한 가랭이에 두 다리 집어넣다시피 헐레벌떡 바지를 주어 입고 맨발로 자동차 시동을 걸어 줄행랑쳐 그 곳을 빠져 나와 한참을 달리다가 길 가에 차를 세우고 옷을 다시 갈아입고 구두도 꺼내 신고 둘이서 배를 움켜잡고 웃다가 장승포 포로수용소 근처 모 병원 장례식장에 조문을 하고 고성으로 돌아간 지가 벌써 1년이 지났다.

요즘 쑥이 나오는 철이 되니 그때 그 일이 생각나 혼자서도 킥킥 웃을 때가 한두 번이 아니다.

최 윤 갑

전) 재경고성중학교 동문회장
현) 고성향우회 재정위원장
현) (주)도진섬유 대표이사

되돌릴 수 없는 세월

구 원 호

힌 자리에 머물러 있는 구름은 없네
오면 가고 가면 오는
세상은 변하고 또 변하는 것

바람은 불어야 바람이라네
불지 않고 누워있는 바람이 있겠는 가

세월은 발이 없어도 산천을 달려가고
세월은 손이 없어도
천지 만물 생과 멸을 빚어내나니

삶이란 윤회하는 인생 꽃
아침에 피었다가 저녁에 지는 노을
영원히 찬란하게 타오르는 불꽃은 없네

쭈그렁 밤 송이 석삼년 산다한들
비단 금침 호강 첩 안고 산다한들
흘러가면 다 그만인 것을

우리 모두 한번가면 되돌아올 수 없는
황토강물에 떠밀러 가고 있네.

이 얼마나 반가운 이름인가, 고성중학교 18회!

김 인 수

공휴일 오후! 거실 소파에 앉아 편하게 쉬고 있는데 고성지구 사무국장으로부터 전화를 받았다. 내용인즉 18회도 원고를 내어야하는데 몇 자 적어달랜다. 거절하고 고사하다가 명쾌한 답을 주지 못하고 전화를 놓았다. 친구들 생각엔 그래도 교직에서 40여 년 간 근무하고 현직 교장인 점을 들어 원고 청탁에 합당하다고 생각한 모양이다. 며칠 고민 끝에 업무 미뤄두고 생각나는 대로 자판기를 두드리는 용기를 가지게 되었다.

1. 癸巳年의 여름은 유달리 무덥다. 앞으로 지구는 더 더워질 것이다. 원인은 인간의 탐욕으로 인한 자연파괴와 공해가 원인일 것이다. 임진생 용띠. 우리나이로 62세. 직업선택(교원)을 잘하여 아직도 정년을 1년(2014.8.31. 정년)이나 남겨두고 있다.

하지만 정년을 목전에 두고 요사이는 잠을 자다 가끔 벌떡 일어나 앉는다. 모 중앙지에 은퇴연구소장인 최모씨는 隱退가 아닌 銀退를 위하여 기고한 글에서 "은퇴기간은 30여년으로 늘고 퇴직금은 적은데 자식은 미혼. 정부 사회 역할은 중요하지만 결국 믿는 것은 자기 자신이 미리대비, 보유자산 굴리며, 취미 · 재미 · 친구 · 건강을 챙겨야 한다."고 말하며 은퇴를 의미하는 'retire'는 뒤로 물러나는 것이 아니라 말 그대로 타이어를 새로 갈아 끼우는 (re-tire)것, 즉 새로운 시작을 의미 부여하면 즉 새로운 마음과 몸으로 다시 먼 길을 떠나는 준비를 하는 것이다. 보다 빠르면서 철저한 설계와 준비가 '뒤로 물러나 숨은 隱退'를 '물러나서도 빛을 발하는 銀退'로 만들 수 있다고 한다.

2. 2년 전 터키로 외국여행을 하고 싶어 여행사에 계약과 여행경비까지

납부했는데, 출발 며칠을 앞두고 前)북한의 김모씨의 죽음으로 국가적 차원의 비상사태로 인한 모든 기관장들의 연가는 취소되었고, 터키여행은 불발로 거쳤다. 이미 납부한 여행경비를 돌려받기 위하여 관련 공문을 복사하여 팩스로 보내는 등 한 차례 소동을 거쳤다.

계사년 연 초에 해외여행 병이 도저 남들이 다 가본 서유럽으로 여행하고픈 마음이 간절했다. 여름방학을 하자마자 집사람과 의논하여 막내딸과 함께 가족여행을 결정했다.

긴 여행에서 가장 큰 애로점 중 하나인 음식문제(김, 라면, 고추장 준비)는 철저히 현 지식으로 하기로 다짐하였다. 컴퓨터로 해외여행을 검색하다가, 마치 모두투어 여행사에서 실속 서유럽(7박10일)상품이 있어 단번에 신청했다.

8월2일 통영에서 고속버스로 서울 남부터미널(4시간20분 소요)도착, 약속된 인천국제공항G게이트 36앞에 모였다. 동행인은 전국에서 모인 23명, 모두 가족단위였다. 터키항공을 타고(23:50) 인천국제공항을 출발 11시간 55분만에 터키 이스탄불 공항에 도착, 다른 비행기를 갈아타고(2시간 20분 소요) 런던 히드로 국제공항에 도착했다.

좁디좁은 공간의 비행기를 타는데 참으로 힘이 들었다. 전세 버스를 타고 세계 3대 박물관 중 하나인 대영박물관 관람, 참으로 많은 유물들을 약탈하여 전시해둔 것들을 눈여겨보면서, 런던의 상징 타워오브 브릿지를 보고 영국교회의 산실인 웨스트민스터사원외관, 고딕양식의 대표적 건축물 국회의사당, 시계탑 빅벤, 왕실의 주 궁전 버킹검 궁 외관과 넬슨 제독을 기념하기 위한 트라파라 광장을 보았다. 가는 곳마다 인산 이해를 이루는 관광객들, 현지 가이드 왈, 이렇게 좋은 날씨를 영국에서는' 미친 날' 이라고 말한다. 제일 기억나는 것은 국왕이 있을 때는 왕실 기를 달고, 출타 시는 유니언 기(잉글랜드. 스코틀랜드. 아일랜드의 합성)를 단다고 한다. 다시 버스를 타고 런던 세인트파크라스 역으로 이동 유로스타에 탑승 바다 밑으로 도버해협의 건너 파리에 도착하여 여정을 풀었다. 파리근교의 베르사이유 궁전, 콩고드 광장, 개선문, 패션과 문화의 거리 샹제리 거리 관광 후 에펠탑

(2층 전망대)유람선 바또무슈을 타고 아름다운 파리 전경을 조망, 한마디로 파리는 개선문을 중심으로 숲으로 둘러싸인 동심원과 그 외각으로 조성되어있었다.

다음 날 세계 3대 박물관 중 하나인 루브르 박물관(30여 만점 수집)을 보고 리용 역으로 이동 초고속열차인 T.G.V를 타고 광활한 대지를 건너 스위스 제네바 역에 도착. 인터라켄으로 이동하였다. 스위스는 현지 가이드 말대로 풍경이 너무나 좋아 사진을 찍으면 엽서가 된다고 할 정도로 참말로 전경이 좋았다. 아름다운 마을인 인터라켄으로 이동. 톱니바퀴 식 등반 열차를 이용한 후 조금 걸어서 알프스의 영봉 융프라우요흐를(3454m)의 얼음궁전과 스핑크스 테라스에서 난생처음 직접 만년설을 감상한 후 등반열차를 타고 하산, 다시 밀라노로 돌아와 아치형 빅토리오 엠마누엘 화랑, 도오모 성당(이탈리아 최대의 고딕 양식건물), 스칼라극장을 구경한 후 피곤한 하루 일정을 마무리했다.

다음 날 이태리 수상도시인 베니스로 전용버스로 이동, 나폴레옹이 '세계에서 가장 아름다운 응접실' 이라고 격찬한 산마르코 광장, 베니스의 상징인 산마르코 성당, 두칼레 궁전과 카사노바가 감금되었던 감옥(카사노바는 탈옥 : 훗날 매독으로 사망)으로 가는 탄식의 다리, 베니스 수상택시를 타고 대운하를 따라 주변의 관광지를 둘러본 후 이탈리어로 '흔들리다' 라는 뜻을 가진 곤돌라를 탔다. 미로처럼 얽혀있는 소 운하를 가수와 악사를 대동한 낭만적인 관광을 함. 일정에 맞추어 르네상스의 발원지인 꽃의 도시 피렌체로 이동하여 두오모 성당(꽃의 성모마리아 성당) 시뇨리아 광장, 단테의 생가와 미켈란젤로 언덕에서 피렌체 시내를 조망한 후 다시 로마로 이동하여 숙박을 하였다.

다음 날, 피곤한 느낌을 가지며 힘을 내어 베수비우스(한때 노예 스파르타 본거지)산의 폭발로 묻혀있던 도시인 폼페이 유적(인체들은 박물관에 소장)을 관광하고, 푸른 바다가 아름다운 고급휴양지인 쏘렌토를 조망한 후에 세계 3대 미항 중 하나인 나폴리의 산타루치아 항과 까스텔누오보 성을 조망함. 현지 옵션 가를 지불하고 에메랄드 빛깔의 바다, 코발트블루의 새파란 하늘, 천혜의 자연 경관으로 고대 로마 때부터 황제와 귀족들의 별장지인 카프리 섬을 마음가득 눈이 시리도록 멍하니 바라봄.

마지막 날 로마교황이 통치하는 세계 최소의 독립국가 바티칸시국을 방문하여 로마최대의 명소인 바티칸 박물관. 미켈란젤로의 "천지창조"로 유명한 시스타나 예배당, 카돌릭교의 본산지인 성베드로 대성당을 거쳐 미켈란젤로가 유일하게 작품에 서명을 남긴 걸로 유명한 "피에타상"을 정신없이 고개가 아프도록 쳐다봄. 중식 후 고대 로마의 유적 중 가장 규모가 큰 원형경기장 콜로세움(영화 벤허 촬영지), 현재도 발굴 중인 로마제국의 중심지 포로 로마노와 로마의 수많은 분수 중에서 가장 잘 알려진 바로크 양식의 아름다운 트레비분수를 구경한 후 피우미치노 공항으로 이동하여 미련 없이 로마를 떠나, 터키의 이스탄불 국제공항에 도착 후 다른 터키 비행기를 갈아탄 후 저절로 돌아오라 소렌토 노래 가락을 흥얼거리고 있었다.

이번 여행을 결산하며, 역시 대한민국이 잘기 좋은 나라임을 재삼 느끼며, 선진국들은 자기에게 주어진 환경을 잘 극복하고, 미래를 바라보며 지금도 잘 가꾸고 있다는 느낌을 가짐.

3. 고성초등학교(54회), 고성중학교(18회), 고성농업고등학교(32회: 現) 고성항공고등학교), 마산교육대학교(2년), 한국방송통신대학교(4년, 초등교육과), 경남대학교 교육대학원(2.5년, 교육방법 및 심리전공: 1기)을 거쳐 지금까지 교육계에 몸담고 있으매 행복합니다. 교육현장에 근무하면서 좌우명으로 삼고 있는 나만이 좋아하는 글들을 나열하면서 정리할까 합니다.

첫째, '忍中刀' 란 남명 조식 선생님의 글로 날카로운 칼을 곁에 두고 마음이 흐트러지려하면 손가락으로 그 칼날을 어루만지면서 마음을 다스린다는 뜻인데, 해마다 업무수첩의 첫 장에 늘 써 왔고, 교장연수 및 교육현장 계획서도 나만의 단골 메뉴였으며 지금도 실천하려고 노력하고 있습니다.

둘째, 故김수환 추기경님이 가장 좋아했던 성경구절인 "너희와 모든 이를 위하여, 주님은 나의 목자 나는 아쉬운 것이 없어라.(시편 23편 1절)"을 수시로 읊조리고 있답니다.

셋째, 성전 스님의 에세이 '나는 걸어서 바다에 가다' 에서 "바다는 스스로 낮은 곳에 자리해 모든 것을 받아들인다. 그리고 스스로 깊어져 넘치지 않는다." 이 얼마나 겸손하고 멋진 자세가 아닌가요.

아! 자랑스러운 고 · 중 옛 이름도 고를 세라, 지금 내 마음에 흐르고 있답니다.

2013. 9. 6 통영 진남초등학교에서

45년을 되돌아보며

박 재 식

옛 이름도 고울세라 고자미동국 힘차게 불러본지도 45년이란 세월이 흘러가 버렸다. 흘러간 시절은 아무리 힘들고 어려웠어도 미화되고 추억이 되지만 중 · 고교시절 만큼 세월이 지나도 변하지 않고 더욱 또렷해지는 시간들이 우리 인생에 존재 할까?

철없는 행동 속에 치기어린 시절이었지만 45년이란 시간이 지난 지금, 돌아보면 한없이 그리운 일들이었고 다정한 친구들 이었습니다. 그 시절의 기억은 우리 모두의 가슴속에 그렇게 남아 있습니다. 이제는 세월의 무게를 견디다 못해 빛이 바래버린 앨범 속의 앳된 모습을 보면 중학교시절의 모교 모습도 아스라해 집니다.

이제는 지천명(知天命)도 지나 이순(耳順)마저도 훌쩍 넘어버린 우리들.

그 시절로 돌아가려해도 시간이 비껴가지 않아, 어떤 친구는 멀리 있어도 어른이라는 것을 알려주려 백발이 되었고, 또 필요 없는 작은말은 듣지 않고 필요한 큰 말만 들으려 귀가 잘 안 들리기도 하고, 연한 음식만 먹고 소화불량이 없게 하기위해 이가 시린 친구들도 있습니다. 그 마저도 우리의 기억 저편에 묻혀있는 추억을 지울 수는 없습니다.

그래도 더러는 손자 손녀 외손자 외손녀의 재롱을 벗 삼아 하루를 보내고 있는 동문들도 있으리라 생각됩니다. 나이가 들어가면서 이제 친구들과의 어울림이 하루의 낙이 된 경우도 있을 것입니다. 그동안 바쁜 일상에 얽매어 잊고 살아 왔지만 이제부터는 서로가 서로를 챙겨주어야 할 때가 온 것 같습니다.

평생을 몸바쳐온 직장에서 명퇴 혹은 정년퇴임을 하거나 앞두고 허전한 마음 가눌 길 없는 동문이 많을 것입니다. 이런 때 일수록 더욱 건강을 지켜야 하겠습니다. '건강만 있으면 대통령도, 천하의 갑부도 부럽지 않다'는 말이 있습니다. 또 '나이는 먹는 것이 아니라 거듭나는 것이다' 라는 말도 있습니다. 한 번 두 번 칠을 거듭할 때마다 빛과 윤기를 더해가는 옻과 같이 노년 인생을 즐겁게 살아가려면 자신의 건강부터 지켜야하겠습니다. 뒤늦게 건강타령을 해봐야 버스가 지나간 뒤입니다. 자신의 건강을 잘 지켜 세월이 지나갈수록 매력이 더해지는 사람이 됩시다. 소식(少食)을 하고, 욕심을 부리지 않고, 많이 웃고, 편안한 마음을 갖고, 많이 움직이고 걸어서, 그래서 기나긴 인생길의 결승점에 조금이라도 늦게 도착하기 위해 같이 노력합시다. 그리고 받은 것들을 기억하기보다 늘 못 다준 것을 아쉬워하는 우리 친구들 모여서 소주에 취하고 우정과 추억에 한 번 취해봅시다.

마지막으로 교육계에 투신하여 이제 관리자가 되었으나 모교에 근무해보지 못한 아쉬움을 가슴 한 켠에 묻어 둡니다.

사람들은 말한다. 그때 참았더라면 ,그때 잘 했더라면, 그때 알았더라면, 그때 조심했더라면, 그러나 훗날엔 지금이 바로 그때가 되는데 지금은 아무렇게나 보내면서 자꾸 그때만을 찾는다. 동문들이여 지금이 바로 그때이니 후회 없는 , 의미 있는 행복한 삶이 되도록 합시다 가정에 늘 행운과 건강이 가득하시길 기원하며 건강 십훈을 적어 봅니다.

■ 건강 십훈 [建康十訓]

–소식다작 [少食多嚼] 음식은 적게 먹고 많이 씹을 것
–소염다초 [少鹽多酢] 소금은 적게 먹고 식초를 많이 먹을 것
–소당다과 [少糖多課] 사탕류는 적게 먹고 과일을 많이 먹을 것
–소노다소 [少怒多笑] 화는 적게 내고 많이 웃을 것
–소번다면 [少煩多眠] 고민은 적게 하고 잠은 많이 잘 것
–소언다행 [少言多行] 말은 적게 하고 행동을 많이 할 것
–소욕다시 [少欲多施] 욕심은 적게 가지며 남에게 많이 베풀 것
–소차다보 [少車多步] 차는 적게 타고 많이 걸을 것
–소의다욕 [少衣多浴] 옷은 적게 입고 목욕은 자주 할 것
–소육다채 [少肉多采] 육식은 적게 하고 채소를 많이 먹을 것

"인생" 어떻게 살아야 하나

인생의 비결은 다음 두 마디 가운데서 찾을 수 있습니다. 중년 이전에는 두려워하지 말고, 중년 이후에는 후회하지 말고, 우리의 인생을 궁극적으로 살라는 말입니다.

당신은 할 수 있을 때 인생을 즐겨야 합니다. 걷지도 못할 때 까지 기다리다가 인생을 슬퍼하고 후회하지 마시고, 몸이 허락하는 한 가보고 싶은 여행을 하십시오.

증권시장에서 빠져 나오세요. 주식이 오르면 혈압도 오르고 사고 싶어도 기회는 지나가지요. 주식이 내리면, 당황하여 팔려고 하겠지만 아무도 사려고 하지 않지요. 당신이 그 많은 돈을 다 벌수는 없으니까. 젊은이 에게 기회를 주십시오.

기회 있을 때마다 옛 동창들 옛 동료들 옛 친구들과 회동하십시오. 그 회동의 관심은 단지모여서 먹는데 있는 것이 아니라 인생의 남은 날이 얼마 되지 않는다는 데 있습니다.

은행에 있은 돈은 절대로 당신의 것이 아닙니다. 돈은 써야 할 때 바로 쓰십시오. 늙어 가면서 무엇보다 중요한 것은 스스로 자기를 잘 대접하는 것입니다. 자시고 싶은 것이 있으면 곡 사드시고 즐거워하세요. 즐거운 것 보다 더 중요한 것은 없습니다.

두 가지 종류의 음식이 있습니다. 건강에 좋은 것들 자주 드시고, 그러나 그것이 다는 아닙니다. 건강에 안 좋은 것을 적게 드시고 가끔 드세요. 아주 끊지는 마세요, 들고 싶지 않거나 좋아 하지 않는 음식도 가끔 조금씩 드실 필요가 있습니다. 그게 다 영양섭취에 균형을 잡아줍니다.

질병은 기쁨으로 대하세요. 가난하거나 부하거나, 권력이 있거나 없거나 모든 사람은 생 · 로 · 병 · 사 길을 갈 수 밖에 없습니다. 어느 누구도 예외가 없습니다. 그것이 인생이니까요. 병이 들면 겁을 먹거나 걱정하지마세요. 장례문제를 포함하여 해결 하지 못한 문제들은 건강할 때 미리 손을 보세요, 그래야 언제든지 미련 없이 이 세상 떠날 수 있으니까.

몸은 의사에게 맡기고, 정신은 사은님께 맡기고 마음은 스스로 책임져야 합니다, 걱정이 병을 고찰 수 있다면 미리걱정 하세요. 만일 걱정이 생명을 연장 할 수 있다면 미리 그렇게 하세요. 걱정해서 되는 것은 아무것도 없습니다.

자녀들은 다 그들의 분복(分福)이 있습니다. 자식들이나 손주들에 관한 일들에 대해서는 우리가 눈으로 볼 수 있고, 귀로 들을 수 있지만 입은 다 무시고, 이러쿵저러쿵 하지 마세요. 배후에서 조용히 기도하며, 이런 원칙을 세워 보는 것입니다.

실없는 말과 능력 밖의 일은 하지 말고, 부득이 참여해야 할 일이 있으면, 분위기에 맞게 하는 것입니다. 자식들과 손주들이 스스로 독립할 수 있다면 그것은 당신에게 있어서 가장 큰 행운 입니다. 건강관리에 관한 정보에 더욱 관심을 가지세요. 당신 자신의 건강관리를 위해서는 당신 자신이 힘써야 합니다.

은퇴금 : 당신이 번 돈을 당신이 관리하는 것이 상책입니다.

배우자 : 당신의 반쪽입니다. 매 순간마다 소중히 여깁시다. 언제 둘 중 하나가 떠나갈지 모릅니다.

옛 친구들 : 친구들을 만나는 기회를 놓치지 맙시다. 그와 같은 기회는 시간이 갈수록 줄어듭니다.

불이 꺼진다고 당황하지마세요. 당신은 아직 하늘의 많은 별들을 볼 수 있습니다.

매일 실천할 세 가지

1. 웃어라 2. 미소 지어라 3. 한 것 웃어라.

멋진 삶은 항상 멋진 이유를 갖고 있습니다. 맨 나중에 웃을 수 있는 사람이 가장 감미로운 웃음을 가진 사람이 될 것입니다. 매일 적당량의 운동을 하세요. 잠을 충분히 주무세요. 편안하고 즐거운 마음을 유지하세요. 얼굴이 붉어지고 목에 핏줄이 서도록 사람을 핀잔하는 대신 인자한 태도로 대하면 문제해결이 훨씬 쉬워집니다.

조금만 웃으면 일이 끝없는 바다와 하늘 같이 될 것입니다.

인생에는 오르막이 있으면 내리막이 있게 마련입니다. 수증기가 오를 때는 기뻐서 껑충 뛰지 않으면서 어찌하여 비가 내릴 때는 슬퍼해야합니까? 그래요, 어느 누구도 예외는 없지요! 그것이 인생이니까, 순응하며 살아 야지요 맺을 수 없는 사랑을 하고, 견딜 수 없는 아픔을 견디며, 이길 수 없는 싸움을 하며, 이루수 없는 꿈도 꾸며 알콩달콩 살다 가렵니다. 멋진 삶은 돈도 명예도 아니고 내가 만족하는 삶이거든요.

넋두리

서 군 보

전신 거울에 비친 낯익은 중년나는 너무나 놀랐습니다. 거울 속 중년이 나라는 걸 알고 되돌아와 다시 확인했습니다. 분명 나의 모습이 맞았습니다. 60여 년의 세월이 나를 이렇게 만들었단 말인가. 너무나 바쁘게 삶에 집착했단 말인가. 아니면 허한 세상을 살았단 말인가. 나의 본 모습이 누가 무어라 해도 나의 모습이 확실합니다. 흰머리, 얼굴에서 묻어나는 세월의 흔적 분명 나입니다. 되돌릴 수만 있다면 되돌려 보고 싶습니다. 되돌아가 삶을 다시 한다면 더 잘할 수 있다고 주장 하겠습니다. 돈이 재산이 아닌 사람권력이 재산이 아닌 명예 하지만 흐르는 물은 되돌릴 수 있지만 흘러간 세월은 되돌릴 수 없겠지요!

100세 시대, 비극이 아닌 행운으로

건강을 최고의 자산으로 이제는 베풀고 양보하면서 살렵니다. 늘 생각해 보지만 현재가 최고의 젊음이요. 행복입니다.

꿈은 이루어진다

내 고향 삼산면 병산!

바다와 접해있는 산촌인 병산골짜기, 난 어릴 적에 병산마을 전체를 온상처럼 뒤덮어 비바람. 눈바람을 막을 수 있는 천혜의 요새를 꿈꾼 적이 있었다. 또한 삼국지, 군협지 등 무협지에 빠져 하늘을 날고 축지법을 써는 도인이 된 적도 있고, 한때는 축지법을 한답시고 뫼바위에서 거류산 꼭대기, 지리산 천왕봉을 또한 바다 위를 걷는 꿈도 꾸었고 아마 지금껏 정신일도(精神一到: 마음을 한 곳에 모으면)하였다면 하사불성(何事不成:안 되는 일이 없다) 했겠죠. 생각해보면 허망한 꿈에 웃기는 일이지만…….

다만 꿈은 희망이요. 삶의 활기입니다.

얼마 전 고성중학교총동문회에서 개교 62주년「固中사나이」문집 발간 원고 공모가 있어 무엇을 선택해야할지, 어떻게 써야할지 등에 대하여 고민하다 몇 년 전 읽어 보았던 파울로 코엘료 작 「연금술사」를 다시 한 번 읽고 써보기로 하였다. 이 책은 장편 소설이지만 하루 정도 투자하면 충분히 읽고 쓰기에도 무리가 없다. 또한 제목에서 풍기는 신비감이 있으며 쉼 없이 도전하고자 하는 주인공 산티아고의 의지가 고중 사나이에게 비전을 제시하는데 도움이 될 것이라고 생각되었다.

산티아고라는 주인공은 어릴 적부터 새로운 것을 보고 듣고 더 많은 것을 경험하기 위하여 방랑하는 순수한 양치기 소년이다. 그러던 어느 날 매일 같은 꿈을 꾸는 것이 이상해 집시를 찾아가 해몽을 부탁한다. 집시는 그 꿈이 분명 산티아고가 피라미드에서 보물을 찾게 될 것을 일러주는 신의 계시라고 말하지만 산티아고는 그녀의 말을 믿지 않았다.

그러던 어느 날 살렘의 왕 멜키세덱이라는 노인을 만나게 된다. 노인은 산티아고에게 보물과 자아의 신화에 대한 얘기를 하며 보물 찾는 법을 알려주는 대신 복채를 요구한다. 산티아고는 그 노인과 집시가 돈을 노리고 나타난 한통속이라고 의심하지만, 노인이 보여준 영험한 힘과 자아의 신화를 좇다가 실패한 사람들의 실화를 듣고 마음을 바꾼다. 결국 산티아고는 자아의 신화를 찾고자 여행을 떠난다.

처음부터 산티아고의 여정이 순조롭지는 않았다. 타지에서 사기꾼을 만나 빈털터리가 되어 한때 크게 좌절하지만, 다시 용기를 가진 산티아고는 갖은 노력 끝에 피라미드로 갈 여비를 마련한다. 다시 기회를 찾은 산티아고는 한 대상(大商) 무리를 따라 이집트를 향해 출발하고 오아시스에 도착한다. 또 거기서 파티마라는 여인을 만나 그녀를 마음속 깊이 품게 된다.

어느 날 산티아고는 매 한 마리가 먹이를 잡는 광경을 보고 군인들이 오아시스를 습격할 것이라는 표지를 읽게 된다. 산티아고한테 이 말을 들은 부족장들은 그의 말을 믿지 않지만 다음 날 실제로 군인들은 오아시스에 쳐들어왔고, 산티아고의 예지를 믿고 미리 대비했던 오아시스 주민들의 단결로 마을을 지켜냈다.

그날 밤 산티아고는 연금술사를 찾아가고 연금술사는 그에게 자아의 신화를 계속 좇아가라고 충고한다. 그의 말을 믿고 표지를 계속 따라가기로 한 산티아고는 전쟁 중인 부족의 사령관에게 첩자로 오인 받아 죽을 위기에 처한다. 이때 연금술사가 사령관에게 산티아고가 그동안 모은 돈을 모두 주며 사흘의 여유를 주면 '산티아고가 바람으로 변하는 것을 보여주겠다.' 고 장담한다. 처음에 자신이 바람으로 변할 수 있을 것이라고는 상상도 못 했던 산티아고는 연금술사의 가르침에 지혜를 얻고 내면의 힘을 발휘하는 연습을 한다. 결국 산타아고는 바람과 해와 세상을 만드신 신과 대화를 하며 바람으로 변해간다. 해방된 연금술사와 산티아고는 여행을 계속하던 중 연금술사와 작별을 하게 되고 혼자 길을 떠난 산티아고의 눈앞에 드디어 피라미드가 나타난다. 피라미드에 왔다는 감동과 달리 그곳에서는 보물을 발견하지 못했다. 대신 표지를 읽고 고향 땅에 돌아와 무화과나무 아래를 파자 큰 상자가 나왔고, 그것이 보물임을 알게 된다. 보물을 찾는 순간 바람이 불어왔고, 그 바람 속에서 사랑의 여인 파티마의 숨결을 느끼고 다시 연인에게 돌아가겠노라고 말한다. 이로써 산티아고의 여정은 끝을 맺는다.

이 소설은 다소 동화적인 상상력과 시적인 문구로 구성되어 있지만, 그것이 오히려 읽는 사람으로 하여금 자신도 자아를 찾아 여행을 떠난 듯 몰입하게 만드는 매력이 있었다. 또한 산티아고를 비롯한 등장인물들은 자기 삶의 욕망이나 목표를 항상 좇아가라는 자극을 주었으며 '자아의 신화'가 의미하는 바는 무엇인지, 나 자신에게 있어 그것은 무엇인지를 끊임없이 고민하게 하였다.

산티아고는 고향의 양떼목장을 떠나 피라미드를 거쳐 결국은 다시 마을로 돌아와 진정한 보물을 발견한다. 그 보물은 바로 사랑하는 파티마와 앞으로 남은 인생을 좀 더 아름답고 의미 있게 살 수 있게 된 것이었다. 결국 자신에게 주어진 사명은 사람마다 정해져 있다는 다소 숙명론적인 메시지도 품고 있는 듯 하여 개인적으로는 아쉽기도 하면서 아이러니하게도 한편 부분적으로 수긍도 가는 대목이었다.

이 소설의 내용상 절정은 아마도 산티아고가 바람으로 변해가는 장면이 아닐까 생각한다. 만물과 사람이 일치되어 기적을 만들어낸다는 것은 바로 흔히 우리가 자주 떠올리는 "마음을 다하면 이루어진다." 하는 그 문구와 일맥상통하는 것이다. 많은 사람의 노력과 기도가 기적을 만드는 실화를 우리도 실제로 접한 경우가 있을 것이다. 이 소설은 꿈을 크게 가지고 흔들리지 않고 꺾이지 않고 나아간다면 못 이룰 것이 없다는 지극히 원론적인 메시지가, 현실에 무뎌 가는 독자들에게 다시 시작할 수 있는 용기와 비전을 주었다는 점에서 매우 교훈적이라 하겠다.

누구나 목표가 있고 그 꿈을 이루고 싶어 한다. 그러나 포기하지 않고 정상을 향하여 끊임없이 노력하는 사람은 몇이나 될까? 좌절이나 실패가 나 자신에게 있다는 것을 인정하는 사람은 얼마나 될까? 과연 나는 잘하고 있는 것일까? 나도 내가 원하는 것을 이루기 위해 노력하고 있지만 항상 부족하다는 생각을 한다. 무언가를 간절히 원할 때 우주는 소망이 실현되도록 도와준다는 연금술사의 말을 믿으면서도 생활에서는 노력이 부족했던 내 자신을 되돌아보게 되었다.

행복의 비밀은 내가 하고 싶은 것에 몰두하고 노력하여 나 스스로 성장하는 것이다. 하지만 그 행복은 가족의 사랑, 친구의 우정, 사회 구성원의 화합이 없다면 의미 없는 것이 되고 만다. 산티아고가 자아의 신화를 찾아 떠난 여행을 포기하지 않았던 것은 그에게 비전을 제시해준 표지가 있었고 실패와 맞설 수 있는 용기를 준 노인과 연금술사가 있었기 때문이다. 그처럼 가족과 친구, 동료는 우리 삶에 늘 지표와 버팀목이 되어주는 존재이며 그들과 상생할 때 나의 자아의 신화도 더욱 빛을 발할 것이다.

그리고 표지를 식별할 수 있고, 그것을 따를 수 있는 용기가 있다 하더라도 자아의 신화를 만드는 과정은 큰 인내가 있어야 한다. 초심을 잃지 않고 좌절 속에서도 다시 일어서서 정진할 수 있어야 한다. 그러나 실제로 우리는 때때로 자신에게 주어진 사명이 어떤 것인지를 잘 알면서도 그것을 외면하거나 포기하고 산다. 혹은 그 사명과 꿈을 실현해가는 과정에서 좌절을 극복하지 못하고 주저앉게 된다. 꿈을 좇는 노력을 계속할 것인지, 현실에 안주할 것인지를 우리는 사는 동안 끊임없이 고민하게 되는 것이다. 그러나 산티아고처럼 내면의 의지와 자신에게 주어진 사명을 지키기 위해 노력하는 자만이 자신의 참된 성장을 경험하게 될 것이며 자아의 신화를 이루기 위해서는 우리 내면의 열정과 꿈에 닮아가는 노력을 포기해서는 안 된다.

고향과 마을 숲, 딸애의 생각

이 도 원

고향 마을을 벗어나는 큰길은 뒷산 능선이 끝나는 곳에서 시작되었다. 그곳에도 작은 마을이 이어져 있었는데 어른들은 '숲 밖' 이라고 불렀다. 그리하여 뒷산이 받쳐 주는 지대를 지나 마을을 벗어나는 걸음을 '숲밖에 간다.' 고 했다. 어릴 때는 그 의미를 모르고 우리도 그냥 그렇게 따라 말했다.

숲 밖 마을 끝을 조금 벗어나면 도랑을 따라 나무들이 줄지어 서 있었다. 대략 60년대 중반까지 남아있던 숲의 길이는 내 기억이 그다지 정확할 것 같지는 않지만 1~2 백 미터는 되지 않았을까? 어릴 때는 모든 것이 크게 보였으니 정확한 나무들의 크기도 지금은 알 수 없다. 한 두 명의 어린애들이 팔로 감싸 안기에는 한참이나 컸던 것 같다.

그곳에는 이런저런 종류의 나무들이 있었는데 기억에 남는 것은 팽나무밖에 없다. 내가 여기서 팽나무라고 하는 것은 사실 우리 마을에서는 그저 폭구나무라고 불렀으니 폭나무인지도 모른다. 식물도감을 찾아보아도 두 나무를 쉽게 구분하기 어렵다.

가을에 팽나무 열매가 익으면 달짝지근한 맛이 났다. 아마도 이제는 타락한 내 혀를 만족시킬 맛을 간직하지 못할 것으로 짐작되지만 그 열매를 따기 위해 우리는 그 숲 아래 걸음을 멈추곤 했다. 멀리 떨어진 학교 때문에 숲 밖으로 나갔던 우리들은 그곳에 이르면 한시름 놓아도 좋은 길목으로 알았다.

그곳은 여름이면 그늘을 놓아 땡볕 길에 지친 어린 발걸음을 멈추게 했고, 가을이면 노란 팽나무 열매로 어린 마음을 유혹했다. 빨리 가봤자 하기 싫은 일이 기다리는 집은 싫었다. 그곳은 뜸을 들이며 마음을 달랠 시간을 보낼 수 있는 하나의 장소였다.

마을과 숲 밖을 나누던 숲 띠는 이제 고향 경관에서 깡그리 사라졌다. 논둑이 반듯하게 다듬어지기 전에 나무들은 어느 날 문득 베어졌다. 아마도 60년대 말에 자취를 감춘 것으로 기억된다. 농사지을 땅을 한 뼘이라도 더 넓혀야 하는 식량증산 정책이 한창이던 시절 벼논에 그늘을 만든다는 죄목으로 그렇게 베어졌을 것이다. 나는 할머니께서 '세상 없어도 너므(남의) 그늘에서는 농사가 잘 안돼' 라고 가끔씩 하시던 말씀을 기억하고 있다.

마을 사람들이 외지로 나가는 길목에 있던 마을 숲이 고향땅에서 사라진 일은 애석하다. 새마을운동이라는 이름으로 '잘 살아 보세.' 하며 좋은 일을 한다고 했으나 아무리 생각해도 그 부분은 그르친 일인 듯하다. 그 마을 숲 안에 세계에 자랑할 만한 생태지혜가 깃들여 있었다는 사실을 알아낸 것은 공부를 좀 하고 난 다음의 일이다. 그래서 나는 요새 남아 있는 전국의 마을 숲을 찾아 돌아다니고 있는 몸이 되었다.

딸애가 대학생 때 읽고 보태준 소감

나이가 들수록 아빠의 시골 고향은 서울과 멀어서 가기 힘들고, 겨울에는 춥고, 여름에는 덥고, 텔레비전은 잘 나오지 않고, 그래서 심심하고, 화장실 가기 매우 귀찮은 그런 곳이 되어버렸다.

나는 아빠와 다르게, 태어나서부터 지금까지 10번을 넘게 이사를 했다. 대체로 기억나지 않는 편이고 몇몇 장면이 기억난다고 해도 어디가 어디였는지 잘 모른다. '고향' 은 그저 '태어난 곳' 이 되어서 '부산' 이라고 했다가 태어나자마자 갓 올라온 '서울' 이라고 했다가 나오는 대로 말한다. 이제 고향에 대한 확신의 부재에 대해서 별로 개의치도 않는다.

많은 소설가와 시인의 작품 제목이 되곤 하는 '고향'. 고향은 대체로 마음을 의지할만한 곳을 상징한다. 그러나 나뿐만 아니라 많은 친구들은 마음을 의지할만한 뚜렷한 고향이 없다. 옛날 사람이라 하더라도 도시도 아닌, 완전한 시골도 아닌 상태로 변해버린 고향이 기억 속에 간직하고 있던 고향과 틈이 벌어질수록 옛 소설과 시에 나타났던 정서 역시 사라질 수밖에 없을 것이다. 기술의 발전으로 공간의 정복 영역이 넓어질수록 인간이 차지하는 정서의 영역이 축소되는 것도 그런 결과일까?

그러나 아빠의 글에서 나는 부대자루로 썰매 타던 잔디 언덕과 낡은 수레를 끌고 사촌들과 내달리던 비탈길과 그곳에 있던 나의 어린 시절들이 생각났다. 여름에 아빠는 소꼬리의 털을 뽑아 만든 실 올가미를 가느다란 대나무 끝에 묶은 다음 나무 높이 있는 매미의 목에 걸어 시끄러운 까만 곤충을 잡아주셨다. 논 사이를 흐르는 도랑에서 할머니는 미꾸라지를 잡아 추어탕을 끓어주셨다. 개구리가 폴짝 뛰는 바람에 깜짝 놀라 도랑에 한 쪽 다리가 빠진 적도 있다. 혹시나 거머리가 달라붙을까봐 빠진 속도보다 더 빨리 다리를 건져내었다. 겨울에는 벼가 잘려나간 넓은 논에서 얼음땡을 치며 뛰어놀았다. 할머니께서 찹쌀 반죽을 솥뚜껑에 구워주시면 쉬지 않고 설탕에 찍어 먹었다. 말이 없으신 할아버지께서는 남몰래 장을 다녀오시면서 우리들 먹으라고 과자를 사오셨다.

이도원

서울대학교 환경대학원 교수

서울을 언제 탈출할 것인가?

차 정 대

6 · 25 전쟁으로 불탄 자리에 다시 지어진 읍내 보통의 한옥에서 1952년 5월 태어났다. 어렸을 때부터 자연에 대한 친밀감과 호기심이 무척 많았었다.

초등학교 시절에는 방학 때면 산과 논밭으로 둘러쌓인 외갓집으로 자주 놀러 갔으며, 읍내보다 시골을 더 좋아했다. 집안에 본업으로 유지할 전답이 많지 않았기 때문에, 영농에 대한 꿈은 애초부터 가질 수 없었다. 그런 환경에 처한 여타 지방 학생들처럼 도시에 있는 학교에 진학하고, 회사에 취업하는 것이 우선의 목표였다.

1972년 서울에 진입한 후 지방으로 돌아가기가 어렵다는 사실을 생각조차 할 여유가 없었고, 지금 돌이켜 보면 중학교까지 고성에서 지낼 수 있었던 것이 내 인생에서 큰 행운이었다고 생각된다. 왜냐하면 그 만큼의 세월동안 자연이 주는 축복을 더 받아 정서적으로 풍요로울 수 있었기 때문이다.

서울에서 직장 생활을 하면서도 잦은 해외 주재 근무로 한국보다 타국의 도시 생활에 쉽게 적응하게 되었다. 해외에서 지낸 오랜 세월 동안 타고난 나의 자연 친화적인 성향이 발동하여 여행을 많이 하였고, 그 나라의 자연과 지방 전원 풍경에 매료되고 즐길 수 있게 되었다. 태어난 곳은 아니었지만 또 다른 훌륭한 자연이었고, 삶의 여정에 안식과 열정의 기운을 수혈 받을 수 있었다.

90년대와 2000년대 초반 미국에 주재할 무렵, 한국에 도착하면 확실히 미국과 한국의 공기차이를 느낄 수 있었다. 선진국과의 차이가 공기질에서도 나타났다. 그 다음 중국 북경에서 생활할 때, 인천 공항에 도착하면 공기가 어떻게 깨끗한지 말로 표현 할 수가 없었다.

북경 공기오염은 석탄을 사용하는 난방시스템, 높은 인구밀도와 자동차 매연이 주범이었다. 북경에 이어 천진에서 2년을 지내게 되었는데, 천진은 중국에서 공업화가 먼저 시작된 도시로 북경보다 공기가 더 나빴다.

2년째 되던 어느 날 아내의 목과 기관지에 이상이 생겨 무척 고생을 하게 되었다. 병원 진료 결과는 약으로 완치는 불가하고, 공기 좋은 곳에 살면 자연 치유가 된다는 것이었다. 인생은 공평하다고, 숲이 많아 공기가 깨끗하다는 독일 프랑크푸르트에서 2년간 지내게 되면서 아내와 나의 목과 기관지가 2년여 만에 회복되었다. 공기의 중요함을 새삼 몸으로 터득했으며, 나빠지는 기간만큼의, 회복되는 시간도 필요함을 체험했다.

독일생활을 끝으로 33년간의 회사 생활을 마치고 귀국하면서, 경북 예천에서 정착을 하게 되었다. 우리나라 각 지방을 돌며 살아 보고 싶었던 오랜 꿈을 경북 예천에서 실행에 옮기게 되었다. 경북지역은 경남과 연결되어 있지만, 영토가 한반도의 1/5 정도로 쉽게 가볼 수 없었던 곳으로, 자연은 외국 못지않게 수려했고, 특히 봉화군은 서울의 두 배정도 크기인데 인구는 3만 5천여 명, 숲의 면적이 전체의 84% 정도 차지하여 세계적으로 내세울 만큼의 청정지역이다.

우리나라도 지방 자치단체의 발달로, 개발을 많이 하여 도로는 고속도로 못지않게 잘 정비 되었고, 국립 · 도립공원 및 지방관광지가 많아 1년 동안 경상북도 전역을 여행하면서 자연과 전원생활을 만끽할 수 있었다.

개인적 사정으로 다음 차례인 전라도 여행계획을 잠시 보류하고, 서울에서 다시 일을 시작하게 되었다. 제일 힘든 일은 너무 많은 사람과 동차를 보면서 긴장감과 탁한 공기를 마시며 받게 되는 스트레스를 극복하는 일이었다. 그러나 인간은 망각의 동물이라고 시간이 지나자 서울 도시생활에 다시 적응하기 시작했다.

서울은 많은 사람이 모여 사는 슈퍼도시다. 도시를 떠나는 사람에 비해, 들어오는 사람이 많기 때문이다. 서울 시민의 2/3이상이 지방에서 유입된 인구분포로 알고 있다. 퇴직을 한 사람이 지방으로 내려가서 정착한다면, 서울도 도시 기능을 발휘할 수 있을 것이다.

개인별 사정은 있겠지만 인생은 본인이 살아가는 것이고, 한번 밖에 살지 못하기 때문에 일생(一生)이라 하듯, 자기가 선택해야 한다. 도시와 지방의 균형 발전의 날을 우리 스스로 앞당겨야 한다고 생각한다. 서울은 삶의 질이 하락하는 수준이 아니라, 사람대접까지 받지 못하는 지경까지 이르렀다. 보다 나은 삶의 질을 찾아 남은 여생을 즐겁게 보낼 수 있는 서울을 탈출할 수 있는 그날을 기다리면서…….

옷깃만 스쳐도 인연

한 원 우

불가에서 흔히 하는 말로 "옷깃만 스쳐도 인연이다."라는 말이 있습니다. 이 세상 아무 곳에다 작은 바늘 하나를 세우고 하늘에서 아주 작은 밀알을 하나 떨어뜨렸을 때, 그 작은 밀알 하나가 나풀나풀 떨어져서 바로 그 바늘에 꽂힐 확률, 그 계산도 안 되는 확률로 만나는 게 인연이라고 합니다.

어떤 인연은 죽을 때까지 가기도 하고, 또 어떤 인연은 금방 끊어지기도 합니다. 그 중에 어린 시절에 맺은 인연이야말로 가장 순수하며 가장 오래 가는 인연이라고 생각합니다.

나이가 들고 세월이 깊어가니 친구처럼 그리운 것이 또 있는가 싶습니다. 친구는 가족이 채워주지 못하는 것을, 직장 동료가 채워주지 못하는 것을 가득 채워주는 존재입니다. 함께하는 시간만으로도 마치 회춘하는 것처럼 즐거워집니다. 그래서 나이가 들수록 더욱 친구를 찾고 의지하게 되는 가 봅니다.

나이가 들면서 여러분의 존재가 더욱 크게 느껴집니다. 그래서 친구라고 하나 봅니다. 오래될 '구(舊)' 자를 쓰지 않습니까? 오래될수록 더욱 진면모를 느낄 수 있기 때문이겠지요.

고성중학교 동문회가 팍팍한 사회생활을 하는 우리에게 한 방울의 촉촉한 단비가 되어줄 수 있는 모임이 되었으면 좋겠습니다. 인생의 희로애락을 함께 나누는 진정한 친구로 거듭났으면 좋겠습니다.

한원우

현) 동문회 상임부회장

하 루

김 종 환

"화내도 하루"
"웃어도 하루"
어차피 주어진 시간은
"똑같은 하루"
기왕이면
불평 대신에 감사!
부정 대신에 긍정!
절망 대신에 희망!

우울한 날을 맑은 날로
바꿀 수 있는 건
바로
당신의
미소일 것입니다
오늘도 내일도 힘내세요!!

장애인을 위한 후원회원이 되어주십시오

존경하는 선 · 후배 동문 여러분!

동문회의 발전과 고향 고성을 위해 물심양면으로 애쓰시는 동문님의 사랑에 힘입어 오늘도 열심히 고향 고성을 지키고 있습니다.

저는 두 번의 사업실패에 따른 피눈물 나는 좌절과 고통을 겪어왔으며, 많은 분들의 도움에 힘입어 오뚜기처럼 다시일어나 재기하며 과거의 어렵고 힘들 때 받은 도움을 지역에 거주하는 어려운 이웃들을 위해 환원하고 도우는 역할을 해야겠다는 생각으로 2006년부터 고성군 장애인후원회장을 맡아 장애인들의 복지증진에 작은 힘을 보태고 있습니다.

장애인들의 숙원사업인 장애인 전용목욕탕 건립을 위하여 2007년부터 팔을 걷어 부치고 고성군민, 재외향우, 기업인들을 상대로 모금운동을 펼쳐 시외버스 터미널 옆에 부지를 매입하고 고성군, 경남도의 예산편성에 힘입어 13억3천만 원의 예산으로 전국 최초로 2008년 4월28일 개관하여 하루 100여명이 넘는 장애인들의 애환을 나누는 동병상련의 장소로 만들어 고성군에서 전액 예산지원으로 무료로 이용하고 있습니다.

동문여러분의 고향에 거주하는 장애인은 4,800여명에 이르며 이중 88%는 각종사고로 인한 후천성장애인이고, 12%가 선천성 장애를 안고 있으며 이들을 지원하기위하여 행정에서 많은 예산을 집행하고 있지만 실제로 피부에 와 닿는 도움이 되지 않는 것은 사실입니다.

우리 후원회에서는 장애인의 40%에 달하는 1,800여 중증장애인들에게 각종 행사의 지원과 명절 때 라면이라도 한 박스 보내드리려 하지만 워낙 많은 인원을 지원하기에는 후원회원 30여명의 회비와 자동이체 시켜주시는 자동이체회원 70여명의 재원으로는 너무 힘에 부치기 때문에 동문 여러분들의 적극적인 동참을 호소합니다.

존경하는 동문여러분,

이렇게 많은 어려운 장애인들을 위해 좀 더 채우려는 욕심보다 나눔의 미덕을 실천하는 이웃이 되어 한없이 나약한 장애인들의 손을 잡고 이들을 일으켜 세울 수 있다면 행복은 두 배가 되고 우리사회의 삶의 터전은 넉넉해질 것입니다.

삶이란 이렇게 손을 잡고 함께 걷는 것 아니겠습니까?

우리 후원회에서는 진정한 봉사란 '비가 올 때 우산을 받쳐 주는 것이 아니라, 함께 비를 맞고 걷는 것'이라 생각하며 "햇살처럼 등대처럼" 장애인들의 권익보호와 복지향상을 위해 최선을 다하겠습니다.

감사합니다.

♣후원금 접수 농협 : 881-01-175220 예금주 고성군장애인후원회♣
(소득세 정산 기부금 영수증을 발행해드립니다)
후원문의 : 후원회장 김종환 010-6760-4000

김종환

총동문회 부회장
고성군 장애인 후원회장
고성중학교 학교운영위원장

차 돌

유 종 관

절대 깨지지 않으리라!
닳을지언정.

모난 돌이 정 맞는다고 했던가?
온갖 풍파에 닳은 차돌은
넓은 세상에서도
둥글둥글 잘 굴러가리라!

닳을지언정
깨지지 않는 차돌이 되리라!

(1968년 중3때의 글)

유종관
(주)반도INC 대표

아내와 화장실

이 상 근

나의 아내는 결혼 초부터 요조숙녀, 현모양처 형이었고 실제로 그렇게 살아왔다. 그러나 나이라는 세월을 먹어감에 따라 지금은 약간씩 변질되어가고 있다는 느낌을 받게 된다. 인체 과학적으로, 나이 들수록 남자는 여성화되고, 여자는 남성화 되어간다고 한다. 그것이 조물주의 자연스러운 조화라고 한다. 나는 아내의 과격한(?) 행동에 가끔씩 놀라고 일말의 위협을 느끼기도 한다. 특히 나에게는 무뚝뚝한 행동을 보이다가도 남들한테는 돌연히 여성의 본능으로 돌아가는 그 카멜레온 같은 천부적인 변신을 볼 때는 더욱 그런 생각이 든다.

아직까지 주위사람들은 아내를 '천사표의 여성'으로 보고 있지만 아내는 원더우먼처럼 서서히 단련되어 가고 있었다. 어찌 보면 아내가 강해지고 단련되어가는 모습이 나에게는 위협적인(?) 존재가 될지는 모르겠지만, 우리 가족에게는 든든한 버팀목이 될 수 있다. 나는 아내가 남성화되어 가는 모습을 보고 다른 여성들과도 비교해 본다. 남의 아내는 나의 아내보다 힘이 더 셀 것이라는 생각이 든다. 아내는 우리 가정과 가족을 완전히 장악하려고 들지는 않는다. 왜냐 하면 아직까지 우리 집에서 나의 존재, 남편이나 가장으로서의 존재가치는 무시할 수 없기 때문이다.

솔직히 말해서 나는 아직까지 아내에게 큰 소리 치고 있는 편이다. 아내의 잔소리의 수위가 높아질 때쯤이면 전략적으로 한 방의 물리력을 가하는데(과장 되게 큰 소리로 화를 냄), 그 상황에서 아내의 반응을 보면 나의 위치를 어느 정도 실감할 수 있게 된다. 아직까지 아내나 우리가족에게 있어서 나의 존재가치는 상종가를 유지하고 있다는 진실 같은 착각을 하고 있다. 이 지위가 언제까지 유지될지는 나 역시 짐작할 수가 없다. 간혹 사회활동하는 여성들을 보면서, 가끔 무섭다(?)는 생각이 들 정도로 강해보이는 때가 있다. 그럴 때마다 그들의 남편이 가정에서 처하고 있는 위치를 어느 정도 가늠할 수 있을 것 같아서 속으로 고소해 하기도 한다.

현재, 우리 가족은 나와 아내 그리고 애완견 쭈쭈와 꽁이가 있다. 이놈들의 이름은 아마 의성어로 지어진 것 같다. 쭈쭈라고 이름을 붙인 데는 찡찡거린다고 해서 그런 것 같고, 꽁이는 꽁알댄다고 해서 소리 나는 대로 우리 아이들이 붙여준 이름이다. 그런데 이놈들의 신분은 단순히 애완견이라기보다는 자식 이상의 대우를 받고 있다. 우리 가족에서 차지하는 비중이 만만치 않다. 쭈쭈라는 놈은 젖 먹이 때, 우연히 우리 집과 인연을 맺게 되었는데, 집안에서 자라라는 팔자인지, 신기하게도 입양 하루 만에 똥오줌을 가리는 것이었다. 그 뒤로 우리가족들(나만 빼고)의 마스코트가 되었다. 꽁이라는 놈은 그 뒤에 데리러 왔는데, 입양의 목적은 순전히 쭈쭈 때문이었다. 쭈쭈 혼자 있기 외롭다고 친구하기 위해서 입양한 것이다.

그런데 문제가 생겼다. 꽁이라는 놈은 혈통의 신분에 비해서, 데려 온 지 며칠이 지나도 똥오줌을 가리지 못하는 게 아닌가. 교육의 기술이 부족했는지 결국 실내에서 같이 키우지도 못하고, 마당에서 방목을 하게 되는 신세가 되어 버린 것이다. 그렇다고 차별 당하는 것은 아니었다. 아내는 밖에서 지내는 것이 마음이 안 되었는지, 쭈쭈 이상으로 꽁이에 대한 애정은 각별하였다. 식사. 이발, 목욕, 의상, 예방접종 등 직접 챙겨주고, 더운 날, 비오는 날, 추운 날 보살펴주고, 어떤 부모가 저렇게 하랴 싶어 지극한 동물사랑에 경탄해 하면서도, 상대적으로 나 자신이 왕따 당한 것 같은 기분이 들 때가 있다. 하지만 한편으론 아내가 그들을 상대하면서 활기가 충만한 것을 보노라면, 생명의 가치와 사랑의 소중함을 느낄 수 있다. 처음엔 나도 이놈들을 별로 탐탁찮게 생각했으나, 지금은 정반대가 되어버렸다. 이놈들에게서 생명의 존엄함과 사랑의 감정 즉 희로애락을 느낄 때가 있다. 이놈들과 같이 생활하고 나서부터는 살아있는 것들에 대한 가치성과 소중함을 갖게 된 것이다. 특히 이놈들이 우리가족의 서열에서 내가 1위라는 것을 인정하는 것을 느낄 때 은근히 기분이 좋아진다. 그렇게 우리는 서서히 이놈들과 교감하면서 동화되어가고 있는 게다.

다시 아내와의 관계로 돌아가자. 아내와 나는 다툴 일이 별로 없다. 내가 남자로서, 아버지로서, 남편으로서의 역할을 제대로 유지하고 있기 때문이다. 나는 아직까지는 가장으로서의 권위를 누리고 있는 편이다. 말은 안하고 표현을 안 하고 있을 뿐이지, 아내 역시 나에 대한 불만이 왜 없겠는가. 아내는 일상에서 나에 대한 불만요소들을 발견하게 되는 가보다. 그중에서 가장 크다고 할 수 있는 것은 화장실, 욕실 사용이다. 천성이 깔끔한 편인 아내는 화장실 사용과 욕실 사용에 대해서는 종종 불평을 하고 그것 때문에 나의 성질을 돋울 때가 있다. 아내의 불만 1호는 욕실 사용하면 세면대나 타일 벽에 때가 끼는데 이건 내가 제대로 정리하지 못하고 지저분하게 사용하기 때문이라고 불평을 한다. 처음엔 약간 눈치를 살피는 기척이 있더니 차츰차츰 노골적으로 불만을 쏟아낸다. 그러면 참고 있다가 꽥! 하고 고함을 쳐버린다. 그러면 아내는 놀라서 쭈쭈를 안고 방으로 피신해버리는 그런 과정이 반복된다. 결국 싸움이 성립될 수 없다. 결국 일방적인 판정승으로 싱겁게 끝나버린다. 그런데 결과는 서서히 나타난다. 아내의 잔소리 효과덕인지 샤워를 하고나서 정리정돈이라는 생각에 나 자신도 모르게 청소하려는 것이 몸에 배이게 되는 것을 느낀다. 잔소리의 효과인지 교육의 효과인지는 모르겠다.

아내의 불만 2호, 화장실 사용이다. 화장실 좌변기에서 소변을 보는데 나이를 먹은 탓인지 조준이 잘 되지 않아 변기 주위에 오줌방울이 약간씩 묻는다. 아니 아무리 조준을 잘 한다고 하더라도 오줌줄기가 세어지면 오줌방울이 튀는 것은 어쩔 수 없다. 문제는 사후 수습을 잘해야 하는데 숙제를 남기니까 깔끔한 아내는 항상 불만인 모양이다. 화장실에서 나오면 아내가 얼른 확인을 하고 궁시렁 댄다. 나의 생각은 이렇다. 부부가 뭐냐. 이런 걸 서로 이해하고 감싸 주지 않으면 어떡하겠다는 거냐고. 남편이 흘리면 아내가 닦아 줄 수 있는 배려가 없는 거냐고. 아내는 속으로 간 큰 남자, 피식, 웃는 투가 가소로운 모양이다. 흘리지 않고 소변을 할 수 있는 방법이 있는데 왜 그렇게 하느냐고요. 흘리지 않는 방법? 뭔데? 내가 물으면 앉아서 소변을 보면 될 것 아니냐고 한다. 남자가 어떻게 앉아서 오줌을 누나? 내가 대꾸하면, 왜 앉아서 소변을 누면 안 되나, 좌변기인데. 아내는 나의 눈치를 슬금슬금 살피면서 이번 기회에 기선을 잡아 버릴 작정이다.

일반적으로 남자는 서서 소변을 눈다. 이것이 남자들은 고정화 되어 있다. 그러다보니 집에서도 소변을 서서 누게 된다. 그렇다고 실내 화장실에 소변기를 갖춘 가정이 적다. 그러다보니 좌변기에 소변을 누게 되고, 변기에 오줌방울이 튀게 되어 누렇게 그림을 그리게 된다. 생각해보니 아내의 생각이 옳다. 좌변기에서는 앉아서 소변 하는 것이 당연한 것이다. 그 당연한 것을 나는 남자는 서서 소변보는 것이 당연하다는 생각이 이미 정형화되어버린 것이다. 아내의 생각, 말은 맞는 것 같다. 나는 이제부터 생각을 바꾸고 실행하면 된다. 그 뒤에 몇 번 시도를 해보았다. 그런데 왠지 이상했다. 주저앉는다는 기분에 괜히 심사가 뒤틀린다. 그렇다고 좁은 실내에 소변기를 설치할 수도 없는 노릇이다. 아내의 말을 속으로 인정하면서 실행하면서 자꾸만 머릿속에 일어나는 생각은 이건 아닌 것 같다는 거부감이다. 자꾸만 나의 위치가 좁아지고 무너져 내리는 것 같은 무력감이 확! 몰려오는 것 같다. 거실에서 쭈쭈가 짖는 소리가 들린다. 이어 애정이 듬뿍 담긴 아내의 밝은 목소리가 쭈쭈를 다독인다. 순간 뒤틀린 상념과 겹쳐지면서 후다닥 일상으로 되돌아온다.

아~ 나는 아직도 양변기 앞에 서서 소변을 보고 있다.

길을 잃은 사람들

바깥에서 갑자기 요란하게 들리는 꽁이의 짖는 소리에 놀라 화들짝 잠이 깼다. 거실에 있던 쭈쭈도 거실 문에 바짝 붙어서 덩달아 짖어댄다. 시계를 보니 새벽 세 시다. 일어나야 하는데 마음 같지 않게 몸이 움직여지지 않는다. 내가 일어나지 않으니까 아내가 투덜거리며 일어나 거실 문 쪽으로 조심스레 다가갔다.

나도 더 이상 누워 있을 수 없다. “와 그라노?” 아내는 누구에게랄 것도 없이 짜증과 두려움이 뒤섞인 음성으로 불안하게 바깥 동정을 살핀다. 나도 곁에 가서 서봤지만 밖은 아직도 짙은 어둠 뿐, 아무 것도 눈에 들어오지 않는다. 온 밤을 새느라 지친 가로등 불 빛 뿐 사방은 적막강산이다. 그런데 유난히 꽁이는 같은 방향을 향하여 짖어대기만 한다.

이제 밖으로 나갈 수밖에 없다. 가장의 위치에서 이 상황을 어떻게든 수습해야 하기 때문이다. 현관에 세워둔 연습용 골프채를 든다. 호신용이다. 상대가 만약 나에게 위험 물체라면 이 골프채를 휘두를 수 있을까. 나는 폭력을 쓰지 못하며, 폭력 앞에 나약한 인간이다.

3월이라 바깥은 쌀쌀하고, 창에는 성애가 덮여 있다. 새벽 공기는 나의 마음을 을씨년스럽고 불안하게 만든다. 바깥에 나와서 꽁이가 짖어대는 방향을 응시했다. 그때 나는 분명히 보았다. 담장 밖 은행나무 밑에서 숨죽이며 서있는 물체를. 순간 가슴이 서늘해진다. 큰일 났다는 생각에 소리라도 지르고 싶었으나 입이 열리지 않는다. 골프채를 들고 헛스윙을 해 본다. 상대는 미동도 않고 서 있다. 드디어 집안에서는 아내가 심각한 상황을 인지했는지 불을 환하게 켰다.

쭈쭈 역시 필사적으로 창문을 두드리며 짖어댄다. 20미터쯤 떨어진 은행나무 아래서 어둠을 두르고 미동도 않고 서 있는 저것이 사람이라면 누구일까. 도둑? 강도? 아니면 아랫동네 사람? 순간적으로 많은 인물과 생각이 뇌리를 스쳤다. 그러나 도둑이라면 내가 밖을 나오는 순간에 반사적으로 도망을 가거나 숨었을 것이다. 강도? 그렇다면 이크! 더 무서운 상대다. 저토록 오랫동안 피하지 않고 서 있을 정도라면 보통 간 큰 인간이 아닐 것이기 때문이다. 나는 도저히 상대를 향해 다가가거나 알은 척을 할 수가 없다. 상대가 어떤 행동을 취할지 모르겠기에. 오로지 상대가 조용히 물러가기만을 기대할 수밖에 없다?

이 숨 막히는 공포의 순간이 빨리 끝나기만을 바랐다. 자신이 나약해진 게 더 두려우면서도 스스로를 위로하면서 죄 없는 꽁이만 계속 윽박질렀다. 자신이 정말 나약하고 한심하다는 생각이 들었다.

꽁이보다도 못한 주인의 행동이다. 꽁이는 눈치도 없이 계속 상대를 향해 짖어대고 있었다. 결국 나는 집안으로 들어오고 말았다. 무서워서보다는 이 상황이 견딜 수 가 없었던 것이다. 아내가 경찰에 신고하자고 했으나 그러지 말라고 말렸다.

아무리 생각해도 신고할 수 있는 상황이 아니라는 생각이 들었기 때문이다. 이웃집에 알리기도 상황이 분명치 못했고 게다가 알릴만한 데가 없다. 내가 살고 있는 이 동네는 우리 마을의 끝 동네다. 모두 6가구가 사는데 세 가구는 비어 있고, 두 가구는 80 대의 고령노인 내외가 살고 있다. 그 분들을 이른 새벽의 소동에 동참시킨다는 것은 예의가 아니다.

나와 아내는 만약을 대비해서 현관문을 단단히 잠그고 거실의 불을 끈 후 바깥 물체의 움직임을 주시했다. 드디어 상대가 움직이기 시작한다. 상대는 우리 집 대문 앞에서 잠시 머뭇거린다. 순간 아내와 나는 동시에 놀라면서 겁에 질리기 시작했다. 저자가 우리 집 진입을 시도하려고 한다. 이를 어떻게 해야 하나. 이게 무슨 낭패인가. 아내가 신고를 하려고 전화를 걸려고 한다. 그때다. 상대가 다시 돌아 선다. 우리 집에 들어오는 것을 포기한 것 같다. 우리 집 대문과 연결된 길을 따라 도로 내려간다. 푸른 가로등 불빛 속에서 상대의 모습이 어느 정도 보인다. 작은 키에 희끄무레한 모자를 쓰고 있고, 다리를 약간 저는 것 같았다.

순간 온몸의 긴장이 쑤욱 빠져 나가는 기분이다. 불과 몇 분 동안이지만 극도의 긴장과 공포로 숨이 막혔던 순간을 넘겼다. 안도의 숨을 몰아쉬며 허무감과 패배감을 느낀다. 만약 그 공포가 실제 상황으로 전개되었다면 나는 고스란히 당하고만 있었을까? 아니면 한 가정의 가장으로서, 한 여자의 남편으로서 가정을 지키고 아내를 지켜 냈을까? 자신 있게 후자를 선택하지 못하는 내용렬함에 대한 회의감이다. 만약 상대가 도둑이나 강도였다면 속수무책으로 모든 것을 다 빼앗게 버렸을지도 모른다는 생각이 든다. 아니 도리어 용감한 아내가 수호천사가 되었을 것이다.

그러는 사이 새벽의 소동은 물러가고 아침이 되었다. 나에게는 아침이 되어도 새벽의 그 순간과 그 상대의 실체가 머릿속을 떠나지 않는다. 일을 해도, 밥을 먹어도, 책을 읽고 있어도, 나의 존재의 의미와 그 상대의 실체에 대한 의문에서 떠나지 않는다. 혹시나 하고 아랫동네에 사시는 형님에게 전화를 걸어 물어본다.

오늘 새벽에 우리 집 근처에 오시지 않았느냐고, 제발 그렇다는 대답이 나오기를 바라면서. 사실 우리 집 주위의 논이나 우리 뒷집은 이 형님의 소유였기 때문에 그럴 수 있겠다는 생각에 묻고 확인하고 싶었다. 그러나 대답은 막연한 기대를 저버리고 아니란다. 또다시 혼란이 인다. 그렇다면 도둑이나 강도 미수범이 확실한 것인가.

지금까지 우리 동네를 특히 우리 집을 안전한 지역이라고 생각했었다. 그런데 이번 사건으로 인해서 예외가 아니라는 생각이 든다. 그렇다면 방비를 하지 않을 수가 없다. 보안장치를 설치하든가. 파출소에 얘기해서 순찰을 해달라고 부탁할 수밖에 없다.

온종일 머릿속에는 이러한 생각 밖에 없었다. 내가 가정을, 가족을, 지키지 못하면 외부의 힘을 빌려서라도 우리 가족을 지키지 않으면 안 된다. 우리의 환경이 언제부터 이 지경까지 되었나 싶어 한심스럽고 서글퍼진다. 퇴근 무렵에 인근 파출소에 들려서 오늘 새벽 상황을 신고하고 협조를 구하려고 마음을 먹었다. 그런데 오후 퇴근 무렵, 아내의 전화를 받고나서 그동안의 모든 고민과 의문의 실마리가 풀리게 되었다. 아내의 말인즉슨, 오늘 새벽에 우리 이웃집 노부부가 사는 집에 그 사람이 찾아왔더라는 것이다. 길을 잃었는데 불빛을 보고 찾아왔다면서 아침까지만 있게 해 달라고 부탁을 하더라는 것이다. 그런데 그 집 할머니가 완강하게 거절하면서 쫓아냈다는 것이다. 그 할머니도 낯선 사람이 갑자기 찾아와서 그러니까 겁이 나서 무조건 거절했고, 완력으로 ㅉ아 냈다는 것이다.

그 사람은 그 집에서 쫓겨나서 우리 집 앞에서 구원을 청하려했으나 우리 집 개들이 워낙 짖어 대서 이러지도 저러지도 못하고 서 있다가 다른 곳으로 발길을 돌린 것 같다. 노부부가 사시는 집에는 대문이 없고 불이 켜져 있어서 쉽게 들어갔고, 우리 집은 대문이 굳게 잠겨 있어서 쉬이 구원을 청할 경황도 없었던 것 같다. 내가 밖에 나갔을 때 도움을 청할 수 있었을 터인데, 골프채를 들고 있었기 때문에 상대적으로 두려웠고, 또 개들이 워낙 극성스럽게 짖어서 그럴 엄두도 못 내고 돌아섰나보다. 자라보고 놀란 가슴 솥뚜껑보고 놀란다더니 결국 서로가 상대를 몰랐기 때문에 일어난 일이다.

아내는 저녁상을 차리면서 이웃집 할머니의 무용담을 명랑하게 재잘댄다. 아내 역시 이런 대화를 통해서 지난 새벽의 두려움을 씻어내고 있는지도 모르겠다. 나는 아내의 이야기를 들으며 다시 생각에 잠긴다. 만약에 그 사람이 나에 게, 우리 집에 도움을 청했다면 어떻게 했을까. 생판 모르는 사람을 따뜻한 집안으로 데려다가 아침이 올 때까지 기다리게 도와주었을까.

나는 단번에 아니었을 거라는 생각이 든다. 먼저 파출소에 신고를 했을 것이고, 파출소 순찰차가 와서 데려감으로 해서 상황을 끝내었을 것이다. 그리고 그것으로 우리의 할 일을 다 했다고 만족했을 것이다. 하지만 옛날엔 그렇지 않았다. 과객들이 오면, 따뜻한 사랑방에서 재우고, 없는 찬이지만 밥상을 대접해서 보냈다.

그러나 지금은 모두가 마음의 문을 굳게 닫고 산다. 빈집도 빈집이고, 사람이 사는 집도 빈집이다. 시골에서든, 도시에서든. 결국 마음의 문을 닫아버리면 모두가 빈집인 셈이다. 그 사람은 분명 길을 잃었었다. 병들고 불편한 사람들이 길을 가다가 길을 잃어버리면 정말 곤란을 당하거나 죽음을 당하기도 한다. 그럴 때 도와주지도 않고 외면만 한다면 어떻게 될 것인가.

또 다른 형태의 폭력이다. 우리는 지금 자신도 모르게 수없이 많은 폭력을 휘두르고 있는지도 모르겠다. 지금 아내의 두려움이 완전히 씻긴 명랑한 말소리를 뒤로하고, TV 뉴스에서는 중국공안에 잡혀 재송환의 날을 기다리고 있는 탈 북한 동포들의 뉴스가 나온다. 그것이 길을 잃은 사람들의 처절한 비명처럼 들려서 순간 부끄러움에 양심의 가책을 받는다.

이상근

경남대 정치학박사
현) 통일부 통일 교육위원 경남협의회장
현) (사)한국정책 개발원 이사

고중사나이의 길

이 상 철

중학생이 된다는 설레임에
무명천으로 만든 교복을 몇번씩 입어보고
벗진 모자를 쓰고 동네로 몇바뀌 돌고 자랑삼아
이집에도 가고 저집에도 들리고,

어머님은 별을 보고,
흐린날은 새벽 닭우는소리에 아침을 지으셨다.
그때는 시계가없고 환경에의한 생활.
저역시, 동네 여중생이 학교에가면
아침먹고 종종 걸음으로 10 km의 등교길.

요즈음같이 더운 여름에는 목욕을
대가면 신화동 냇가에 1번
대가면 저수지뚝에서 1번
덕선리 양화리 냇물에서 1번
첫시간부터 눈꺼불이 무거워 꾸뻑꾸뻑.......

수업을 마치고 집에올때는 주위의 농작물이
배고픈 우리를 유혹하여 피해를 주곤했다,
특히 허태일친구는 유별났다.
무우나 고구마가있어면 태일이가 발로 차면 내가 주워오곤했다,
다음날, 아침조회시간에 불려나가 두손들고 벌받았다.

이상기와 김진렬친구는 자전거를 타고다녔다.
가방을 자전거에 걸어주면 나는 계속 뛰었다.
그 실력으로 반 대표 마라톤에 참가하기도했다.
즐겁고 행복한 중학 시절,
고중 사나이는 그렇게 태동하였다.

친구들아, 이제 우리가 어디서 무었을하든
그때 그 소중한 추억을 잊지말고
동창모임과 동문모임에 꼭 참석하여
환한 미소로 손한번 더 잡아보다.
고중 20회, 우리의 우정은 영원하리라.

이공회에게 바란다

재경 이공회가 태어난 지도 35년이 넘었다. 1회부터 5회까지 現)이상기 회장이 서울에서 연락되는 친구들과 뜻있는 동창회모임을 시작하였습니다.

그 후, 해를 거듭하고 발전하여 해마다 송년 정기총회 모임을 하고, 두 달에 한번 얼굴보기위해 동창회를 열어가고 있습니다.

허태일 친구가 재경 동문회장 재임동안에는 이공회가 뭉쳐 허 회장을 도와 재경 동문회를, 정기총회 행사를 멋지게 치렀습니다. 특히 부산, 마산, 고성 등 각 지방에서 상경하여 이공회의 위상을 높였습니다. 좋은 일이나 궂은 일에는 모두 내일같이 힘을 모읍니다.

이공회가 더욱 발전하여 동창모임의 으뜸이 되었으면 합니다. 그리고 년말 정기총회에 더 많은 관심을 갖고 많이 참석하였으면 좋겠습니다.

이공회, 한마음으로 뭉치자. 이공회 화이팅!

여름의 문턱 6월

허 태 일

아침 7시 30분에 사당역을 출발하여 포천 정호열 향우님의 사업장에 들려 공장장님의 회사 생산 능력과 각종 기계에 대해 설명을 들었다.

합성 비닐 생산업체로 수출과 국내 하우스용을 비롯하여 다양한 규격의 비닐을 생산하여 한국 비닐업계에서 최고의 생산력과 최신식 설비를 갖추고 24시간 풀가동 중이다.

정호열 사장님은 끝없는 노력과 뚝심으로 오늘날의 호명기업이 탄생되었습니다. 성공과 더불어 고성. 대가면의 선 · 후배님을 모시고 열의와 고성인의 정신으로 일으켜놓은 기업을 고향 분들께 보여드리고. 푸짐한 대접과 선물을 한 아름 안겨주었습니다.

임원 여러분, 수고 많았습니다.

재경 고성향우회 이근호 회장님의 깜짝 방문으로 더욱 화기애한 분위기였습니다. 특히 온천 사우나는 지금도 잊을 수가 없네요. 선 · 후배님과 함께 목욕을 하면서 행복하고 뜻있는 하루를 보냈습니다.

향우님들 건강하시고, 뜻하신 모든 일에 행운이 함께 하길 기원합니다.

대가면 화이팅!

故 이근호 회장님께

아, 이근호 회장님 보고 싶습니다.

지금 어디에 계십니까?

지금 당장이라도 모습을 보여주실 것 같은 존경하는 선배님, 왜 그렇게도 빨리 가셨나요, 모두 이토록 보고 싶어 합니다.

선배님의 온화함과 후배를 위한 따뜻한 온정에 제가, 오늘도 선배님을 그리워하며 일상의 일손이 잡히지 않을 정도입니다. 선배님의 빈자리가 너무나도 큽니다. 보고 싶고, 또 보고 싶습니다.

특히나, 선배님이 저에게 각별한 사랑을 베풀어주셨기에, 향우회 모임에 가면 더욱 회장님이 보고 싶습니다. 늘 저에게 깊은 감동과 모자람을 꾸짖어 주시고, 미래를 의논해주시고 알려주신 선배님의 모습이 훤합니다.

선배님의 살아오신 길이, 바로 제가 가고자하는 인생 이정표입니다. 이제는 보고 싶어도 불러보아도 대답이 없으십니다.

회장님, 아픔이 없는 편안한 하늘나라에서 저희들을 지켜봐주세요.

제가 시간이 허락하는 데로, 선배님이 고이 잠드신 묘소를 찾아뵙겠습니다.

더욱 열심히 하여 선배님을 실망시키지 않는 후배가 되겠습니다.

이근호 회장님, 명복을 빕니다.

허태일

재경고성중동문회장 역임
현) 고성향우회 부회장
(주)태흥컨테이너 대표이사

누가 이 사람을 모르 시나요!

김 종 원

2009년 11월 14일. 그날은 영원히 잊지 못할 그리움에 이분을 알고 있는 고성인들의 고성역사에 작은 전환점이 되는 날이었다.

고인을 존경하고 사랑하며 따랐던 선후배들이 가슴으로 울부짖었다. 자동차 경적은 멈췄고, 시가지 가로수도 숨 죽였다. 항상 검은 선글라스에 허리춤에서 한시도 떠나지 않았던 호로라기, 차랑차랑하고 강단 있는 울림이 사라진지 오랜 세월이 흘렀지만 요즘도 주점 가에서는 건배제의 등 많은 향수에 젖어 이야기꽃을 피우고 있습니다.

사나이 의리를 생명보다 중시했던 한 위인의 떠남은 지역사회에 많은 것을 남겼다. 아직도 회자되는 그의 언변은 결코 우리의 뇌리를 떠나지 않을 것이다. “인간은 정과 의리야! 권력과 직책은 순간이요. 인간관계가 영원한 거야!” 고인이 되신지 4년여의 세월이 흘렀지만 남긴 이 명언은 지금 이 순간에도 쟁쟁하게 들린다. 이렇게 용기와 배짱은 그의 모든 것이었고 후배사랑과 고향에 대한 순수한 애정도 남달랐다.

다만, 고인은 당신 뜻을 끝내 이루지 못한 채 투병 끝에 홀연히 떠나고 말았다.

고인이 후배들에게 참다운 인생살이와 기개를 가르쳐 준 일화 한 토막을 소개하고자 한다.

때는 2004년 11월 경 조문 차 지인들과 함께 상경했다. 오랜만에 만난 선후배들과 상가에서 술을 조금 먹고 취해 향우들이 마련해둔 인근모텔에 홀로 투숙하게 됐다. 잠깐 휴식을 취한 뒤 숙소에서 나와 서울 야경에 빠졌다. 그러던 중 간이주점에서 들려오는 해병대 군가가 역시 해병대 출신인 그를 포장마차 안으로 끌어들였다. 안에 있던 사람들과 통성명으로 해병기수를 외쳤으며, 고참들은 후배들에 대한 예우로 포장마차는 순식간에 해병대원들의 회식자리로 변한 듯 했다.

거하게 취한 고인이 “이젠 밤도 깊었다. 집에 가야겠다.”고 말하자 비 주류파였던 개인택시 기사가 벌떡 일어섰다. 그 기사는 처가가 진주라 “제가 선배님을 댁까지 편안하게 모셔다 드리겠습니다. 가는 동안 차비대신 선배님의 인생철학을 듣고 배우려고 합니다.” 하며 고인의 등을 떠밀어 택시에 태웠다. 그리고 새벽녘에 고성 자택에 도착하였다.

고인이 모텔에 없다는 사실을 뒤 늦게 알아차린 지인들이 주변을 백방으로 그를 찾아 나섰으나 허사였다. 다소 돈키호테 같은 고인의 성격을 잘 알고 있던 일행 중 한 사람이 고성자택으로 전화를 걸어 고인의 무사 귀가를 확인하면서 입으로 알려지게 된 이야기 이다.

1980년대 후반쯤으로 기억된다. 고인과 술자리에서 만난 지역원으로 한 분은 그에게 고성의 보물이란 애칭을 붙여 주었다. 좌중을 휘어잡는 카리스마에서부터 길 가던 행인들의 발걸음을 멈추게 했던 젓가락과 빨래판 장단, 취객도 멀쩡하게 만들었던 호루라기 소리 등……

고인의 주변 후배 몇몇은 지금도 그가 잘 쓰고 다니던 검은 선글라스를 사용하고 있으며 ‘조사모’(조연규를 사랑하는 사람들의 모임)를 만들어 그를 추모하고 있다.

고인의 이번 제우 때는 꼭 한번 찾아뵙겠습니다. 고인의 명복을 빕니다.

(고성중학교 제7회 졸업생 고인 조 연 규)

김종원

고성경찰서 상리파출소장

잡생각

김 춘 모

삶은 의외로 심플하다.'

철학 전공의 강신주 교수가 한 말이다. 삶이란 생각보다 간단한 문제들이 얽혀있는 것이라는 뜻인데, 나는 삶을 심플하게 살고 있는가에 대해 생각하게 되었다. 강신주 교수는 잡생각들이 모여 내 삶을 혼동에 빠지게 한다고 한다. 그렇다면 내가 지금 혼란스럽고, 나에게 직면한 문제들은 전부 나의 '잡생각'에서 나온 것들이란 말인가? 내 삶의 문제가 그리 단순히 '잡생각'들이 모여서 생긴 것들이라면 지난 삶을 살아오며 내가 고민해왔던 것들은 헛수고일 뿐이고, 지난 세월 수많은 사람들의 고민은 '잡생각' 뿐이었을까?

시간이 지난 과거를 돌아보면, 그 당시 내가 처했던 상황의 고민들은 사소한 문제쯤으로 넘어가게 되는 날이 온다. 가령 중학생이던 14살의 내가 방과 후 배부른 풀빵을 사먹을까, 달콤한 유과사탕을 사먹을까, 재밌는 뽑기를 할까를 고민했던 것들처럼 말이다. 그 당시에는 세상에서 제일 중요했던 일 중에 하나이자 내 세상이었던 고민이 지금에 와서는 별 시답잖은 것으로 고민을 했다고 느끼게 된 것은 내가 살아오는 세상이 점차 넓어진 탓도 있고, 내가 성장한 탓도 있다.

만약 강신주 교수가 얘기했던 것처럼 '잡생각'들이 나를 혼란스럽게 한다면 나는 그것 나름대로 내가 성장할 수 있는 계기이자, 내 삶을 너무 지루하지 않게 만들 수 있는 일이라고 생각한다. 살아가면서 겪어오는 수많은 고민과 생각과 나의 걱정들은 세월이 지남에 따라 해결되기도 하고 점차 잊혀 지기도 한다. 7살의 나와 지금의 내가 같은 걱정을 하고 있지 않듯이 말이다.

내가 살고 있는 세상이 엄마와 아빠가 전부였던 시절이 지나 현실을 알아갈 때쯤이면 진로에 대해 고민할 수도 있겠고 취업에 대한 고민, 결혼에 대한 고민 등 삶에서 중요 이벤트들에 대한 생각들을 하며 살아간다. 그러나 그 큰 이벤트들 사이에 사소한 잡생각들을 하게 된다. 어찌 생각해보면 판타지에 불과하고 일어나지 않을 확률이 큰일들임에도 나는 걱정하게 된다. 결혼을 앞둔 예비신부는 내가 이 사람과 잘 살 수 있을까, 아이를 낳을 때 너무 아프지는 않을까, 이 사람이 평생 나만 사랑해주고 한 눈 팔지 않을까 등의 생각들로 결혼식 당일까지 골머리를 썩이고는 하듯이 사소한 오해들과 생각들이 얽혀 삶을 형성하고 있는 것이다. 이렇듯 삶에 '잡생각'이 끼어있지 않다면 사는 재미가 없을 것 같다.

짝사랑하는 사람에게 연락을 하여 답장을 기다리던 때를 생각해보자. 답장이 조금이라도 늦어질 경우 그 사람이 무엇을 할까, 많이 바쁜가? 이제는 내가 싫어진 것일까? 이런 생각들을 하며 마음 졸이곤 했었다. 그러나 곧 답장이 오면 온 세상을 가진듯한 기쁨을 느낄 수 있는 것이 사람이다. 내 삶을 심플하게 만드는 것도 좋지만 적당한 생각들이 엉켜 내 삶도 조금은 활력을 되찾을 수 있지 않을까? 세월도 흘러서 지금의 나이에도 또 잡생각에 젖어들게 된다.

斷想

1. 마음의 향기

사람들은 누구나 저마다 각기 다른 마음의 향기가 있다고 합니다.

그 때 그 때의 마음 씀씀이에 따라서 향기로운 냄새가 나기도 하고 역겨운 냄새가 나기도 한다고 합니다. 화를 내거나 욕심을 부리거나 또는 교만하거나 나만 좋으면 그만 아닌가 하는 마음은 남들이 제일 싫어하는 냄새입니다.

남들이 싫어하는 냄새를 풍기면 결국 자신이 살아가는 세계를 스스로 좁히는 결과가 되어 좋은 향기를 담지 못하게 됩니다.

사람은 누구나 좋은 향기를 풍기면서 살아가야 합니다. 그러기 위해서는 내 자신 보다도 남을 먼저 배려하는 마음을 가지게 되면 향내음이 그윽해집니다. 그런 마음의 향이 가득할 때 주의도 맑아지고 자기 자신도 행복해집니다.

이를 망각하고 자신만의 즐거움을 추구하려는 이기적인 마음을 가지면 자기 뜻과는 달리 괴롭고 어지러운 세상이 되고 말 것입니다.

따라서 우리 모두가 즐거운 삶의 세계를 추구해 나가기 위해서는 우리 모두가 자기 중심적인 마음을 버리고 남을 배려하는 마음으로 바꾸어 나감으로써 지정한 행복이 실현되어지리라 생각합니다.

2. 우산

비가 오면 누구나 우산을 찾게 된다.

비가 오면 비를 맞으면서 개울에서 멱 감고 뛰놀던 어린 시절이 생각나기도 한다. 하지만 지금은 대기오염이 심해져 산성비가 내려 요즘 아이들은 건강을 해친다고 비를 맞으며 놀지 않는다. 그래서 비가 오면 우리 모두 우산을 찾는다.

우산은 우리를 위해 자신의 한 몸을 적시고 말리고를 반복하는 삶을 산다. 바람이 심할 때면 자기목숨이 위험함에도 바람을 막아 주인을 보호해준다. 비와 바람을 모두 안아주는 고마운 우산이다.

그런 우산을 우리는 귀찮아하기도 한다. 비바람이 심하게 부는 날에 우산이 뒤집어 지고 부러지면 날씨에 대한 짜증을 주인을 위해 한 몸 바쳐 희생하는 애꿎은 우산에게 돌린다. 그러다가 필요 없어지게 되면 쓰레기통에 버리거나 아무렇게나 내팽개쳐 놓는다. 그러나 비가 오면 우리들은 또 우산을 찾는다.

그래서 우리는 양면성을 가진 우산에 대한 이기적인 생각을 갖고 있다고 볼 수 있다. 필요할 때만 찾고 망가지면 냉정하게 버린다. 현재를 살아가고 있는 우리는 수없이 많이 스치고 지나간 인연들을 소중히 여기고 고마워하며 살고 있을까? 현실에 처해진 무거운 삶의 무게를 짊어지고 있는 우리들은 만남과 헤어짐을 마치 우산 대하듯 가볍게 생각하고 또 만나며 헤어짐을 반복하며 살아가고 있지는 않은지에 대해 한 번 생각해 봐야할 일이다.

자신의 이익만 앞세우며 필요에 따라 찾다가 소용없고 귀찮아지면 멀리하는 그런 사람들은 진실 되지 않으며 결국 소외되고 말 것이다. 우리들의 인연을 소중하고 귀하게 여기며 이젠 우리 모두 마음을 터놓고 진실 된 사랑을 해보자!

김춘모

현) 주식회사 라텍스가구 대표

2013년 어버이날에 아버지께 드리는 편지

이 성 원

한때 그런 생각을 했어요.

'지구가 멸망해도 아버지만은 울지 않을 것이다.'

그건, 모든 아이가 바라던 영웅적 아버지의 모습이기도 했습니다. 아버지는 제게 딱 그런 존재였어요. 하지만 아쉽게도 영웅들은 평범한 인간에게 다가가기 힘든 존재이긴 하지요.

하지만 지금 와서야 아버지의 든든한 어깨가 조금씩 금이 가고 있다는 걸 보게 됩니다. 사실, 그런 게 진짜 현실인데도 불구하고 모든 아버지들은 인정하고 싶지 않거나, 아들들은 때론 비웃거나 실망을 하게 되요. 그렇지만 저는 지금 금이 갔을지라도 조금 약점이 보이는 아버지의 모습이 더 좋아요. 아버지는 어릴 적 제게 늘 완벽하게 보이기만 해서 다가가기 더 힘들었거든요.

가장 고마운 건, 저를 믿어주신다는 겁니다.

아버지만큼 믿음직스러운 후원자가 세상에 과연 있을까요. 어떤 유명한 작가는 죽기 전에 이런 말을 했어요. 생각해보니 내가 글을 썼던 건 모두 아버지에게 '잘 했다는' 칭찬을 받기 위해서였다. 칭찬은 아닐지라도 저의 비전을 이해하고 인정하고 계신다는 걸 늘 느끼고 있습니다.

가장 고마운 건 32살에 누가 보면 백수처럼 보이며 집에서 글을 쓰고 있는 저에게, 단 한번도 돈을 벌어 오라는 이야기를 하지 않으신다는 거에요. 서두르지도 않으시고요. 그건 암묵적인 저에 대한 신뢰가 있기에 가능하다고 생각됩니다.(그리고 이제 곧 그 신뢰를 보여드릴 시기가 오고 있습니다!)

어렵고 가난하게 생활한 것도 아니었으며, 아직 아무것도 이루지 못한 제게 신뢰까지 보내주시니 정말 늘 감사합니다.

어릴 적엔 많이 원망을 했어요. 아버지는 항상 다른 아버지들보다 엄하셨고 원칙주의자셨거든요. 사실 제가 모범생이 아니기도 했지만요. 그래서 아물지 않은 상처들이 조금은 있긴 하지만 아버지의 방식이 모두 틀리다고는 생각 안 합니다. 이제 저도 가장이 될 나이가 되니, 그 위치가 얼마나 힘든가 잘 알고 있기도 하고요!

아버지는 저희에게 많은 것을 주셨습니다. 풍족한 생활, 마음껏 하게 된 공부들, 맛있는 음식, 정신적 지주, 좋은 말, 신앙 등등! 그 속에 아버지는 싫은 말, 좋은 말 많이 해 주시기도 했고요. 그 와중에 가장 생각나는 아버지의 문장이 하나 있습니다.

'한 번 사는 인생인데 뭘 그리 아끼나!'

기억이 안 나실 거 에요. 2005년인가 제가 전역하고 시골로 내려가는 휴게소에서, 너무 이것저것 자주 사먹는 아버지에게 엄마가 아끼라는 농담을 던졌을 때, 아버지가 장난치듯 한 말이거든요. 하지만 제겐 아버지가 한 많은 말 중에서 유독 기억나고요, 가장 인상이 깊습니다. 또 그 말 이후로 제 삶이 조금 변하기도 했고요.

한번 사는 인생인데 정말 내가 겁을 내고 있는 건 아닐까? 이거 진짜 아까운 인생 아냐! 그 후로 전 이런저런 도전을 하다가, 결국 글을 쓰고 연출을 하는 이 자리까지 오게 된 거에요!

돌이켜보면 지나가는 그 말이 아버지의 삶에도 많은 영향을 끼치고 있는 듯싶어요. 아버지가 31년의 공직생활을 마감하고 회사를 세우고 지금까지 온 건, 다 아버지의 '아끼지 않는 인생'에 대한 삶의 모토가 알게 모르게 있었기 때문이니까요!

그래서 하는 말인데, 사업, 잘 안 되도 괜찮습니다. 혹 힘들어져 집을 옮기거나 가족들의 삶이 좀 힘들어져도 다 괜찮습니다. 지금까지 오신 거 정말 존경하고요, 여기까지만 하셔도 절대 원망하지 않습니다.

저희 걱정은 전혀 하지 마시고, 아버지 주관대로 잘 결정하시고 다 하세요.

정말 그렇잖아요.
인생은 단 한번 뿐이잖아요!
아버지!
사랑합니다!

2013. 5. 8 큰아들 성원이가...

이성원

재경15대 동문회장 이경복의 장남
서울예대 문예창작과 졸업
현) 청소년 문학작가

나의 영원한 노스탤지아 고성!

백 종 무

'내가 살던 고향은 꽃피는 산골~ 복숭아꽃 살구꽃 아기진달래~'.

고성은 아름답고 향기로운 나의 영원한 노스탤지아(Nostalgia)이다. 내가 태어나고 청소년기까지 자란 곳은 경상남도 고성군 상리면 부포리 234번지이다. 고성중학교에서 사천 방향으로 고성읍과 경계 마을이 상리면 부포리이다.

사계가 뚜렷하여 제철에 나는 각종 농산물과 산 과일 등이 풍성하다. 고향마을은 산세가 수려하고 물이 맑아 살기 좋은 곳이다. 서울에 살고 있는 지금도 늘 그립고 오매불망(寤寐不忘) 가고 싶은 곳이다. 고향 사람은 인정이 많고 우애와 사랑이 있어 만나면 정겹고 등을 치면서 온정을 나눈다.

봄이 되면 어머니를 따라 산나물과 고사리를 채취하러 뒷산으로 갔던 동심이 아련하게 떠오른다.

잘 큰 소나무를 잘라 송구를 해먹으면서 봄의 향기를 느꼈다. 농촌의 겨울은 길고 추웠다. 양지바른 곳에서 볕 쪼임을 하고 얼음이 얼은 논에서는 썰매를 타면서 동심을 키웠다. 설날이 다가오면 높은 언덕배기에서 연을 날리며 소원을 먼 곳으로 날려 보내기도 하였다.

농번기에는 눈 코 뜰 새 없이 바빠 어린 몸이었지만 부모님을 도우는 효자였다. 벼, 보리를 베고 타작을 하는 일과 고구마, 콩, 감자, 수수 등 밭작물도 많이 재배하였다. 가을은 풍성한 수확의 계절이다. 산에 가면 돌 복숭아가 익어가고 머루가 먹음직스럽게 익어 우리의 간식거리로 족하였다. 농촌의 가을은 단연 벼 베기 추수와 여러 가지 농작물 수확으로 풍성하였다. 농촌의 주요 소득원인 쌀은 돈을 사는 방편이었다. 그 돈으로 자식을 도시로 유학 보내고 가정 경제를 꾸려 나갔다.

현대는 기계화로 농사의 일이 많이 쉬워지고 농가의 소득도 높아 살기 좋은 시절이 되었다. 상전벽해(桑田碧海) 같은 시절을 보니 금석지감(今昔之感)이다. 이에 우리의 육신도 나이를 더하여 가니 고향에 대한 그리움이 짙어간다.

여름이면 등 뒤로 내리쬐는 뙤약볕 아래서 논에 엎드려 양손으로 김매기를 하였다. 힘든 고비를 참고 견디지 못해 자주 일어서면 선친께서는 힘들고 어려운 고비를 넘기지 못한다며 인내력이 부족하다는 말씀을 했던 기억이 난다. 이른 아침 등교 전과 하교 후에 뒷산에 소를 먹이러 가서 각종놀이를 하면서 지천으로 널려 있던 빨갛게 잘 익은 산딸기와 줄 딸기를 따먹으면서 자연에 감사하였다. 때로는 소를 잃어버려서 밤늦게 까지 온 산을 찾아다닌 적도 있었다.

나의 어린 시절에는 그 많은 벼와 보리를 낫으로 직접 수확을 하였다. 머슴과 함께 온 가족이 매달려도 일손이 부족하여 일꾼을 사서 함께 하였다. 벼와 보리를 논과 밭에서 건조시켜 하나씩 짚으로 묶어 지게에 지고 집으로 와서 발로 밟는 수동 홀케로 탈곡하였는데 나중에 자동탈곡기로 탈곡 했던 그 시절 추억이 머릿속을 주마등 같이 스쳐 지나간다. 수확한 곡식은 짚으로 짠 십여 개의 덕석을 마당에 펴서 건조시킨 후 마당과 곳간의 뒤주에 저장하였다. 필요시마다 도정하여 식량과 시장에 팔아 계획 있고 규모 있게 가정경제를 꾸리는 삶이었다.

겨울은 농한기라 별다른 일없이 머슴은 사랑방에서 짚으로 새끼를 꼬며 다음해의 농사준비를 했다. 친구들과 뒷산으로 땔감 나무를 하러 다녔다. 그때는 힘들고 하기 싫은 일들이었다. 자연환경에서 살았던 그 시절의 고생했던 모든 일이 지금의 나의 인생철학이 되었고 인문환경을 헤쳐 나가는 원동력이 되었다.

나의 선친은 제2공화국시절에 지방의회 상리면 의장이셨다. 한학자였고 지혜로운 분이셨다. 선친께서는 한약을 드실 때 약단지를 걸고 반드시 소나무 장작으로만 땔감을 사용하였다. 지극 정성으로 달인 한약을 흰 사발에 담아 드실 때면 항상 다음과 같은 말씀을 들려주던 기억이 지금도 생생하다.

良藥苦口而 利於病하고
忠言逆耳而 利於行이니라.

공자 가어에 나오는 말씀을 인용을 하시면서 단숨에 그 쓰디쓴 한약을 들이키시던 생전 모습이 지금도 눈앞에 선하건만........

樹欲靜而 風不止하고
子欲養而 親不待이니라.

風樹之嘆(풍수지탄)의 마음을 억누를 길 없으니 이로서 가슴이 아프고 슬픈 마음이 복받쳐 오른다.

고향을 떠나온 지 32년이 지났건만 그동안 앞만 보고 열심히 국가와 지역사회를 위해 내가 맡은 일에 성실하게 최선을 다해 노력해 왔다. 농촌의 실정을 깨닫고 웅지의 뜻을 펴려고 경찰에 입문하여 영욕의 세월을 보냈다. 고향의 변함없는 응원의 힘과 격려로 서울경찰청 강동 천호지역 관서장으로 봉사하고 있다. 경찰초기에 근무한 청와대에서 나의 경찰생활 반을 충성으로 근무한 것은 감사할 일이다. 언제나 고향을 나의 영원한 노스탤지아(향수, 그리움)로 힘을 얻고 있다. 내가 태어나고 자란 고향 고성이 바로 나의 영원한 노스탤지아(Nostalgia)이다.

20리가 넘는 거리를 한결 같은 마음으로 걸어 다녔던 고성중학교이다. 학창시절 고 김학렬 부총리배 군내 중학교 축구대회를 응원할 때 부른 응원가가 지금도 생각난다. '빨간 유니폼은 고중의 사나이~ (중략)~ 비호처럼 달린다 ~ 우리 선수 잘해라 힘껏 싸워라 고중선수 뛰는 앞을 누가 막으랴~ (대중가요 빨간마후라의 곡)

언제나 불러도 정겨운 내가 살던 고향산천의 이름을 다시 한 번 불러본다. 소 먹이고 진 돌이 놀이를 하던 분도골, 피밭골, 성지골, 벌밭골, 지네골은 지금도 그대로이다. 논과 밭이 있고 시원한 샘물이 끊임없이 흐르던 해심도랑, 대가면 외갓집을 갈 때 넘어가던 마쟁이 고개와 감티 고개, 논이 있던 통령, 집 앞들, 보드배미, 그리고 덤배이, 팔성지, 5일마다 정기시장이 서던 장승거리 등 등.....

오늘도 고향산천은 의구한데 함께 뛰어놀았던 동무들은 간 곳 없다. 공차고 놀이하고 초가집 처마 밑에 잠을 자던 참새를 손으로 잡던 그 시절이 그립다. 온종일 구슬치기, 딱지치기, 제기차기 등을 하며 즐겁게 놀던 나의 어린 시절 고향마을이 동영상으로 남아있다. 그 속에서 놀던 때가 그립습니다.

백종무

서울 강남경찰서 파출소장, 방범순찰대장
청와대101경비단 안내과장, 인사교육과장
대통령실 경호처 경찰관리관실 행정과장
경기청 남양주경찰서 생활안전과장
현) 서울강동경찰서 천호지역관서장 (現계급 : 경정)

그대를 향한 그리움

김 향 순

갑자기 그대가 그리워 가슴이 복 바쳐옵니다
아마도 오늘은 하루해가 너무 길게 느껴질 것 같습니다

이제 그저 밋밋한 정으로 살아가나 했는데
이 가을 그대를 향한 애틋한 사랑이 고개를 내미는군요

언제나 내 말 한 마디에도 귀 기울이어
채워 주기를 마다하지 않는 그대에게
오늘은 당신만을 위한 소중한 날이 되게 하고 싶습니다

너무도 부족한 나를 언제나 진주처럼 귀하게
여겨주는 그대에게
오늘은 내 사랑을 남기지 않고 드리고 싶습니다

변함없이 나를 받쳐주는 밑가지가 되어
잠잠히 내 곁을 지켜주는 그대에게
오늘은 행복에 겨워하는 순수한 그대모습으로 돌려드리고 싶습니다

당신과 함께 손잡고 가는 이 길이
세상에서 가장 예쁘고 아름다운 꽃길이 되기를,

당신과 함께 호흡하며 마주보는 이 공간이
세상에서 가장 멋지고 평화로운 이 땅위의 천국이 되기를 소망합니다

오늘은 하루해가 너무 길게 느껴질 것 같습니다
내 그리운 그대여……

2011년 시월 어느 날

일상속의 즐거움

함께 새벽운동 가자 깨우는 목소리
게으름을 피우며 다시 잠이 들고

어느새 운동하고 돌아 온 부지런한 남편
허겁허겁 숨소리 몰아쉬며 무슨 큰일이라도
일어난 양 억양 높여 하는 말

"한강 고수부지 자연식물원에 봉숭아꽃 많이 피어있던데
당신손톱 봉숭아물 들이게 내일 따러 가자"고
귀찮아 대충 "응" 하고 대답했는데……

피할 수 없는 약속의 날
그래 사는 동안 후회할 일은 만들지 말아야지
꾸물꾸물 눈 비비며 마지못해 한강 고수부지를 향한다

벌써 조깅을 하는 사람, 자전거를 타는 사람,
스트레칭을 하는 사람, 배드민턴을 치는 사람,
인라인을 타는 사람 등 운동 삼매경에 빠져서
활기 찬 하루를 열어가는 사람들 틈에
나도 모르는 사이 합류하여 생명의 환희를 맛본다

자연 식물원에 들어가니 빨간 봉숭아꽃이 예쁜 모습으로
기다리고 있었다는 듯이 반기고 있다

꽃을 따서 좀 미안한 마음이 들었지만 남편과 나는 재빠르게
봉숭아를 두 손 가득히 따서 혹 누가 볼까 꼭 쥐고 와서는
백반과 봉숭아를 곱게 빻아 냉장고에 넣어 두었다

그날 밤 남편은 내 손톱 하나하나 정성스레 봉숭아를
올려놓고 새어 나가기나 할까 꼭 꼭 묶어주었다

그 옛날 어린 시절 해마다 우리엄마가 봉숭아물 들여 주면서
얼마나 꼭꼭 손톱을 동여 메어 주었던지 피가 통하지 않아
자다 말고 엉엉 울었던 기억이 그리움으로 다가온다

그때의 순수하고 아름다운 추억을 재연해 준 남편에게
많은 고마움을 느낀다.

2012년 시월 어느 날...

김향순

백종무의 아내

영원한 사랑은 주는 것

이 강 률

동문문집 "고중사나이"의 발간을 진심으로 축하합니다.

동문문집 발간을 앞둔 시점에 마침 저에 분신인 사랑하는 딸의 결혼식을 갖게 되었으며, 또 결혼식에서 읽어 딸에게 보낸 편지를 동문문집 에 올리게 되는 행운도 함께 얻게 되어 영광이 아닐 수 없습니다.

어쩌면 과거의 한 세대에서 또 다른 미래의 세대로 넘어가는 디딤돌이 되는 딸의 결혼을 맞이하면서 소중한 지면에 사랑의 마음만 담아 보았습니다.

저는 청년시절인 1980년 2월 29일 공군 전역 후 3월 11일 대림산업에 입사하였고, 사회인으로서 생활한지 불과 2개월만인 그해 5월 14일 사우디아라비아로 출국하여 담맘의 UPM 현장에서 1년간 근무 후 1달 휴가기간 동안에 아내와 약혼을 한 뒤 10일 만에 2번째 출국을 하였으며, 또 다시 9개월간의 근무 후 1달간 휴가 기간 중 1981년 3월 13일에 결혼식을 올리고 제주도 신혼여행을 다녀온 후 30일도 안되어 신혼의 달콤함을 채 알기도 전에 3번째 출국을 하였습니다.

그리고 9개월 근무 후, 1983년 1월 본사 근무 발령을 받아 귀국하기 전에 아내는 첫아기 민숙을 순산하기까지 유난히 심한 입덧에도 불구하고 혼자서 잘 견디어 주었으며, 해외 근무로 인해 첫 출산의 고통을 같이하지 못하여 아내에게 미안하였던 마음과 고마운 마음도 함께 전합니다.

한국 서울 결혼식(2013. 7. 13)

사랑하는 딸 민숙에게

1983년 1월 사우디 현장 3년 근무를 마치고 귀국하여 집에 와서 태어 난지 두 달도 안 된 너를 처음 보았을 때 시골집 가운데 방에서 바퀴달린 간이용 흔들의자에 누워 커다란 눈망울을 똘망똘망 뜨고 옹어리를 하던 어린아이가 지금도 눈에 서언하구나.

그리고 어렸을 때 다른 아이들과는 달리 저녁에 한번 잠들면 아침이 되어서야 일어났기 때문에 가끔은 너를 재워 둔 채로 문을 잠그고 엄마와 함께 외출을 다녀오기도 했는데 언젠가 아버님이 아시고 혼이 났던 시절도 있었지만 세상모르고 잘도 자는 네가 고맙기도 하였다.

조금 컷을 때는 갓 태어난 어린 동생의 커다란 눈을 보고 신기해하며 손가락으로 동생의 눈을 만지다가 야단을 맞았던 기억도 나고, 그러면서 유년기, 소년기를 보내고, 반갑지도 않은 사춘기도 어김없이 맞이하면서 관심을 사기도 하였던 기억이 새삼 떠오르는 구나.

그러던 어느 날 네가 유학을 갈 준비를 하겠다고 선언하여 설마 합격 하겠나 생각했는데 끝내 네가 모질고 힘들게 준비하여 누구나 가고 싶어 하던 미국 로드아일랜드주의 RISD 대학에 합격한 뒤 부모의 축하를 받기보다 경제적인 문제로 한동안 시름하며 마음 졸이고 있을 때, 동생이 나서서 자신의 대학 진학을 미루더라도 힘들게 합격한 언니 유학이 먼저라며 자매간의 우애를 보이는 모습을 보고 엄마 아빠는 더 이상 할 말을 잃고 유학을 보내기로 결정하였던 기억도 얼마 되지 않은 듯하구나.

그리하여 정신적으로 육체적으로 힘든 4년의 유학 기간을 당초 약속 했듯이 좋은 성적으로 마치고 보란 듯이 뉴욕에서 직장을 잡아 건축 디자이너로서 그렇게 하고 싶었던 자신의 일을 하는 것을 보면서 엄마 아빠는 힘들었어도 얼마나 고마운지 모른다.

이 모든 일들이 엊그제 같았는데 벌써 30여년이란 세월이 유수같이 흘러 이제 사랑하는 사람을 만나 결혼을 하게 되었구나.

그동안 너에 유학과 직장 생활로 인해 사랑하는 자식과 떨어져 지내 온 엄마와 아빠는 오직 네가 성공하여 돌아오기를 기원하는 마음으로 그리움과 안타까움을 달래며 지낸지가 벌써 8년인데, 생각지도 못하였던 미국인 사람을 만나 결혼을 하고, 미국에서 살기 위해 일주일 후에 또 다시 떠난다고 생각하니 어쩌면 자식 결혼의 기쁨보다는 앞으로의 그리움과 막연한 걱정으로 마음이 더 무거워 지는 것은 어찌 할 수가 없구나.

하지만 어찌 하겠나, 인생과 운명은 그 무엇으로도 잡을 수 없는 것이고, 또 네 자신의 믿음과 사랑으로 선택한 것이므로 더 이상 부모의 감성을 잠시 접어두고 이제 너와 우리의 더 나은 발전과 행복을 위해 노력하면서 이 모든 현실을 또 다른 희망과 목표를 위한 도전의 시작으로 받아 들여야 하지 않을까 싶다.

노파심에 부모로써 한 가지 당부하고 싶은 것이 있다면 예사롭지 않은 세상을 살다보면 여러 가지 일들로 인하여 대인 관계가 허물어지는 경우가 생길 수가 있는데 그럴수록 자신의 마음을 잘 다스리고 인내하고 이해하고 용서하는 넓은 마음을 항상 가지기 바란다.

마지막으로 네가 믿음과 사랑으로 평생을 함께 할 반려자인 신랑 데이비드와 훌륭하신 시부모님 그리고 주위의 이펜스틴 가족들과도 함께 건강하고 행복한 가정을 꾸리기 바라며, 어떠한 일이 있더라도 자신뿐만 아니라 가정과 조국에 한 점 부끄럼 없는 삶을 살아가기 바란다.

언제나 긍정적이고 진취적이며, 조금씩 발전하는 나에 꿈인 너를 보면서 엄마 아빠는 항상 자랑스럽고, 고맙게 생각하고 있음도 함께 잊지 말아야 한다.

큰딸 민숙 그리고 사위 데이비드에게도 무한한 사랑을 보낸다.

엄마, 아빠가

여러 동문님들과 하객 여러분들의 축하 속에서 무사히 한국 결혼식을 마치게 되어 다시 한 번 감사드립니다.

참고로 본 결혼식은 미국인과 혼인으로 한국 결혼식 1개월 전 6월 15일에 미국 결혼식이 있었으며, 오후 5시부터 결혼서약, 결혼식, 리셉션, 저녁식사, 리셉션 및 댄스파티를 마무리로 깊은 밤 11시까지 이어졌습니다.

그리고 저녁식사 시간에 신부의 아빠, 엄마, 신랑의 엄마, 아빠 순으로 Speach 할 때 제가 Speach 한 내용(통역전달)을 아래와 같이 소개합니다.

미국 뉴욕 결혼식(2013. 6. 15)

신부 아빠의 Speach

먼저 신부 이민숙과 신랑 데이비드 이펜스틴의 아름다운 결혼식을 축하하기 위해 참석해 주신 신사 숙녀 여러분들에게 감사하다는 말씀을 드립니다.

아울러 오늘 이 훌륭한 결혼식을 위하여 몇 달 전부터 세심하게 준비를 해 주시고 저희 가족을 환영해 주신 신랑 데이비드의 부모님께도 감사의 말씀을 드립니다.

잠시 예전으로 돌아가서 신부는 3년 전 저희 가족에게 신랑을 소개 하였고, 그 후 신랑은 한국을 방문하여 10일 동안 우리 가족을 만나면서 신부를 진정한 마음으로 신중하게 사귀고 있음을 정중하게 표현하였으며, 저희 가족도 신랑을 알고 지내면서 반듯한 청년으로 성장하였음을 느꼈습니다.

그리고 저희 가족은 결혼식 참석을 위하여 지난 6월 6일 이곳 미국의 뉴욕에 도착하여 그 동안 신부로부터 말로만 들어오던 신랑의 부모님인 테드와 메들린, 누나 레베카, 그리고 이모 이모부님인 케롤과 마이클을 반갑게 만났습니다.

저희는 이분들과 지난 10일 동안 여러 가지 만남과 시간을 보내면서 사람을 항상 소중하게 생각하고 친절하고 감성적이고 매우 좋은 분들이라는 것과 신랑의 좋은 성품이 훌륭한 부모님에게서 태어나고 성장한 덕분이라는 것을 다시 한 번 더 알게 되는 계기가 되었습니다.

이 모든 것에 대하여 저는 신랑의 부모님에게 감사를 드리며, 주변에서 항상 함께 하셨던 친척과 친구 그리고 지인 여러분들께도 감사를 드립니다.

저는 오늘 훌륭한 가정에서 성실하게 성장한 신랑 데이비드 이펜스틴과 함께 에펜스틴의 좋은 가족들도 함께 얻게 되었으며, 우리 가족 역시 신부와 함께 에펜스틴 가족의 일원이 되었습니다.

아울러 신부는 에펜스틴의 가족들과 모든 일을 함께 할 것이며, 신랑과 함께 행복한 가정을 만들어 갈 것이라 믿으며, 또한 가족이 된다는 것은 육체적 정신적 뿐만 아니라 사랑과 진실한 마음으로 다가가고 믿음으로 이해하고 책임감으로 함께 살아가야 한다는 것을 신혼부부에게 알려주고 싶습니다.

이제 서로 다른 가정과 환경에서 성장한 두 사람이 만나 결혼을 하였으며 서로 사랑하고 협력하여 모든 것을 극복하고 행복한 가정을 만들어야 함은 말할 나위도 없지만 주위 가족들을 아끼고 이웃들과 소통하고 사회에 기여하는 것에도 소홀함이 없는 훌륭한 부부가 되기를 기대합니다.

그리고 신랑 데이비드를 그토록 사랑으로 아껴 주시고 키워주셨던 할머님께서 노령(91세)으로 인하여 안타깝게도 이 자리에 함께 하시지 못하셨습니다.

직접 찾아뵙고 감사하다는 인사를 드려야 하는데 가까이 계시지 않아 그러지 못하여 정말 죄송하다는 말씀을 드리며, 저희 가족을 대신하여 신부가 빠른 시일 내에 할머님을 찾아뵙고 저희들의 마음을 전해 주기 바라며, 항상 건강 하시기를 기원합니다.

마지막으로 바쁜 일정 속에서도 아름다운 두 사람의 결혼을 축하해 주시기 위하여 멀리 한국에서 오신 분들과 가까이 계시는 친척 친구 지인 여러분들께 다시 한 번 감사의 인사를 드립니다.

감사합니다.

이강률

대림산업주식회사(29년 근무)
부민통신주식회사(전무 근무 중)
건설회사전기협의회(건전협) 부회장 역임
재경고성중학교동문회장(16대) 역임

외조모님의 홍시(紅柿)

이 영 수

이 나이가 되면 모두가 고향이 그리운 것은 마찬가지리라. 그리고 누구나 이 풍진 세상에 태어난 이상 외가(外家)가 있기 마련이며, 어린 시절 외가에 대한 추억은 도시의 각박한 생활에 찌들고 지친 우리들에게 아련하고 즐거운 회상 중의 하나임에 틀림이 없을 것이다.

한 겨울 늘어진 30리 길을 찬바람에 손과 볼이 꽁꽁 얼어가며 걸어서 외가를 찾아갈 때면 외할머니는 늘 “아이고 우리 강새이, 이런 추운 날에 어서 오거라”며 반기셨다. 그리곤 우리 외손자 왔다면 보자마자 장독대로 가셨다.

어르신, 무엇을 놓칠세라 조심조심 되돌아 나오신다. 온갖 풍상에 뼈만 남은 듯 허약해진 당신이다. 쟁반엔 사랑이 가득했다. 몰랑몰랑한 홍시 네댓 개가 담겼다. 할머니 두 볼도 추위 탓에 홍시처럼 빨개져 있었다. 살얼음이 살짝 얹힌 홍시는 ‘사각사각’ 소리까지도 맛있었다.

이런 노래가 있다.
“홍시가 열리면 생각이 난다
자장가 대신 젖가슴을 내주던
울 엄마가 생각난다.

설날 차례를 지내고 나서, 정월 초에 하늘나라로 가신 어른을 떠올리며 형제들끼리의 투박한 사투리가 오고갔다.

“봐~라, 야~야, 있제, 아~따 그 때가 73년 이맘 때~제, 되게 추붜제, 그~쟈, 하모, 그렇지요., 와, 그 뒷집에 外아제 일한다고 추붜서 되게 욕봤지요. 하모, 그랬~제, 시간나모 니랑 내랑 그 아재 한번 듸다 보자, 그 아재

요새 형편이 되게 어렵다 앓카나……"

누구든, 무엇이든 이제는 볼래야 볼 수도 없게 된 터에야 뒤늦게 가슴을 치는 게 인생살이 아닌가? 새삼 되새길 필요도 없건만, 너무도 간단한 이치를 지키지 못하는 존재 또한 인간이다.

설 대목 밑에 고향의 선산을 돌아보고 내려오는 길목, 부산으로 돌아가는 길이 통행량이 많으니 빨리 돌아가자는 조카 녀석들의 성화를 못 들은 척 무시하고 옛날이 그리워서 불쑥 찾아간 곳, 모두가 떠나가고 아무도 없는 한겨울 외가 뒷마당 빈 감나무 사이로 울어대는 바람은 그리움을 무시로 불어 넣었다.

저 무심한 조카 녀석들은 부모형제의 그리운 심사를 알까?

그 그리움을 잊어 볼까 하고 엊그제 홍시 네댓 개를 사다가 옛날에는 없었던 장독이 아닌 베란다의 김치냉장고 속에 들여 놓았다.

그제야 옛날 어머니의 어머니 생각이 그득해진다.

아~아, 그리운 얼굴들이여!

이영수

아부지, 밥 묵었소?

김기봉

세상에 존재하는 것은 모두 때가 되면 사라진다. 영원불멸한 것은 없다. 그때가 언제일지 모를 뿐 사람 또한 마찬가지이다. 내 숨 쉬고 살아 움직일 수 있음에 감사하고, 내 존재를 있게 해준, 언젠가는 이 세상에서 사라질 부모에게 감사하며, 아들과 아버지는 오늘도 아름다운 삶의 추억을 만들어 가고 있다.

어느 추운 겨울 날 밤 시골에 홀로 계신 아버지와 나눈 소박한 삶의 한 단편을 여기 실어 봅니다.

아부지, 밥 묵었소?

어 묵었다.

주무시오?

아이다. 티브이 본다. 다 잘 있제, 집에 별일 없제?

예, 요새 날씨가 좀 풀렸지요. 운동하러 갑니까?

어, 이제 좀 살만하네. 올 겨울엔 안 오던 눈도 많이 오고, 웬만하면 학교에 운동하러 안가나. 할 일 있나, 그게 할 일이제.

예~, 아래 · 웃동네 친구 분들도 별고 없지요? 운동하러 잘 나오고요?

그래, 머 열댓 명 되는데... 보통 열 명 정도는 나온다.

웃동네 그 트럭 몰고 장기 뜨러 오시는 어른신 요새도 한 번씩 옵니까?

어, 아직 차 잘 몰고 다닌다. 심심하면 온다. 장기도 떠고, 가끔 한 번씩 차타고 통영이나 고성 읍내 같이 놀러 다니고 한다.

예, 대단합니다. 나이가 팔십이 넘었는데… 아직까지 운전을 하고 다니시니.

옛날부터 건축일 하러 다닌다고 트럭 한 대 사가지고 여태 가지고 안 있나? 요새 잘 써묵제…

동네엔 별일 없소?

어, 설 쇄고, 초상이 좀 났다. 너 친구 오마이 돌아갔고...

아 예, 그거는 알고요. 또 누가 별세 했소?

산 아래 강 영감이 안 죽었나? 크게 아프지도 않았는데 병원 가서 한 닷새 만에 그냥 갔다. 노환이지, 할멈만 남았네......

글고요?

강 영감 옆집, 동네 지도자 어멈이 또 안 갔나. 갈 때가 되긴 했지. 작년에 그 집 손자가 공군에서 높은 자리 승진했다고 잔치 안했나… 좋아했지.

아, 그랬지요, 많이 서운하지요?

나이 들몬 다 가는데 머, 거의 없네, 내 위로.....

아부지, 올해 논은 그대로 그 아재한테 붙이지요?

아 그게, 올해 못하겠다고 그러네. 자기도 나이가 들어서 몸도 안 좋고 하여 못하겠다는데...

그럼 우짤라요? 그냥 놀릴 수도 없고......

걱정 하지마라, 좀 알아보고 있다. 지금 삼칠제인데, 내가 생각해도 수지타산이 안 맞는 기라. 잘 쳐서 한마지기 열두 가마니 잡고, 억지로 조금 해주는 정부 수매가 사만 오천 원 잡아도 고성읍내 내다팔면 그것도 사만 천 원 밖에 안 되니, 잘 해야 한마지기 평균 오십만 원 조금 더 되는데, 한 구간이믄 육백 평인데 백오십만 원 정도...... 삼칠제니 약 백만 원 넘게 가져가는데, 원체 할 사람이 없으니 걱정이다.

수매가가 그거 밖에 안돼요?

참 그것도 할당인데 하고 싶어도 못한다. 농기계 값 줘야지, 기름 값 비싸지, 수지가 안 맞는 기라. 이팔 제를 애기해도 안할라 그러네.

그럼 다른 사람 없소?

그래 엊그제 시내 나가는 길에 정씨를 만나 우리 거 좀 해달라고 했지.

그러니 뭐라요?

그 사람은 원체 부지런하니 삼동네 사람들이 다 해달라고 하니, 거절하지는 못하고 지금 하는 것도 너무 많아서 누구누구 논은 다른 사람 알아보라고 통지하고 있다고 그러네.

큰일이네요. 못해 주겠다는 소리 아이요?

그런데 우리 논 가운데 두고 위, 아래 논은 그대로 붙인다 하니 그사이에 있는 우리 논은 안 해 주겠나? 아직 확답은 못 들었는데......

내가 전화 함 할까요?

아이다 그랄 필요 없다. 이팔제로 좀 해 달라고 해 놓았으니, 어차피 기계 오면 같은 곳에 있으니 자기도 하기 쉬우니 할 끼다. 정씨는 모든 것을 기계로 하니, 건조기까지 기계로 하니 동네 들판 거의 삼분의 이는 지가 다한다. 내외가 얼마나 부지런한지, 부자 아이가?

비닐하우스도 많이 하지요 그 사람?

많이 한다 아이가… 실은 논 한마지기 수확을 보면 시금치 갈면 한마지기 몇 백만 원 더 나오고, 하우스 딸기하면 그 보다 훨씬 더 나오는데...... 쌀농사는 별로지, 직불금 조금 타도 영 아잉기라.

그거는 일손이 많이 필요 안하요?

그건 그렇지. 쌀농사 말고 다른 작물 하면 돈은 되는데, 일할 사람들이 없으니 탈이다. 꼬부랑 할망구들이 다 일꾼 아이가. 영감탱이들은 아무 쓸모짝에 없는 기라. 나이들몬...

바다 굴 발에 굴 깐다고 더 그렇지요?

하모. 겨울 시세 좋을 때는 굴 양식장 사장들이 좀 젊은 할망구들 서로 데려 갈라고 날리 아이가. 새벽부터 차 몰고 와서 싹 담아 실고 가버리니, 배추, 시금치 캐고, 딸기 따고 할 사람이 없다. 그러니 다른 작물 재배도 힘들고 이래저래 농촌이 죽어 간다. 큰일이다. 요새는 가끔 다른 나라 사람도 보인다...

참 큰일이네요. 자전거는 조금씩 타요?

어, 탄다. 오래 되서 징줄이 좀 잘 빠지고 해서 지난번 고성 장날에 가서 중고를 하나 다시 샀다.

요새는 좋은 거 많던데?

그 머꼬, 빨리 가게 하는 거.

기어 넣고 가는 거요. 요새는 다 기어 넣는 자전거일 텐데요
어 그거, 나는 그런 거 필요 없고, 그냥 옛날씩 자전거 중고로 바꿨다.
저한테 애기 하지요. 미리...
아이다, 얼마 안하던데 머. 오만 원 줬다 아이가.
예, 인자 날씨 풀리니, 자전거도 아침, 저녁으로 조금씩 타소.
어~, 운동하러 오고갈 때 자전거 타고 안다니나?
예~, 차길로는 다니시지 말고, 농로로 다니소...
어 그리한다. 이제 끊어라. 전화 요금 많이 놓으겠다.
괜찮소, 공짜요.
아 그래도 회사 갔다 와서 피곤할 낀데, 쉬거라.
예, 알았소. 식사 잘 챙겨 드시고, 약주 너무 하지 마소...
알았다
잘 주무이소...
어...잘 쉬거라.

(2011년 2월 어느 주말 저녁에)

김기봉

경북대 문리대 졸
Helsinky(헬싱키) MBA
현) KT근무

바람이 오는 곳에

김우열

바람이 분다
바람이 온다
실바람이 얼굴을 스치고 지나간다
포근한 봄바람은
화단 위 작고 예쁜 꽃송이에
앉았다가
이네
텃밭의 무꽃에
너머 배추꽃에
뒷동산 야생화에
여기에
저기에
인사를 건넨다.
한 여름의 찌는 듯한 더위 속에서
느티나무 그늘에 앉으면
어디에서 오는지 몰라도
윗도리의 땀 냄새와
마음 깊은 곳의 답답함도 같이 데려간다
높은 하늘의 뭉게구름 사이에서 놀던 바람은
가을의 들녘을 두어 바퀴 휘- 돌면
그 아래의 세상은
황금빛으로 물들어가고
농부의 이마에 맺힌 땀방울은

토실토실 영글은
알곡 위에 떨어져 퍼진다
이네
찬바람은
사람들의 옷깃을 더욱더 여미게 하고
세찬 갈바람은
온 세상을 뒤덮을
하얀 손님을 부르는 손길이 된다
세월의 회오리바람 속에 서있는
머리가 하해진 나그네는
저 멀리서 다가오는
샛바람을 마중 나간다.

2011년 5월 28일
세월의 무게를 느끼는 사람이

김우열

무형문화재 제6호 통영오광대 이수자

몸 중의 몸

김종철

남자라면 누구에게나 있는 저것
불쑥 일어서기를 좋아하는 저것
품 안에 안기기를 좋아하는 저것이
닥치는 대로 사람을 찌르는 칼이 되고
사람의 목을 조르는 쇠사슬이 되다니
정녕 될 수 있다니

남자라면 누구에게나 있는 저것
총알처럼 생긴 저것이 가슴에 박혀
사람을 흔드는 노가 될 수 있다니
저것의 무리들이 세상을 흔들고
세상을 한 쪽으로 자꾸만 자꾸만
휘저어 나아가게 하는
노가 될 수 있다니

남자라면 누구에게나 있는 저것
평소엔 얌전하기 그지없는 저것
조금만 추워도 부끄러움을 타는 저것
다치기 쉬운 저것
몰랑몰랑하고, 섬세하고, 예쁘장한 저것
아름다운 저것
대를 이어주는 만고불변의 밧줄인 저것
고귀한 저것

남자라면 누구에게나 있는 저것
몸 중의 몸
살 중의 살인 저것
죽으면 제일 먼저 흙이 된다는 저것이
정신을 찌르고
정신을 허물고
정신을 부패시킬 수 있다니

찌르고
허물고
부패시킬 수 있다니.

우리나라의 근본적인 문제

우리나라가 안고 있는 문제들이 여럿 있겠지만 그 중에서도 가장 근본이 되는 문제가 교육의 문제가 아닐까 하고 나는 생각한다. '교육' 이라고 하면 우선 제도권 교육이 떠오르겠지만 정작 오늘 내가 하고 싶은 말은 우리나라의 교육제도에 관한 것이 아니다. 제도에는 장단점이 있기 마련이고 아무리 훌륭한 제도가 있다고 해도 운용을 잘못하면 기능의 효율성을 장담할 수 없을 것이기 때문에 제도 자체는 논란의 대상이 되어서는 안 된다는 것이 나의 생각이다.

내가 문제를 제기하고 싶은 점은 교육 이전의 것, 다시 말해 교육이 문제를 낳기 이전 그 시초가 되는 우리나라 사람들의 교육열에 관한 것이다. 우리나라 교육의 문제는 그 어떤 제도에 있다기보다도 우리 국민들의 지나친 교육열 때문에 다각적으로 발생하고 있다. 지나친 교육열은 아이들을 입시지옥에 빠트리는 것은 물론, 사회 전반에 엄청난 부작용을 낳고 있다.

언젠가부터 우리나라 국민의 대다수가 대학을 나오지 않으면 사람 구실을 못한다고 생각하고 있으니 문제라는 말이다. 그 근원은 어디에 있건 간에 우리나라 국민들의 이러한 성향은 거의 맹목적이라 할 만하다. '대학을 나와도 취직이 안 되는 판국에 공부도 시원찮은 자식을 왜 굳이 대학에 보내려 하는가' 하고 물으면, 대개의 부모는 '남의 자식들이 다 대학을 나오는 마당에 우리 자식만 안 나온다면 어떻게 할 것인가?' 하고 반문하기 일쑤다.

하기야, 우리를 둘러싸고 있는 현실이 그런 생각들을 하기에 모자람이 없긴 하다. 대학을 나와야 남으로부터 괄시를 안 받고 돈을 벌어도 편하게 벌고 많이 번다는 것은 부인할 수 없는 사실이다. 많이 나아지긴 했지만, 학벌이 그 사람의 간판 역할을 하고 있는 것도 사실이고, 산업 현장에서도 임금 책정을 할 때, 경력과 실력보다는 아직도 많은 분야에서 학력을 보다 우선순위에 두는 것도 사실이다.

그러나, 모든 사람이 대학을 나온다고 인간 세상이 살기 좋아질까? 한 마디로 천만의 말씀이다. 인간사의 제반 일들을 대학까지 가서 배울 필요는 없는 것이다. 니코스 카잔차키스의 소설 〈그리스인 조르바〉에 나오는 조르바처럼 살 수 없단 말인가? 먹고 사는 문제만 따진다면 일자무식꾼도 얼마든지 살아갈 수 있는 것이 이 세상이다. 산업 현장에서도 태반의 일은 단순한 작업을 필요로 한다. 그렇다면 그 일들은 누가 과연 할 것인가?

이 글의 초고를 썼던 2006년경만 하더라도 4년제 대학 졸업생이 중소기업 생산직에 취직하는 예는 거의 없었다. 그러나 지금은 사정이 다르다. 전지구적으로 청년실업이 문제가 되고 있는 와중에 우리네 청년들, 그 중에서도 대학 졸업생들은 이제 중학교만 나와도 얼마든지 일할 수 있는 직장에서 생산직으로 일하는 지경에까지 이르렀다. 이 얼마나 어이없고 불합리한 현상인가?

아는 것이 힘이 아니라 아는 것이 병인 때가 더 많은 것이 우리네 인생살이가 아니던가? 더군다나 대학을 나온다고 다 사람다워지고 선한 인품을 갖는 것은 아니다. 다시 말해, 지식이 많아지는 것과 사람의 인품이 덕성스러워지는 것은 꼭 정비례하는 것이 아니라는 말이다. 기실, 마음이 풍요로워지는 것과 지식과는 아무런 상관이 없다고 해도 과언이 아니다. 교육의 첫째 과제가 사람을 사람답도록 가르치는 것이라면 우리나라의 교육은 환골탈태하지 않으면 안 된다.

지금도 우리나라의 교육은 방황하고 있다. 제도가 그러하고 교육 현장이 그러하고 국민들의 마음이 그러하다. 장관이 바뀔 때마다 제도가 바뀌는 것은 어제 오늘의 문제가 아니다. 교육 현장은 또 어떤가. 공교육은 무기력하고 사교육은 돈만 좇는다. 이 좁은 고성 땅에도 무슨 학원이 무어 그렇게도 많은지 헤아릴 수조차 없을 정도이다.

또한, 영어가 중요하니 영어 교육시킨답시고 미국으로 호주로 캐나다로, 중국이 한참 떠오르는 국가니까 중국으로, 유사한 이유로 혹자는 러시아로 유럽으로 자녀를 유학 보내고, 이젠 그 열풍이 도를 넘어 조기유학이다 뭐다 대한민국 국민들은 자녀들의 교육을 위해 어떻게 해야 할지를 모르고 있다. 얘기만 듣고 구경만 하여도 머리가 아플 지경이다.

우리나라의 교육은 더 이상 사람다워지자고 하는 것이 아니다. 우리나라의 교육은 돈 잘 벌고 편하게 살자고 하는 것이 된 지 오래되었다. 행복이 돈으로 살 수 있는 것이 아닌데도 돈만 있으면 뭐든 다 된다고 생각하는 것이 우리나라 대다수 사람들의 생각이 된 지 오래되었다. 사람답게 사는 것이 물질만으로 해결되는 것이 아닌데도 우리나라 국민들은 물질이 풍족하게-이른 바 잘 살기만 하면 마치 사람답게 산다고 여긴 지 오래되었다.

뒤집어 생각해보면 이 얼마나 한심한 노릇인가? 인품을 갈고 닦자고 하는 것이 교육일진대 교육이 취직을 위한 한갓 수단이 되어버리다니. 재미가 없기도 이만큼 재미없으면 세상 살 맛이 나겠는가? 더 어처구니가 없는 것은 교육이 한갓 수단이 된 지 오래되었는데도 우리나라 국민들이 아직도 교육의 마력을 떨치지 못하고 있다는 사실이다.

교육이 신앙이 된 우리나라. 대학 나온 실업자가 넘쳐나는데도 아직도 대학을 안 보내면 안 되는 줄 아는 우리나라의 부모들. 산업 현장에서는 인력을 구하지 못해 외국인 근로자들을 불러다 쓰지 않으면 안 되는 이 아이러니한 현실을 어떻게 설명할 것인가? 참으로 답답하고 애통한 일이 아닐 수 없다.

이제 우리의 가치관을 회복할 때라고 나는 본다. 몸뚱어리 하나 편하게 사는 게 잘 사는 것이 아니라는 것을, 남보다 잘 먹고 남에게 군림하고 무엇이든 많이 가져야 좋은 것이 아니라는 것을, 본질적인 삶은 눈에 보이는 데 있는 것이 아니라, 눈에 보이지 않는 곳에 있다는 것을 나는 우리나라 국민들이 좀 알았으면 좋겠다. 하여, 나는 우리 국민들이 자본주의에 필연적으로 수반되는 여러 가지 병폐, 그 중에서도 물질만능주의, 출세지상주의에서 하루 속히 벗어나기를 간절히 기도한다.

김종철

1991년 5월 〈시문학〉 우수작품상에 「담」외 5편이 당선되어 등단함.
고성문인협회와 경남문인협회 및 한국문인협회 회원으로 활동 중임.

대가저수지

박규원

고성중 동문 선후배님 건강하신가요?

먼저 안부를 전합니다 저는 23회 졸업생 박규원입니다. 이번 모교를 자랑할 총 동문회지를 발간한다는 소식에 반가움과 그 용기에 찬사를 보냅니다. 또, 큰일하시는 관련 동문님의 노고와 특히 동창인 박진광 친구의 열정에 찬사를 보낸다.

저는 이 귀한 지면을 통하여 그 동안 고성이라는 고향에 대한 인연과 그러한 인연 속에서 성장한 동문 선후배님의 공감어린 고향찬가를 저의 좁은 소견으로 적어볼까 한다.

누구나 고향에 대한 유년의 추억들이 있는 것이다. 왜 하필 이러한 못 사는 고향에 뼈 빠지게 소먹이고 나무하며 살아야 하였는가와 그러한 시절에도 친구와 시간을 내어 돌, 나무 하나를 가지고도 해지도록 철없이 놀았던 순박한 추억도 있는 것이다.

특히 모교재학시절 봄, 가을 소풍날은 우리들의 추억을 만들었던 귀한 시간이었고, 그런 추억의 창고에서 보물처럼 되새김하는 공간이 있었는데 그 한 곳이 대가저수지 못 둑을 뺄 수 없는 것이다.

대가면 유흥리 일원에 자리한 이 저수지는 1931년 6월 1일 착공하여 1932년 5월 31일 준공한 것으로 일본이 반도를 강제 점령한 후 태평양전쟁에 대비 미곡 증산을 목적으로 축조한 저수지라 하고, 지역 주민들이 중심이 되어 하루 임금 50원 정도를 받고 축조한 이 저수지는 오직 지게만을 사용하여 수축한 것으로 나라 잃은 서민들의 애환이 서린 곳이기도 하다.(몽리면적 943헥타르, 평균수량 4855천톤, 제방높이 14미터, 길이 345미터-군청 인터넷)

지금도 고성평야의 젖줄로 농민들의 생명수 역할을 하는 귀중한 재산이

기도 하지만, 고성을 지키는 향수의 발원지이기도 하고 사시사철 옥수를 담아 오가는 이의 마음을 시원하게 만드는 곳이기도 하다. 예전에는 이러한 큰 담수지가 흔하지 않을 때는 저수지의 크기에 놀란 사람들이 입에서 입으로 전하던 전설 같은 공간이기도 하였다.

지금도 타지에서 고향을 물을 때 마땅히 알려줄 말이 없어 대가저수지 인근 마을에 살았다고 얼버무리곤 한다. 그러면 80%의 객지인도 다 알고 있는 곳이 이 저수지가 아닌가 싶다.

고성은 인물의 고향이라고 하여 모 언론에서는 고성이 배출한 공직자의 수가 250여 시 · 구 · 군 中에서 제일 많다는 질투어린 소식도 들었지만 아직 대통령을 배출하지 않아 소침해 지는 심정이다. 이러한 인물의 고향 고성의 중심에는 우리들의 모교 동문 선후배님들이 있으며 객지에서 항상 마음을 다스려주는 중심된 공간인 대가 저수지의 푸르고 푸른 옥수가 차지하고 있는 것이다.

선후배님 혹시 살아가면서 금전의 유혹과 접대의 청탁이 가슴을 누르고 있을 때에는 마음에 담아 둔 고향의 옥수를 조금씩 흐르게 하여 그 물속에 띄워 버려 본적은 없는 가요? 형제부모 간에 친한 직장 동료 간에 언짢은 마음으로 다툴 일 있을 때, 사업이 부진하거나 빌려준 돈을 못 받을 때나 자식이 마음에 안들 때 고향의 옥수 한 사발 마음에 부어 그 물속에 버려 본적이 있습니까?

그 고향의 물은 돈으로 살 필요가 없으며 궁색한 변명으로 빌려올 필요도 없는 고향이 그저 주는 참 고성인을 만드는 생명수이며 인물을 재생산하는 옥수라 감히 말씀드립니다.

우리 고성인이 가지는 애향심의 깊이가 얼마인지 계측할 수는 없어도 항상 사회생활에서 당당할 수 있는 기본적인 모습만 보인다면 또 소속된 동료와 형제간에 작은 신뢰를 쌓아 가고 남이 부러워하는 열정으로 살아간다면 그러한 것이 고향을 사랑하고 자랑하는 애향심의 측도가 되지 않을 까 생각한다.

그래서 대가저수지는 나에게 그저 눈으로 보이는 담수지가 아닌 마음이

여리지거나 앞날이 걱정될 때 항상 가슴에 담아둔 담수지이기도 하다.

둑에 서보면 고성평야의 너른 벌판과 학처럼 날개를 펼친 듯한 거류산이 준엄하게 버티어 서서 오늘도 고성중 동문 선후배님의 건강에 대한 염려와 참 삶의 메시지를 하나씩 던져주고 있는 듯하여 가히 가슴 뭉클한 장소이기도 하다.

동문 선후배님, 혹시 고향을 오실 기회가 있을 때 대가저수지의 푸른 옥수 한 사발 가슴에 담아 가져가시기를 바라고 저수지를 찾을 시간이 없을 때는 Daum 지도검색해서 대가저수지 찾아보시고 잊혀져가는 유년의 추억을 되새겨 보시기를 바랍니다.

오늘도 항상 그 자리에서 오가는 이의 마음을 씻어 줄 귀중한 옥수를 간직한 대가저수지에는 우리 선조들의 애환 어린 추억들이 간직되어 있기도 하지만 앞으로도 고성의 인물을 배출하는 생명수로 남아 있기를 바라는 마음이다.

요즘처럼 무더운 날에는 더 더욱 생각나는 저수지 언저리 풀장에다 온 몸 던져서 더위를 식혀보고 싶은데 같이 할 친구들 다 무얼 하는지 생각은 저 물처럼 중학생인데 몸은 이미 오염되어 귀중한 옥수에 몸담을 수 없으니 앞으로 개선하고 다듬어 저수지 물처럼 깨끗하고 푸른 생활이 되기를 기원해 보면서 동문 선후배님의 하시는 일들이 나날이 번창하시고 집집마다 화목에 화목이 더하여 옆집으로 넘쳐 온 세상이 고중 동문의 사랑과 열정으로 도배가 되어지기를 바라며 동문회지의 발간을 축하드립니다.

박규원

부산대학교행정대학원
현)부산 사하구 구평동장

옛날이야기

박기석

요즘 날씨가 수십 년만의 지루한 장마니 뭐니 하면서 요란하다. 내가 있는 강원도 동해안 설악산 산자락 밑에서는 올여름 들어서 대체로 덥고 맑은 날이 많다. 그래도 피는 농사꾼의 자식이라 고향의 날씨와 농사짓는 친구들의 안부가 늘 궁금하여 날씨 관련뉴스에 항상 귀를 기울인다.

어느 날 고요한 새벽 유다른 적막에 눈을 일찍 뜨고 창밖을 보니 새벽안개와 함께 안개비가 소리 없이 스물거린다. 그러면서 떠오르는 어린 시절의 첫 경험하나, 미래의 손주 녀석들에게 들려주기에는 좀 무서운 옛날이야기다.

1960년대 말쯤으로 기억한다.

내 고향집은 고성군 상리면 부포리, 한때"감티고개 너머 전경대 앞"이라 불렀던 동네다. 그 당시에 전경대는 없었고 60년대 중반까지 채광을 하였던 구리광산의 폐광지가 있는 호리병 형태의 큰 계곡(동네 사람들은 '금장골'이라 불렀다)이 있었는데, 이 계곡 안이 우리 동네 사람들의 생활 터전이기도 하고, 당시 초등학생이었던 내 또래 친구들 에게는 여름철에 주로 금장골의 수많은 폐갱도 앞 마당에서 소들을 내몰아 풀을 먹이고, 씨름도 하고, 칡도 파고, 가재 잡고, 멱도 감고 뛰어노는 주 무대가 되어 주었다.

여름이면 나의 아버지와 어머니는 동네 앞산과 그 밑의 밭에 제법 큰 규모의 수박과 참외밭을 하셨고, 나는 그 원두막에서 허드렛일을 도우면서 간혹 참외와 수박을 어른들 모르게 몇 개 슬쩍하여 바로 옆의 작은 저수지에 띄워놓고 친구들과 함께 물놀이 하고 놀면서 더위를 식히기도 했다.

초등학교 5학년 열두 살이었던 나는 여름방학 어느 날에 동네 형들 서너 명과 함께 금장골에서 소들을 보고 있었다. 소들은 저희들끼리 풀을 뜯고 우리는 심심하다. 때는 한여름 오후인데 날씨가 안개가득, 가랑비가 조금오는 중이라 이 안개 속에서 무언가 작전을 펼치기에 딱 좋은 날씨다.

그때 동네 형 하나가 금장골 위로 올라가서 산 너머 동네의 수박밭에 수박서리를 가자고 한다. 형들보다 네댓 살이나 어렸던 나로서는 두려움 반, 호기심 반으로 형들을 따라서 부지런히 산위로 올라갔다. 산 너머에는 온통 안개가 자욱하고 아무데도 보이지 않는다. 평소에도 자주 올라가 보던 곳이라 대강의 지형은 가늠할 수 있었다. 멀리 바다가 보이던 쪽은 지금의 삼산면 장치리고, 우리가 서있는 곳의 바로 아랫동네는 상리면 자은리 지금의 이화공원묘원이 있는 쪽이다.

그 당시 지금의 이화공원부지 쪽 산비탈에는 온통 수년째 큰 수박밭이 있었고, 아버지를 따라서 그 원두막에 한번 가본적도 있었다.

안개 속을 헤치고 형들의 큰 발걸음을 종종걸음으로 따라서 구불구불 한참을 내려가니 안개는 더욱 짙게 끼고 사방이 잘 안 보이는데, 앞선 형들이 갑자기 낮은 포복으로 기어가기 시작하는 게 아닌가. 나도 엉겁결에 따라서 땅에 밀착한 후 재빠르게 기어서 드디어 수박밭의 언저리에 닿았다. 안개 속에서 주인의 인기척은 없다. 비호같이 더욱 은밀하게 움직이는 형들처럼 나도 수박밭을 탐색하기 시작했다.

'수박을 따서 맛있게 먹어보자' 하는 야무진 꿈으로 1분에 심장의 박동이 200번은 뛰었을 것 같은 어린 나의 눈앞에 엄청나게 큰 수박들이 셀 수 없이 많이 누워서 '날 먼저 가져' 하는 듯이 즐비하게 있는 게 아닌가! 내 팔이 두 개 뿐이라는 사실을 원망한 것도 잠시였다.

덩치가 크고 동작이 빠른 형들은 벌써 난닝구에 서너 개씩 따 안고서 산을 오르기 시작하고 나도 조용히, 하지만 빛의 속도로 서둘러야 된다는 일념에 눈에 보이는 대로 이쁘고 큰 놈이라고 생각되는 것을 두개 골라서 양팔에 안고 형들의 꽁무니를 쫓아가기 시작했는데……

길도 없는 산비탈을 20미터도 못가서 숨이 턱밑에 차오르며 점점 속도가 느려졌고 앞서가는 형들의 모습은 어느 순간에 보이지 않게 되었다. 대강의 방향을 가늠하고 한참을 쫓아가 보았지만 형들은 어디에도 보이지 않고, 수박주인이 곧 쫓아와서 뒷덜미를 움켜 쥘 것 같은 두려움에 소리 내어 불러보지도 못하고 난생 처음 와보는 남의 동네 산을 정신없이 한참을 올라가니 산위로는 다 올라왔는데, 금장골로 내려가는 길을 찾을 수 없는 게 아닌가.

계속 짙어지는 안개 속을 부지런히 움직이며 한참을 내려가 보니 익숙한 광산의 폐석더미는 없고 낯선 소나무 숲이 나온다. 다시 풀이 쓰러진 흔적을 따라 산위로 거슬러 올라가며 헤매고 있는데 어디선가 조심스럽게 옆집 형이 나타나는 게 아닌가. 지옥에서 부처님을 만난 심정으로 반기는데 그 형이 하는 말이 "와, 이리 무건걸 우찌 들고 올라 왔노?"하면서 한 개를 대신 들어준다. 사실 그때까지는

그 수박이 별로 무거운 줄도 모르고 길을 찾아, 형들을 찾아 온 산을 헤매고 다녔었는데 나눠든 한 개의 수박이 그때서야 엄청난 무게로

와 닿았다. 형들은 안개 속을 부지런히 올라가 적당한 장소에서 뒤를

보니 내가 안보여서 큰소리로 부르지도 못하고 한참을 찾아 헤매고

다녔다고 하면서 욕심 많게 큰 수박을 두 개나 들고 왔다고 놀렸다.

금장골 밑 우리 동네는 안개도 없어서 날이 어두워져서야 서리한 수박을 집 뒤 대밭으로 옮길 수 있었다. 한 밤중에 살짝 부엌으로 옮겨서 어둠속에서 칼을 찾아(그 당시는 전기불이 없었다) 살그머니 쪼갰는데, 캄캄한 어둠이라 색깔을 알 수 없어서 조금만 맛을 보았다. 들척지근하면서 비릿한 맛이 채 익지 않았다. 부랴부랴 나머지 것도 쪼개보니 이건 아예 어둠속에서도 하얗게 빛이 나는 게 아닌가.

아뿔싸! 수박밭을 하고 있는 집의 아들이라는 녀석이 산 넘고 물을 건너 먼 동네에 원정까지 가서 가져왔다는 게 고작 풋수박이라니! 어머니는 항상 "수박은 양쪽의 손 덩쿨이 노랗게 꼬슬려야 익은 거고, 꼭지가 가늘고 긴 것이 달고 맛있다."고 하셨는데 (신기하게도 45년여나 지난 지금까지도 이 기준은 거의 틀림이 없다) 조금만 살폈다면 1초도 걸리지 않았을 그 선별 원칙을 생각해 내지도 못하다니…

수박이 잘 익었으면 누님과(지금 삼천포에서 사신다) 같이 먹을 려고 했는데 그 말은 꺼내보지도 못하고 영원한 침묵이 되었다.

그렇게 해서 그 원정 수박서리의 첫 경험은 잘게 부서져 대밭에 거름으로

던져 지고 말았다는 웃지 못 할 예날 이야기로 끝이 난다.

나이가 든 지금도 어렸을 때의 도둑질을 마냥 추억으로만 기억하지는 않는다. 공교롭게도 그 여름방학이 끝나고 은밀하게 알게 된 사실에 (그 수박밭 주인 아들이 여동생과 같은 반에 다니고 있었다) 며칠째 가슴이 콩당거리며 다시는 수박서리를 하지 않으리라는 작은 다짐을 하게 되었고, 상급학교에 진학하여서는 그때 머리통보다도 큰 수박을 두 개나 들고 산길을 오르내리면서도 전혀 무겁다는 것을 자각하지 못한 한때의 경험에서 무엇이든지 집중하면 해내지 못할 것이 없다는 좀 더 큰 도둑심보를 가지게 되었고, 이제 나이가 든 요즘에는 내 능력에 맞는 욕심을 부려야 한다는 엉뚱한 궤변을 읊고 있다.

하여튼 며칠 후에는 오락가락하는 장마가 걷힌다니 마트에서 꼭지가 가늘고 예쁜 수박 하나 사서 설악산 폭포계곡으로 천렵이나 가야지.

그나저나 애들이 손주나 하나 만들어 줘야 재미있는 옛날이야기를 해줄텐데…

박기석

국세청 25년 근속
현) 세무법인 「우주」대표세무사
현) 재경고성중학교 동문회장

봉사奉仕, 나의 외길 인생 30년!

박종덕

봉사奉仕는 내 몸에 혹인가? 날개인가? 몇 년 주기로 귀신처럼 스물스물 온몸에 스며드는 허망함! 그 고비를 또 몇 번이나 더 넘어야 할까?

1982년 6월이었던가? 첫 보너스를 포함한 월급으로 10여만 원을 받았다. 마땅히 재테크를 한 것도 아니고 하숙비를 제하고는 달리 쓸 곳이 없어 라면 몇 박스를 둘러메고 관내 구호대상 독거노인을 방문하여 전해주었다. 평소 자주 들러 이야기를 나누며 허물없이 지내오던 사이였지만 다소 의외라는 표정들이었으나 고맙다는 말들은 오랫동안 듣게 되었다. 당시 경찰관의 선행은 드문 일인지라 이러한 내용이 지역 신문에 보도되었고 의창군수로부터 표창도 받았다.

이렇게 시작된 봉사의 첫걸음은 30여년이 지난 지금 대상자와 영역도 넓어져 이젠 내 생활의 전부가 되어 현대 의학으로는 치유할 수 없는 중독증 환자가 되었다.

지금은 20여명의 어르신들을 일주일 두세 번 찾아뵙고 도시락, 죽, 간식거리, 생필품 등을 전해주며 말동무로 지내고 있다. 한정된 시간에 여러 곳을 들러야 하기 때문에 오래 머물 수 없는 아쉬움이야 항상 여운으로 남는다. 아무도 찾는 사람이 없어 멀리서 들리는 오토바이 소리만 들어도 내가 오는 줄 알고 귀를 쫑긋 세워 방문을 열어젖히며 반가이 맞아주곤 하는데, 짧은 해후는 내가 골목 모퉁이를 돌아서 오토바이 소리가 사라질 때까지 촉촉이 젖어있는 눈을 떼지 못 한다.

1991년 6월 청소년선도 업무에 헌신적인 봉사를 해오며 나에게 많은 도움을 주시던 분의 갑작스런 죽음으로 나의 봉사 활동도 새로운 변화를 가져왔다. 당시 초등학교에 다니던 두 자녀를 돕기 위해 일회성 도움보다는 뜻을 같이하는 지인 5명과 장학회를 결성하고 두 자녀의 대학 졸업 때까지 생계비와 학비를 지원하기로 하였다. 월 5만원의 회비는 적지 않은 금액이었으나, 취지가 너무 좋아 부인들도 참석하는 부부모임으로 발전하였다. 두 자녀에게 10년 동안 2,500만원의 장학금과 진로지도로 지금은 어엿한 사회인으로 성장하였고, 현재도 가정 형편이 어려운 모범청소년들을 선정하여 계속 지원해오고 있으며 그동안 우여곡절도 많아 두 명은 중도에서 하차하여 현재 4명의 회원만 남아 사업을 계속 이어가고 있다.

1993년 4월 발목이 골절되어 길가에 쓰러져있는 장애인을 순찰차에 태워 병원으로 후송해준 계기로 '장애인 복지회'와 인연을 맺어졌다. 병원 치료는 잘 되었는지 걱정이 머리에서 맴돌아 비번 날 찾아갔더니 10여 평 남짓한 습한 지하에서 처지가 비슷한 또래 청소년 10명이 같이 생활하고 있었다. 퀴퀴한 냄새와 옷가지며 담요 등이 널부러져 있고, 한 켠에 있는 싱크대 위에는 먹다 남은 음식과 그릇들이 나뒹굴고 있었다.

장애인들을 관리하는 40대 초반의 지회장은 휠체어에 의지하며 움직임이 자유로운 지적장애인의 도움으로 겨우 움직일 수 있는 중증 장애인으로 부산 국제시장 등지에서 구걸 수준의 생필품 가두판매를 하며 생계를 유지하고 있었다. 혹시 어린 장애인들을 이용하여 앵벌이나 시키지 않는지? 업무적인 의심을 할 겨를도 없이 '여기가 진작 내가 있어야할 곳이었구나.' 라는 생각이 들어 매일 복지회를 찾아가다시피 하며 애들이 먹을 음식 장만과 청소, 사무실 정리 등 눈코 뜰 새 없이 바쁜 나날을 보내게 되었다.

이후 복지회 전반적인 운영, 관리를 맡게 되었고 IMF로 노점 수입이 급격히 줄어들어 전기요금이 연체되어 단전 위기와 임대료 독촉에 시달렸다. 한정된 나의 용돈으로는 턱없이 부족하여 집사람에게 매달 3~40만원을 더 받아와 그달, 그달을 겨우 넘겨 왔는데 집사람도 IMF로 20년간 다니던 은행을 그만둔 상태라 손을 내밀기가 부끄러울 지경이 되었다. 설상가상으로 장애를 가지고 있는 애들이라 병원 출입이 잦아졌고, 지회장은 엉덩이에 욕창으로 커다란 구멍이 생겨 장기 입원을 해야만 했으며 병간호, 병원비 조달, 복지회 운영의 큰 짐을 떠안게 되었다. 하늘이 도왔는지 경상남도 자원봉사상 금상을 받게 되어 상금 150만원과 선친 장례식 때 조화를 절약한 대금 100만원을 병원비로 요긴하게 사용하였다.

그동안 고생한 보람도 없이 오랜 투병 끝에 2003년 5월 지회장은 세상을 떠났고, 애들은 뿔뿔이 헤어져 현재 2명만 긴밀하게 관계를 유지해오고 있으며 그 중 심부전증 등을 앓고 있는 1급 신체장애인 한명에게 매달 치료비 지원과 명절 때 집사람이 마련해준 음식으로 차례를 함께 지내며 소외감을 덜어주고 있다.

은행을 그만둔 집사람은 한식, 제빵, 직업상담사 자격증을 취득하였고, 1998년부터 매월 빵 300개를 만들어 결식노인들에게 전해주고 있으며, 지금은 그동안 빵을 만들어 오던 학원 시설을 사용할 수가 없어 고민 고민하다가 무료급식소 식당에서 매달 도넛 500개를 만들어 결식노인, NGO단체 독거노인 도시락, 아동 보호소에 보내고 있다.

2001년 2월, '섬김과 나눔의 집' 무료급식소 개소에 참여해 달라는 주민들의 요청을 받고 현재까지 운영위원으로 물심양면 활동해오고 있다. 1회 급식 인원은 250여명으로 배식이 끝나면 남은 음식으로 도시락을 싸서 장애나 노환으로 거동이 불편한 어르신들에게 직접 배달해 주고 있다. 경찰업무와 관련된 민원 상담이나 노인 교통안전교육, 보이스 피싱 등 범죄예방교육도 나의 몫이다.

2006년 5월, 여성 인권 신장을 위해 애쓰는 지역 NGO단체에서 독거노인 도시락 지원 사업을 하겠다며 조언과 참여를 부탁받았다. 간곡한 부탁이었지만 당시 벌려놓은 일이 너무 많아 정중하게 거절하였는데, 며칠 동안 머릿속이 뒤숭숭하며 그분들의 모습이 떠나지 않아 스스로 찾아가 일을 저지르고 말았다. 50여명의 여성들이 활동 중인 28년 역사의 사단법인체로서 자원봉사자들이 집에서 정성들여 손수 만든 음식이라 어르신들이 입맛이 딱 맞는다며 입이 마르도록 칭찬하여 성공적인 사업이 되었고, 30개의 도시락을 배달해야하는 나는 가뜩이나 부족한 수면시간으로 힘은 들지만 오히려 보람 가득한 에너지 충전소가 되고 있다.

1997년에는 상담원 교육을 이수하여 자원봉사와 상담에 대한 체계적인 이론을 습득하게 되었고, 어느 자리에서든지 경찰관 그 모습으로도 존재감을 느낀다며 무한 신뢰를 받고 있으며 난해한 경찰 업무에도 연계하여 유용하게 활용하고 있다. 그리고 신임 상담원 교육과 상담봉사에 직접 참여하고 있으며, 다문화합창단 운영 등 심도 있는 활동으로 봉사의 격을 한 단계 높이는 계기가 되었다.

2007년, 지인의 소개로 자신이 아는 죽 가게에서 영업을 마친 후 남는 죽을 주겠다고 하는데 독거노인들에게 배달하면 좋지 않겠냐는 무시 못 할 제의를 받고 한 달 동안 피해 다니다가 지인의 독촉에 마지못해 죽 가게를 찾아가 명함을 건넸는데 주인의 시큰둥한 반응으로 다소 실망스러웠으나, 일이 더 늘어나지 않아 한편으로는 다행이라는 생각도 들었다.

한 달쯤 지나자 죽 가게에서 죽을 가져가라고 연락이 온 후, 매일 15개~20개 정도의 죽을 가져와 어르신들에게 배달해주고 있는데 매일 저녁 10시에 가져와 다음날 배달을 해야 하니 출퇴근 때 나의 애마에는 항상 죽이 가득 실려 있으며, 가장 힘들고 소중한 일상으로 자리하고 있다. 죽이 상하지 않게 보관하고 배달해야함은 물론이고, 죽은 듯이 잠자는 어르신들을 일일이 깨워서 생사여부까지 확인하느라 남의 집 창문 넘나드는 수고 정도는 감수해야 할 일이다. 하루의 마지막 일과를 죽 배달로 마무리 하다 보니 저녁 시간이 자유롭지 못해 자연히 사람들과의 만남이 줄어들고 절친한 친구들과도 소원한 관계가 되었으나 덕분에 술은 나에게서 멀어져 버렸다.

나중에 알게 되었지만 내가 찾아간 죽 가게 옆집에 지인이 소개해준 진짜 죽 가게가 있었는데 지금은 문을 닫았다. 생면부지의 경찰이 찾아와 죽을 내놓으라고 하니 사장님은 얼마나 황당했을까. 그리하여 그분들도 나눔에 적극동참하고 있으며 앙갚음이라도 하듯 매일 밤 10:00가 되면 어김없이 전화벨이 울린다.

불우청소년, 알코올 중독자, 도박중독자, 노숙자 등 대책 없는 패밀리 10여명은 아직도 나를 떠나지 못하고 20년간 변함없이 나의 존재 이유라도 되듯이 인연의 끈을 놓아주지 않고 있다.

봉사는 전염성이 강한 바이러스라고 하였던가? 집사람은 봉사에 필요한 여러 방면에 전문자격을 갖춘 20년 봉사경력자로 지금은 특성화고등학교에서 취업지원관으로 학생들을 지도하고 있으며, 장학회, 제빵 봉사, 대상자 상담, 청소년 진로진도 등 나의 든든한 지원군이 되어주고 있다.

두 자녀들도 부모를 따라 초등학교 때부터 일찍이 봉사에 발을 들여 놓았고, 또래 상담과정 수료, 사회복지관을 통한 불우청소년들과 자매결연, 빵만들기, 저소득층 자녀 학습지도, 노인병원과 아동센터 위문 등 지금까지 활동을 이어오고 있다.

많은 뒷바라지를 못했지만 운이 좋아서인지 이공계를 졸업한 두 자녀는 졸업과 동시에 취업이 되어, 장녀는 국제재난의료지원팀의 일원으로 국위를 선양하며 적극적인 삶을 살고 있다. 장남은 리더십과 인성이 좋다며 일찍 눈여겨 보아온 지인이 10년 내 중소기업 CEO를 만들겠다며 데려가 그 과정을 충실하게 밟고 있는데 외국인 근로자와 산업현장 최 일선에서 땀 흘려 일하는 모습이 다소 안쓰러워 보이기도 하지만, 자신의 목표를 설정한 후 성취를 위해 게으름 피우지 않고 밝게 생활하는 모습이 기특하고 대견스럽기만 하다.

내가 사는 오래된 14평 집은 좁고 불편하여 가족들에게 항상 미안한 생각이 들지만, 그래도 두 아이들이 불평 없이 자랐고 내가 편하게 두 다리를 뻗고 쉴 수 있는 유일한 휴식 공간이다. 집사람이 그토록 원하던 아파트로 옮겨보려고 해보았지만 25년이 지난 주택 가격으로는 아파트 반값도 맞출 수 없어 엄두도 내지 못해 포기하게 되었는데 덕분에 내 집 한 켠에 나만의 사무실을 갖게 되었다.

2012년 2월, 비영리단체로 사업자등록증도 내고 '청담드림센터'란 간판도 걸고 거창한 목표로 출발하였으나, 집사람이나 다른 봉사 멤버들도 학교 등 직장에 몸을 담고 있어 구체적인 계획은 몇 년 뒤로 미루게 되었다. 퇴직 후에는 경제적으로 다소 손이 오그라들 것 같아 여태껏 해온 봉사와 관련된 사업이라도 신청하여 운영비라도 벌 수 있으면 하는 바람이고, 지금은 봉사하는 경찰관 신분이라 강의 요청도 더러 받지만 퇴직 후에는 경찰관 프리미엄이 사라지게 된다. 제대로 된 자격증이라도 하나 있어야 될 것 같아 학점은행제에 등록하여 사회복지사 자격증 취득을 위한 공부도 막바지에 이르고 있다. 나이가 들면 육체적인 활동이 어려워지기 때문에 재능 봉사를 위해 꼭 필요하다고 생각되기 때문이다.

사회복지 공부를 하면서 마구잡이로 벌여온 봉사가 오히려 대상자들의 자생력을 잃게 하지는 않았는지, 나만의 성취감을 위해 일방적인 온정을 베푼 것이 아닌지 많은 것들을 생각하게 한다. 선물 받은 색소폰도 틈틈이 배워 그동안 소원했던 오랜 친구들과 함께 막걸리 잔을 두고 옛 이름도 고울 세라, 고향의 노래, 사랑의 노래, 추억의 노래, 인생의 노래를 연주하며 그간의 회포를 풀어볼 그 날을 그려 본다.

나의 소원은 '잠' 이다. 만나는 사람마다 항상 충혈 되어 있는 눈을 보고 안타까워하며 '좀 쉬라' 고 말하지만, 아직은 쉴 시간이 이른 것 같다.

그러나 나는 행복하다.

나의 소원은 꼭 이루어 질 수 있기 때문이다. 우리는 언젠가 뫼등 속에 돌아가 영원히 잠들 수 있기에……

▲ 경상남도 자원봉사상 "금상" 시상식 (2002. 12. 31, 경남도청 도민 홀)

박종덕

현) 마산 중부경찰서 재직
현) 「청담드림」개인봉사 센터 운영
수상 : 봉사, 선행으로
경상남도 자원봉사상 금상수상
대한민국 모범공무원 선정
대통령, 국무총리, 행정안전부장관 표창수상

소년

박진광

꿈의
장대비 끝내
십 원 한 닢 토한다

읍내 십오 리
오 리를 더해야 중학교
걸어서 시간 반

수업시간 내내
한 닢 위대함에
무지갯빛 꿈 영글고

콧노래 하굣길에도
그 꿈 도망갈까
다섯 가죽 끈으로 묶어 호주머니 깊숙이

묶여서 땀내니
꿈의 상징 십 원 오직 두 자
뭉개지면 어쩌나 두려워

급한 척 길가 풀숲 뛰어들어
고개 숙였다 어깨 떨며
안도하고 미소하며
다다른 곳

읍내 차부 옆 양과점(洋菓店) '부레옥'
큰 도박을 결심하고

쇼윈도 양과
침 삼키며 다 헤아리고
몸 일으키는 데

야아, 학생!
비싸서 너는 못 먹어!

화들짝 놀란 뒷걸음에
여학생과 부딪치고 내달린다
모퉁이를 돌아 반대 방향으로
멀리 오래

한 참후
후미진 뒷골목으로 되돌아 와
완행버스 뒷문으로
잽싸게 몸을 싣는다
맨 뒷자리에

그칠 줄 모르는 장대비
못 본 척 아무 말 안하니
덩달아 태연한 체 차창 밖
장대비만 응시하던 그때 그 학생은 누구인가?

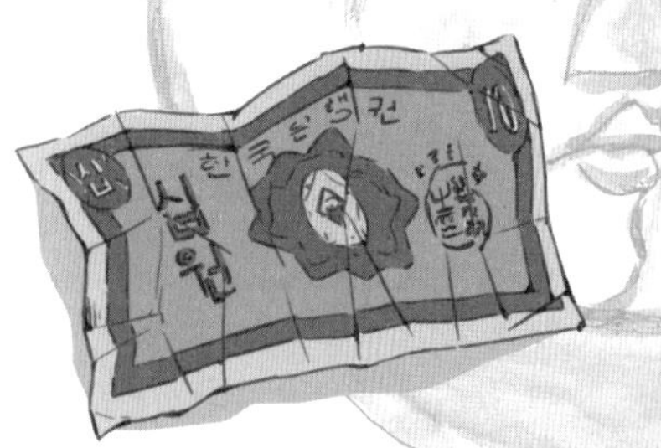

내가 바라는 대통령

세상을 등지고 초야에 묻혀 울분을 삭히며 후학을 가르쳤다는 고결한 인품의 옛 선비들 이야기를 들을 땐 고개를 갸우뚱했다. 나라가 아니 정치가 혼란스러워도 선배들의 몫이라 미루어 외면할 수 있었는데, 지금은 그럴 수도 없는 나이다.

억지로 외면하여 편안할 수도 있겠으나 비겁함에 두고두고 후회하며 괴로워할 것 같아 졸문으로 지극히 평범한 대한민국 국민 한 사람의 바람과 속내를 대한민국 제18대 대통령 후보들과 정치인들에게 말해 보려는 것이다.

더는 보기도 듣기도 힘들어지면 옛 선비들 같이 귀향해 이장(里長)이나 되어 보련다.

하나같이 국민의 열렬한 환호와 축하 속에 대통령 취임 선서 "나는 헌법을 준수하고 국가를 보위하며 (중략) 대통령으로서의 직책을 성실히 수행할 것을 국민 앞에 엄숙히 선서합니다."를 했건만 임기 말이 되면 하나 같이 거꾸로, 한 치의 오차도 없이 거꾸로 되니 참으로 안타깝고 한스러운 일이 아닐 수 없다.

왜일까. 뗏목을 지고 가파른 언덕을 오르려니 가당한가? 사벌등안(捨筏登岸), 언덕을 오르려면 뗏목을 버리라했거늘... 강을 건너는 것이 목표가 아니지 않은가. 언덕을 오르기 위한 전초(前哨)일 뿐이었다.

당연히 강을 건넌 뒤에는 과감히 뗏목은 버리고, 새롭게 언덕을 오를 수 있는 능력과 경험을 가진 자들의 지혜를 모아야하는 것인데, 인정 많은 우리대통령은 눈치 보며 무거운 뗏목을 지고 가파른 언덕을 올랐으니 얼마나 괴롭고 힘들었을 것이며, 제대로 오르기나 했겠는가? '공을 세운 뒤에는 물러나는 것이 하늘의 길이요, 사람의 도리다.' 했는데, 도리를 다하는 뗏목은 드물고 드물어 참 희귀하다.

사공은 뗏목을 버리지 못했고, 뗏목은 탐욕을 버리지 못했다.

윗자리에 있으면서 교만하지 않으면, 높아도 위태롭지 않고(在上不驕 高而不危), 높아도 위태롭지 않음은 존귀한 지위를 길이 지키는 방법(高而不危 所以長守貴)이라 했다.

개인적으로 대통령 보다 오상(五常: 仁 · 義 · 禮 · 智 · 信)의 덕을 고루 잘 갖춘 사람은 많고 많다. 이런 사람들을 두고, 높은 대통령 자리를 지켜 선정을 베풀 수 있는 방법은 오직 하나, 교만하지 않는 것뿐이다. 나아가 대통령은 고정된 마음 없이 국민의 마음을 그 마음으로 삼아야 한다.

우공이산(愚公移山), 이 말 어떤가.

우리 대통령은 어리석지 못했다.

모든 재앙은 탐욕에서 생기는 것, 가난은 슬프지만 사랑과 희망이 있고, 탐욕엔 사랑도 희망도 없다.

우리의 희망, 어리석은 대통령을 기다리면서, 대한민국 제18대 대통령선거를 설렘과 조바심으로 지켜보려한다. 국민의 한 사람으로서 영광된 조국의 미래를 염원하며, 합장(合掌)한다.

널리 잘 보고
가까운 말 가려들어
목마 태워 높였더니
하나같이 대통령답네
그 무늬

다름에서 같음을 찾아
씨줄로 삼고
같음에서 다름을 찾아
날줄로 삼아
격양가 지어 부를 날은 없는 것인가

목마 아비 힘들어도
대통령답지 않은 대통령이면
그날을 기다릴 텐데
멀고멀어 아득하여도
그날이 오기까지

나는 이런 대통령을 기다린다.

〈이 글은 대한민국 제18대 대통령선거일인 2012년 12월 19일, 100일 전에 쓴 것이다.〉

박진광

(春坡) 한국문예춘추문인협회 이사
한자 · 한문 전문지도사 공인훈장

고중 사나이들의 가야 혼(魂)

유성옥

명문 고성중학교를 졸업하고 진주고등학교에 다니던 필자는 3년 내내 도서부원을 했다. 늘 도서관에서 일하면서 학비가 면제되었고 자연히 많은 책을 접할 수 있는 기회도 주어졌다.

천하를 통일하고자 노력했던 영웅호걸들의 꿈과 좌절을 그린 삼국지, 빼앗긴 나라를 되찾기 위해 자신의 삶을 초개와 같이 버린 김구, 안중근 선생 등 위인전에 큰 감동을 받았다. 방학 때는 먼지가 풀풀 나는 도서정리를 다 마치고 나면 도서부원들과 함께 배낭을 메고 걸어서 지리산 천왕봉에 올랐다. 4박 5일간 산을 오르내릴 때는 늘 읽었던 책 내용을 가슴에 되새기곤 했다.

고교 졸업직후인 1976년 봄, 필자는 개천면 연화산에 있는 옥천사에서 잠시 지내게 되었다. 그해 봄 해인사에 계시던 고모님께서 우리 집에 오셨다. 고모님은 당시 해인사 백련암에 기거하시던 성철 스님과 삼천 배에 얽힌 일화들을 들려주셨다. 자기 자신을 위해서가 아니라 세상을 위해 할 수 있는 큰일을 소원하며 삼천 배를 올리면 언젠가는 반드시 그 꿈이 이루어진다고 하셨다.

고모님이 다녀가신 후, 나는 내가 있던 옥천사에서 땀을 비 오듯 흘리며 밤을 새워 삼천 배를 하게 되었다. 그러던 중 자신도 모르게 남북통일을 소원으로 빌게 되었고, 내가 통일을 이루는데 중요한 역할을 할 수 있도록 해 달라고 기도했다. 우리 집안에는 실향민도 없고, 북한과는 아무런 연고가 없었다. 그런데도 고등학교를 갓 졸업한 나이에 통일을 간절히 염원하게 된 이유를 나 자신도 잘 모를 일이다. 아마도 중 고교 시절의 독서에서 영향을 많이 받은 듯하지만, 필경 뭔가 특별한 힘이 그러한 나의 결심을 이끈 게 아닌가 생각한다.

옥천사에서의 삼천 배 이후 필자는 초지일관 남북통일을 위한 길을 나름 걸어왔다. 대학에 진학해서 한반도 통일문제에 관해 집중 공부 했다. 석·박사 학위논문도 남북관계와 북한 핵 문제를 주제로 했다. 통일문제에 종사하기 위해 이를 담당하던 국가기관에 지원하였다. 1980년대 말부터 20여 년 간 남북 간의 각종 대화와 접촉에도 참여하였다. 여러 차례 북한도 다녀왔다. 북한 핵문제 해결을 위한 6자회담에도 정부대표단의 일원으로 참여하였다. 지금도 통일문제와 안보관련 정책을 다루는 일을 하고 있다.

그러나 통일은 비단 나 개인만의 염원이 아니다. 이 시대를 살아 가고 있는 우리 모두의 소임이다. 우리 헌법에는 '대한민국은 평화적 통일의 사명'(前文)에 따라, '통일을 지향하며 자유민주적 기본질서에 입각한 평화적 통일정책을 수립하고 이를 추진'(제 4조)할 것을 명시하고 있다.

우리 아버지 세대에 분단의 책임이 있다면(보다 엄격히 말하면 아버지 세대는 분단의 '책임자'가 아닌 그 '희생자'들이다) 우리 세대는 그 책임을 면하게 해 드릴 의무가 있다. 아버지 세대는 식민지 압제와 전쟁, 가난의 수렁에서 모질게 살아남아 우리를 낳아 키우셨다. 그리고 보릿고개를 넘겨 우리 세대가 배불리 먹을 수 있도록 해 주셨기 때문이다. 아버지 세대에 이루어진 분단국가를 다시 온전한 통일국가로 되돌려 놓는 일이 우리 세대에 맡겨진 역사적 책무이다. 그리하여 우리 자식들 세대가 보다 풍요롭고 안전한 자유민주 국가에서 마음껏 행복을 누리도록 해 주어야 할 것이다.

오늘날 북한에는 세계에서 그 유례를 찾기 힘든 3대째 수령 독재 체제가 계속되고 있다. 한반도 북쪽에서만은 역사가 거꾸로 가고 있다.

논어 '안연 편'에 보면 애제자 안회(자공)가 공자에게 올바른 정치가 무엇이냐고 물었다. 공자는 '식량을 풍족하게 하고(足食), 군대를 충분히 보유하고(足兵), 백성의 믿음을 얻는 일이다(民信)'고 대답했다. 그러자 안회가 물었다. 어쩔 수 없이 한 가지를 포기 해야 한다면 무엇을 먼저 버려야 하느냐고 하자, 공자는 足兵을 버리라고 대답했다. 그러자 다시 안회가 나머지 두 가지 가운데도 하나를 포기해야 한다면 무엇을 버려야 하느냐고 묻자, 공자는 足食 이라고 했다. 끝까지 버려서는 안 될 것이 民信이라고 했다. 공자는 '백성의 믿음이 없이는 나라가 서지 못한다.' 無信不立 즉, 국가든 사람이든 믿음이 없으면 살아갈 수 없다고 했다.

지금 북한은 어떠한가? 이른바 군사력이 모든 것에 우선한다는 先軍政治의 구호아래 핵무기와 미사일 개발을 위해 국가재정을 탕진하고 있다. 그러다 보니 민생경제는 파탄 나고 아사자가 속출하고 있다. 20만 명이 넘는 주민들이 정치범 수용소에 감금되어 있고, 全 주민이 감시와 통제 억압의 일상에서 신음하고 있다. 인권과 민주주의는 세계 최악의 수준이다.

북한은 공자가 강조한 정치의 正道와는 정반대의 길로 가고 있다. 인간 삶의 이치와 정의를 거스르는 정권의 종말은 어떠했는지 세계 역사는 잘 말해주고 있다.

임마뉴엘 칸트는 그의 저서 〈영구평화론(1795년)〉에서 세계 평화를 이루기 위해서는 공화정과 국제법, 세계정부가 필요하다고 했다. 공화정(민주국가)이 중요한 것은 민주국가에서는 전쟁의 피해를 입게 될 국민의 동의를 구할 수 없어 쉽게 전쟁을 일으키지 못하지만, 독재국가는 국민의 동의를 구할 필요가 없이 독재자가 마음만 먹으면 전쟁을 일으킬 수 있기 때문이라는 것이다. 북한의 끊이지 않는 도발과 호전적인 대남 태도도 이런 관점에서 바라보아야 할 것이다.

이로 볼 때 북한에 민주화와 개혁개방이 이루어지지 않고서는 한반도의 평화와 통일의 길은 매우 멀고 험난한 여정이 될 것이다.

따라서 우리의 통일노력은 북한의 민주화와 주민들의 열악한 인권에 대한 관심과 개선에서부터 출발해야 한다. 구호가 아닌 조용 하면서도 실질적인 통일 노력이 수반되어야 한다. 그리하여 북한체제가 민주화되고 남 · 북간에 신뢰에 기초한 진정한 화해협력이 가능할 때 한민족이 힘차게 웅비할 수 있는 통일시대의 문을 활짝 열어 나갈 수 있을 것이다.

고중 사나이들이 늠름한 기상을 연마한 명문 고성중학교는 삼한시대 변한 12국 중 고자미동국의 본토인 고성읍에 자리 잡고 있다.

우리 고성은 서기 42년부터 461년간 소가야의 도읍지가 있던 유서 깊은 곳이다. 우리민족 역사상 최초의 통일국가를 이룬 3국 통일의 주역인 신라

김유신 장군은 가야국의 시조 김수로 왕의 12대 孫인 가야계였다. 김유신 장군이 신라 무열왕과 문무왕을 도와 서기 676년 삼국통일을 이룬 이후 무려 1300여 년간 통일 국가로 있던 우리나라가 다시 분단된 지도 60년이 넘었다.

오늘날 우리는 지구상 유일의 분단국에 살고 있다. 희대의 북한 독재정권은 핵무기로 무장하여 한반도 평화를 위협하고 있고, 북한주민들은 압제 하에서 신음하고 있다. 이러한 현실을 지켜보면서 삼국통일을 이룬 주역이었던 가야 혼을 생각해 본다.

필경 소가야에 자리 잡은 고성중학교를 졸업한 고중 사나이들의 핏 속에는 그 청정한 가야 혼이 흐르고 있을 것이다. 그리하여 우리 고중 사나이들이 그들 속에 내재된 가야 혼을 부활하여 저 마다의 자리에서 '한 결 같이 뻗어나' 분단된 우리나라를 재통일시키고 대한민국을 세계의 중심으로 우뚝 세울 주역이 되는 꿈을 꾸어 본다. 그날이 오면 필자도 미력하나마 그 대열에 힘을 보태고 싶다.

고중 사나이들이여! 큰 꿈을 안고 푸른 창공을 힘차게 비상하라!

유성옥

현) 국가안보전략연구소장
고려대 정치학박사
남북회담 · 6자회담 정부대표
전) 국정원 대북담당 국장 · 지부장

우리 아빠가 달라졌어요~!

이미란

〈우리 아빠를 소개합니다〉

사람 좋아해서 친구 많고 모임도 많으신 우리 아빠.
가족끼리 놀러가자고 하면
"피곤해"
라고 하시다가도 친구가 전화하면
"오케이"
하시는 아빠.
그런 아빠에게
"나중에 커서 작은 아빠같은 가정적인 남자랑 결혼할거야!"
라고 말해서 아빠를 서운하게 했던 못된 딸.
결혼하기 전에도 투닥거리며 아빠에게 바라기만 했던 딸.
그 딸이 오랜만에 펜을 들었습니다. 감사의 마음을 담아서.

2012년 2월 10일. 해랑이를 낳았습니다. 자식을 가지면
많은 생각이 드나봅니다. 아이를 낳고 보니
'내가 잘 키울 수 있을까, 아프면 어쩌지'
하는 두려움도 생기고 나를 낳고 키워주신 부모님이
사무치게 보고 싶고 그리워 졌습니다.
'아. 나를 낳을 때 엄마도 이렇게 힘들었겠구나.
내가 태어나니 아빠의 어깨도 그만큼 무거워졌겠구나.
많이 힘드셨겠다.'
엄마, 아빠가 느꼈을 가슴 먹먹함과 딥딥함을 힘께

느끼면서 어느새 이해가 되기 시작했습니다.
그리고는 미안함과 감사함이 고개를 들었습니다.
그러나 어느새 내 새끼 살피느라고 표현도 못하고 지나갔지요.

〈우리 아빠가 달라졌습니다〉

2012년 5월. 해랑이 백일이 되었습니다. 칭얼거리는 해랑이를 달래느라고 아빠가 아기띠를 했습니다. 저랑 동생이 태어나서 한번도 포대기를 해본 적이 없다던 아빠. 그런 아빠가 칭얼대는 해랑이를 안고 달래는 걸 보니 엄마가 다 놀래셨지요. 그게 다가 아니었습니다. 아기가 우는 걸 정말 싫어하는 아빠가 해랑이가 울면 저한테 주실 줄 알았는데 안고 달래시는 겁니다. 동요도 불러주시고 비행기도 태워주시고 놀아주시는 아빠 모습에서 내가 어릴 적부터 바랬던 가정적인 우리 아빠가 있었습니다. 기억을 떠올려보면 아빠가 비행기도 태워주고 목욕탕도 데려가고 그랬었는데 왜 나는 그런 것은 기억을 못 했을까요. 어쩌면 무뚝뚝한 딸이 문제였는지도 모르겠습니다.

해랑이도 외할아버지를 참 좋아합니다. 아빠, 엄마가 없어도 외할아버지 혼자서 해랑이를 보실 정도로 좋아합니다. 부산에 가면 제일 먼저 할아버지 방에 가서 문을 열어보는 해랑이랍니다. 그런 해랑이라서 아빠가 달라지셨나 봅니다.

어느 날, 미루고 미루던 건강검진을 아빠가 하셨습니다. 우리가 매번 병원 가시라고 할 때는 짧고 굵게 사신다고 하시며 안 가시더니 해랑이가 태어나고 나서 종합검진을 받으신 겁니다. 해랑이를 위해서라도 건강하게 오래 살아야겠다며 엄마에게도 앞으로 더 잘 하겠다며 건강하게 살자고 하셨답니다. 항상 먼저 주변사람들을 위해 쓰시던 것들을 이제 가족을 위해 하시겠다고 하셨답니다

우리 아빠가 달라지셨습니다.

해랑이에게 고마워해야겠습니다. 아빠를 웃고 즐겁게 해주고 건강하게 생활하게 해주니 말입니다. 이럴 줄 알았다면 결혼을 일찍 해서 해랑이를

빨리 낳을 걸 그랬습니다. 아빠, 엄마에게 고맙고 미안했던 것을 우리 해랑이가 대신해서 해주고 있는 것 같습니다. 아빠에게 했던 많은 가시돋힌 말들과 행동들을 해랑이가 깨끗하게 씻어내고 대신에 좋은 기억들로 채워 넣어주면 좋겠습니다. 해랑이가 커갈수록 부모님께 감사함이 늘어납니다. 엄마, 아빠 감사합니다~

〈우리 다정한 아빠를 소개합니다〉

자식 욕심이 많아 셋 낳을 거라고 하는 사위에게
우리 딸 힘들다고 둘만 낳으라는 우리 아빠.
손자 보느라 힘들다고 몰래 밖에 나가서
사위 옷을 사들고 오는 우리 아빠.
과일 좋아하는 부인을 위해서
갖가지 과일을 박스째로 사오는 우리 아빠.
새벽에 일어나 할아버지를 깨우는 손자도
이쁘다며 놀아주시는 우리 아빠.
그런 아빠에게 너무나도 감사한 철부지 딸.
아빠~
곧 있으면 두 번째 손자도 태어날 테니
앞으로도 건강하셔야 하는 거 아시죠?
아빠를 위해 손자 많이 낳아드릴게요~
여태껏 함께 하지 못했던
많은 시간을 대신해서
앞으로 많은 추억들 만들어요.
항상 건강하시고 사랑합니다.

이미란

【이승운의 장녀】 경남 거제 중곡초등학교 교사

늦지 않았습니다

이상성

글쟁이 내 친구가 말하기를 '머릿속의 생각을 입으로 표현하면 말이 되고, 펜으로 적으면 글이 되는 즉 뭐 그리 어렵게 생각하느냐' 고 말하더이다. 직업이 글쟁이인 시인이나 소설가도 막상 펜을 들면 생각처럼 작품이 잘 잘되지 않는다는 것을 그 친구도 잘 알면서 말입니다. 그래, 좋다. 뭐 별거 있나 내 살아가는 모습과 생각을 가감 없이 글로 옮기면 될 것이라는 가벼운 마음으로 펜을 들었습니다.

약 9개월 전 어느 날, 카카오 톡에서 거창하게도 '용기 있는 자 세상을 얻는다.' 라는 문구와 함께 색소폰을 불고 있는 사진이 한 컷 올라왔습니다. 내 나이 오십 후반에 처음으로 큰 용기를 내어 테너 색소폰에 입문하였습니다.

그런데 이게 불어도 소리가 안 납니다. 학원 선생님의 지도로 몇 번 불어보니 겨우 모기 소리만 하게 소리가 납니다. 소리를 나게 하는 것도 중요하지만 두려운 것은 삭고 삭아 쓸 만한 것이 별로 남아 있지 않은 내 머리로 과연 콩나물 대가리를 읽어가며 연주할 수 있을까 하는 것이었습니다. 그런데 너무나 신기하게도 악보를 보고 떠듬떠듬 손가락을 짚어나가다가 약 2개월 쯤 지나서는 악보가 눈에 들어오기 시작하고 3개월 쯤 지나서는 반주 모니터를 보고서도 따라 짚어나갑니다. 처음 반주기 모니터를 접하고서는 제일 앞의 악보 한 소절을 보고 있는 사이 노래 한 곡의 반주가 끝나버리는 어이없는 일이 일쑤였지만 굴하지 않고 눈에 불을 켜고 악보를 쫓아다니다 보니 어느새 자신감이 붙기 시작했습니다.

시간이 허락하는 한 주말이면 대 여섯 시간 학원에 살다시피 하면서 연습에 연습을 거듭하니 어렸을 적 댕기풀이 한답시고 젓가락 장단으로 상다리 두들기면서 부르던 '한 많은 대동강', '눈물 젖은 두만강', '동백 아가씨' '목포의 눈물', '하룻밤 풋사랑' 등의 노래가 순전히 내 입으로 불어내는 입심에 못 이겨 색소폰이 노랫가락 소리를 낼 때 너무나 신기하고 황홀하여 시간가는 줄 모르고 몇 시간을 쉬지 않고 불고 또 불어도 봤습니다.

하지만 이놈의 악기가 알면 알수록 오묘하고 배울 것이 많아서 노래 한 곡을 수 백 번 불어야 남이 들어도 별 부담 없이 들어 줄 수 있는 음악이 될 것이라는 사실을 알고 정진 또 정진하고 있습니다. 어떤 때는 먹는 것도 자는 것도 잊기도 합니다. 이제는 서브톤 비보라토 칼톤 등 연주에 꼭 필요한 기교를 배우고 있는 중입니다.

세상을 살면서 막연하지만 누구나 항상 생각하지요. 이것도 해 봤으면 저것도 해 봤으면 하고요. 저 같은 경우에는 기공수련도 좀 더 깊이 있게 해보고 싶고 붓글씨 사물놀이 통기타 피아노 등등 해보고 싶은 것들이 아직도 많은데……. 어디까지 실현 가능한지는 알 수 없지만요.

얼마 전 도산면 어는 외딴 섬에 작은 집을 짓고 귀향하여 살고 있는 친구 집에 다녀왔는데 너무나 부러웠습니다. 아마도 나는 그런 생활이 불가능하리라 생각합니다. 하지만 꿈을 꾸어 봅니다. 희망을 걸어 봅니다. 꿈은 이루어지라고 있는 것이니까요.

곱씹어 봅니다. 왜 '용기 있는 자 세상을 얻는다.' 라고 했는지 말입니다. 항상 뭔가를 생각만하고 실천하지 못하면 어느덧 너무 늦어 생의 끄트머리에서 후회스런 탄식을 할 것입니다. 왜 그때 그 시절 좀 더 용기 내어 내가 해보고 싶은 그 무엇에 당당히 도전해보지 못했을까 하고 말입니다. 그러나 그때는 이미 늦어버렸습니다. 제가 다니는 학원에 72세 된 선배가 얼마 전 색소폰에 입문하였습니다. 늦었다는 때가 이른 때입니다. 지금도 그리 늦지 않았습니다. 시작하십시오. 지금 바로 시작하십시오! 그것이 무엇이든……

졸필을 끝까지 읽어 주시어 감사합니다.

이상성

아내 중독자

이성열

누구의 입김이 저리 뜨거울까?

불면의 열대야를 이웃집 암내 난 고양이가 한 자락씩 끊어내며 울고, 만삭의 몸을 푸는 달빛 아래의 겹 동백 무성한 잎새가 가지마다 꽃눈을 품는 8월이 오면 나는 어김없이 『아내 중독자』가 된다.

언제부터인가 아내를 보면 미안한 마음이 속 깊이 자리하고 있음을 안다. 막내딸로 귀여움을 독차지하며 자란 아내는 공직자의 길을 택한 나에게 시집을 오면서 자연스레 이름이 없어져 버렸다.

지천명을 지난 지금도 "○○엄마 어디 있느냐?, ○○엄마 어디 갔느냐?"고 주변사람들은 말한다.

얼마 전 한 통의 편지가 주인을 찾아 돌고 돌다가 결국 아내에게로 왔다. 좋은 소식을 가지고 온 우편배달부가 도리어 미안해하며 안절부절 못하였다. 시골 이웃은 물론 친지들 중에 내 아내의 이름을 아는 이는 아무도 없다. 그러니 우편배달부가 내 아내의 이름을 알고 기쁜 편지 한 통을 막힘없이 전해 주기를 바랐다면 그 욕심 참 지나치다 할 것이다. 더욱 미안한 것은 그 일을 겪은 지금도 내 아내는 여전히 "○○엄마"로 불린다는 사실이다.

한 번은 이런 웃지 못 할 일도 있었다.

집안 어른들과 자식들이 다함께 자리한 모처럼의 시간, 나는 아내에게 "기진아" 라고 불렀다. 이때 큰 딸이 "아빠, 왜?" 하고 달려왔다.

"아니, 너 말고 네 엄마 말이다." 정말 미안했다.

어느 해인가 어머니 생신날이었다. 형제간에 모여 식사를 하는데 전화벨이 울렸다. 어머니께서 전화를 받으시고는 "기진아, 전화 받아라!" 하셨다. 손녀인 큰 딸은 "네"하고 달려왔다. 그러자 어머니께서 "너 말고 네 엄마

전화다." 하셨다. 결국 아내의 전화였다. 친정 부모님께서 지어주신 소중한 아내의 이름은 시집오면서 버리고, "기진 엄마"로 남은 것이다.

기진 엄마!

이녁과 내가 결혼을 하고 세상에서 당신의 이름은 지워졌다. 하지만 나는 어느 한 순간도 어김없이 "아내 중독자"로 이녁 곁에 머물고 있다.

오랜 장마에 흐리게 지워지는 풍경도 이녁의 이름을 내 심장에서 지워내지 못했고, 세상사에 시달려 돌부리에 걸려 넘어지던 순간에도 이녁의 이름은 내 가슴에 아로 새겨져있다.

물론 이녁은 알고 있을 것이다. 내가 술보다도 술 마시는 분위기를 더 좋아한다는 걸. 술이 떨어지고, 사람들이 하나 둘 지갑을 챙기고, 마침내 마지막 셈을 마치고 제각기 신발을 찾아 신고 떠나지만, 그때도 어렴풋이 나는 알고 있을 것이다. 내 인생의 선술집에서 홀로 누군가 마지막까지 남아 내 대신 상을 치우고 그 모든 걸 기억해내고 뜨거운 눈물을 흘리리란 걸.

그가 바로 이녁이란 걸.

그래서 나는 "아내 중독자"란 사실을 이녁이 기억해 줬으면 좋겠소.

지금이라도 불러보고 싶다. 당신의 이름을……

○자야, ○자야, 사랑합니다.

당신을 사랑합니다!

당신의 이름까지도 사랑합니다!

이성열

쌍둥이

이영준

무시로
생각나서 생각하고
생각하여 생각하니
사랑인가

언제나
사랑으로 사랑하고
사랑하여 사랑하니
생각인가

생각하여 사랑하고
사랑하여 생각하니
생각은 사랑이고
사랑은 생각이니

사랑 생각
생각 사랑
일란성 쌍둥이.

이영준

세한도(歲寒圖)

이학열

인간은, 누구나 없이 속절없이 흐르는 시간(세월)을 막을 수는 없지만, 가슴속에 남아있는 아름다운 추억들은 덧없는 세월의 허무감을 물리치게도 합니다.

유난히 어려움이 많았던 한해도 끝에 몰려 신음을 합니다. 이럴 때 일수록 격 없이 속내를 드러낼 수 있는 따뜻한 마음을 가진 벗님들이 못 견디게 그립습니다. 남은 한해를 잘 마무리 하시고 벅찬 희망의 새해를 맞이하시기를 소망합니다.

세모(歲暮)에 세한(歲寒)의 앙상한 나뭇가지를 보면서 여름날의 무성함이 그 얼마나 허망한 것이었는지 다시 한 번 되새기게 한다. 우리에게 이런 세한을 겪지 않고도 늘 푸른 것과 그렇지 못한 것을 분별할 수 있는 지혜가 있다면 얼마나 좋겠느냐 만은 우리 인간에게는 애초부터 그런 능력은 없었나 보다. 문제는 그런 것을 직접 경험하여 옳고 그름을 알면서도 고치지 못하고 반복해서 우를 범하는 것이 참으로 안타까울 뿐이다.

우리 같이 세한(歲寒)의 세모(歲暮)에 추사 김정희 선생의 세한도(歲寒圖)를 음미해 보고, 우리 일상의 교훈으로 삼아보세.

조선 말기의 고증학자(考證學者)이자 금석학자(金石學者)이며, 또한 서도가(書圖家)로서의 명망이 높았던 秋史 金正喜가 제주도로 귀양살이를 가게 되자 그간 그와 두터운 친분을 맺어 왕래하던 사람들 중 거의 대부분은 발길을 끊게 되었으나 그의 제자 이상적(당시 온양 군수)만은 꾸준히 스승을 위하여 책을 구해 보내는 등 변함없이 친분을 유지하며 정성을 다 하였다. 그런 제자를 위한 마음의 표현으로 그려 주었던 것이 바로 세한도인 것이다.

세한도는 그림 이전에 그의 암울하고 쓸쓸한 귀양살이를 잘 보여주는 하나의 심경사진(心境寫眞)이다. 자신의 말할 수 없이 처절한 심정은 볼품없는 조그마한 집 한 채로, 제자의 변함없는 고마운 마음과 행동은 지조와 절의의 상징인 우뚝한 소나무로, '너와 나' 둘을 제외한 모든 사람들의 무관심은 소나무와 집 이외에는 아무것도 없는 겨울 배경으로 표현하였다.

추사 김정희는 세한도의 발문(跋文)에서 이렇게 말한다. "세상의 도도한 물결은 오직 권세와 이익의 높고 많음만을 따르는데, 그것을 위하여 마음을 소비하고 힘을 소비함이 이와 같아, 권력 있는 자에게 주지 않고(제자 이상적이 스승을 위해 중국 연경 등을 왕래 하면서 조달한 귀한 서적을 두고 하는 말인 것으로 보인다.), 바다 밖(제주도)의 한 초췌하고 고고(枯槁:메마른)한 사람에게 주었으니, 세상 사람들이 권세와 이익을 따르는 것과 같구나(세상사람들이 권력자를 따르듯 제자는 나를 따라 주는구나)" 또한 "옛날 말에 이르기를 권세와 이익으로 합한 자는 권세와 이익이 다하면 교분이 성글어 진다고 하였는데, 그대 또한 세상 물결속의 한 사람으로서 초연히 스스로 도도한 물결에서 (몸을)빼어 권세와 이익의 밖에 있으니 나를 보기를 권세와 이익으로써 하지 않는 것인가? 옛말이 그른 것인가?"

"옛날 어진 이에게도 빈객이 시세(時勢)와 더불어 성하고 쇠하곤 하였으니 이렇듯 세상인심과 의리, 지조의 박절이 극에 달하여 슬프다! 옛날 말에 전하는 바에 의하면 이런 박절함을 경계하려 대문에 이런 방을 붙였다고도 한다. 一死一生에 사귀는 정을 알겠고, 一貧一富에 사귀는 모습을 알겠으며, 一貴一賤으로도 곧 사귀는 정을 알 수 있겠노라."

공자가 말씀하시기를 '날이 차가워진 이후라야 소나무와 잣나무가 늦게 시드는 것을 안다.' 고 하였다. '소나무와 잣나무는 사철을 통하여 시들지 않는 것으로서, 세한 이전에도 하나의 소나무와 잣나무요. 세한 이후에도 하나의 소나무와 잣나무이다. 성인(聖人)이 특히 세한의 후에 그것을 칭찬하였는데, 지금 그대는 전이라고 더함이 없고, 후라고 덜함이 없구나.'

소나무와 잣나무가 지니고 있는 상징적인 의미는 지조와 의리이다. 소나무와 잣나무가 지조와 의리의 상징 형으로 인식되게 된 것은, 그것이 지닌 생태적 속성에 기인한 것이다. 즉, 추운 겨울이 되면 모든 식물들은 낙엽지는데 오직 소나무와 잣나무만은 상록수의 푸름을 잃지 않는다. 그러므로 권세와 이익에 아부하지 않고 오직 지조와 의리를 지키는 것을 인간의 기본 도리라고 굳게 믿고 실천하고자 함에 세한도의 깊은 뜻이 있는 것이다. 잘못된 세태 즉 지위와 권세 그리고 이익이 있을 때면 방문객이 문전성시를 이루고, 관직에서 물러나거나 재물을 잃고 나면 누구 하나 찾아오는 사람이 없는 기회주의적인 세태와 인심에 대한 통렬한 비판이자 시위이다.

나는 산행을 자주한다. 일요일은 물론 토요일 공휴일에도 특별한 경우를 제외하고는 늘 산행을 한다. 혹 경조사가 있는 휴일이면 이른 시간에 산행을 하고 그 행사에 참석을 한다. 그러므로 나는 사시사철 산의 변화하는 모습을 좀 더 가까이서 볼 수 있고 또 느낄 수 있다. 어떤 때는 봄, 여름, 가을, 겨울 철 따라 다른 모습으로 변해가는 산의 식물들을 보면서 그 변화가 우리네 인간사와 크게 다르지 않다는 느낌을 가지는 때가 많다.

황량한 겨울의 끝자락에 이르면 어김없이 온 산과 들은 따사로운 햇살을 불러 들여 아지랑이를 피워 올리고 부드러운 바람과 새 소리로 봄을 만들어 간다. 봄기운이 완연해지면 온갖 식물들은 너나없이 싹을 틔우며 새 순을 낸다. 지난 해 늦가을 겨울의 세 불리하다고 한달음에 도망하여 자취를 감췄던 부끄러운 배신의 세월을 망각하고 버젓이… 그래도 처음에는 일말의 양심이 있어 작고 여린 연두 빛으로 시작을 한다. 이웃의 식물도 또 그 이웃의 식물도 다 같이 작고 여린 연두 빛으로 자신들을 서서히 드러낸다. 모두가 작고 여린 연두 빛으로 하나가 되어 너와나 구분도 차별도 없어진다.

이때 하나가 자신에게 더 관심을 가져 달라고 푸른빛을 조금 더하면 기다렸다는 듯이 다른 모든 식물들이 그 보다 조금 더 푸른빛을 더하려고 분주하다. 급기야는 서로가 자신이 더 푸르고 진정한 푸름이라고 다툼하며 싸운다. 키를 더 키우고 가지를 더 늘어뜨리고 심지어는 바람소리 새소리까지 동원해 가면서 산행하는 나의 팔을 잡고 애원을 한다. 더 가면 푸름은 없다고, 어떤 것은 꽃을 피우고 향기를 풍기며 자신만이 진정 푸르고 매혹적이라고… 끝까지 푸른 지조와 의리를 지킬 이는 자신만이라고… 어떤 경우는 무리를 지어서 푸름을 자랑한다. 그런 봄을 지나 여름이 되면 온 산과 들은 푸르기만 하다.

푸르지 않은 곳은 한 군데도 없다. 푸르지 않은 것도 없다. 참으로 이상한 것은 찬 서리에 삭풍마저 인내의 한계를 시험하던 황량한 그 긴 겨울에는 모두 다 어디에 있었단 말인가? 어느 것이 더 푸르고 진정한 푸름인지 가늠할 수 없어 머뭇거리는 사이에도 어김없이 가을이 오면 모두는 오색단풍으로 위장하여 끝까지 현혹시키려 한다. 마지막 순간까지…

그러나 날씨가 점점 추워지고 바람마저 찬 기운을 안고 불어오면, 세 불리한 징후를 짐승처럼 감지하여 모두 하나 같이 처음에는 변색하여 숨다가 반전의 기미를 느끼지 못하는 순간 흔적도 없이 일시에 사라져버린다. 아마도 까치발까지 해가면서 자신만이 진정으로 푸르다고 아우성하고 급기야는 오색단풍으로 현혹하던 그것이 먼저 사라져 가버린 것이다.

새삼 돌이켜보면 지난해와 마찬가지로 소나무와 잣나무만 남았네. 푸름을 잃지 않고서 봄부터 여름까지 온갖 것들이 푸름을 자랑할 때 한발 뒤로 비켜서서 묵묵히 자신의 역할만하던 너! 소나무와 잣나무만이 삭풍이 몰아치는 이 황량한 겨울에도 한 결 같이 내 곁에 남았구나. 나는 너를 두어 사람보다 낫다 하련다.

기회에 다시 한 번 마음에 새겨 보고자 하는 것은, 변해서는 안 되는 것은 꼭 그늘에서 말려야 하는 것이라고. 관목(棺木)도 그렇고, 거문고를 만드는 오동나무, 집 지을 서까래, 기둥목, 질 좋은 종이 한 장도….

판소리에서도 또랑또랑한 목소리는 별로 치고, 소리에 그늘이 있어야 심금을 울리는 깊은 맛이 오묘하게 우러난다는 것이다. 바삭 마른 빛나는 햇빛보다 은은히 파고드는 달빛, 다 노출하지 않는 절제됨!

벗님들이여! 우리도 이와 같이 남은 세월을 같이 하자!

[임진년 세모에 (2012년 12월 31일)]

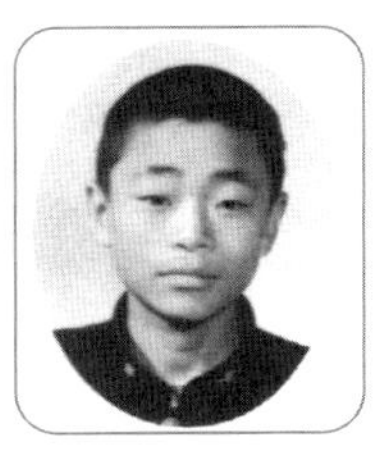

이학열

현) 고성중학교총동문회 사무국장
현) 고성농협 상임이사

친구야!?

정연주

오늘 잘 모르는 번호가 뜨길 래 웬 전환가 하고 받았더니 우리친구가 고성 말로 "시이도 안한 짓을 했네..." 뒤통수 맞은 기분이라 쿠더마는 띵 한기 딱 그 기분이네. 잘 모리 것고 티켓은 잘 쓰끄마.

지난번에 꿀 보내 놓고 보니 속에 편지 한 장 써 놓은 기 있었는데 빠자 문네, 그 때 몬 보낸 편지 지금 보낸다.

친구에게

그냥 꿀 병만 보내려니 어째 좀 서운 한 것 같아 몇자 적어 동봉 하네. 편지를 써 본지가 하도 오래돼서 언제 적 이야기인지도 모르겠지만, 서두를 어떻게 써야 할지 참 어색하다.

양봉업!

인생을 살다보니 이것, 저것 안 해본 것 없이 참 많이도 해보는 것 같다. 그러나 내 손으로 떤 꿀을 내 소중한 친구에게 보낸다는 작은 즐거움도 있다.

벌을 조금 키울 때는 꿀 좀 많이 떠서 아는 사람 모두에게 나눠 줄 수 있으면 참 좋겠다는 생각을 했었는데, 조금 더 떠니까 한 병이라도 더 돈을 만들어야겠다는 치사하고 옹졸한(?) 생각이 들어 쓴 웃음이 나오게 만드네.

비록 포장은 별로지만 속에 든 꿀 만큼은 나의 자존심이자 양심이니 단맛만 느끼지 말고(아참 밤꿀이라 마이 쓥것네...그래도 올해는 이상 기후로 꽃들이 한꺼번에 피는 바람에 마이 섞이가 그리 쓥지는 않을끼다.) 친구의 情도 함께 느끼길 바라네.

혹시 꿀이 결정이라도 생기면 그것이 설탕 먹인 꿀이라고 오해는 하지 마시게. 설탕물을 꿀이라고 친구에게 사기 칠 놈이 아니란 것쯤은 이미 잘 알고 있지 않은가? 그 정도의 배알이 있는 놈이었으면 지금 이 촌구석 한갓진 곳에서 벌이나 치고 있겠는가?

잘은 모르지만 나도 벌 키우면서 배웠는데, 풀꽃에서 나오는 포도당과 나무 꽃에서 나오는 과당이 기온이 낮아지면 서로 어울리지 못해 엉겨서 결정이 된 것이라고 하니, 꿀 따러 나가는 벌보고 '오늘은 나무 꽃에만 가서 꿀을 물고 오너라.' 할 수 없는 노릇이니, 꿀의 결정은 어쩔 도리가 없는 일이라네. 고백 하건데 그 전에는 나도 그것이 설탕 먹인 꿀인 줄 알고 있었다네.

오랜만에 쓰는 글이라 앞뒤도 없으니 이해해 주시기 바라네.
편지 한 장 쓰는? 이 일도 해 보니 이만 저만 고역이 아니라네.

친구야 !
아프지 말고 언제나 건강했으면 좋겠다. 그럼 이만 총총.
고성에서 친구가....

정연주

벚꽃이 아닌 '무궁화 축제'를 갖는다면

정종암

이상기후 속에서도 벚꽃(Cherry Blossom; Japanese cherry)은 한반도를 뒤덮는다. 이에 매년 4월이면 대한국민이 벚꽃 축제에 혼을 빼앗긴 광란의 질주다. 환호 속 꽃비를 내리면서 우리네 삶처럼 피었다가 곧 지는 게 자연의 법칙이지만, 벚꽃 아래에서 계속적인 춤을 출 것인가. 꽃도 꽃 나름이다.

"무궁화 무궁화 우리나라 꽃/ 삼천리강산에 우리나라 꽃// 피었네 피었네 우리나라 꽃/ 삼천리강산에 우리나라 꽃"이란 동요는 유치원에서부터 울려 퍼지건만, 진정 무궁화는 청와대 문양에만 있단 말인가. 우리나라를 상징하는 무궁화는 어데 가고 "사쿠라 사쿠라 우리나라 꽃/ 삼천리강산에 우리나라 꽃"이라고 외치는 듯한 판국이다.

그 많고 많은 꽃 중에서 하필이면 벚꽃 축제일까. 우리나라 꽃 무궁화는 온데간데없이 연인 간에, 가족 간에 손에 손을 맞잡고 민족의 얼과 혼까지 잊고 왜색조의 벚꽃에 취하는 것에 아무 거리낌도 없는 형색이 애처로우면서 통곡할 일이다. 슬프다. 슬퍼. 너무 슬프기에 할 말을 잃는다.

미국을 중심으로 한 서양에서는 무궁화를 이상향인 샤론의 장미(rose of sharon)라 하여 '꽃 중의 꽃'이라 칭송하고 있다. 상고시대를 조명하는 〈단기고사〉와 〈환단고기〉는 무궁화를 각각 '근수'와 '환화 또는 천지화'라고 했고, 중국 춘추전국시대 지리서인 〈산해경〉에서는 "군자의 나라(우리나라)에 훈화초(무궁화)가 있어 아침에 피었다가 저녁에 진다"고 하였다. 옛부터 우리나라를 '근역' 또는 '근화향'이라 불렀으며, 무궁화가 많이 서식한다는 기록까지 있다.

이처럼 동서고금을 통하여 우리의 국화(國花)인 무궁화에 대해 고아하고 순결한 아름다움을 찬양하고 있다. 또한 여느 국가와는 달리 구한말부터 무궁화를 국가나 황실이 지정한 게 아닌 '우리 국민 스스로 국화로 정했다는 점' 이다.

만개한 사쿠라의 넋에 빠진 '하나미(花見: 꽃놀이)' 는 일본의 국가적 행사이자 상징적 의미를 갖고 있다. 일제 때 제주도산 왕벚꽃이 일본으로 건너갔다는 설과 백제시대에 건너갔다는 설이 분분하나, 그들에게는 관습적으로 국화 격인 것은 사실이다.

일본 에도시대 때 두 여인이 사쿠라 아래에서 봄을 만끽하는 게 부러운 눈길로 쳐다보는 서민층 여인의 그림도 보인다. 벚꽃은 일본인의 정신과 마음이 담긴 민족 꽃인 반면, 무궁화는 우리 민족의 얼과 혼이 담겼음은 물론이다. 더구나 '무궁화 삼천리 화려강산' 이란 구절은 애국가의 가사가 아니던가.

일제는 무궁화가 태극기와 함께 한민족과 조국을 상징하는 강력한 존재임을 간파하고 국화말살정책을 강행, 심지 못하게 하면서 심어진 무궁화조차 모두 캐내도록 해 사쿠라를 심도록 하였다. 이러한 서러운 역사를 겪고도 정작 우리나라에는 무궁화 강산이 아닌 '벚꽃강산에 벚꽃 축제' 는 있어도, '무궁화 축제' 가 없단 게 통탄할 일이 아닌가. 이 나라 위정자나 지방자치단체, 그리고 친일을 배격한다는 단체까지 식민사관의 향수인지, 아니면 무지의 극치인지 배격하기는 커녕 일언반구도 없는 것은 아이러니다.

사실상의 일본의 국화나 마찬가지인 벚꽃이 삼천리강산을 뒤덮고, 무궁화강산은 없는 듯하다. 이에 36년간이나 짓밟은 일본이 지금이라도 개과천선하여 벚꽃 축제를 벌이는 우리에게 감사하다는 의미에서 무궁화 축제라도 열기나 할까. 어림도 없는 소리에 애완견까지 히죽거릴 노릇이다. 그들의 침략 근성은 오늘도 끊임없이 불꽃처럼 활활 타오르고 있다. 그럼에도 자존심을 버리고, 식민지시대 그들이 뿌린 벚꽃놀이가 대한민국 수도 서울은 도쿄를 옮겨놓은 듯하고 전국 각지에서도 질펀하게 벌어지고 있는 것은 개탄스럽지 않을 수 없다.

더욱더 기가 찰 노릇은 국회의사당과 그 주변이 벚꽃이 만개함에 흥분의 도가니에 휩싸인다는 점이다. 배신과 거짓이 난무하는 정치 사기꾼인 '인간 사쿠라' 와 '일본 사쿠라' 가 공존의 늪에서 한강변 샛강의 바람결에 하늘거리는 모습이 없어지는 단군의 자손이어야 한다. 일제가 무궁화를 캐내고 그 자리에 사쿠라를 심었듯이, 다 캐내고는 다른 용도로 활용하고 무궁화동산을 만들어 '무궁화 축제' 를 열어 민족의 자존심을 지켜야할 때이다.

정종암

전) 미래연합 중앙당 대변인.
한국법제발전연구소 연구원.
현) 시사평론가.
문필가.
문학평론가.
저서 「쪽방촌의 밤」, 「보통사람들의 아름다운 도전」 등

친구에게

조민호

아침저녁으로 제법 서늘한 기운이 감돌고 하늘은 날로 드높아져 淸明하기까지 한 處暑, 이즈음 사랑하는 나의 친구는 健康히 幸福하신가?

바람에 구름 밀리듯 멀어져 가는 젊음, 안타까운 마음에 우리 같이 마냥 즐겁고 幸福했던 젊은 날들을 追憶해 보자 하니, 세 살배기 젖 아이의 웃음 같던 친구의 미소가 그리워 눈을 감는다네.

우리 젊은 時節에는 아름다운 女人을 기다리며 아카시아 향기 가득한 봄 언덕에서 詩를 썼고, 한창이던 中年時節에는 勇氣와 信念으로 世上의 험한 강을 건너고 또 건넜지. 두려움 없이...

이제는 찬바람 몰아치는 겨울강가에서 얼음 같은 강물로 世俗의 먼지 지우고, 곱은 손 호호불어가면서 삶 그리고 부끄러움과 容恕에 대한 글을 써야할 때인 것이다.

친구여! 우리들의 이야기는 古典音樂같아 흔하지는 않지만 고요히 깊이가 있고, 어린 시절 아껴서 빨아 먹던 막대사탕(월남방망이)같으며, 또한 천천히 오래 조금씩 날이 갈수록 더 소중해지는 貴한 것이다.

친구여, 그대 고운 친구가 있어 내 마음에 설렘도 있고 늙어진 훗날에도 깊이 정들 것일레라.

초가을 하늘가에 바람에 밀려가는 조각구름을 하염없이 바라보면서...

친구의 친구 민호

조민호

삶의 여유

진용수

요즘 우리는 흔히들 말하는 문명의 홍수 속에 살아가고 있습니다. 문명은 몇 년 전에 비해 또는 얼마 전에 비해 금방 금방 변하면서 비약적으로 발전하고, 그러한 발전의 혜택으로 우리의 생활도 나아지고, 모든 것이 편리해지고 있는 것은 사실입니다. 오히려 점점 더 너무나 빠른 속도로 변하는 것에 따라가지 못해 혜택을 다 누리지 못하는 것도 또한 현실입니다.

그러나 이러한 풍요로운 문명 속에서 우리의 삶의 질은 어떠한가요? 그리고 문명의 수혜를 받는 만큼 생활은 윤택하고 또한 즐기며, 정말 여유로운 삶을 살아가고 있는 것일까요? 여기에서는 아마 쉽게 결론을 내리지 못할 것입니다.

세상의 모든 풍요로움과 편리함이 우리 마음 저 깊은 곳에서 갈망하는 갈증을 쉽게 해소시켜 줄 수는 없기 때문입니다. 그것은 우리의 일상생활이 기계처럼 빈틈없이 움직이는 삭막함에서 너무나 여유를 모르고 살아가고 있기 때문일 것이라 생각됩니다. 아니 잊고 살아간다는 말이 타당할지 모릅니다. 삶에 있어 여유가 없다는 것은 마음이 안정되어 있지 않고 그만큼 불안하다는 것이기도 합니다.

옛날 어릴 때 개울물이 흘러가는 곳에 징검다리를 건넜던 추억이 있을 것입니다. 그 징검다리는 우리의 보폭 정도로 돌을 놓은 것인데, 그 돌은 너무 작지도 않고 폭도 누구나 건너기 편리하도록 되어 있었습니다. 약간 불안은 하지만 그런대로 안정감이 있었던 것으로 기억됩니다.

요즘 우리 주위에 규모가 크고 높은 다리(교량)가 많습니다. 이러한 높고 큰 다리를 건널 때 징검다리처럼 우리 발 크기만큼만 디딜 수 있도록 만들어졌으면 어떠할까요? 그리고 그 높은 다리 위를 자동차가 지나가는데 자동차 양쪽 바퀴의 폭 넓이만큼만 다리가 놓여 져 있다면 어떠할까요? 또한

다리의 가드레일이 없다면 어떠할까요? 당연히 다리를 건너는데, 또는 자동차가 다니는데 있어 너무나 불안할 것입니다.

하지만 다리의 공간은 우리 발이 닿는 면적보다 더 넓게 하고, 차바퀴가 닿는 면적보다도 더 넓게 하여, 많은 여유 공간이 있는 다리를 만들었기 때문에 우리는 보다 안전하게 다닐 수 있습니다.

우리의 삶에 있어 여유는 어떠합니까? 다리와 마찬가지입니다. 다리의 여유 공간이 없는 것과 같이 살아간다면 그것은 항상 불안 그 자체일 것입니다. 우리의 대부분은 지금까지 기계 톱니처럼 꽉 짜여 진 일상을 쳇바퀴 돌듯 성실하게 살아가는 것을 최고의 가치로 생각하고 앞만 보고 달려 왔습니다. 그러면서 가끔은 문명의 풍요로움도 즐기고 편리함도 느꼈지만, 항상 무언가 마음의 평정을 얻지 못하고 마음 한구석 허전한 갈증을 느끼는 부담을 지니고 살아가고 있습니다. 한마디로 여유란 생각지도 못하였던 것입니다.

우리는 우리 부모님의 세대에 비교하면 엄청난 풍요와 혜택을 누리며 살아가고 있습니다. 이런 풍요와 혜택 속에서도 유독 마음의 여유를 찾지 못하는 것은 무엇 때문일까요? 부모님의 세대는 요즘 우리가 누리는 것과 비교한다면 그 삶 자체가 의문스러울 정도였습니다. 하지만 그런 환경 속에서도 정신적 여유를 가질 수 있는 지혜가 있었던 것입니다. 우리의 부모님들은 늘 먹는 것이 부족해서 자식들 먹는 것만 해결되어도 행복감을 느꼈습니다. 이것은 조그만 것에도 고마움을 느낄 줄 아는 것입니다.

옛 우리의 선조들은 학문뿐 아니라 올바른 선비 정신을 위한 교양 축적과 마음의 지혜를 쌓았습니다. 이 또한 지식의 습득은 물론 마음의 덕을 쌓는 수양의 깨달음으로 늘 자신을 낮추는 겸양함에서 풍부한 마음의 여유를 가졌던 것입니다.

지금은 먹는 것이 풍족해도 편식해서 몸 건강이 불안하고, 학교에서는 입시위주, 전공위주의 교육만 하다 보니 학문적 편식이 정서적인 불안을 초래합니다. 여유를 가질려 해도 여러 제약적인 문제가 있는 것도 사실입니다. 여기는 경제적인 문제, 사회적인 문제, 그리고 가정적인 문제 등의 복합적인 문제가 늘 존재합니다. 물론 이것은 한갓 지나친 욕망에서 올 수 있습니다. 경제적인 문제도 상대적인 빈곤함에서, 사회적인 문제도 항상 상대방과의 비교에서 나타나고, 가정의 문제 대부분 절대성을 아닌 상대성을 지닌다는 것입니다.

우리는 각자 자신을 한번쯤 되돌아보면서 삶에 있어 여유를 찾는 지혜를 길러야 할 것입니다.

지금은 시간적 공간적 범위가 엄청 넓어졌습니다. 기동성, 유동성이 빨라지고 너무나 세상이 빨리 돌아가지만 우리는 거기에 따라가지 못하고 있고 또한 따라갈 수가 없습니다. 그래서 매일 지치고 피곤해합니다, 그래도 우리는 우리가 할 수 있는 만큼이라도 보는 시야를 넓혀보고 그리고 이왕 빨리 따라 가지 못할 바에야 좀 떨어져서 천천히 가봅시다. 그래서 우리 나름대로 마음의 여유를 찾아 불안에서 벗어나 봅시다.

지금 우리가 살아가는 것은 앞서 말했듯이 다리에서 발 크기만큼만 디딜 수 있도록, 또는 자동차 양쪽 바퀴의 폭 넓이만큼만 다닐 수 있도록 만든 다리를 지나가는 것과 같은 엄청 불안한 삶을 살아가고 있다는 것입니다. 따라서 불안을 극복하기 위해서는 우리는 다리의 여유 공간과 같은 마음의 여유 공간을 갖질 수 있도록 각자가 추구해야 할 것입니다.

고중 선 · 후배 동문님 그리고 23회 동창여러분, 우리는 통상적인 우리의 일과 전공의 생활에서 좀 벗어나 한두 가지 정도 취미나 여가활동을 갖는 것도 삶의 여유를 찾는데 있어 좋은 방법이라 생각됩니다.

문학, 음악, 미술이나 스포츠 분야 등 시작이 어려울 것 같지만, 한번 도전해 보는 것도 좋으리라 생각됩니다. 서툴지만 하나의 악기를 다루어 보고, 붓으로 우리의 생각을 그려보고, 마음의 느낌을 글로써 나타내 보고 또는 등산을 통하여 자연과 대화해보고, 하는 속에서 우리는 또 다른 새롭고 넓은 세상을 체험할 수 있을 것입니다.

이러한 경험들이 우리의 마음속에 자리 잡고 있는 쓸데없는 욕망을 좀 지우고, 그 자리에 여유로움을 채워줄 수 있을 것으로 생각됩니다. 물론 한술밥에 배부르지 않듯이 우리가 이런 경험들이 반복되고 다양화된다면 조금씩 마음의 여유가 충전되어지는 것을 느낄 수 있으리라 기대됩니다. 그리고 부족함이 있지만 조그만 것에도 고마워할 줄 알고, 자그마한 배려에도 감동할 줄 아는 따뜻한 마음을 가져야 할 것입니다.

사람은 누구나 행복하길 원합니다. 행복의 기준은 다 다를 수 있습니다. 그러나 비록 행복의 기준은 달라도 여유로운 마음이 행복의 지름길이라는 것은 누구나 다 알고 있습니다.

고중 선·후배 동문님 그리고 23회 동창여러분, 우리 모두 높은 다리의 여유 공간처럼 여러분들 마음에 넓은 여유 공간을 만들어 지금까지만 보았던 앞만 보지 말고 사방을 돌아보면서 우리의 몸이 아닌 마음을 살찌우게 하여 보다 안전하고 풍요로운 삶을 이루도록 노력해 봅시다.

진용수

신뢰

천윤욱

들어가며

신뢰의 차원은 개인, 조직, 대인관계. 상품시장, 사회의 다섯 가지 차원으로 구분한다. 신뢰는 어떤 사실이나 사람을 굳게 믿고 서로 의지하는 것이다. 세상을 이끄는 근본은 사람이기에 신뢰는 인간관계를 이루는 근본적인 요소이다. 그러나 인간들은 스스로 발전시킨 문명 속에서 상생하면서도 서로 시기하고 질투하는 일도 많이 일어난다. 불신이 생활 저변에 깔려 있어 신뢰가 부족하기 때문이다. 현대사회의 불신은 큰 사회문제이다. 이러한 사회적 문제의 치료는 신뢰회복으로부터 출발하여야 한다.

우리나라 산업화의 기점은 1960년대이다. 급속한 산업화는 삶의 터전을 도시로 이동시켰다. 농촌 사람들이 농촌의 생산성만으로는 살기가 어려워 도시에 새로운 삶의 보금자리를 마련했다. 삶의 파이가 도시에 있다는 증거다. 일가 · 친척 이웃들이 오순도순 살아가던 전통사회도 붕괴되었다. 도시 중심의 한국사회는 인정도 메마르기 시작했다. 1980년대부터는 민주화 바람도 거세어 자유와 삶의 질 향상을 동시에 추구했다.

도시의 인심은 점차적으로 이기주의가 심화되었다. 농업을 대신한 중공업 우선 정책은 도시의 지형을 바꾸었다. 지금은 역전되어 도시인구가 농촌인구를 앞질렀다. 거대한 아파트단지로 거주형태가 바뀌면서 이웃 공동체 의식은 더욱 무너져갔다. 그리고 공동주택의 주거 비율도 전체 주택의 67% 이상으로, 세 사람 중 두 사람이 공동주택에서 살고 있다. 아파트 생활은 마음의 문이 너무 굳게 닫혀 있다. 이웃집 아이들 이름을 아는 사람을 손꼽을 수 있다. 서로 신뢰를 만들기에는 부족한 환경이다. 또한 공동체생활의 커뮤니케이션을 막는 장애요인이 되었다. 층간 소음문제는 또 다른 사회문제가 되었나. 새로운 공동체를 형성하기 위해서는 사람과 사람들 사이의 신뢰형성이 무엇보다도 중요하다.

신뢰의 현주소

신뢰의 역 파도는 정치 · 사회면에서 더 심각하게 밀려왔다. 선거철마다 정치인들이 국민들에게 약속하고 선택을 받는다. 하지만 공약(公約)이 달콤한 사탕발림으로 변하는 공약(空約)이 많다. 시민단체가 중심이 되는 매니페스토(선거공약실천)운동도 그 한계가 있다. 또한 사회는 서로 불신으로 범죄, 환경오염, 빈부차 등의 사회병리현상이 줄을 이었다.

공학과 사회과학의 발달은 인문학을 뒷방으로 밀어 넣었다. 돈이면 최고라는 황금만능주의가 더욱 사회의 불신의 폭을 더욱 넓혔다. 형제간의 재산다툼에 관한 소송도 끊이지 않는다. 인간성의 부재가 사회문제의 근본이다.

이러한 오늘날의 사회는 곳곳에서 신뢰가 무너지고 있다. 생존경쟁의 틈바구니에서 뒤쳐진 사람들은 소외의 공간으로 밀려났다. 양육비와 교육비의 과다한 부담으로 인한 저출산은 생산인구의 감소로 이어졌다. 게다가 생명공학과 의술의 발달, 건강에 대한 관심으로 100세 시대가 도래 하였다. 그러나 돌보는 이 없는 노인들의 복지는 심각한 사회문제이다. 이른바 저출산 고령화 사회가 출현한 것이다. 젊은이가 일한 소득으로 세금을 내고 노인세대를 부양해야 하는데 그 시스템이 무너져 내리고 있다. 부모 봉양에 대한 자녀들의 신뢰가 점점 식어가고 있다. 이러한 현상이 사회를 더욱 어둡게 한다.

사회에서 신뢰수준이 가장 낮은 집단은 정치인, 그나마 신뢰수준이 가장 높은 집단은 NGO(비정부조직)라고 한다. 그래서 정치인이 물에 빠지면 물을 오염시키기 때문에 제일 먼저 건져내야 한다는 우스개도 생겼나 보다. 미국의 해리스 여론조사의 결과에서 나타난 사회의 신뢰수준을 살펴보면 언론 22%, 정당 8%, 정부 27%, 대기업 12% 수준으로 사회의 지도층 그룹의 신뢰수준이 30% 이하로써 아주 낮은 실정이다.

영국의 사회학자인 데이비드 홀펀(David Halpern)은 최근의 여론조사에서 미국인은 34%만이 다른 사람을 신뢰하며, 남미인은 23%, 아프리카인은 18%, 스칸디나비아 3개국(덴마크, 스웨덴, 노르웨이)인은 68%, 네덜란

드인은 60%, 멕시코인은 31%가 다른 사람을 신뢰한다고 나타났다. 사회의 신뢰형성이 절실하게 필요하다는 반증이다.

또한 최근에 한국에서 10점 만점을 기준으로 신뢰도를 조사하였다. 정치인은 2.9점, 정당과 중앙 및 지방정부는 3.5점, 경찰의 신뢰도는 4.5점 정도로 나타났다. 그런데 한국인이 처음 보는 사람을 얼마나 신뢰하느냐의 점수는 평균 4점이다. 공공기관과 공인들의 신뢰도가 무심코 만나는 사람보다 더 신뢰도가 낮다는 것이다. 지도자들의 도덕적 기준은 고무줄이다. 청문회 등을 지켜보면 노블레스 오블리주(사회지도층의 도덕적 책임)도 너무 느슨하고 잘 지켜지지 않는 다는 것을 알 수 있다.

2013년에 들어서서 세계상황은 더욱더 불확실성속에서 살아야 하는 환경이 조성되고 있다. 한국은 주변 4대국과 북한에 대한 전략적 접근이 아주 중요한 시기이다. 북한은 김정일 사망 후에 김정은 후계체제가 출현하였다. 김정은은 핵무기와 미사일을 위주로 하는 정치 · 군사전략으로 주변국에게 얼음장을 놓고 있다. 이 체제가 어떻게 될지 아무도 알 수 없는 안개 속과 같다. 북한과의 정치적 · 군사적 대립은 너무 첨예하다. 북한은 신뢰마저 부족하여 약속을 밥 먹듯이 어긴다.

그리고 우리나라 주변의 4개국들도 변화의 패러다임을 새롭게 구축하고 있다. 중국은 제2경제대국으로서 지속적인 개혁을 시도하고 있다. 러시아도 새롭게 도전하고 있다. 미국 또한 세계질서를 재편하는 경찰국가로서의 역할과 경제대국으로서 헤게모니 장악에 여념이 없다. 일본은 자민당이 다시 재집권하여 경제의 재건과 군사적 대국으로 새로운 길을 모색하고 있다. 일본의 우경화 바람은 더욱 거세게 불고 있다. 이른바 한반도를 둘러싼 주변국 리더십의 큰 틀이 다시 움직이고 있다. 각국의 셈법은 복잡한 네트워크를 이루고 있다. 동북아를 둘러싼 6자 회담에도 국제적인 신뢰가 우선 필요하다.

이러한 변화의 시기에 우리나라는 국민적 합의에 바탕을 둔 신뢰가 형성되어야 창의적으로 대처할 수 있을 것이다. 선진국을 문턱에 둔 우리나라는 국민과 국가 사이에 돈독한 신뢰를 형성하는 것은 필수적이다. 새롭게 신뢰를 쌓이게 하는 것이 건강한 사회이다. 이를 위해서는 사람과 사람사이에 우선 신뢰를 구축하는 것이 필요하다.

신뢰의 구축

기본적인 인간관계는 신뢰를 바탕으로 한다. 신뢰는 하루아침에 이루어지지 않지만 무너지는 것은 한순간이다. 동서고금을 막론하고 신뢰를 잃어 멸망한 개인, 조직, 국가들은 수없이 많다. 어떻게 신뢰를 쌓아 건전한 사회를 만들어 가느냐 하는 것이 이 시대의 사명이다. 신뢰는 개인, 가정, 사회, 국가와 국가 간의 신뢰가 구축되어야 진정한 세계평화가 이루어진다. 그러나 무엇보다도 제일 중요한 것은 자신의 신뢰를 구축하는 것이다. 모든 사람들이 스스로를 믿을 수 있어야 건강한 사회가 이루어진다. 서로 신뢰하면 일처리 속도는 빨라지고 비용은 줄어든다. 반면에 불신은 많은 사회적비용을 유발시킨다.

스티븐 M. R. 코비에 의하면 신뢰는 품성과 역량의 요소가 결합되어 나타난다. 품성에는 성실성과 긍정적인 의도, 역량에는 능력과 성과가 포함된다. 이 네 가지 요소가 신뢰의 핵심요소이며, 서로 결합되어 신뢰가 형성된다.

성실성 : 말과 행동, 가치관이 일치하는가.
긍정적인 의도 : 당신이 하고자 하는 생각은 무엇인가.
능력 : 꼭 필요한 사람인가.
성과 : 어떤 실적을 올렸는가.

그리고 개인의 신뢰가 형성된 자는 사회의 리더가 될 수 있다. 신뢰가 높은 리더의 13가지 행동원칙을 제시하여 신뢰받는 리더의 역할을 강조하였다.

1. 솔직하게 말하라.
2. 상대방을 존중하라.
3. 투명하게 행동하라.
4. 잘못은 즉시 시정하라.

5. 신의를 보여라.
6. 성과를 내라.
7. 끊임없이 개선하라.
8. 현실을 직시하라.
9. 기대하는 바를 명확하게 하라.
10. 책임 있게 행동하라.
11. 먼저 경청하라.
12. 약속을 지켜라.
13. 먼저 신뢰하라.

맺으며

한국이 60년 만에 산업화와 민주화를 동시에 이룬 것은 세계에서 유일한 사례이다. 이것은 민주화투쟁과 노동문제, 남북한 대치상황의 불안한 안보 등으로 큰 사회적인 비용을 치루고 나서 이루어낸 성과이다. 국민 모두 희생이란 큰 비용을 치르면서 국가의 장래를 위해 이룩한 쾌거이기도 하다. 고성군의 선량인 '고중 사나이' 도 그 역할이 지대하였다.

자신에 대한 신뢰구축은 신뢰의 핵심요소를 실천하고 솔선수범하는 것이다. 인문학(문학, 사학, 철학)적 소양위에 지식과 정보력, 기술을 갖추는 것은 현대사회에서 신뢰받는 사람이 되기 위한 기본 스펙이 된다. 그리고 부모님을 공경하고 부부간의 사랑과 우정, 자녀 · 며느리와 사위들로부터 신뢰를 형성하는 것이 중요하다. 나아가 건강하게, 할 일이 있으면서, 입은 다물고, 지갑을 여는 노후를 설계하여 멋진 '고중 사나이' 가 됩시다.

천윤욱

육군 포병 소령 예편(2000)
저서: 꿈을 이루는 것은 아름답다(2000)
부산대학교 대학원 행정학 박사(2008)
2011년 시인 등단
현재 부산경상대학교 사회복지행정과 겸임교수

고성, 이층에서 본 거리

하태영

교사리 탑마트를 향해
사내아이를 안고 가는
젊은 부부의 뒷모습을 바라다보면서
오십여 년 전,
나를 엎고 지동마을1)로 친정나들이 가시던
어머니 등 뒤에서
아버지께서는 연신
마른기침을 하셨는지도 모를 일이다

공설운동장 본부석 너머로
해가 저무는 퇴근시간,
소리 없이 번지는 노을 속으로
한 낮처럼 뜨거웠던 내 삶도
마른기침 소리만큼이나
흔들려 퍼져간다

아, 그랬었구나

산기슭에서 길을 멈춘 시간처럼
그물에도 걸리지 않는 바람같이
손에도 잡히지 않는 종소리인양
아낌없이 주고도

허물없이 넉넉한 세월만
생각하고 엮어갈 일이다.

1)지동마을 : 고성군 대가면 연지리에 있는 마을이름이다.

하태영

孟子 어머니는 교육환경론자?

허 식

우리는 흔히 자녀교육에 최선을 다하는 어머니의 노력과 정성을 *孟母三遷之敎*라는 말로 경의를 표하곤 한다. 맹모삼천지교란 맹자의 어머니가 세 번씩이나 이사를 하면서 아들을 가르쳤다는 교훈이라는 뜻이다. 땅을 파먹고 살던 때 땅 근처에 정착된 삶이 대세였던 시대에 낯설고 물 설은 객지로 아들의 장래를 위해서라면 세 번씩이나 거처를 옮기는 것도 마다하지 않았던 열성과 지혜는 예나 지금이나 칭송받아야 마땅한 일이다.

맹모삼천지교의 대강은 맹자와 어머니가 맨 처음 공동묘지에서 살다가 저잣거리로 이사를 한 후 다시 서당근처로 거처를 옮겼다. 옮긴 이유는 공동묘지근처에 살 때 맹자는 어디서 방울 하나를 주워 와서는 날마다 흔들어대면서 놀았다. 그 모습을 바라본 어머니의 마음에 잘 되야 자칫 상여꾼이나 되겠다 싶어 과감하게 이사하기로 결심한다. 다음은 저잣거리로 이사를 했으나 맹자는 아무 생각 없이 장똘배기로 생활하는 모습을 보고 기가 차서 또 다시 이사를 결심한다. 이 번에는 서당 근처로 옮긴다.

*孟母三遷之敎*의 주인공인 맹자의 어머니는 지금의 시각으로 해석하면 분명 교육환경론자임이 분명하다. 환경이 자식의 성장에 매우 중요하다는 것을 알았던 어머니로서 당연히 아들에게 가장 좋은 교육환경을 찾아 더 늦기 전에 이사를 가야했다.

공동묘지 근처 가난한 동네에 살면 아들 역시 가난한 사람이 될 것이라고 생각했을까 저잣거리로 이사한다. 저잣거리는 지금도 땅 값이 비싼 상업중심지가 아닌가? 방울을 흔들며 사는 아들은 가난한 동네에 살아서 생긴 문제이니 부자 동네로 이사하면 해결될 것이라 여겼을지도 모른다.

그런데 가난한 동네에서 모든 것을 정리하고 아마도 힘겹게 마련해 간 저잣거리에서 맹자가 지내는 모습은 말 그대로 기대와는 완전 다른 장똘배기에 불가했다. 어려운 살림살이에 힘겹게 마련해 준 좋은(?) 환경으로 이사를 했건 만 장똘배기의 삶이라니 엄마로서는 기가 찰 노릇이었다.

맹자 어머니는 다시 용기를 내어 서당근처로 이사를 했고 그제 서야 맹자는 책 읽는 흉내를 하며 지내다가 결국 공부에 몰두하여 위대한 학자가 되었다. 맹자가 위대한 학자가 된 것은 전적으로 공부할 수 있도록 환경과 여건을 만들어 준 어머니의 덕택이다.

*孟母三遷之敎*라는 고사성어에 포함되어 있는 내면의 뜻도 의미 깊게 살펴 볼 수 있다. 공동묘지 근처의 삶은 생과 사에 대한 대 학자 맹자의 성찰을 상징한다고 볼 수 있지 않을까. 사람이 죽고 땅에 묻히는 것을 보면서 인생에 대한 생각이 깊어 질 수 있었을 것이고, 죽음 앞에 모든 인간은 평등하다는 생각을 갖게 될 수 있었을 것이다.

또 맹자 어머니가 서당으로 이사를 늦게 하였다면 그 이전의 삶에 익숙하여 서당근처에서 맴도는 조무래기에 불가했을 법한데 3번 만에 맹자가 학문의 길에 들어서도록 한 것은 맹자 어머니의 현명한 판단력, 차분한 지혜와 슬기가 돋보인다.

마지막으로 공동묘지 근처에서 서당으로 바로 가지 않고 저잣거리를 거쳐 서당 근처로 간 것은 교육에 있어서 돈의 많고 적음은 문제가 아니고 또 교육은 돈으로 해결 할 수 없다는 의미를 강조하는 것은 아닐까.

요즘 부모들도 자식 교육이라면 경제적 곤궁함도 마다하지 않고 좋은 학군으로 가면 저절로 좋은 학교로 진학할 것이라고 생각하면서 흔히 좋은 학군으로 몰려간다. 그 결과 교육 및 부동산 가격도 들썩이게 하고 그 결과로 사회양극화가 심화되고 있음에도 나 몰라라 한다.

아이와 나라도 망치는 어설픈 맹모가 없기를 바라며 맹모의 진정한 자식 사랑과 열정을 생각해 본다.

허 식

현) 농협은행 전략기획부장
전) 경남농협 신용부본부장

反省

황문규

그 누구에게도
그 무엇도 기대하지도 바라지도 마라!
서운한 마음에 미운마음만 생긴다
그 누구를 미워하면 그 사람도 불행해지고 나도 불행해진다
이 세상 그 누가 나를 위해 존재하는가? 어림없다!
사람은 모두 자신을 위해 존재한다
나도 그렇다!
그러므로 자신의 힘과 노력으로 자신을 위해
하루 또 하루를 사는 것이 인생이고 행복이며 존재의 가치다
다른 것,
거창한 것 없다!
아무것도 없다

그러려면
첫째 내 생각만이 옳다는 착각을 버려야한다
둘째 상대의 생각이 틀릴 것이라는 선입견을 버려야 한다
셋째 억울함을 당하거든 "오죽했으면 그랬을까?" 라고 잊어버리자
넷째 나와 다른 생각을 가진 사람이 내 스승이다
다섯째 주변의 모든 이는 나의 존재를 인식하게 해 주는 귀한 사람들이다

마지막 주변의 귀한 사람들이 없다면 나도 없다
귀한 사람들을 섬기는 것이 결국 나를 섬기는 것이다
그렇게 하자!!!
실천이 문제다!!!

황문규

아! 58개띠여! 24회여!

윤동수

1970년 1월인가 보다. 1학년부터 5학년까지 다니던 고성국민학교에서 쫓겨났다.

4학년 땐 국민교육헌장을 반에서 제일먼저 외웠고, 우등상도 받았으니 공부 땜은 아니고, 생활기록부에 나쁜 놈이라는 글자도 없는 디 곱디고운 12살 초딩 5가 학교에서 짤렸으니, 이를 우찌 받아들일 수 있는가?

“정든 모교를 떠날 수 없다”라는 피 절인 피켓을, 짱돌을 들고 교육청 블록담벼락을 부수며 목숨 건 처절한 투쟁의 길을 걸었으나 어쩔 것이여! 힘없는 민초의 자식! 3월 되니 돼지라고 놀렸던 대성국민학교에 신입생으로 입학하는데, 아! 이것이 정녕 58개띠의 파란만장의 서곡일줄 어찌 알았겠는가!!!

그때나 지금이나 시계는 고장도 없이 정확했나 보다. 12월이 오고 1971년이 밝아 오는데 이건 또 뭔가? 중학교 입학시험 폐지! 집 옆에 있는 중학교에 그냥 가라! 아! 부산고모님이 중학교는 부산중학교로 유학 오라 했는데!!!

어쨌거나 다른 중학교는 자동인데, 고성읍 남학생은 고성중이냐? 철성중이냐? 1번하고 2번이 적힌 은행 알 넣고 뺑뺑 돌리는데 1번은 철중 2번은 고중이란다.

자다가 봉창 뜯는것도 어느 정도지 이건 해도 해도 지인짜 너무한 것 아니요? 1번 걸린 아그들 학교 안 갈 거라고 울고불고 그런 난리도 없었는데!

국가고시수준의 목숨 건 경쟁으로 대 고중사나이가 되신 23회 이상 선배님이시여! 24회는 이렇게 뺑뺑이 1세대가 되었나이다.

그냥 대 고중사나이가 되신 25회 이하 후배님들이시여! 공부할건 죽어라 다하고 시험 치고 채점만 못한 꼴 되어버린 24회의 엉어리진 아픔을 십분의 일이라도 이해하시겠는 가요?

12살 그 어린 나이에 학교에서 쫓겨나 피켓에 짱돌에 데모하고, 중학교꺼정 공부할건 죽어라 다하고도 뺑뺑이 된 것도 모자라서, 고등학교 진학도 경남 도내만 가라하고, 대입제도 꺼정 바까삐고 참 서럽고 지쳐서 군대 갔더니 해병대 차출로 쓸어간다. 쫄따구 신세 면할까 하니 부마사태에 10.26, 데프콘2에 유서 쓰고 머리카락, 손발톱 봉지 담고 죽을 날 기다라는데 12.12, 광주사태, 삼청교육대학 구경꺼정......

58개띠! 고중 24회 친구들이여!

국가에 충성하고, 부모님께 효도하고, 어른 공경하며, 형제간 우애에 자식 키우고 보내느라 간, 쓸개 다 빼 주고 몸도 마음도 텅 비어버린 60줄 앞에 두었네 그려.

얼마나 남았는지 우찌 알겠냐마는 그 텅 빈 공간을 친구라는 이름의 우정으로 채워보자 구나.

경쟁도 시기도 없는 해맑은 웃음으로!

더함도 덜함도 없는 따스한 손길로!

윤동수

고성신문 서울지사장
재경고성중학교 동문회 수석부회장

자전거

김삼종

칠성초등학교 졸업반이었다. 그리던 중학교 진학을 위하여 물레 돌리기 추첨이 있던 날 선택(1번, 2번)을 돌려 2번으로 받아놓고 초조하게 기다렸다. 모두 명문 고성중학교에 선택되기 위해 조마조마한 가슴을 졸이며 기다렸다. 그 때부터 나는 운 좋은 고중 사나이가 되었다.

우리 동네 신월리에서 보면 거리상으로 철성중학교가 조금은 가까웠지만 나에게는 거리가 멀어야만 하는 이유가 있었다. 아버님께서 고성중학교에 선택되면 전통이 있고 좋은 학교라 하시면서 자전거를 사주시겠단다.

아버님의 몇 가지 요구적 거래(공부 잘하고, 나무하기, 소먹이기 등등)에 나의 머릿속에는 온통 그 귀한 소중한 자전거에만 관심이 쏠려 있어 도깨비 방망이도 없으면서 모두 약속해 버렸다.

결국 나의 목적은 달성되었고, 처음 신차를 구입했을 때의 기분 그 이상이었다. 비포장 길인데도 불구하고 차량이 지나가면서 다듬어 놓은 반질반질한 자갈과 구분되어 있기에 절묘하게 마술사처럼 요리조리 피해서 잘도 달렸다.

갖가지 묘기도 부리며(양손 놓기, 자전거 뼈대사이 가루지기 페달 밟기 등) 한 친구는 앞 뼈대에 앉히고 또 한 명은 뒤에 태우고, 책가방은 핸들 양쪽에 걸치고 달려도 힘들지 않았던 즐거움은 어디에서 나왔을까.

여느 때는 선배님들께서 자전거를 세워 함께 타고 가던 일, 뒷자리에 타면 오르막길도 낑낑거리며 힘들다는 소리도 내지 못하던 그때 모습들. 후한이 두려워 안 된다는 말 자체를 입에 꺼내지도 못했었지. 그래도 그 분위기가 그립네.

1학년 2학기 11월 어느 날, 자전거를 몰태고개(정동 고갯길) 내리막길을 아침 통학 길에 목 고개와 몸을 앞으로 숙이며 신나게 내려오는데 물동이를 머리에 이고 현)교육청 쪽에서 남산길 방향으로 건너던 아주머니와 서로 피한다고 이리저리 피하다 그대로 꽝하고 부딪혀 버렸다.

넘어지면서 아주머니 물동이는 양철통이라 찌그러지고 부축해서 일으키는데 임신한 몸이란다. 조금 있으니 가족쯤 되어 보이는 사람이 학교, 학년 반, 이름 적고 병원으로 데리고 갔다. 그 후 학교를 찾아왔고 난리였다.

그 길로 선생님께도 혼나고 다음날 아침 조회시간에 교장선생님께서도 자전거 사고에 대한 조심의 말씀이 있었다.

문제는 그 때부터였다. 알고 보니 그 아주머니가 넝마중이 두목 마누라였다. 모든 넝마중이를 다 모집해 와서 합의금을 많이 받아가기 위해 최대한 험악한 분위기를 만들어, 하는 수없이 결국 아버님께서 병원비며 합의금을 소 한 마리를 팔아서 해결하셨다고 어머님께서 말씀하셨다. 애지중지 나의 자전거도 없애버렸는데 아무런 조건도 달 수 없었다.

한 마디 변명의 틈이 없어 그 이후로는 남산길을 걸으며, 철뚝 길을 걸으며, 머리 속에 들어오지도 않는 영어단어 외우기가 시작되었고, 지금 체력이 그 때의 기초가 되었지 않았나 생각이 든다.

이후 추억의 보따리엔 23회 정일권 선배님, 박일규 선배님, 그리고 24회 박규태, 조만식 선배님들께서 유독 나에게 관심과 아껴주시던 생각이 많이 난다. 건강하시길 진심으로 바랍니다.

그리고 24회 윤동수 선배님은 나의 바로 위 기수입니다만 청년시절 서울에서의 생활 인연과 명문 고성중학교의 끈끈한 선후배의 끈이 있었기에 평생 잊지 못할 나의 결혼식 사회를 고맙게 맡아주셨다.

지금도 자주 만나며 고마움의 이야기꽃을 나눌 수 있어 좋다. 그리고 특별히 부산초읍으로 전학을 간 단짝친구 남택영이가 늘 그립고 만나면 대포나 한 잔 나누고 싶다.

여러 번 수소문을 해보았지만(외국생활 한다는 등) 설만 있을 뿐인데, 정말 보고 싶다. 친구 부친께서 교육자이셨기에 부친 따라 부산초읍으로 전학을 갔고, 누런 원고지에 파란 볼펜으로 정말 좋은 필체로 차인태 아나운서 진행의 장학퀴즈에 출연한다는 소식 글이 처음이자, 마지막 글이 되었는데… 유럽 축구 소식도 해박했고, 영어실력도 대단한 나의 짝궁, 택영 어디서 어떤 모습의 친구일지라도 늘 항상 긍정적이었던 건강한 모습의 친구를 생각 키워 본다.

친구야! 부디 건강해다오. 그리고 기회가 주어지면 꼬옥 한 번 보자.

김삼종

서울시정일보 경영부 대표

사랑하는 아들 동훈에

박환호

나는 2013년 목표를 아내에게 매주 한번씩은 “아주 작은 것이라도 아내를 도우는 일을 할 것, 그리고 군에 간 아들에게 손편지를 100통 이상 쓰고, 책을 26권 이상 읽을 것이고 (2013년), 몸무게를 10키로 이상 뺄것이고, 미국있는 큰아들에겐 메일을 100통 이상 쓸것임”을 내 일기장에 2013년 목표로 세웠습니다.

군에 간 아들에겐 2012년엔 150통 정도, 그 전년도인 2011년엔 11월부터 약 30여통의 손편지를 썼고 가끔은 컴퓨터로도 편지를 썼습니다. 그 아들은 지난 8월 26일 제대를 하였고 내가 올해 보낸 편지는 정확히 109통이었으며 지금은 제대후 아르바이트를 하고 있습니다. 큰아들은 여름 방학에 들어와 3개월을 생활하는 바람에 40회 정도 메일을 보냈으며 앞으로 힘 닿는대로 메일을 보낼 것입니다. 다른 모든 항목은 200프로 이상 초과 달성하고 있으며 몸무게 빼는 일은 현재 8키로를 뺐으니까 더욱 노력해야 할 것 같습니다.

나는 별로 글솜씨가 없어 아들에게 보낸 편지 하나를 소개하는 것으로 글을 대신하려고 합니다.

“사랑하는 아들 동훈에게!”

오랫만에 컴퓨터로 아들에게 편지 써보네. 동훈이가 포상 휴가를 오고 간날 전후로 편지를 많이 못썼는데 이제는 다시 본격적으로 편지를 써야 하겠지? 아마 이 편지는 2013년에 보내는 48번째 편지가 될 공산이 크다.

지난 4월은 책을 7권이나 읽었다. 이달에는 이제 겨우 첫번째를 읽는데 오늘쯤 끝날것 같다. 그런데 책이 좀 어렵다. “유학 그 삶의 철학”이라는 중국유학자들의 철학 이야기 인데 좀 그렇네… 이달에도 단 1초의 짜투리 시간도 허용하지 않는 자세로 살 것이고 그렇다고 다른 공부를 게을리하지 않을것이다. 내 자신에게 감사하고, 큰병없이 훌륭하게 성장해 주는 아이들에게 감사하고, 항상 뒷바라지에 여념없는 엄마에게도 가정의 달을 맞아 감사하고 싶다.

오늘은 지난번에 읽은 "신은 이미 준비를 마쳤나이다" 라는 이순신 장군에 관한 책에서 장군이 우리에게 주는 11가지 교훈을 적으며 편지을 끝맺으려 한다.

1. 집안이 나쁘다고 탓하지 말라. 나는 몰락한 역적의 가문에서 태어나 가난때문에 외갓집에서 자랐다.
2. 머리가 나쁘다 말하지 말라. 나는 첫 시험에서 낙방하고 서른둘의 늦은 나이에 겨우 과거에 급제했다.
3. 좋은 직위가 아니라고 불평하지 말라. 나는 14년 동안 변방 오지의 말단 수비 장교로 돌았다.
4. 윗사람의 지시라 어쩔 수 없다고 말하지 말라. 나는 불의한 직속 상관들과의 불화로 몇 차례나 파면과 불이익을 받았다.
5. 몸이 약하다고 고민하지 말라. 나는 평생 동안 고질적인 위장병과 전염병으로 고통 받았다.
6. 기회가 주어지지 않는다고 불평하지 말라. 나는 적군의 침입으로 나라가 위태로워진 후 마흔 일곱에 제독이 되었다.
7. 조직의 지원이 없다고 실망하지 말라. 나는 스스로 논밭을 갈아 군자금을 만들었고 스물세 번 싸워 스물세 번 이겼다.
8. 윗사람이 알아주지 않는다고 불만을 갖지 말라 나는 끊임없는 임금의 오해와 의심으로 모든 공을 뺏긴 채 옥살이를 해야 했다.
9. 자본이 없다고 절망하지 말라. 나는 빈손으로 돌아온 전쟁터에서 열두척의 낡은 배로 133척의 적을 막았다.
10. 옳지 못한 방법으로 가족을 사랑한다고 말하지 말라. 나는 스무 살의 아들을 적의 칼날에 잃었고 또 다른 아들들과 함께 전쟁터로 나섰다.
11. 죽음이 두렵다고 말하지 말라. 나는 적들이 물러가는 마지막 전투에서 스스로 죽음을 택했다.

아들아 5월 하순쯤에 면회한번 갈께 그리고 지난번 포상휴가처럼 포상휴가 한번 나오도록 해라.

이번에 면회가면 형이랑 같이 셋이서 맥주한잔 해야겠지?

아빠가 아들에게 보낸다.

2013년 5월 3일 밤

내 인생의 두 길
-고중으로 가던 길, 그리고 금오공고로 간 길-

이상성

(1) 첫 길, 세동에서 고중 가던 길

나는 참 촌놈이다. 우리 고성중학교에서 20여리나 떨어진 대가면 '세동(細洞)' 이라는 촌(村)에서 태어났다. 우리 동네에서 내가 나온 초등학교까지는 약 십리 길이었고, 고성중학교까지는 20리 길이었다. 고성중학교는 정말 촌놈이었던 내가 처음 접한 큰 세상이었다! 나는 중학교를 가게 되면서 고성읍을 생활 영역으로 확대할 수 있었다. 그 전에는 언제나 세동이라는 작은 마을 안이 내가 놀던 곳 전부였었다. 그런 점에서 고성중학교로 가게 된 것은 촌놈이 드디어 넓은 세상으로의 길에 나서는 첫 길이었던 것이다. 그런 촌놈이 지금은 우리나라의 수도 서울에서 살고 있는 것이 참 기특하다.

나는 초등학교는 물론 중학교 2학년 때 까지는 줄곧 걸어 다녔다. 중학교 2년간 왕복 40리길을 매일 걸어서 학교를 다녔고, 3학년 때는 부모님을 졸라서 중고 자전거를 타고 다니는 기쁨을 누렸다. 중고자전거였지만 얼마나 고마웠던지 지금도 감격을 잊을 수 없다. 3학년 때부터는 자전거를 타고 대가면 월촌 고개를 넘어가서 마암면 두호에 집이 있던 친구 '근재'를 만나 함께 학교를 다녔다. 지금 롯데그룹 상무이사로 일하는 그 친구는 그때부터 지금까지 인생을 함께해 오고 있는 셈이다. 근재는 당시 참 날씬하고 멋진 자전거를 탔는데 내가 타던 중고 자전거에 비하면 꽤 고급이었던 것이 기억난다.

지금은 우리 시골 동네에도 하루에 몇 번 군내버스가 들어온다. 하지만 그 때는 우체국이 있던 큰 길까지 나가야 버스가 있었다. 버스는 등교 시간에도 맞지 않았고 타는 곳까지는 5리나 걸어 나가야 했다. 뿐 만 아니라 버스를 타더라도 고성읍 주차장에서 또 고성중학교까지 걸어가야 했기 때문에 우리는 당연히 학교는 걸어 다니는 것이라고 생각했다. 아침에는 온 동네에서 고중, 철중, 고성여고, 철성고, 고성농고를 다니던 모든 남녀 학생들이 교복과 가방을 든 모습으로 줄줄이 나와서 등굣길에 올랐다. 세동을 떠나 암전리 '마전' 이라는 마을을 거쳐 갔는데, 마전에 닿으려면 우리 동네 들길을 꽤 걸어서 작은 고개를 하나 지나야 했다. 아침에 집을 나서는 순간 멀리 앞길을 보면 나보다 먼저 나온 동네 형들이나 누나들이 하얀 교복을 입고 줄줄이 앞서 마전 쪽으로 걸어가던 아름다운 모습이 지금도 눈에 선하다.

우리 동네에는 당시 내 초등학교 동기생들이 모두 스무 명이나 있었다. 이 가운데 여학생이 열 한명이었고, 남학생이 아홉 명이었다. 초등학교를 졸업하고 중학교로 가던 당시 처음으로 중학교 입학 추첨 제도를 시행하였던 것으로 기억한다. 물레 비슷하게 생긴 기계를 돌려 추첨을 하였는데, 중학교로 간 친구들 중에서 나 혼자 고성중학교에 떨어지고(?) 나머지는 모두 철성중학교를 뽑았다. 다 아시다시피 고중은 공립이고, 철중은 사립학교다. 나는 당시 전통의 고중에 다니던 것이 자랑스러웠으나 철중에 다니던 친구들이 같이 모여서 가던 것을 부럽게 바라보기도 했다. 동네 친구들과 대가면 저수지까지는 함께 갔지만 거기서부터는 고중과 철중이 가는 길이 갈라졌기 때문에 나는 혼자서 학교를 가곤 했다. 지금 대가우체국장을 하고 있는 친구 '한수' 의 집이 대가면 암전리였는데, 나와 같은 고중을 다녔다. 내가 한참 걸어서 가면 한수를 만날 수 있었다. 한수는 유머가 대단해서 같이 다닐 때 늘 우리를 즐겁게 하였던 기억이 난다.

대가저수지 아래 지역은 행정구역상 고성읍에 속하였는데, 거기서 부터도 역시 들길을 지나고 화장터와 공동묘지 옆으로 난 산길을 굽이굽이 걸어야 멀리 고성중학교가 나타났다. 자전거를 타기 전 2년 동안은 그렇게 하루 왕복 40리 길을 꼬박꼬박 걸어 다녀야 했기 때문에 아직도 그 길들은 머릿속에 선명하게 남아 있다. 그 길은 양화리에서 내려오는 큰 내를 건너야 했는데 당시 다리가 없었고 여기저기 징검다리처럼 돌들이 놓여 있었다. 여름철 물이 불어나면 아슬아슬하게 징검다리를 건넜던 기억이 생생하다. 들길 중간에 있던 농가 어디에서는 구멍가게처럼 물건을 파는 집이 있었는데, 우리는 종종 그 집에 들어가 과자를 사 먹으며 놀다 오곤 했던 기억이 난다.

또 학교를 파하고 집으로 돌아가던 길에서 중간 지점인 대가면 저수지 둑에서 종종 쉬어가곤 하였다. 철중에 다니던 동네 친구들을 기다리기도 하였고, 낚시꾼들 옆에 앉아서 구경도 하곤 하였다. 지금 생각하면 꽤 먼 길이었으나 당시는 멀다는 생각은 없었던 것 같다. 그냥 당연히 다녀야 했던 길이었고, 나보다 먼저 학교를 다녔던 형님들도 다 그렇게 걸어 다녔기에 아무 불평 같은 것은 하지 않고 다녔다. 요즘은 건강을 갖추려고 사람들이 걷기 '운동'을 많이 하지만, 생각해 보면 우리는 참 어릴 때 걷는 것을 밥 먹듯이 했던 것 같다. 길은 당연히 걷는 것이라 생각했다.

어쩌다 부모님을 따라 마산이나 진주, 혹은 부산으로 가는 날에만 버스를 타는 것이라고 생각했다. 그렇게 걷고 걸었기에 지금도 걷는 일은 무섭지 않다. 학교 길 40리는 지금 생각해 보면 내 인생에서 가장 멋진 한 편의 파노라마 같은 그림길이었다. 우리 고중에 가까이 가려면 공동묘지 지나 마지막 산을 하나 넘어야 했는데, 그곳 가가이 가면 멋쟁이 형들은 갑자기 분주해 지곤 했다. 교복 긴 바지 끝을 삼각으로 늘린 이른바 '삼각교복바지' 입고 오다가 학교 가까이 오면 갈아입었다.

여학생들에게 인기가 있던 형들은 중학교 때부터 그렇게 멋을 부렸다. 그런 형들의 교복 바지는 항상 두 개였었다. 가방 속에 넣고 다니며 학교 안에서 입던 정복 바지와 학교 밖에서 입던 바지가 달랐다. 참 멋을 아는(?) 용감한 형들을 많이 부러워했던 기억이 난다. 그 형들은 또 지금 어디서 어떻게 지내며 멋을 부리고 있을지 궁금하다.

내 인생의 첫 길은 이렇게 멀었지만 아름다운 길이었다. 그것은 시골뜨기 촌놈이 인생을 눈 뜬 길이었고, 그 길 위에서 일생을 같이하고 있는 좋은 친구들을 만났다. 새로운 세상을 처음 접하던 40리길! 그 산길, 들길, 인생길은 내 삶의 첫 길이었던 것이다.

(2) 둘째 길, 고중에서 금오공고로 간 길

노란 숲 속에 두 갈래 길이 있었습니다
나는 두 길을 다 가지 못하는 것을 안타깝게 생각하면서,
오랫동안 서서 한 길이 굽어 꺾여 내려간 데까지,
바라다볼 수 있는 데까지 멀리 바라다보았습니다

그리고, 똑같이 아름다운 다른 길을 택했습니다
그 길에는 풀이 더 있고 사람이 걸은 자취가 적어,
아마 더 걸어야 될 길이라고 나는 생각했었던 게지요
그 길을 걸으므로, 그 길도 거의 같아질 것이지만

그 날 아침 두 길에는
낙엽을 밟은 자취는 없었습니다
아, 나는 다음 날을 위하여 한 길은 남겨 두었습니다
길은 길에 연하여 끝없으므로
내가 다시 돌아올 것을 의심하면서…….

훗날 훗날에 나는 어디선가
한숨을 쉬면서 이야기할 것입니다
숲 속에 두 갈래 길이 있었다고,
나는 사람이 적게 간 길을 택하였다고,
그리고 그것 때문에 모든 것이 달라졌다고.

'가지 않은 길(The Road not Taken)' 이라는 시이다. 로버트 프로스트(Robert Frost)라는 20세기 미국 시인이 20대에 쓴 시로 널리 알려져 있는데, 인생을 회고하는 시점에서 즐겨 인용되곤 한다. 나는 이 시를 고등학교 영어 시간에 배운 기억이 난다.

중학교에서 고등학교로 가는 것은 우리나라 학교 교육과정에서 꽤 중요한 기로에 서는 순간이다. 고등학교는 인문계, 실업계 등으로 구분된다. 요즘은 일반고, 특목고, 외국어고, 국제고, 마이스트고 등 구분하기도 쉽지 않을 만큼 다양한 종류의 학교들이 있다. 오늘날 융합형 교육을 강조하는 학자들도 있지만, 중학교에서 고등학교로 가는 선택이 사실상 학생들의 진로를 결정하는 중요한 갈림길이 된다. 일반고로 가는 것과 공업계나 상업계 고등학교로 가는 길은 진학 이후 교육받는 내용이 많이 달라진다. 인생의 방향이 상당부분 결정되는 시점이다. 크게 보아 인문계고로 가는 것과 특성화고로 가는 것은 진로가 많이 달라질 수 있다.

나는 고성중학교에서 '금오공업고등학교' 로 진학을 하였다. 일반계고가 아니라 공업계 고등학교로 간 것이다. 내가 간 금오공고는 '구미' 에 있었다. 구미는 70년대 첨단전자 공업단지로 조성되어가던 중이었고, 금오공고는 당시 대통령이 자신의 고향에 세운, 말하자면 '특수목적고' 였다. 금오공고의 1차 서류전형에 통과되고 2차 시험과 면접을 보러갔었는데, 시골뜨기 촌놈이었던 나는 그만 그 넓고 넓은 멋진 교정과 엄청난 학교 시설에 반해 버리고 말았다.

당시 금오공고엔 1만평 잔디 운동장과 3천 평 금잔디 운동장이 두 개나 있었고, 건물 자체에만 우리나라산 벽돌이나 건축자재들이 쓰였고 학생들이 실습시간에 사용하던 거의 모든 장비들은 최고 수준의 일본산이었다. 거기다가 전국 중학교에서 한 명씩만 추천 받아 300명 정도를 최종 뽑았는데, 당시 고성중학교에서는 1,2회에 합격자를 내지 못하고 있었다. 나의 중3 담임선생님은 우리학교에 오시기 전 고성군내 다른 중학교에서 금오공고에 합격자를 내신 분이셨고, 그것을 굉장한 자부심으로 여기고 계셨다.

고성중에서 두 번이나 금오공고에 합격자를 배출하지 못하던 차에 나의 담임선생님은 이미 합격시킬만한 '노하우' 를 갖고 계신 것처럼 자신만만해 하셨다. 당시 금오공고의 입시 선전 자료물은 시골뜨기였던 나의 눈을 놀라게 하였다. 그리하여 '공고' 의 '공(工)' 자도 모르던 촌놈이었던 내가 선뜻 금오공고를 가고 싶은 마음을 먹게 되었다. 당시 자신만만해 하시던 중3 담임선생님의 의욕(?)은 2학기가 되어 입시가 가까워오자 더욱 기세 당당하셨던 것 같다. 나는 2차 시험과 면접에 최선을 다했고 마침내 합격했다.

금오공고의 입학은 나의 인생길을 크게 바꾸어 놓았다. 전국에서 모인 우수한 친구들과 어울려 멋지고 훌륭한 환경에서 공부를 시작했다. 그러나 1학년 1학기를 지나면서 나는 점점 내가 배우던 공업계 공부에 고민을 하기 시작했다. 또 그 학교에서는 당시 우리나라에서는 유일하게 고등학교 학교군사교육단(RNTC 학군단)이 있었다.

학군단은 대학의 학군단과 거의 같은 체계로 현역 장병들에 의해 교육이 이루어지고 있었다. 평소 군사교육은 물론 여름방학 때에는 39사단에 들어가 한 달 정도의 병영훈련도 받았다. 그 학교의 학생들은 100% 장학생이었으며, 그 장학의 댓가는 졸업 후 육해공군의 기술하사관으로 임용되어 만 5년간 군복무를 하는 옵션이었다. 고백하건대 나는 어렸기에 그런 군대 옵션 자체를 잘 이해하지 못했다. 그 화려했던 바깥모습에 눈이 멀어 졸업 후 60개월의 군대복무라는 고난의 시간을 눈치 채지 못하였던 것이다. 나는 내가 입학 후 1년이 지나서야 첫 졸업 선배들이 대학교가 아닌 군대로 모두 가야했던 모습을 보았고, 걱정하기 시작했다. 그러나 이미 나의 길은 결정되어 버렸고, 되돌리기에는 너무 멀리 와 버렸던 것이다.

어쨌든 나는 고민 고민하면서도 금오공고를 졸업했고, 육군에서 5년 군복무까지 마쳤다. 금오공고를 졸업할 무렵 나는 혼자 가야산 해인사에 들어가 하루 종일 하늘만 보며 누워 있었던 기억이 난다. 고성중학교에서 나와 함께 공부하던 친구들이 예비고사를 치고 대학을 진학할 무렵 나는 학군단으로부터 군복을 지급받고 입대를 하였다. 지금은 담담하게 돌아보지만 그 당시는 참으로 암담했다. 당시 금오공고에서는 학생들이 전공공부에 집중하지 않을 것을 염려해서 대학진학 공부 자체를 차단했고, 대학 입시를 치를 절차를 허용하지 않았다. 대학을 진학하려면 군대 제대 후에야 가능했다.

나는 군복무 60개월을 다 마치고 나온 후 노량진의 학원에서 1년간 대학을 가기 위한 공부를 했고, 다음해 성균관대학교 한국철학과에 입학하였다. 고등학교를 졸업하고 바로 대하을 진학할 수 없었던 아픔이 있었기에 학부를 졸업하자마자 대학원 석사과정과 박사과정을 연이어 밟았다. 나는 한국 성리학을 전공했고 박사학위도 받았다. 우리나라 사상이나 역사 공부는 참 재미있었다. 내가 진정 하고 싶은 공부를 하는데 약 10년의 세월을 돌아온 셈이었다. 고등학교 3년과 군 5년, 재수 1년을 합해 십년 째 되던 해 대학을 들어갔던 것이다. 내가 선택한 길이었기에 나는 그저 나의 길을 걸어왔고, 걸어가고 있다.

돌아보면, 고성중학교에서 금오공고로 간 그 길은 내가 선택해야 할 길은 아니었다. 나는 공업이나 자연과학 쪽 공부보다는 철학이나 문학, 사상이나 역사와 같은 인문학 공부가 내게 맞는다는 것을 늦게야 알았다. 금오공고로의 길은 내가 잘 알지도 못하면서 택한 것이 틀림없었던 것 같다. 요즘 내가 하고 있는 공부나 독서하는 책들을 보아도 그런 생각이 든다.

길은 선택해 걸어가 버리면 되돌리기는 꽤 어렵다. 나는 돌아오는데 약 10년이라는 시간을 바쳐야 했다. 그것은 참으로 내 인생길에서 아쉬운 부분이다. 내가 선택한 길이었기에 내가 책임을 지고 가고 있지만, 알려지지 않은 길을 선택했던 나의 어린 시절은 지금 돌아보면 뭘 몰라도 한참 몰랐던 촌놈 그 자체였던 것 같다.

위의 시인은 사람들이 적게 간 길을 택했고 그 선택이 모든 것을 바꾸어 놓았다고 하였는데, 내가 선택했던 금오공고도 나의 인생길을 많이 꾸불거리게 만들었다. 모든 길들은 갈림의 순간이 있다. 세상의 길들은 늘 두 갈래로 갈리게 마련이다. 그 길에서 어렸던 나는 유혹적인 겉만 보고 학교를 결정하는 다소 어리석은 선택을 하였다. 내가 선택하였기에 내가 걸어온 길에 대해서는 군말은 필요 없다.

지금 나는 내가 하고 싶은 공부를 하며 학생들을 가르치는 길을 가고 있다. 고등학생들을 가르칠 때 나는 내 경험을 돌아보며 학생들의 진로 결정에 특별한 관심을 가져준다. 뿐만 아니라 성균관대학에서 한국철학을 강의하면서 젊은 대학생 혹은 대학원생들이 전공 공부에 소홀함이 없도록 열심히 돌봐 주며 내 스스로 즐겁게 학문 활동을 하고 있다. 이 길을 오는데 멀리 돌아왔지만, 생각해 보면 모두가 걸어온 삶이라는 길에는 이러저러한 사연들이 깔려 있는 것 같다. 누구나 가을 숲속 노란 단풍길의 두 갈래 유혹 앞에 서서 고민했던 기억이 있을 것이다.

나는 지금, 내가 다녔던 그 고성중학교 교정에서 공부를 하면서 고등학교에 진학할 준비를 하고 있을 어린 나의 후배님들을 떠 올려 본다. 나의 아득히 먼 후배님들은 오늘 어떤 고민을 하고 있을까 궁금하기도 하다. 혹시 고성중학교의 어린 후배님들 중 이 글을 읽는 사람이 있다면 진로 선택에 나의 오늘 이 이야기가 작은 도움이 되길 기대해 본다. 중학교에서 고등학교로의 선택 길은 앞으로의 인생 전체에 상당한 변화와 영향을 줄 수 있음을 부디 기억해 주시기 바라면서!

이상성

성균관대학교 졸업
성균관대학교 유학대학 한국철학과 초빙교수

상속

이상진

민들레꽃이
허옇게 부풀어 터질 즈음
어머니는 빨랫줄에 붙들려
펄럭거리고 있었다
어릴 적 거미줄에 걸린 종이비행기처럼

구렁논 젖은 볏단이 당신보다 더 무거워
뱃속에 나를 안고 곱으로 힘든 해였다던
그해 아마
어깨, 허리가 다 구겨졌을 거라고

꺼억꺼억 삼켜 둔 것이
사금파리로 되살아나서
매미허물 같은 당신을 무시로 쿡쿡 찌른다는
그 얘기, 전에도 한 얘기
이젠 제발 잊어버리시라고
그 말도 가시다 싫어
내일부터 동네 교회라도 가보시자고 했다

오십 넘어 오늘저녁
구렁논 한 떼기와
아직 다 풀지 못한 헝클어진 가족사와

석회로 굳어가는 어머니의 마른 눈물을
상속 받는다.

이상진

고성군청 근무

빵빵이 2기의 2번 구슬

하태호

우리 인간은 제도의 영향권을 벗어날 수 없다. 한나라의 입학제도는 학생들의 진로와 선택,

더 나아가 인생살이에 막대한 영향을 미친다.

고성중학교 25회인 우리는 무시험 추첨으로 중학교에 입학했다. 흔히 말하는 빵빵이 2기인 것이다. 우리 두해 위 선배들은 실력과 가정형편이 뒷받침되면 고성지역의 초등학교를 나와도 서울, 부산, 마산 등 전국 어디든지 자신이 갈 중학교를 선택할 수 있었으나 우리 한해 위 선배들부터 학군 내에 있는 중학교에만 갈 수 있는, 소위 평준화 입시제도가 시행되었다. 그야말로 중학교 입학제도가 확 달라진 것이다.

그것도 일정기간 예고도 없이 전격적으로 바뀐 입학 제도를 두고서는 말들이 많았다. 반대와 비판도 상당했다. 공교롭게도 그때 당시 박정희 대통령의 아들, 지만씨가 우리 한해 위였던 것을 두고 일류중학교에 입학할 성적이 못되다 보니 평준화라는 미명하에 추첨제를 시행했다는 말들이 공공연히 나돌았다.

나중에 지만씨가 고등학교에 입학할 때 고교 평준화제도가 시행되었으니, 딱히 우연이라 우기기도 어려웠다. 최근 지인을 통해 들은 얘기지만 박지만씨도 그 점에 대해 인정하고 있다고 한다.

어린 나이였지만 막연히 일류 중학교 입학이라는 꿈을 꾸고 있던 나도 조용히 그 꿈을 접어야 했다. 당시 잘사는 집 아이들은 간혹 도시로 이사를 가거나 가까운 친인척 집에 위장전입을 해서라도 전학을 갔지만 가정 형편이 어려웠던 나로서는 언감생심,

꿈도 못 꿀 일이었다.

살고 있는 집이 거류면 은월리 신은마을이었던 나에게 이제 남은 것은 고

성읍 관내에 있는 두 개의 남자중학교 중 한곳에 갈 수밖에 없는 운명이었다. 다른 사람들은 몰라도 나는 역사와 전통에 빛나는 고성중학교에 입학하기를 염원했다. 고성의 지명을 딴 고성중학교야 말로 고성 제일의 중심학교라 생각했고, 실제 우리 두해 위 선배들이 고성중학교에 합격하기 위해 당시에도 과외 수업을 하는 모습을 목격하기도 했다.

드디어 입학을 앞둔 어느 겨울날 운명의 순간이 다가왔다. 추첨에 들어간 것이다. 과연 어느 학교일까? 1번 구슬이냐, 2번 구슬이냐에 따라 모교는 물론 많은 것이 달라질 것이기에 한편으로는 기대와 설레임도 있었으나 마음 한구석에는 긴장과 불안감도 자리 잡고 있었다. 내가 추첨기를 작동하자 2번 구슬이 흘러나왔다.

추첨은 대낮에 했지만 결과 발표는 저녁 무렵에야 이루어졌다. 추첨이후 발표까지 몇 시간이 참으로 길게 느껴졌다. 코흘리개 친구들끼리 삼삼오오 모여 나름대로 분석과 예측을 하기도 했다.

우리 한해 선배들은 2번이 고성중학교였다. 그래서 올해는 1번이 고성중학교가 될 것이라느니, 올해도 계속 2번이 고성중학교가 될 것이라느니, 아무런 근거도 없는 막연한 논리로 어설픈 주장들을 펼치기도 했다.

뒤에 알게 된 것이지만, 학교배정은 먼저 입학대상 학생들을 추첨으로 1번 집단과 2번 집단으로 분류해놓고 양교 학교장이 최종적으로 추첨을 하여 결정을 하였던 것이다.

요즘과는 달리 교통과 통신이 발달하지 못했던 시절이었기에 방산초등학교 교정에 모여 초조 속에 결과발표를 기다렸다. 수학적 확률은 50%, 그러나 결과는 0%가 될 수도 있고 100%가 될 수도 있었다. 해가 저물고 어두컴컴해지자 드디어 교내 방송을 통해 발표가 흘러나왔다.

"1번 **중학교! 2번 고성중학교!" 참으로 기뻤다. 마음속으로 환호했다. 마침내 내가 원하는 중학교에 입학할 수 있게 된 것이다. 긍지와 자부심을 갖고 훌륭한 선생님들의 가르침 속에 나름 열심히 공부하며 미래를 향한 꿈을 키웠다. 왕복 10여km를 오가는 통학길이라 가방은 무겁고 배는 고팠지만 통학시간을 이용해 영어단어를 외우고 수학공식을 되새기기도 했다. 선후배, 동료들과의 대화와 어울림 속에 끈끈한 정도 쌓았다. 구슬 하나로 인해 모교도, 배움도, 은사님도, 선후배도, 친구들도 운명 지어졌다. 2번 구슬은 바로 내게 축복이요 행운이었다.

고성중학교야말로 내가 더 큰 세상을 향해 뻗어나갈 수 있는 튼튼한 디딤돌이었다. 선생님! 고맙습니다. 선배님! 존경합니다. 후배들아! 사랑한다. 친구들아! 그립다. 한~결같이 뻗~어 날~ 고~중 사나이! 화이팅!

하태호

정치학 박사
국회의장 공보비서관
서울외국어대학원 겸임교수

추억 속의 친구들이 보고 싶다.

강신

연두 친구한테서 전화가 왔다. “이번 모임 올 때 동문회지에 실을 글 하나 써가지고 와라.” 몇 해 전 어쭙잖은 글로 지방지인 경남일보 독자 칼럼인 경일춘추에 열댓 번 글이 소개되면서부터 툭하면 이런 제의를 심심찮게 받아왔다.

글이란 것이 옆 동네 순이의 호감을 사기 위해 접대용 찐빵 값을 마련하느라 아버지 몰래 뒤주에서 쌀 한바가지 퍼가지고 나오는 것처럼 간단하고 쉬운 일이 아니다. 전문가들도 몇 날 며칠을 두고 사유(思惟)하고 지웠다 쓰기를 수십 번의 작업을 거쳐 어렵사리 탈고(脫稿)를 한다고 하는데, 하물며 제대로 글쓰기 공부를 한적 없이 그저 어깨너머로 보고 그 때의 기분대로 원고지를 채우는 초보에게는 여간 힘들고 신경 쓰이는 일이 아닐 수 없다.

물론 개교 62주년 맞아 기념사업의 일환으로 발간되는 동문회지에 이름을 올린다는 것이 영광스럽고 행복한 일이지만, 요즘 따라 부쩍 바빠진 업무로 한가롭게 글을 쓴다는 것은 대단한 부담이 아닐 수 없다. 하지만 세상사 내 맘대로 싫다고 피해가고 좋다고 안고 갈 수는 없듯이 이번 일 또한 피해가지 못할 것이란 것은 이미 짐작은 했었다.

그래! 피해가지 못한다면 즐기자. 그런데 어디서부터 시작하고 무엇을 쓸지를 생각하니 도대체 감이 잡히지 않는다. 이럴 때는 한 걸음 물러나서 문제를 바라보는 것이 상책이다. 책꽂이 한편에 먼지를 이고 선 중학교 앨범을 꺼내 들었다. 첫 장에는 남천우 교장선생님, 둘째 장에는 지금의 내 나이보다 젊어 보이는 여러 선생님들의 사진으로 채워져 있고 그 뒤로 16살 앳된 까까머리 소년들의 얼굴이 동글동글한 물방울 속에서 나를 보고 있다.

까만 교복에 흰 카라를 하고 가운데 중자 옆으로 흰 띠를 두른 모자를 쓰고 다니던 중학생 시절, 생각해보면 그리 오래전 일도 아닌 듯한데 벌써 사십 여 년 전의 추억이 되어버렸다.

내 중학교 생활은 뺑뺑이로부터 시작되었다. 초등학교를 졸업하던 73년도에는 읍내에 두 개의 중학교가 있었고, 시험제도가 폐지되어 뺑뺑이를 돌려 진학할 학교를 결정했었다. 내 의지와는 관계없이 물레에서 떨어지는 작은 공 한 개에 자신의 미래를 맡겼다는 것이 참으로 아이러니한 일이 아닐 수 없다. 그래도 당당하게 기호2번 고중(固中)으로 가는 티켓을 거머쥔 나를 보고 아버지는 마치 서울대 법대에 합격이나 한 것처럼 기뻐했었다.

학교까지는 부름 둑이라 불리는 대독천을 따라 작은 도실과 큰 도실을 지나는 오리(五里) 길을 걸어서 다녔다. 이슬이 풀잎에 내리는 봄철에는 교복 바짓가랑이가 다 젖었고, 겨울에는 감티재에서 불어오는 칼바람을 피하기 위해 둑 밑으로 숨어서 걷던 길이었다. 그래도 1학년 때는 동네에서 같이 학교를 다니던 점덕이 형님의 자전거를, 2학년 때는 올해부터 고성읍 의용소방대장 소임을 맡아 봉사하시는 우경이 형님의 자전거에 편승해 아침 바람을 가르며 둑길을 달리는 신나는 등굣길이 되기도 했었다.

학교생활은 별로 특별나지 않았지만 몇 가지 잊히지 않는 추억이 있다. 교무실 화단 앞에 유리온실이 있었고 나랑 친구 몇이 온실당번이란 직책으로 수업을 마치면 둥근 향나무 꺾꽂이 포트와 이름조차 모르는 나무와 화초에 물을 주는 일을 했었다. 그 일이 끝나고 나면 학생들이 집으로 돌아간 텅 빈 운동장에서 자전거 묘기를 펼치기도 했다. 자전거 짐칸에서 운전하는 친구의 어깨를 짚고 서있다 철봉대에 뛰어 매달리는 놀이였는데 상대적으로 고난이도인 축구 골대에 도전을 했다가 달리던 관성으로 떨어져 땅에 머리를 부딪치며 기절을 한 적이 있었다. 눈을 떴을 때는 교무실 책상위에 누워있었고 걱정스런 선생님들의 시선이 쏟아지고 있었다. 뒤에 안 사실이지만 그때 자전거를 운전했던 교사리 정현이는 눈동자를 뒤집고 누운 내가 죽은 줄 알고 도망을 갈려고 했다고 한다.

또 한 해 겨울에는 수업과 수업사이 10분 쉬는 시간에 탱자나무 울타리 옆에서 작은 돌로 경계를 만들어 모닥불을 피우고는 옹기종기 모여 손을 비비며 '모닥불에 살찐다.'를 합창했는데 수업종이 울리면서 그대로 방치하는 바람에 울타리에 불이 났고 전교생이 모인자리에서 범인 색출작업이 이루어졌다. 직접적으로 불을 낸 범인을 잡지 못하자 옆에서 불을 쬔 사람 모두를 잡아들이고 말았다. 마치 뺑소니 범을 잡기위해 그 시간 도로위에 있던 운전기사들을 전부 잡아들인 것과 다름이 없었다. 많이 억울했지만 마른 나뭇가지 하나 모닥불에 던진 죄로 교무실에서 바지를 걷어 올리고 종아리를 맞았다.

교실 옆 소나무에 둥지를 틀었던 산새의 새끼 두 마리를 꺼내와 책상 서랍에 넣어두었다가 수업시간에 애들이 눈치 없이 짹짹거리고 우는 바람에 선생님께 들켜 그때부터 별명이 '새새끼'가 되어버린 이일 친구와 꽃게다리를 송곳니에 끼우고 드라큘라 흉내를 내다가 선생님에게 들켜 '꽃게'로 불리던 인우친구는 잘 살고 있는지……

졸업 후 읍내에 사는 친구 여남은 명이 모여 친목계 하나를 만들었다. 숙고 끝에 지은 이름이 중학교 졸업기수를 따서 '이륙회'로 결정을 지었다. 십대의 까까머리로 만나 50대 중반의 신사가 되기까지 인생의 대부분을 같이 했던 그 친구들이 그동안 조금씩 모은 회비로 연말에는 부부동반 해외여행을 다녀올 계획을 세우면서 격세지감(隔世之感)을 느낀다. 사람은 추억을 먹고 산다고 한다. 젊어서는 추억거리를 차곡차곡 저장하고 나이 들어서는 그것을 끄집어내어 혼자서 혹은 여럿이 요리를 한 뒤 맛있게 즐긴다는 뜻이다. 물론 착각과 부풀림이라는 양념들을 조금씩 섞기도 하지만 아무도 그걸로 문제 삼지는 않을 것이다. 어차피 그것들은 원재료의 맛을 더해주는 양념이니까.

오늘은 동문문집에 보낼 원고를 마무리한 기념으로 다음 이륙회 모임 때 요리할 중학교 때 추억 몇 개를 저장고에서 꺼내 해동(解凍)시켜두어야겠다.

강신

蘭과 壽石

임문경

고등학교 2학년 때였으니 77년도 정도로 기억된다.

그 당시만 해도 지금같이 壽石과 蘭草를 취미생활로 즐기는 사람들이 그렇게 많지 않을 때인 것 같다.

친구랑 우연한 기회에 상리면 소재 문수암 절에 봄에 놀려가는 길에 비포장 길을 자전거로 가다가 오르막길에서 힘에 겨워 멈춘 곳에서 이상하게 생긴 돌(石) 한 점을 보았다, 강아지처럼 생긴 게 약15센티 정도에 물형석物形石으로 이 수석 한 점이 지금까지 취미생활을 있게 한 시발점始發點인 것이었다.

거슬러서 당시에 문수암 주위와 고성지역 野山에는 흔하게 볼 수 있는 게 春蘭이었던 것 같다.

원예용으로 재배하는 춘란은 變異種과 특이한 개체의 꽃난을 캐어서 재배하여야 함에도 내용도 모르고, 산짐승이 뜯어먹지 않고 상처나 병이 들지 않은 온전한 민춘란만 찾아다녔으니, 이 변이종에 일찍 눈이 떴더라면 하는 아쉬움도 있다,

우리지역 固城에는 海岸線과 접해있고 온화한 기후와 산세가 수려해서인지 춘란 중에서도 국내난계에 등록된 名品이 상당히 많다, 대홍보, 장원, 금강, 미리내, 옥천 등등 화예품, 엽예품이 상당수 나온 걸로 안다, 불행하게도 어떤 산지에서 좋은 품종이 나오면 흙속에 생강(난초는 다른 식물과는 달리 씨앗이 땅에 떨어져 이듬해 싹이 바로 나오는 게 아니고, 生薑을 축소한 것 같은 球根이생기고 약6~7년 정도의 기간이 지나야 이 생강에서 싹이 튼다.) 채로 치는 등 무자비로 採集되어 멸종을 시킨 관계로 지금은 枯渴狀態라고 선배난인들의 이야기를 들을 때면 안타깝기 그지없다.

학교를 졸업하고 군입대전인 79년부터 職場生活이 시작되면서 1년 정도

취미생활을 접고 있다가, 80년 8월 군 입대를 하게 되었고 강원도 인제에서 군복무시절 '팀 스피리트' 훈련 중에 소양강 어느 지류에서 있은 일인데 방독면 마스크를 착용하고 강바닥에 엎드렸는데 눈앞에 紋樣이 잘들은 수석1점이 있지 않은가. 참새가 방앗간을 보고 그냥 못 지나친다고 얼른 주워서 방독면주머니에 넣었다. 訓鍊은 계속되었고 다리에 묶은 방독면 주머니가 뛸 때마다 어찌나 흔들리던지, 훈련 때는 M-16소총도 던져버리고 싶은 마음인데 돌1점이 무엇인지…….

그 돌이 고향집에 올 때까지 보관문제 기타 등등 겪은 苦衷은 省略하고, 다행히도 行政兵으로 근무하였기에 무사히 집에까지 가져올 수 있었는데 지금도 그때 일을 回想해보며 혼자서 웃고는 한다.

83년 군 제대 후, 거제로 낚시를 간다거나 수석 감을 찾아 혼자서 취미생활을 하던 중 92년도에 知人의 권유로 관내 동호인들의 단체인 소가야수석회에 가입을 하여 지금에까지 오게 되었다,

수석취미 동호회 交流가 活潑하던 1990년대~2009년도에는 국내산지 중에서도 남한강에서 探石된 수석이 명품으로 고가에 거래가 되었고, 우리고성지역에서는 土中石으로 질 좋은 고성용석이 구만면, 회화면, 마암면에서 탐석되었지만 산속에서 脈을따라 굴을 파고 채취를 하기 때문에 사실은 자가探石은 힘들고, 金錢으로 所藏欲求를 해결할 수밖에 없었다.

활황기에는 국내에서 탐석되는 수석이 限界에 다다르자 수석도 세계화 바람을 타고 중국, 일본, 필리핀, 뉴질랜드 등에서 수입까지 하게 되어 많은 양이 국내에 流入이 되었는데, 2010년을 기점으로 국내 경기와도 맞물려 수석도 가격 하락과 함께 많은 사람이 수석취미 생활을 접는 등 變化를 가져왔다.

수석교류가 뜸해지면서 2010년부터 다시 난초를 시작하게 되었다. 지금은 온라인이나 書籍등을 통하여 많은 情報와 재배방법을 터득하기가 쉬워졌고, 봄가을 난초 展示會가 성황리에 개최되다보니 전시회가 열릴 때면 구경 다니기에 週末이 바쁘다. 신문지상이나 매스컴에서 난초 한분에 몇 십억원을 호가하는 난초가 어떻게 되었다는 등의 뉴스를 접할 때면 괜히 가슴이

요동치기도 한다.

春蘭은 주로 중부이남 지역에 分布하는데 그중에서도 전남 남해안과 경남 남해안 등지에서 자생하는데, 근래에는 경기도 일원과 강원도 등지에서도 춘란이 자생하고 있다는 소식을 접한다, 난초는 남보다 늦게 시작은 했지만 식물을 많이 접하는 주위환경 영향으로 난을 키우는 데는 자신이 있었지만 난실을 짓고 한 분, 두 분 난을 키우다보니 여타 식물 화초 키우는 것하고는 너무도 다르다, 너무 추워도 안 되고, 너무 더워도 안 되고 換氣도 중요하고, 病蟲害도 防除가 어렵고 모든 것이 어렵다, 병이 들어 枯死해도 왜죽었는지를 정확히 모르니 답답해 죽을 맛이다.

愛之重之하는 난초를 저세상으로 보낼 때는 난 키우는 취미를 그만둘까 하는 생각도 여러 번 해보았지만 傲氣가 생겨서 그만 두지도 못한다, 특별한 일만 없으면 지인이나 집사람과 함께 산으로 떠난다. 手德이 없어서인지 山德이 없어서인지 일 년에 30-40회 山採를 다녀도 별 소득은 없는데, 人煙草 만날 때까지 기대감과 건강 챙긴다는 하나만으로도 산채 가는 것이 즐겁다.

가만히 되짚어보면 수석이나 난초 취미생활을 통하여 마음에 平和를 찾을 수 있으며, 性格도 溫和해지고 많은 同人들을 만나니 인생사가 豊足해지는 것 같고 사람과 사람사이에 만남에의 즐거움이 인간으로서의 기본 性品도 높아진다고 생각된다.

그중에서도 난을 사랑함에 있어서 입문(入門)에서 입신(入神)의 경지에 이르기까지 어느 난인은 5단계가 있다고 한다.

첫 단계가 난졸(蘭卒)로, 난에 입문하여 난에 대한 知識이 없어 시행착오를 거듭하다 난을 죽이게 되는 과정이며, 둘째 단계는 난사(蘭士)로, 차츰 난의 분위기에 익숙해지면서 난을 즐기는 멋을 아는 취미를 가진 애란인으로 주변에 알려지게 되고, 자신도 난을 기르는데 소질이 있다고 여기는 과정이다 셋째단계는 난호(蘭豪)로 예술적 감상을 지닌 애란가로, 난이 지닌 미적인 가치를 개발하는 創造的단계에 이른다, 넷째단계는 난현(蘭賢)으로, 난을 통하여 사람의 품성을 다듬고 인격과 미(美)의 세계를 승화시켜 자기

류의 독창적인 난도(蘭道)를 확립하여 남에게 까지 가르침을 주는 난인의 길로 접어들게 된다. 다섯째 단계는 난선(蘭仙)으로, 난인으로서 도달해야할 마지막단계로 자기의 經驗이나 技術로 난을 기르는 경지가 아니고 자연 순리에 따라 난을 난답게 기르고, 나를 난같이 다듬는 아즉난(我卽蘭)이요 난즉아(蘭卽我)의 경지, 즉 물아일체(物我一體)의 경지에 도달함을 뜻한단다.

오늘도 4평 남짓한 난실의 난초 앞에서 그들과 마주하며 나 자신은 어디까지 와있는지, 앞으로 어디까지 갈지 想念에 잠겨본다.

임문경

살며 사랑하며 배우며

이봉원

“생각이 바뀌면 행동이 바뀌고, 행동이 바뀌면 습관이 바뀌고, 습관이 바뀌면 인생이 바뀐다.” 선택이론의 창시자 윌리엄 그래셔의 말이다.

아주 오래 전 아이들이 유치원 다닐 때의 곤혹스러웠던 경험이 있다. 유치원 졸업식이라 그 동안 배운 것을 엄마 아빠 앞에서 선보이는 자리였다. 분위기가 한참 무르익어 갈 때쯤, 가족단위로 게임이 벌어졌다.

멀리서 말하지 않고 아들이 가장 좋아하는 것을 적어서 아이와 아빠의 답이 같으면 선물을 주는 게임이었다. 게임이 시작되자 아들은 아빠가 당연히 맞힐 거라 생각하고 선물을 쳐다보며 싱글벙글 이었다.

첫 번째 문제는 ‘아들이 좋아하는 색깔’, 아빠인 나는 아들의 그림 일기장을 건성으로 넘겨봤을 뿐 소중한 아들이 과연 무슨 색깔을 좋아하는지 전혀 감이 오지 않았다.

두 번째 문제는 ‘아들이 좋아하는 동물’, 사자, 호랑이, 기린, 낙타 등을 다 되뇌어 봐도 코알라는 생각나지 않았다.

세 번째 문제까지 빗나가자 본인은 얼굴이 화끈거리기 시작했고, 밝고 환한 모습의 아들 얼굴엔 겸연쩍은 모습이 역력했다. 그 날 이후로 필자는 아이들의 학교행사에는 완전히 발을 끊는 비극이 발생했다.

사람이란 자신이 직접 경험해보지 않고도 남의 성공과 실패경험에서 교훈을 얻어 자신의 경험으로 만들 수 있는 지혜를 갖고 있다. 필자는 12년간의 기자생활을 접고 사업을 시작한 지 이제 13년에 접어들었다.

기자로 활동할 때도 그다지 가정을 돌보지 않았는데 사업을 시작한 뒤로는 더욱 그랬다. 사무실에서 늦게까지 남아있는 시간은 모두 이름 하여 사업을 구상하는 시간이고, 그런 것이 경영인으로서의 자세라고 생각했다.

그러다 우연찮게 7H CEO과정을 수료하면서 많은 것을 깨닫게 됐다. 아버지의 시간을 산 아들의 '20달러어치의 시간'이 준 교훈이 그것이다.

어떤 꼬마가 아빠에게 "아빠는 한 시간에 얼마를 버냐?"고 물어본다. 당황한 아빠는 아들에게 처음엔 화를 내었지만 이내 1시간에 20달러를 번다고 이야기해 준다. 그러자마자 아들은 아빠에게 10달러만 빌려달라고 간청한다. 아빠는 아들에게 나름대로 무슨 이유가 있을 거라 생각하고는 10달러를 빌려준다. 그랬더니 아들은 자신의 베개 밑에서 꼬깃꼬깃한 지폐 10달러를 꺼내는 것이었다. 10달러를 가지고 있으면서도 자신에게 빌려달라고 했던 아들에게 아빠는 화를 냈다. 그러자 아들은

"아빠, 나한테 20달러가 있어요. 이제 내가 아빠한테서 1시간을 살 수 있지요? 아빠, 내일은 집에 일찍 오세요. 아빠랑 저녁을 같이 먹고 싶어요." 하고 말했다는 이야기이다.

우리 집도 비슷했다. 지난해 대학생과 군인이 된 그 때의 유치원생 아들들은 항상 바쁜 '사장 아빠'보다는 '함께 놀아주는 아빠'가 더 그립다는 것이었다. 필자는 나 자신과 가족을 위해 누구보다 열심히 살아왔다고 자부했건만 가족들의 생각은 완전히 달랐으며, 그렇게 살아온 것은 사실 자기 자신의 욕심 때문이었다는 것을 깨닫게 된다.

그때 그렇게 함께 놀아주기를 바라던 아들들이 하나는 유학을 떠나고, 하나는 군대를 갔으니 이젠 집에 부부 둘 만 남아 허전한 공허감을 느낀다. 마침 올 여름에 큰 아들이 방학 동안 잠시 귀국하고 작은 놈이 휴가를 나와 오붓한 시간을 가졌다. 유치원 다닐 땐 아이들이 그렇게 놀아주기를 바랐는데 이젠 부부가 아들들에게 가족이 함께 할 시간을 갖자고 애원할 판이다.

어릴 때 하던 보드게임과 주사위게임, 컴퓨터게임 등 추억의 게임을 하면서도 아이들은 재미없다고 그만하자고 하고, 부부는 좀 더 하자고 달래며 치킨과 피자까지 대령한다. 이제 와서 그 때 아이들이 왜 그토록 함께 하는 게임이나 몸을 부대끼는 놀이를 하고 싶어 하는지를 이해하게 된다. 이젠 자식들이 엄마 아빠의 시골스런 말투를 흉내 내거나 노래하는 습관을 모창할 때는 부부가 망가진 채 그저 웃을 뿐이다.

요즘 인터넷에 세대별 평준화에 대한 재미있는 말이 있다.

40대엔 학벌이 높던 낮던, 좋은 학교를 나왔던 안 나왔던 지식의 평준화이고, 50대엔 옛날에 얼굴이 예쁘고 잘 생겼던 아니던 미모의 평준화이고, 60대엔 옛날에 정력이 셌던 안 셌던 성 능력의 평준화이고, 70대엔 재산이 많으면 어떻고 없으면 어떠냐는 재산의 평준화, 80대엔 누가 먼저 저 세상으로 갈 지 모르는 생사의 평준화가 그것이다.

50을 갓 넘어선 지금, 아직도 마음속엔 불같은 열정이 있지만, 점차 사람들의 세상살이를 보면서 순리를 깨우치고 더불어 사는 세상임을 배우게 된다. 또한 사업 못지않게 가족과 벗들이 인생살이의 가장 소중한 한 축임을 느끼게 된다.

지금까지 자녀들에겐 '소년이노학난성 일촌광음불가경(少年易老學難成, 一寸光陰不可輕)'과 '지금 하기 싫지만 해야 할 일을 하고 나면 나중엔 하고 싶은 일을 하며 살 수 있고, 지금 하기 싫다고 해야 할 일을 하지 않으면 나중에는 하고 싶지 않은 일을 억지로 하며 살게 된다.'는 말을 되뇌어 왔건만 정작 이젠 이 말이 본인에게 필요한 말인지도 모를 일이다.

세상에는 수많은 교훈이 있고, 그렇게 많은 좋은 교훈도 자신이 직접 체험하고 느낀 것이 아니면 공감하기가 쉽지 않은 일이다. 그러나 느낀 것 따로, 실천하는 것 따로 일진데 그 많은 교훈이 무슨 의미가 있겠는가?

그런 의미에서 올해 「고중사나이」와의 만남은 개인적으로 패러다임을 전환시키는 중요한 계기가 될 것 같다.

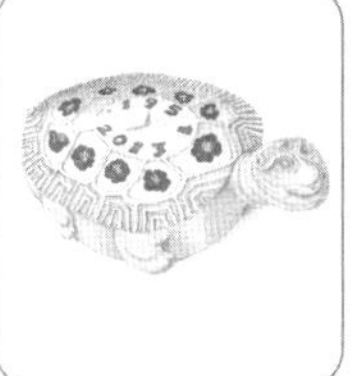

이봉원

연세대학교 신문방송학과
경영대학원 졸업
전) 매일경제신문 기자
현) 윈컴피알 대표이사

섬진강 이야기

장동훈

몇 해 전, 여름 한국수자원공사에서 예산을 지원하여 전국 주요 다목적댐 유역의 초등학교 학생들에 대한 영어캠프를 실시하였는데, 전북지역의 주요 3개댐(부안댐, 용담댐, 섬진강댐) 유역의 초등학생 캠프를 전주대가 위탁운영하게 되었다.

각 학교에서 추천한 학생들의 오리엔테이션을 하기 위해 현장의 댐 관리사무소를 직접 방문하였는데, 부안댐은 변산반도내륙의 대형 다목적댐이고, 용담댐은 전북 내륙의 마이산이 있는 진안군에 위치하고 있었다. '그런데 섬진강댐은 어디에 위치하고 있지?' 라는 의문으로 그냥 지도를 찾지 않고 차에 올랐다. 풍부한 추측을 하면서 음, 분명 하구는 경남하동과 전남광양을 사이에 두고 흐르니 거꾸로 올라가면 화계, 그리고는 통 감이 오질 않는다. 어디지?

그렇다면 내가 탄 이 차는 도대체 경상도로 간단 말인가 아니면 전라도로 간단 말인가? 전주에서 출발한 동승한 운전자인 동료교수에겐 목적지에 갈 때까지 일부러 묻질 않았다.

차는 전주 남쪽외곽을 벗어나 점차 내륙으로 들어갔다. 이정표을 보니 전북 완주군-정읍을 돌아-임실로 들어섰다. 마침내 운암호라는 큰 호수가 보이더니 수량을 풍부하게 담은 댐이 보였다. 댐 위로 차를 몰아 관리사무소에 도착하였다. 인근 유역의 초등학교에서 선발된 학생들이 부모와 교장 혹은 담임선생님들과 함께 와 있었다.

새까맣게 그을린 아이들, 역시 농사일에 검게 그을리고 잠시 짬을 낸 농촌을 지키는 젊은 부모들, 그리고 오지에서 교육현장을 지키는 교육자들, 겉모습에서 드러나는 그들을 보고 갑자기 나의 어린 시절이 오버랩 되었다. 거기서 만난 한 교장선생님은 "저기유, 우리 군에는 원어민들이 지원을 별로 하지 않아 한 명이 여러 학교를 묶어 순회하며 영어를 지도하고 있어 실질적으로 영어교육의 기회가 별로 없응게 잘 부탁해유"라며 진정어린 부탁의 말을 하였다. 나는 그 분의 말이 깊게 뇌리에 박혔다.

정말 이 어린이들에게 비록 3주간이지만 프로그램을 잘 꾸려서 좋은 기회를 제공해 주고 싶었다. 나름대로 최선을 다하긴 했어도 여전히 아쉬움이 남긴 하지만….

다시 본론으로 들어와서 섬진강댐이 전북 임실군에 위치하고 있다는 사실을 알게 되었고,

전라북도를 동서로 가르는 호남정맥의 동쪽 경사면에 있는 진안군 백운면 신암리 원신암에서 발원하며 이렇게 시작된 섬진강은 남쪽으로 방향을 잡아 68개의 제1지류, 129개의 제2지류, 53개의 제3지류, 그리고 15개의 제4지류를 받아들이면서 흐르다가 광양만에 이르러 남해바다로 흘러들어가게 된다. 총 연장은 212.3km로 남한에서는 네 번째 큰 강이다.

강 이름의 유래는, 고려 우왕 11년(1385)에 왜구가 섬진강 하구에 침입했을 때 수십만 마리의 두꺼비 떼가 울부짖어 왜구가 광양쪽으로 피해갔다는 전설이 있어, 이때부터 강 이름에 두꺼비 '섬(蟾)', 나루 '진(津)' 자를 붙여 섬진강이 되었다.

내가 나고 자란 땅을 소중히 여기고 바로 알아야겠다는 생각이 다시 들었다.

아버지

올 설날 새벽 일흔 후반이 넘으신 당신과 함께 참으로 오랜만에 목욕탕으로 가서 당신의 등을 밀면서 많이 야위신 모습에 가슴이 저미어 왔습니다. 다정다감하시진 않았지만 적당히 엄격하신 그러면서도 유머감각이 있으셨던 당신이 이젠 세월의 무게 앞에 초라하게 변해버린 당신의 몸을 구석구석 비누질하며 정성을 다해 씻어 드렸습니다.

자식 삼형제 키우시느라 당신 몸을 돌 볼 틈이 없이 바쁘면서도 빠듯하게 살아오신 이마에 깊게 패인 주름살.....

자식들이 상급학교에 혹은 취직시험에 혹은 공무원시험에 응시할 때마다 가슴 졸이며 합격이라는 통지서를 받아 들고선 그동안 흘리신 땀방울에 대한 보답이라도 받으신 듯 환하게 웃으시던 당신......

또한 학생운동 하느라 실형을 선고받고 감옥살이하던 자식도 있어 살을 애어 내는 듯한 아픔도 겪으시고 그 자식이 결국은 사면복권 되어 사법고시에 합격하여 당당한 사회의 일원이 되자 웃음을 되찾았던 당신......

큰자식이 해외 근무책임자로 외국에 가게 되었을 때, 집안일은 걱정하지 말고 회사 일에 더 충실히 하라며 격려해 주시던 당신, 그 이후 IMF사태로 현지에서 더 근무하게 어렵게 되자 함께 마음아파 하시던 당신......

딸이 무척이나 귀한 집안에서 첫 손녀가 태어났다며 기뻐하시던 당신......

이제야 당신의 그 넉넉한 품속을 이해하게 되었습니다. 장남이라지만 든든한 당신이 계셨기에 집안 대소사는 크게 걱정하지 않았는데, 이제부터라도 잘 챙기겠다고 약속드립니다. 시간 날 때마다 더 자주 찾아뵙겠습니다. 부디 건강하시기 바랍니다.

진달래를 위하여

빠듯한 중국출장일정 중에 북경에서 일어난 이야기 한 토막.

우리일행은 북경에서 교육계에 종사하는 조선족일행과 저녁식사를 하였다. 조선족참석자의 면면을 간단히 소개하면,

김모 선생(최고령자, 약80세가량, 중국작가협회명예위원, 안중근사상연구회회장, 문학박사)

정모 선생(청화대 중문과교수, 중화서국 편집심의위원, 북경삼강중학교 교장)

김모 선생(여, 북경시 장백학교 교장)

이모 선생(국가통계국 국장)

양모선생(여, 한족, 중국교육부 국제교류국 주임)

그런데 식사도중 최고령자인 김모 선생께서 자기소개를 하였다. 일제 때 일본서 태어나 해방 후 조선을 거쳐 북간도와 연변 그리고 지금은 북경에 거주한다면서 자신을 '뜨바라기(뜨내기의 연변식 표현)' 라고 하면서, 연변 조선족식 건배라며 '진달래를 위하여' 라고 외치자 우리일행도 모두 복창하였다.

그런 후 그 뜻이 뭐냐고 묻자 '진짜 달콤한 내일을 위하여' 라고 하였다. 우리는 모두 박장대소하였다. 그러더니 연이어 흑룡강에서 유행하는 건배라며 '개조지를 위하여' 라고 하더니 그 뜻은 '개인과 조직의 지속적인 발전을 위하여' 라고 하였다. 그런데 요즘은 한국과의 교류가 무척 많아지면서 '진달래(진짜 달라면 줄래?)' 라고 건배 제의를 하면 '물안개(물론 안 되지 개x끼))' 라고 답을 한다고 하였다.

갑자기 분위기가 숙연해졌다. '그만큼 요즘의 조선족 젊은이들이 우리의

고유한 민족성을 지키지 못하고 물질만능과 쾌락에 빠져들고 있다' 는 뼈아픈 노신사의 일침이었다.

두 번째 연장자인 정모선생은 조선족 최초의 북경대 고문학과 입학생이자 박사1호로써 북경대와 쌍벽을 이루는 청화대 중문과 교수 겸 중국 최대 국가출판국인 중화서국 편집심의위원으로서 중국고대문학의 권위자인데, 이 분 또한 조선족의 교육에 사명을 갖고 북경에서 三江中學교장을 겸임하고 계셨다. 교명인 三江은 조선족이 많이 거주하는 송화강, 압록강, 두만강에서 따 왔다고 했다. '조선족후손들이 민족정체성을 잃고 자꾸 漢族화되어가는 현상이 너무 가슴 아프다.' 고 하면서 '자기의 아들도 북경대에 다니다 고려대로 아예 유학을 시켰다' 고 했다. 전형적인 학자였다.

여성인 김 교장선생님은 흑룡강성출신으로 그 시절 매우 드물게 하얼빈사범대를 졸업하고 한족학교에서 오랫동안 음악선생으로 재직하다가 뜻한 바 있어 북경에서 조선족학교를 설립 운영하고 계셨다. 사실 이번 북경출장은 김 교장선생님을 만나 한중양국으로 유학을 원하는 학생들을 대상으로 중국어와 한국어과정을 공동으로 설립추진하기 위함이었다.

식사 후 여흥으로 자신이 노래를 하겠다며 우리민요와 중국민요를 흐드러지게 불렀다. 우뢰와 같은 박수로 저녁식사를 파하며 우리는 모두 한 핏줄임을 다시 한 번 느끼게 되었다.

장동훈

CSIS국제학교 이사
전주대학교 객원교수

내 고장 고성의 역사

김종환

1.머리말

교가의 첫 구절에 "옛 이름도 고울새라 고자미동국..." 이라는 가사가 나온다. 학창시절에는 "고자미동국"은 고성의 옛 지명이라는 것만 알았다. 고성이 소가야의 고도(古都)라는 것은 고성사람이라면 대부분이 알고 있는 사실이다. 그러나 실제 소가야가 어떠한 나라였는지, 왜 소가야라 불리었는지, 소가야 이후의 역사는 어떻게 진행되었는지를 아는 사람은 많지 않다. 고성의 역사는 생각만큼 잘 드러나 있지 않다. 따라서 내 고장 고성의 역사를 이번 동문회지를 통해 소개하고자 한다.

2.고성의 유적과 유물

가. 신석기시대- 욕지도와 연대도 등의 해안 신석기문화

고성군은 현재까지 신석기시대 유적으로 알려진 것이 별로 없다. 다만 하이면 해안가에서 신석기시대 토기가 1점이 보고되었으나 유적으로 보기에 그 근거가 희박하다. 그러나 지형적으로 진주, 사천, 통영, 창원 등과 해안이나 강으로 서로 통하고 있을 뿐만 아니라 자란만, 고성만, 당동만 등의 자연조건이 선사시대 사람이 살기 좋은 환경이며. 지질로 보아도 분명하게 고토양층(古土壤層)이 존재하기 때문에 향후 발견될 것으로 기대된다. 따라서 고성군의 신석기시대는 이웃 지역의 예를 참고할 수밖에 없다. 역사적으로 고성군에 포함되어 있던 통영의 연대도와 상노대도에서 발견된 신석기시대 유적은 당시 이 지역의 신석기시대 모습을 잘 보여주고 있다.

나. 청동기시대 - 송국리문화

현재까지 고성에는 86개소의 청동기시대 유적이 확인되었다. 고인돌(지석묘)이 유적의 대부분을 이루고 있으나 정식으로 조사된 예는 없다. 정식으로 조사된 유적으로는 고성읍 교사리유적, 마암면 두호리유적, 상리면 무선리유적을 들 수 있다. 1999년에 조사된 교사리유적에서는 청동기시대 돌널무덤(석관묘)이 발굴되었다. 석관묘 내에는 2점의 가지문토기(채문토기)와 민무늬토기(무문토기)가 발견되었다. 가지문토기는 청동기시대 중기의 대표적인 유물로서 제의적인 목적을 가진 특수용기로 기원전 6세기부터 4세기사이에 존재한 유물로 판단된다. 이러한 가지문토기는 마암면 두호리유적에서 발굴된 돌널무덤에서도 똑같이 발견된다. 마암면 두호리유적에서는 3기의 돌널무덤이 발굴되었는데 1기의 돌널무덤에 2개의 가지무늬토기를 배치하고 천하석제 식옥을 부장한 모습이 나타났다. 이러한 것은 청동기시대 중기의 대표적인 문화양상인 송국리문화에서 보이는 것으로 송국리문화가 고성지역까지 영향을 미쳤음을 말해준다. 2002년 발굴 조사된 상리면 무선리유적에서 결정적으로 집자리 중앙에 원형의 구덩이를 가진 송국리형 집자리 4개소가 발굴되어 이러한 사실을 뒷받침하였다.

다. 삼한시대 – 변한 소국의 성립과 활발한 해상교류의 시작

삼한시대(三韓時代)는 청동기시대가 끝나는 기원전 3세기부터 삼국시대 이전인 기원후 3세기 무렵까지를 의미한다. 한국사에서는 초기철기시대, 원삼국시대라는 명칭으로도 불리는 시기이다. 이 시기 고성에서는 고자미동국(古資彌凍國), 고자국, 고사포국 등으로 불리는 소국이 성립된다.

삼한시대 유적으로는 고성읍 동외동유적, 고성읍 고성읍성지, 고성도서관부지 내 유적, 하일면 송천리솔섬 석관묘를 들 수 있다. 먼저 동외동유적은 1969~1971년, 1974년, 1995년의 3차례에 걸쳐 발굴조사 되었다. 1969~1971년의 조사는 국립중앙박물관에 의해 실시되었다. 당시 국립중앙박물관 발굴조사팀은 적갈색 연질토기에서 김해식토기로의 변화과정을 밝히고자 동외동유적을 조사하였다. 그 결과 하층부에서는 적갈색 연질토기와 더불어 경질무문토기가 주를 이루었으며 상층부에는 김해식토기 및 경질토기가 발견되었다. 이러한 점은 삼한시대 적갈색토기에서 김해식토기를 거쳐 경질토기로 바뀌어나가는 토기제작기술의 발전을 보여준다.

1974년 천도교당의 건축을 위해 공사를 하던 중 패각층과 유물이 발견되

어 동아대학교박물관이 수습조사를 하였다. 조사결과 철기제련을 위한 송풍구가 발견되었으며 광형동모, 동검손잡이, 중국제 청동거울편, 인문도 등이 발견되었다. 이러한 유물들은 당시 고성 소국이 중국, 일본과 교류한 것을 보여주는 중요한 증거이다.

동외동패총 발굴조사에서는 토광묘와 석관묘, 옹관묘가 발굴되었는데 고대인들의 장례문화의 단면을 엳 볼 수 있다. 1995년의 발굴조사는 국립진주박물관에 의해 동외동구릉의 정상 평탄지를 대상으로 실시되었다. 평탄지에서는 수많은 구덩이 유적이 발견되었는데 조사단은 이 유적을 고대 제사행위에 의해 만들어진 것으로 보았다. 유적에서는 우리나라에서 최초로 새무늬청동기가 발견되었다.

하일면 송천리 솔섬석관묘에서는 철검을 비롯하여 주머니호, 경질무문토기 등 삼한시대 초기의 모습을 잘 보여주는 유물들이 발견되었다. 이러한 유적들의 모습을 종합하여 볼 때 삼한시대 고성에서는 청동기시대 군장국가에서 발전한 성읍국가의 형태를 이룬 고자국이라는 소국이 성립한 것으로 볼 수 있다.

고자국은 고성 동외동일대를 중심으로 하여 중국 · 일본등과 연안교역을 하였던 것으로 보인다. 또한 고성 동외동에서 발견된 옹관묘와 새무늬청동기는 영산강유역의 문화양상과 깊은 관련성을 보인다. 이러한 점은 삼국사기와 삼국유사에 등장하는 포상팔국의 전쟁기사 속의 고자국과 보라국과의 관계와 연관 지어 생각해 볼 수 있다.

라. 삼국시대

소국으로 출발한 고자국은 5세기경부터 지금의 서부경남 해안지역을 중심으로 하여 점차 그 세력을 확장하기 시작한다. 그렇다면 고자국이 세력을 확장할 수 있었던 시대적 배경은 어떠할까?

5세기는 한국사에 있어 커다란 분기점이 되는 시기이다. 391년 광개토대왕이 즉위 후 고구려는 대외로 팽창정책을 펼친다. 392년 백제를 공격하여 관미성을 함락시켰으며, 396년에는 백제 위례성을 포위하여 아신왕에게 항복을 받아낸다. 이러한 고구려의 팽창정책은 한반도 남부지역의 급격한

정세변화를 가져오게 된다. 백제는 가야, 왜의 세력을 이용하여 고구려에 대적할 준비를 하게 된다. 400년 왜는 신라를 공격한다. 신라의 구원요청에 광개토대왕은 4만의 병력을 파견하여 가야와 왜의 연합군을 격퇴한다. 고구려군의 남하는 가야지역에서 가장 번영을 누리던 김해지역을 세력에게 치명적인 타격을 입히게 되고 김해세력은 이 시기를 기점으로 점차 쇠퇴하게 된다. 이로써 3세기 포상팔국의 전쟁 이후 김해세력이 주도하였던 왜와의 교역의 중심은 다시금 고성지역 세력의 주도하에 오게 된다.

한편, 412년 즉위한 장수왕은 본격적인 남진정책을 표방하면서 427년 국내성에서 평양으로 수도를 옮긴다. 이에 위협을 느낀 백제의 비류왕과 신라의 눌지마립간은 433년 나제동맹을 맺는다. 475년, 백제의 개로왕이 북위에 고구려를 공격하여 줄 것을 요청한 국서가 장수왕에게 알려지자 장수왕은 백제를 공격하여 수도 한성(서울)을 함락시키고 개로왕을 죽인다. 수도 한성을 잃은 백제는 웅진(공주)으로 천도하게 된다. 또한 고구려는 468년에는 신라의 실직주(삼척)를, 481년에는 충주를 점령하여 신라의 7성을 함락시키고 중원고구려비를 세우게 된다. 이러한 장수왕의 남진정책은 한반도 남부지방을 단결시키게 된다. 493년 백제의 동성왕과 신라의 소지마립간은 나제동맹을 더욱 공고히 하고자 결혼동맹을 맺는다.

고구려의 남하로 남부지역의 백제와 신라, 가야, 왜는 직간접적으로 동맹관계 형성하게 된다. 남해안을 중심으로 동맹적 교류 관계가 형성된 것이다. 이러한 배경 속에서 고성의 소가야는 각 세력을 잇는 중계점 또는 중심점으로 번영을 누리게 된다. 이전시기부터 해안교역을 통하여 성장한 해상세력으로 물류와 운송의 중심지가 되었다. 송학동고분군은 이러한 시대적 배경 속에 조영된 것으로 백제, 신라, 가야, 왜의 문화가 모두 베여있다.

고구려의 남하로 시작된 남부지역의 협력적 관계는 고구려의 약화와 백제와 신라의 영토확장으로 서서히 붕괴되어 6세기 중엽 완전히 파기된다. 이에 따라 번영을 누리던 소가야 역시 서서히 쇠퇴하게 된다.

500년 신라의 지증마립간은 중국식 제도를 도입하고 마립간을 왕으로 고치는 등 한화(漢化)정책을 실시한다. 지증왕의 뒤를 이은 법흥왕은 율령을 반포하고, 불교를 공인하는 등 신라를 중앙집권적 왕권국가로 발전시킨다. 532년 법흥왕은 탁기탄국의 병합을 시작으로 김해의 금관가야를 공격하여 복속시킨다. 550년 백제와 신라의 연합군은 고구려가 차지하고 있던 한강 유역을 공격하여 점령한다. 그러나 신라의 진흥왕은 백제의 성왕을 배신하고 백제를 공격하여 관산성에서 백제 성왕을 죽이고 백제가 차지했던 한강 하류지역을 점령한다. 554년 이후 신라는 계속적으로 가야지역에 대한 공략을 통해 562년 고령의 대가야를 멸망시킨다. 고성의 가야세력도 이 무렵 신라에 병합된 것으로 보인다.

고성송학동고분군은 6세기 중엽부터 대형고분군이 조영(造營)되지 않는다. 그러나 송학동고분군의 조영과 그 출토유물을 볼 때 4세기 고자국을 이은 고성의 가야는 5세기와 6세기 남해안의 중심에서 독자적인 세력을 유지하며 백제?신라?왜를 연결시켜 주는 중심점으로서 번영하였던 것을 알 수 있다. 소가야의 멸망기록은 남아있지 않다. 그러나 AD 544년 임나복건회의에 고자국의 대표가 참가한 기록과 AD 591년 신라가 경주 남산에 신성을 쌓고 세운 남산 신성비에 고성의 주민(고생촌, 일선현)들을 동원하였다는 기록이 남아있는 것으로 보아 544년 이후 591년 이전 신라에 병합된 것으로 보인다.

마. 통일신라~조선시대

고성은 신문왕 5년(685년)에 전국을 9주 5소경으로 정비하면서 청주(진주) 아래에 고자군(古自郡)을 설치하였다.. 그리고 757년 신라 경덕왕의 전국적인 행정구역 변경에 따라 고성군(固城郡)으로 변경되며 이 명칭이 현재까지 이어진다. 당시 고성군의 범위는 현재의 고성군뿐만 아니라 현재의 사천읍 지역까지도 포괄하는 광범위한 범위이다. 이후 고성군은 고려시대에 들어 고성현이 되며 성종14년(996)에는 고주(固州)로 승격하게 되나 이후 다시 현으로 환원된다. 이후 충열왕 때 남해에 잠시 귀속되었다가 다시 복구되는데 이때 철성(鐵城)이라는 이름이 처음 나타난다. 원종 7년(1266년) 다시 주(州)로 승격되나 공민왕대에 현으로 다시 강등된다.

조선시대에 들어 연해지역의 방어를 위해 세종 30년(1448년)에 고성읍성이 축조된다. 기록에 따르면 고성읍성은 둘레가 3,011척(1.65km), 높이 12척(5.6m)이며 동, 서, 남문의 3개의 성문과 성안에 우물 4개소가 있다고 전해진다. 성의 남쪽에는 조일전쟁(임진왜란) 말기인 1598년, 왜장 깃카와 히로이에(吉川廣家)가 축조한 고성왜성이 연접하여 위치하고 있다.

조일전쟁 이후 고성은 삼도수군통제영과 매우 밀접한 관계에 놓이게 된다. 통제영은 광해군 10년 고성의 관할로 옮겨오는데 1870년 춘원면 호적 분규사건이 있기까지 통제영은 고성의 관할구역 내에 위치한다. 1895년 통제영이 없어지고 고성이 진주부 내의 고성군으로 행정구역이 변경되면서 고성과 통영이 분리된다.

3.맺음말

내가 태어난 고장의 역사를 아는 것은 내 자신의 정체성과 관련이 있을 것이다. 나의 부모님이 살았으며 내가 태어나고 자라온 과정 속에서 내 고장의 역사는 알게 모르게 나의 삶에 영향을 끼치기 때문이다. 따라서 내 고장의 역사를 아는 것은 진실 된 나의 모습을 찾는 과정이 아닐까 생각한다. 여기서 내 고장 역사를 모두 소개하기에는 무리인 것 같다. 고성을 찾았을 때 잠시나마 고성박물관에서 내 고장 역사를 조금 더 알 수 있는 여유를 가져 보는 것도 좋을 것 같다. 이것이 나의 작은 바램이다.

김종환

고성박물관 담당

在京固戀會 발자취

이상석

고성을 사랑하는 젊은이들의 모임인 재경고연회는 서울 · 경기에 거주하는 4~50대로 이루어져 있으며, 2005년도부터 몇몇 고향 선후배들이 등산을 함께하면서 자연적으로 만남이 이루어져 2006년도에 발족한 순수 친목 단체입니다.

소 모임으로 등산과 골프모임을 병행하고 있으며, 등산은 매월 셋째 주 토요일, 골프모임은 분기별 시행하고 있으며, 정기모임은 2개월마다 개최하고 있어 거의 매월 만나고 있는 샘입니다.

특히 등반모임은 회원들이 자발적으로 참여하여 산행후기를 카페에 등재하여 참여하지 못한 회원들에게는 함께 할 수 있는 자리로, 참여한 회원들에게는 추억을 되새길 수 있는 자리로 마련하고 있으며, 또한 가족과 함께 하는 자리를 마련하여 힘든 일은 나누고, 좋은 일은 함께하여 서로의 형편을 잘 알게 됨으로써 고향의 형, 아우, 친구로써의 관계를 더 돈독하게 하

▲2012.12월 고연회 송년의 밤

◀2006.5월 강촌 가족단합대회

재경고성향우회 송년의 밤▶

는 계기를 마련하고 있습니다.

고연회의 주된 활동은 타향에서 고향의 향수를 달랠 수 있도록 회원 간 친목도모와 고향에 대한 봉사입니다.

고성의 읍면에 다양하게 분포되어 있어 동문회, 향우회 활동에 적극 참여하여 활성화에 기여하고 있으며, 앞으로는 고향의 어려운 분들을 돌볼 수 있도록 도서보급과 봉사활동을 펼쳐 나아가고자 합니다.

회원가입은 수시로 개방하고 있으니 이 지면을 빌어 서울 · 경기 지역에 거주하는 젊은 고성인은 어느 누구라도 환영하오니 부담 없이 참여해 주시길 부탁합니다.

여우가 죽을 때는 제가 살던 언덕으로 고개를 돌린다(狐死首丘)는 옛말이 있습니다. 오랫동안 고향을 떠나 서울이라는 도시에 정착하고 있는 固城人들은 항상 고향을 그리워하고 있습니다. 만나면 재미있고, 헤어지면 아쉽고, 슬픔과 기쁨을 함께하는 고연회가 되도록 최선을 다하겠습니다.

재경고연회 카페 http://cafe.daum.net/jegyung

이상석

재경고연회 회장
현) 서울시 도시기반 시설본부

추억은 가슴을 타고 흐른다

이옥철

2013년 7월 26일 오후 6시 30분 '대가저수지가든'에서 고성중학교 제28회 동창회가 열렸다. 현재 28회 동창회는 2개월에 한 번씩 고성에 거주하는 친구들 위주로 열리고 있다.

10년 전에 고성에 거주하는 친구 몇몇이 총동문회 참석을 위해 동창회를 결성했고, 지금까지 동창회의 명맥을 유지해 오고 있다. 2011년에는 모든 동창들에게 연락을 취해 총동문회 전날에 '대가저수지가든'에서 동창회를 개최했다. 이 날은 서울, 부산 등 타 지역에 있는 많은 친구들이 참석했는데, 그중에는 중학교를 졸업하고 33년 만에 만나는 친구도 있었다.

까까머리 친구들이 머리가 희끗한 중년이 되어서야 만났으니 사나이 가슴을 뭉클하게 하는 뜨거움이 모두의 가슴을 데웠을 거라 생각한다. 앞으로 많은 친구들이 함께 할 수 있는 동창회를 매년 개최하고자 약속했지만 아직은 그날의 약속이 제대로 지켜지지가 않아 안타깝기만 하다.

일 때문에 조금 늦게 도착했는데 방문을 열고 들어서자 고기 굽는 냄새가 코를 자극하고 친구들의 웃음소리에 마음이 벌써 즐거워진다. 먼저 온 친구들과 손을 잡는 것으로 인사를 대신하고 자리에 앉았다. 나는 몇 년 전부터 술을 거의 끊은 상태지만 친구들 만나는 이런 기분 좋은 자리에서는 맥주를 서너 잔 정도는 마신다.

우선 서로간의 근황과 외지에 있는 친구들의 소식을 얘기하면서 꽃 중년들의 수다는 지글지글거리며 온 몸을 불사르는 고기의 향연과 어우러져 방안에 웃음꽃을 피운다. 교지를 만드는 일로 총무를 맡고 있는 종환이가 졸업앨범을 복사해 왔다. 서로가 한차례 돌려 보면서 "아~ 이 친구는 서울에서 아주 잘 되어 있다더라." 또 "이 친구는 공부를 잘했는데 집안 형편이 어려워 대학도 진학하지 못하고 힘들게 지내고 있다는 군" 그리고 " 이 친구는 얼마 전에 세상을 떠났다네." 등 친구들이 각자 알고 있는 소식들을 쏟아내면서 우리들의 표정은 순간순간 희비가 교차하였다.

친구가 잘 되어 있다는 흐뭇한 소식을 들을 때는 누군가 "그라모 고성에 내리 와서 쐬주 한잔 사라케라."는 웃음 섞인 농담을 던지고, 한참 나이에 세상을 떠났다는 안타까운 얘기를 들을 때는 누가 시키지도 않았는데 방안에는 묵념을 하듯 수초간의 정적이 흘렀다.

나는 총무가 복사해 온 앨범을 넘기면서 중학교 시절이 자연스레 떠올렸다. 1987년도에 졸업을 했으니 꼭 35년이 지났다. 3학년 1반이었던 나는 참 인자한 모습으로 우리를 지도하셨던 황찬석 담임선생님의 사진을 보는 순간 너무나 무심했던 내 자신이 부끄러웠다.

우리는 커오면서 많은 선생님들을 만나지만 그 중에서도 유독 나에게 큰 가르침을 주셨거나 올바른 길로 갈 수 있도록 바로 잡아 주신 선생님은 평생토록 잊혀지지가 않는다.

황찬석 선생님은 유독 나를 이뻐하시고 챙겨주셨는데 그동안 선생님의 안부조차 챙기지 못할 정도로 나의 삶이 팍팍했나 싶은 마음에 죄송스러운 마음이 가득해졌다.

나는 중학교를 졸업하고 외지에 있는 고등학교로 진학하면서 중학교 친구들과의 만남이 거의 끊어져 버렸다. 그나마 나의 기억에 새록새록 떠오르며 입가에 옅은 미소를 띠게 하는 것은 수남동 친구들과의 아련한 추억이 있기 때문이다.

소가야 성터 위쪽에 있는 우리 동네 친구들은 모두 11명이었다. 그 중에 고성중학교에 함께 다닌 친구는 까무잡잡한 피부로 인해 쿤타킨테라 불리던 성규, 이름 탓에 돌이라 불렀던 석준이, 그리고 전혀 어울리지 않은 별명으로 자주 화를 내던 양순이 원용이, 범생이 스타일의 호진이, 쇠타마로 불린 나 옥철이, 학교를 가기 위해 내가 집을 나서면 두 집 건너에 살던 원용이를 부른다.

"양순아~~"

그리고 또 두어 집 지나면 호진이와 바로 밑에 살던 석준이가 합류한다.

그렇게 모여 50M 정도 가다가 "쿤타~~"하고 합창을 하면 새까맣고 키만 멀대 같이 큰 성규가 모습을 드러낸다.

지금은 교사리 일대가 대단지 아파트단지가 되어 고성에서 최고의 주거 단지가 되었지만 우리가 중학교 다닐 때에는 전답이 무수한 벌판이었다. 이렇게 모인 우리 친구들은 큰길을 마다하고 논길을 택해 앞서거니 뒤서거니 하면서 학교로 향했다. 그리고 향교 아랫길로 지나다 보면 얕으막한 산에 빼때기 만든다고 고구마를 썰어 놓은 곳에 다다른다.

"아~ 우리의 간식이 오늘도 실망시키지 않고 잘 여물어가고 있구나."

우리는 누가 먼저랄 것도 없이 살금살금 야산에 있는 고구마를 가지러 오른다. 야산의 가마떼기에 썰어 놓은 고구마는 완전히 굳어 버리면 먹기가 약간 불편하지만, 완전히 굳기 전의 그 맛은 가히 환상적이었다. 그 달콤하고 쫀득한 맛이 그 순간을 떠올리던 나의 입에 침이 한가득 고이게 한다. 별다른 요기 거리가 없던 우리로서는 그만한 간식이 없었다. 이 맛난 간식을 가방에도 어느 정도 채우고 나면 다시 우리는 학교로 향했다.

학교에서 돌아오면 우리는 우리의 아지트인 정자나무 아래 함께 모여서 오늘은 어떻게 놀지를 의논했다. 돌아서면 배고픈 시절이라 일단은 먹는 것이 우선이었다. 돈이라도 몇 푼 모아서 라면이라도 먹는 날은 우리들의 잔치 날이었다.

내가 집에서 라면을 끓일 동안 원용이는 집에서 김치를 배달해 온다. 얼마 전에 작고하셨지만 원용이 어머니의 김치 솜씨는 동네에서 최고의 맛을 자랑했다. 커다란 냄비에 가득 끓인 라면은 원용이 집에서 가져 온 신 김치와 어우러져 친구간의 의리까지 무시하게 만들어 버릴 만큼 우리들에게는 최고의 음식이었다. 사이좋게 젓가락질을 뽐내며 라면을 열심히 입으로 퍼나르다가 점차 냄비 바닥에 가까워지는 순간을 직감하면서 우리 사이에는 긴장감이 팽배해진다.

"퉤~퉤~퉤~"

잠시 방심하는 순간에 우리들 중에서 가장 순발력이 뛰어난 원용이가 남은 라면에 침을 뱉고서 냄비를 들고 줄행랑을 치면, 절도범과 다름없는 원용이를 잡기 위해 우리는 용감한 경찰이 되어 동네를 한 바퀴 도는 추격전에 나선다. 그러나 용의주도한 절도범을 검거하기란 결코 쉬운 일이 아니었다. 얼마 못가서 우리는 허접한 경찰로 전락하고 절도범은 증거물을 위장속에 감춘 채 의기양양하게 우리 앞에 나타나 빈 냄비를 내려놓았다. 이렇게 아차 하는 순간 우리들의 잔치상이 파하기 때문에 우리들의 잔치 날에는 친구간의 의리는 뒷전이고 모두가 한손에는 젓가락을 그리고 나머지 한손은 반드시 냄비를 잡고 먹어야 했다.

"옥철아, 한잔해라"

바로 앞좌석에 앉아 있는 종명이의 목소리에 앨범을 들고 아련한 추억에 젖어있던 가슴이 잠시 깨어났다. 맥주를 한잔 하고 다시 앨범을 넘기다가 또 다른 추억을 떠올리며 나의 입가에는 옅은 웃음이 만들어졌다.

별로 놀 거리가 없었던 시절이라 밤이 되면 자연스레 우리의 관심은 바로 성터 아래 동네에 있는 베트콩과의 일전에 들어가기 위한 준비에 나선다. "베트콩'이라는 별명으로 우리에게 많은 놀림을 받았던 아래 동네의 주인공은 친구의 형님이자 고성초등학교 2회 선배님이었다.

지금은 왜 그 형님을 베트콩이라 했는지 그리고 베트콩은 나쁜 나라 사람이니 우리가 무찔러야 한다는 생각이었는지는 알 수가 없지만 별다른 놀이거리가 없으면 우리는 으레 베트콩을 무찌르기 위한 용감한 국군용사가 되었다. 베트콩 형님의 집이 훤히 내려다보이는 우리의 아지트에서 아래를 향해 소리쳤다.

"베트콩~~ 베트콩~~"

울그락푸르락 하는 얼굴로 대문을 박차고 나오는 형님을 보면 우리는 더 크게 소리를 지른다.

"베트콩아~~ 베트콩아~~"

화가 난 베트콩 형님이 우리 아지트를 향해 달려오는 모습을 보다가 어느 순간 우리는 누가 먼저랄 것도 없이 각자 숨을 수 있는 곳을 향해 뿔뿔이 흩어진다. 그렇게 밤은 깊어가고 우리들 추억의 한 장도 넘어갔다.

중학교를 졸업한 우리들은 고등학교를 진학하면서 중학교 시절처럼 자주 만날 수는 없었지만, 여름방학이 되면 함께 모여 사량도에도 놀러 가고, 욕지도에도 놀러가곤 했다. 그때 함께 찍은 사진들은 휴대폰에 저장해 두고서 가끔 들춰보곤 하는데 그럴 때마다 가슴을 타고 흐르는 아련한 추억에 빠져든다.

오십을 넘긴 지금, 앨범을 넘기면서 중학교를 졸업하고 한 번도 만나지 못한 보고 싶은 친구들이 많아 가슴을 쓸어내리는 그리움에 마음 한켠이 비어 버린다. 내 몸에 박힌 천륜처럼 동문의 인연 또한 천륜과 다름없다.

중학교를 졸업한지 35년이 지났고 우리 모두는 그 오랜 세월을 질곡의 모습으로 채워왔을 것이다. 한 가정을 이끄는 가장으로, 사회의 책임 있는 위치에서 중추적인 역할을 하는 사람으로, 우리는 그렇게 또 다른 많은 인연들을 만들어 왔다. 어느 누구라도 가슴 한켠에 묻어 두고 있는 애잔한 추억들이 있을 것이니, 이제 가끔씩 그 추억을 들추어내어 그리운 친구들과 함께 할 수 있다면 우리의 삶이 조금은 더 행복하고 아름답지 않을까 싶다.

가끔 어둠이 짙게 깔리고 혼자서 가만히 지난날을 더듬어보면 중학교 시절이 가장 개구쟁이로 재미있게 지낸 때인 것 같다. 이제 오랫동안 만나지 못한 그리운 친구들을 만나 세월의 무게를 털어버리고 소주나 한잔 기울이고 싶다.

친구야~ 무슨 얘기가 필요하겠나,

그저 우리가 함께 한 그 까까머리 시절 얘기만으로도 밤을 새울 수 있을 테니…

이옥철

대우부동산 대표

태양광 발전은 현재와 미래의 에너지원이다.

허태욱

신재생 에너지를 찾아라.

화석연료를 발견한 이래 이를 활용해 산업혁명을 비롯하여 화려한 물질문명을 일궈온 인류는 화석연료가 유일한 에너지이자 무한자원인 것처럼 사용해왔다. 하지만 산업혁명 이후 불과 300년이 지나지 않은 오늘날, 화석연료가 수십 년 내에 고갈되고 화석원료의 값은 급등하리라는 것은 누구나 예측가능하다.

더불어 화석연료 사용은 부작용을 양산하고 있다. 온실가스 배출로 기후변화의 시대를 맞게 된 지구촌 인류는 홍수 · 가뭄 등 자연재해의 증가로 인해 신음하고 있다. 화석연료 사용이 지구 온난화를 가속시키고 지구 전체의 기후가 변화하는 심각한 문제가 발생하고 있다는 주장이 힘을 얻고 있다. 이에 따라 화석연료의 사용을 줄이고, 이산화탄소와 같은 온실기체가 발생하지 않는 새로운 에너지와 지속적으로 재활용이 가능한 재생 에너지를 개발하는 일이 무엇보다 중요하게 인식되고 있다.

신재생 에너지의 종류는 다양하다. 태양광, 풍력, 조력, 온천수를 이용하는 지열발전, 해조류를 이용한 바이오 디젤, 품질이 낮은 곡물을 이용한 바이오 에탄올, 폐기물을 이용한 열병합 발전 등은 모두 신재생 에너지에 포함된다. 그 중 태양에서 무한정 쏟아져 들어오는 열과 빛을 이용하는 태양열과 태양광도 훌륭한 신재생 에너지의 강력한 후보가 된다.

태양광 발전이란

태양광발전기의 도움 없이 태양전지를 이용하여 태양빛을 직접 전기에너지로 변환시키는 발전방식이다.

태양광발전은 태양전지와 축전지, 전력변환장치로 구성되어 있다. 태양빛이 P형 반도체와 N형 반도체를 접합시킨 태양전지에 쪼여지면 태양빛이 가지고 있는 에너지에 의해 태양전지에 정공(hole)과 전자(electron)가 발생한다. 이때 정공은 P형 반도체 쪽으로, 전자는 N형 반도체 쪽으로 모이게 되어 전위차가 발생하면 전류가 흐르게 되는 것이다.

태양광 발전 공정 과정

폴리실리콘 : 태양전지의 원료

태양광전지의 원료가 되는 것은 폴리실리콘이라고 불리는 물질로 폴리실리콘은 규소에서 화학적 반응을 거쳐 뽑아낸 작은 실리콘 결정체들로 이루어져 있다. 일반 실리콘에 비해 빛에 잘 반응하고 전기적인 안정성이 높아 태양광 에너지를 전기에너지로 전환시키는 핵심적인 역할을 한다.

잉곳/웨이퍼 : 폴리실리콘을 가공한 중간소재

잉곳은 태양전지의 원재료인 폴리실리콘을 녹여 기둥 모양의 덩어리로 만든 것이다. 잉곳을 얇게 절단해 태양전지 셀을 만드는 웨이퍼를 만들게 된다. 웨이퍼는 수백 ㎛분의 1로 잘라 표면을 거울처럼 연마하게 된다.

셀 : 태양빛을 흡수하는 전지

셀(Cell)은 말 그대로 태양광 발전 시설에서 셀은 태양전지의 세포 같은 기능을 한다. 보통 태양전지라는 것은 이 셀을 두고 하는 말이다. 태양광을 전기에너지로 바꿔 주는 일종의 반도체이다.

모듈 : 태양전지를 모아둔 판

앞서 생산된 태양전지들은 가로 세로로 연결된 형태로 하나의 판에 부착하게 되는데, 이것을 모듈이라고 부른다. 태양전지에서 생산된 전기는 전부 모듈로 모이게 된다. 태양전지 모듈의 크기는 가정집에서 대규모 발전시설에 이르기까지 각 용도에 맞는 크기로 제작되게 된다.

전력 수급난은 태양광 발전이 해결 가능하다.

최근 우리는 점점 증가하는 전기수요로 인해 전력난을 겪고 있다. 전력

예비율이 10% 이하 수준을 유지하면서 매년 여름과 겨울에 전력난이 반복적으로 발생하고 있는 실정이다. 이를 단기간에 극복하는 방법은 분산형 전원인 태양광발전을 늘리는 것도 한 방법이다. 통상 원자력발전소를 건설하는 데 7년 이상, 화력발전소도 4년 이상의 기간이 소요되나 태양광 발전은 최대 6개월로 공사 기간이 짧다.

지금은 비록 유럽재정 위기와 중국의 저가품 공세에 전 세계 공급 과잉 속 수요 감축으로 시장이 극도로 위축되어 있지만, 세계 경제가 회복되면 태양광 사업의 앞날은 밝다고 본다. 세계환경계획(UNEP)과 국제노동기구(ILO) 등에서 발표한 보고서에 따르면 2030년까지 태양광산업에서 630만 명의 일자리를 창출할 것으로 내다봤다. 게다가 태양광 1GW를 설치할 때 약 54만 톤의 온실가스와 다양한 오염물질을 감축하는 효과가 있어서 기후변화를 포함한 환경문제 해소에도 도움이 된다. 우리나라에서도 5년 전부터 신재생 에너지의 개발을 통해 경제를 발전시키는 '녹색성장' 정책을 적극적으로 시행하고 있다.

시공을 뛰어 넘은 중학생들의 대화

황극인

중학교를 마치고 열일곱에 고성을 떠나 35년 넘게 객지생활을 하고 있지만, 마음은 항상 고성 벌판을 뛰놀고 있다. 그러나 막상 '固城中' 하면 사춘기의 방황과 우정 같은 추억들이 많았을 것 같은데 구체적으로 생각나는 게 별로 없다.

왜일까 곰곰이 생각해 보니 강산이 몇 번 바뀔 만큼의 시간이 지난 것도 있지만, 앞만 보고 바삐 달려오느라 과거의 소중한 추억들을 빠뜨리지 않았나 하는 생각이다. 지금 나는 시간을 거슬러 기억의 파편들을 모아 소중한 추억들로 복원하는 퍼즐을 맞추고 있다.

공교롭게도 둘째 아들이 중3이고 진학을 준비하고 있는 것을 지켜보면서 나의 중학교 학창시절을 떠 올려 본다. 어쩌면 시간과 공간을 뛰어 넘어 아빠와 아들이 대화해볼 수 있는 기회라 생각한다. 십리 길을 걸어서 다녔던 학교, 영어사전 커버에 도시락 반찬이 들어있어 대부분의 학생들의 가방은 김치 냄새가 배어 있었다.

그 시절은 가난을 나눠 가졌기에 별 다른 불만이 없었고 까까머리에 교복 차림으로 가야극장과 문화극장 단체 관람하는 것이 초고의 문화행사였다.

대가 저수지와 철둑 언덕은 봄 · 가을 단골 소풍 장소였고, 경주-강릉-용인-천안-아산으로 이어진 수학여행은 촌놈의 눈이 휘둥그레질 별천지였다. 돌아보면 그 때의 중학생은 노상에서 그저 자랐다.

이에 비해 중3인 아들은 대부분의 도회지 중학생처럼 중학교에 적을 두고 학원에서 열심히 공부를 하고 있다. 별도의 휴일이나 방학도 없이 학교와 학원 그리고 집으로 다니는 길이 정해져 있다. 옆에서 보기에 대견스럽기도 하지만 무척 안쓰럽다. 요즘 중학생은 온상에서 잘 재배되는 것 같다

〈촌놈 중학생이 도회지 중학생에게 해주고 싶은 말〉

"아빠 학창시절처럼 살아야한다. 학교생활에 충실하면 별 다른 과외는 필요 없고, 친구들과 폭넓은 교류와 더 큰 미지의 세계를 동경하는 꿈을 키워가라"라고 이야기해줄 수 있다면 세대 · 지역 간을 뛰어넘는 대화가 될 것인데, 그것은 애시 당초 불가능하다. 또한 요즘 중학생의 수준이 높아서 소위 전문가 영역에 있는 아빠라 해도 지식을 가르쳐주기가 쉽지 않다. 특히나 높은 학업 성취를 위해 아빠들의 무관심이 교육의 첫 번째 조건이라고들 하니 입맛이 씁쓸하다.

그럼에도 과거 촌놈 중학생이 도회지 중학생에게 해줄 말이 많다. 아마도 고성이라는 자양분을 듬뿍 머금고 자라났기 때문일 것이다. 농경사회와 산업사회를 거쳐 정보화 사회와 맞닥뜨린 필자는 풍요로운 정보화 사회만 아는 요즘 도회지 중학생하고는 비교도 안 되는 감성과 세계관을 가지고 있기 때문이다. 더딘 시간의 소중함, 작은 것에도 감사하는 마음, 나보다 우리를 앞에 두는 공동체 정신 등, 또 다른 세상의 이야기를 들려주면서 뿌리의 가치를 일깨워줄 필요가 있다고 본다.

나의 부모님을 통해 받은 고성의 야생 DNA를 아들에게 고스란히 대물림해 주려는 것은 세상 어디에서든 가치 있는 삶을 살아갈 수 있는 굳은 고성인의 기질을 잘 보전하려 함이다.

50번째 특별한 생일 선물

강재환

우리 집에는 두 명의 보물이 있다. 첫째는 남자아이 같은 털털함을 가진 여자아이고, 둘째는 섬세하고 감성적인 남자아이이다. 첫째인 딸은 아내가 한 번의 유산을 겪고 어렵게 임신하여 얻은 첫 번째 결혼의 결실이다. 그래서인지 그 아이는 더욱더 관심이 많이 가고 태어나서부터 유난히 애정과 관심을 많이 쏟았다. 덕분에 욕심이 많고 자기 주관이 뚜렷하며 자기 일을 스스로 잘하는 아이이다. 또 가족들과의 대화를 할 때에는 가족구성원으로서 야무진 자신의 소견을 이야기 하고는 한다. 둘째인 아들은 누나의 성격과 달리 매우 감성적이고 섬세한 아이이다. 경상도의 무뚝뚝하고 다소 차가운 어투나 습관이 그 아이를 불편하게 하여 가끔은 아들과 트러블이 있기도 하지만 강재환의 아들임을 부인할 수 없을 정도로 닮은 구석이 많은 아이이다. 찬바람이 불어오는 10월 가을, 이 아이는 나라의 부름을 받아 군대로 떠난다.

지난해 이맘 때 내가 태어나서 50년이 되는 나의 생일이었다. 그날따라 딸은 일찍 일어났고, 집사람은 미역국에 아침식사를 준비하느라 분주한 아침이었다. 아내가 정성스럽게 차려놓은 생일상 앞에 앉은 나에게 딸은 조금은 상기된 얼굴로 다가와 직사각형의 상자를 나에게 건네주었다. 직사각형의 알 수 없는 상자의 내용이 매우 궁금해서 그녀에게 물었다. “이게 뭐고?” “글세? 뭘까? 한 번 열어봐~ 아빠가 좋아하는 거야.” 하며 그녀는 그녀의 방으로 수줍게 도망쳤다. 왠지 모를 기대감과 설레임이 나를 뒤덮었다. 그리고 상자를 열었을 때, 나를 실험하듯 또 하나의 봉투가 들어있었다. 그녀의 취향인 아기자기한 봉투와 아기자기한 스티커 그리고 두툼한 그립감. ‘이게 도대체 뭘까?’ ‘상품권일까?’ 하고 열어 보았을 때 봉투 안에는 노란 지폐가 들어있었다. 봉투에서 돈을 꺼내어 하나, 둘 세다 보니 백장!

장수를 다 세고 50만원임이 머릿속에 그려질 때쯤 그녀는 나와서 생일선물의 의미를 이야기 하였다. "아빠가 100살까지 사는 게 소원이라고 했잖아? 그래서 100살 까지 오래 살라는 의미에서 50살 생일부터 100살까지 오래 살라고 5000원으로 100장을 준비 했어~ 생일축하해요 아빠." 돈이어서 기쁜 마음도 있었지만 선물에 담긴 의미와, 그녀가 건넨 그 다음 말은 나의 눈물샘을 자극했다. "아빠의 50번째 생일을 좀 특별하게 챙겨주고 싶었어, 그래서 1년 전부터 스마트 폰으로 자율적금으로 모은 거야. 대단하지?" 정말로 말로 표현 할 수 없는 기쁨과 행복을 느끼는 순간이었다. 항상 주기만 하던 아빠가 딸아이에게 이런 큰 선물을 받다니. 이제는 우리 딸이 다 컸구나. 라는 생각이 들었다. 입버릇처럼 "엄마, 아빠가 나한테 투자 한 만큼 돌려줄게!"라고 이야기 하던 딸이 자신의 말에 책임을 지고 노력하려는 것 같아 대견하기도 하였다. 50번째 특별한 선물을 받고 내가 살아온 인생을 되돌아보는 기회를 통해 가족의 소중함과 시간의 흐름과 함께 아이들의 성장으로 인해 뜻하지 않게 의미 있는 시간이 되었다.

바쁜 생활 속에서 가족들과 함께 대화하는 시간을 가지고 작지만 의미 있는 추억을 함께 만들어 나갈 수 있음에 나는 감사하고 행복한 이 나라의 아버지이다.

각자 바쁜 삶에 대화가 단절되고 서로에게 웃음, 관심이 인색해지는 요즘, 가족들의 작은 변화나 사소한 것에 관심을 가지고 한 번 더 봄으로써 가족들과의 시간, 추억을 만들어 나가는 강재환이 될 것이다.

사랑하는 우리가족 김영미, 강은주, 강상원, 그리고 우리 집 강아지 베이비!

고맙다, 사랑한다, 영원하자!

강재환

전) 재경고성중학교 동문회 사무국장
현) 재경고성향우회 사무국장
현) 재영일렉콤(주) 대표이사

「착한 운전 마일리지제」에 많은 동참을 바라며

백구현

사고예방과 원활한 소통을 위해 교통법규를 준수하는 것은 필수다. 예전에 교통경찰이 법규위반 단속을 하면 '왜, 하필이면 나냐?' 고 억울해하며 다른 사람이 단속당하는 걸 볼 때까지 그 자리를 지키고 있는 위반자가 있었다. 뿐만 아니라 사고예방을 위해 곡각지나 사고우려지역에서 단속을 해도 함정단속이라며 수긍하지 못하는 위반자들이 많았다.

우리나라는 자동차가 들어 온지 100여년 만에 세계 5대 자동차 제조국이 되었고, 1913년 6월말 현재 자동차 등록대수 1,910만 여대로 2,000만대를 눈앞에 두고 있다. 그간 경찰과 관련부처의 노력으로 교통사망자 수는 2,001년 8,097명에서 2,012년 5,165명으로 36.2%가 감소하는 등 지속적 감소추세를 보이고 있다. 그럼에도 2,010년 기준 OECD 주요국가 33개국 인구 10만 명 당 교통사고망자수를 보면, 우리나라는 11.3명으로 가장 많았고 평균의 약 1.6배에 달하고 있는 실정이다.

교통사망사고의 원인을 여러 가지 들 수 있겠지만, 법규 미준수와 안전운전불이행을 가장 중요한 원인으로 들 수 있다. 경찰은 교통사고를 줄임으로서 국민의 소중한 생명과 재산을 보호하기 위해 다양한 노력을 기울여왔다.

올해는 보행권확보와 무질서를 타파함으로서 사회전반의 법질서 존중문화를 확산시키는데 주력하고 있다. 특히 '꼬리 물기, 끼어들기, 이륜차 인도주행, 방향지시등 미 등화' 등을 4대 교통 무질서로 선정하여 엄정한 단속활동을 전개하고 있다. 그러나 경찰이 단속만 한다고 '하필이면 나' 와 '함정단속' 을 '재수 없이' 당했다는 운전자의 의식이 쉽게 변하지는 않을 것이다. 서명운동도 벌여 보았고 가두캠페인도 벌여 운전자의 동참을 유도

해 보았다. 나름대로 성과를 거둔 것은 사실이지만 한계가 있었다.

그래서 이번에는 많은 운전자들이 무 위반 · 무사고 운전을 자발적으로 실천할 수 있는 계기를 마련했다. 오는 8월 1일부터 시행되는「착한운전 마일리지제도」가 바로 그 것이다. 운전자 누구나「착한운전 마일리지제도」에 도전할 수 있다. 무 위반 · 무사고를 서약을 하고 1년간 그 약속을 실천해보는 것이다. 이 약속을 제대로 실천한 운전자에게는 행정처분시 벌점 10점을 감경 받는 혜택이 주어진다. 그러나 벌점 10점을 감경 받는 혜택이 대수인가. 그보다 무 위반을 다짐하고 스스로 실천해 보는 것은 어떨까.

누가 보든 안 보든 과속카메라가 있든 없든 단속을 하든, 안하든 법규를 지켜 안전운전을 한다면 사고는 지금보다 확실히 줄어들 것이다. 귀중한 생명과 재산을 지켜내기 위한 자신과의 약속,「착한운전 마일리지제도」에 운전자들의 많은 동참을 기대해 본다.

백구현

현) 고성경찰서 근무

간사지 수몰 연대기

진영찬

밤내천을 따라 죽계마을을 지나다 보면 벽방산과 거류산 그리고 고성평야에서 모여온 물과 고성하수처리장에서 거른 물(아주 맑음), 그리고 무량산 줄기 대가저수지의 물이 만나 간사지에 이른다.

세상 만물이 경이롭지 않은 게 없다. 인간관계도 경이롭지만 인간과 자연, 산과 들 그리고 얕은 물과 새, 갈대숲과 바람, 모든 것들이 뭉쳐 흘러 간사지에 경이롭게 이른다.

밤내천 흘러 간사지에는 우리나라 천연기념물을 비롯한 수십 종의 조류가 서식하고 있다. 논병아리, 도요새, 백로, 재두루미, 천둥오리를 비롯한 각종 오리류, 갈매기과, 지빠귀과, 멧새, 되새, 원앙 등 수많은 새들의 보금자리이자 삶의 터전인 것이다. 또한 인간과 자연과의 소통의 장일 수도 있는 곳이다.

간사지는 생명의 다양성과 하천생태계와 바다생태계의 접점에서 건강성 유지와 회복에 중요 역할을 하는 천혜의 생태 학습장이다. 람사르를 비롯한 지구촌은 지금 습지 보호를 위해 온갖 심혈을 기울이고 있는데 우리 고성은 거꾸로 습지를 없애고 물막이 공사로 수몰시키고자 아우성이다. 고성은 큰 강이 없어 물이 흔한 곳은 아닐지라도 공업용수가 부족해서 공장이 못 들어서는 지경은 아닌듯한데, 역사가 말하겠지만 안타까운 현실이다.

죽계배수장, 가려배수장, 두호, 낙정, 마암, 거류간 제방으로 에워싸인 간사지의 사전적 의미로는 '밀물과 썰물이 드나드는 개펄' 이다. 일명 '쏙싯개' 라는 간사지는 역사적, 문화적, 생태적 많은 이야기를 담고 있다.

'스토리텔링' 이라면 남이섬이나 순천만보다 더 찐했으면 했지, 못하지 않다. 세계해전사에 찾아볼 수없는 백전백승의 제독 이순신이 기생 '월이' 와의 작전으로 왜놈을 떼죽음으로 몰고 갔다 하여 '속아 넘어간 개펄', '쏙싯개' 인데 감동이 없을 수 있겠는가?

있었던 사실에 근거, 구성만 보태면 순천만보다 더 성공적인 생태학습장으로 세계적인 관광명소가 될 수도 있다고 본다. '쏙싯개' 에서 죽은 왜놈들의 머리를 베어놓은 것이 산더미처럼 쌓여다 하여 '두호마을' 라는 것도 포장에 따라 훨씬 의미 있는, 신사참배 대비 성역화 못하라는 법도 없는 것이다.

아무튼 "임금님 귀는 당나귀 귀"라고 누설한 '갈대'…… 하늘이 내린 그 갈대숲과 버드나무들과 바람과 물이 공존의 장을 제공하고 새와 고기와 곤충들이 소통하는 신(神)들만이 만들 수 있는 사랑담은 곳이 '간사지' 인 것을, 사라진다니 아쉽기 그지없다.

진영찬

(주)선경건설 / 고성나염광고 경영
현 고성소방서 의용 수난구조대장
현 고성JC특우회 회장

울트라마라톤에서 인생을 배운다.

황봉관

울트라마라톤! 힘들지만 여유로움이 있다.

올해로 마라톤을 시작한지 17년이 넘었다. 17년 동안 풀코스 70여 차례, 하프코스 100여 차례 이상 등 각종 대회에 참여한 것만도 200번을 훨씬 넘겼다. 마라톤이 '인간의 한계에 도전한다.' 고 했듯이 하면 할수록 자신에 대한 도전의식의 '끼' 가 더해 갔으면 갔지 덜하지는 않는 것 같다.

이렇게 오랫동안 마라톤을 하다 보니 자연스레 풀코스 이상을 뛰는 울트라마라톤에 도전하게 되었고, 그 묘미에 빠져 1년에 두어 번 정도는 100km울트라마라톤대회에 꼭 참여를 하곤 했었다. 지금도 마라톤을 하지 않는 사람들과 만나 내가 100km울트라마라톤을 즐긴다고 하면 "인간이 아니다." "참 대단하다." 등 등, 칭찬 아닌 보통사람들과 다른 사람들로 보는 경우가 있다. 그러나 내가 뛰는 것은 아무것도 아니다 .

많은 마라톤 마니아들이 대한민국 일주(1,500km), 종단(622km), 횡단(360km), 200km 등, 대회 참여만 해도 1년에 1,500km 이상을 주파하는 마니아들이 늘어가면서 보통사람들이 상상하기 어려운 울트라마라톤을 즐기고 있는 것이 요즘 울트라마라톤의 현 주소임을 볼 때 한마디로 '조족지혈' 쯤 될까!

100km울트라마라톤을 완주하고 난 후, 주위 사람들이 "어떻게 그렇게 먼 거리를 달릴 수 있느냐"며 신기한 것처럼 물어올 때면 대수롭지 않게 "별거 아닙니다." "누구나 할 수 있습니다."라며 마치 '죽은 놈 볼 쥐어박기' 처럼 쉬운 것같이 이야기 한다. 자랑과 빼김이 숨어있는 겸손일 것이다. 사실 평소에 운동을 하지 않는 사람들이야 "100km를 하루 저녁에 달려라."고 하면 엄두가 나지 않겠지만 우리처럼 달리기를 즐기는 마니아들은 '기록을 중시 여기는 짧은 종목보다 오히려 기록에 연연하지 않고 여유를

가지고 달릴 수 있는 울트라마라톤이 더 쉽다' 고 판단하고 있다.

그러나 말이야 쉬운 것처럼 남들에게 이야기 하지만 100km라는 엄청난 거리 앞에 서면 누구나 주눅이 들고, 턱 '앙 다문' 옹골진 의지를 가지지 않으면 안 된다. 엄습해 오는 피로와 고통스러운 근육부상으로 수십 번도 더 중도 포기를 마음먹으면서도 끝까지 포기하지 않고 완주하는 사람들이 있는가 하면, 견디지 못하고 기권하는 사람들을 수도 없이 많이 보았기 때문에 결코 울트라마라톤이 쉬운 것만은 아님을 알 수 있다.

단계별 계획과 새로운 자신감으로 성공에 이른다.

나는 100km울트라마라톤에 출전하여 아직까지 한 번도 중도 포기하지 않고 모두 완주했다. 평소 운동을 많이 하고 출전했을 때는 만족할 만한 기록으로 보다 쉽게, 그렇지 않을 경우는 형편없는 기록으로 힘들게 완주를 했지만, 출발선에 설 때면 언제나 나름대로의 계획을 세우고 스스로에게 의지를 불어 넣는다.

우선, 총 거리 100km를 5단계를 나눈다. 초반 10km레이스에서 그날 컨디션을 체크하기 때문에 1단계, 전반기 완주여부를 판단할 수 있는 기준이 되는 30km지점을 2단계, 대회 측에서 간식을 제공하는 50km지점을 3단계, 후반기 완주여부를 판단할 수 있는 80km지점을 4단계, 가장 피로하며, 고통스러움을 극복하고 어느새 골인 테이프 앞에 설 자신을 발견할 5단계로 나누어 단계별 정복계획을 세운다. 그리고는 "나는 할 수 있다" "그동안 충분한 훈련을 했기 때문에 반드시 완주할 수 있다"라며 '기' 를 불어 넣는다.

'첫 번째 단계까지는 성공했어! 다음 단계로 가는 거야!' 각 단계를 다 뛰었을 때마다 성공했다고 여기면 쉽게 지치지 않고, 성공에 대한 자신감을 불어넣으므로 써 다음 단계 성공을 위해 새로운 각오를 다지면서 뛰다보면 어느새 결승점에 와 있다.

1년 계획! 단계별로 나누어 보면 어떨까?

한해를 마무리하고 새해를 맞이할 때 많은 것을 다짐한다. 새로운 계획을 세우고, 굳게 결심하며, 떠오르는 새해를 보며 가슴 벅차한다. 그러나 시간이 지나면서 그 마음이 조금씩 사그라지기 시작한다. 그리고는 어느새 새해에 세웠던 계획을 잊어버리기 일쑤다.

울트라마라톤 출발선에서 세운 계획처럼, 올해도 1년 계획을 몇 단계로 나누어 보았다. 그리고 그 계획을 책상 서랍 속에 넣어두지 않고 늘 보이는 곳에 놔두고 실천하기 위해 노력해 오고 있다. "그래 잘 하고 있어! 역시 하니까 되잖아! 이제 다음 단계로 가는 거야!"라며 스스로에게 의지를 불어넣는 것이다. 이렇게 한 단계 한 단계 밟아 올라가면 1년 후 지금, 슬그머니 만족의 미소를 짓는 나를 발견하게 될 것이다.

울트라마라톤을 하면서 나름대로의 인생을 배운다.

황봉관

배려는 입으로만 하는 것이 아닙니다.

권현길

조선시대의 이야기입니다.

혼인 적령기를 맞이한 총각이 장가를 가게 되었답니다. 그 시대엔 혼례를 올리기 전 예비신랑이 처가에서 하룻밤을 지내는 풍습이 있었나 봅니다. 이는 예비사위의 언행을 관찰하도록 하여 최종적으로 예비 장인 · 장모님이 혼인을 승낙하기 위한 것이라고 합니다.

총각은 예비신부의 집에서 하룻밤을 유하고 다음날 아침 일찍 일어나 식구 중에서 가장 먼저 세수를 하였답니다. 수건으로 얼굴 훔치는 모습을 보고 예비 장인 영감은"저 사람이면 사위 삼아도 되겠다."는 이야기를 부인에게 하였답니다.

왜, 그랬을까요?

아무도 사용하지 아니한 깨끗한 수건…, 끝부분 일부만으로 얼굴을 닦는 모습을 보았기 때문입니다.

그 시절에는 수건이 귀하여 한집에 1장 밖에 없었다고 합니다. 대 가족이 수건 한 장으로 공동으로 이용했기 때문에 마지막에 사용하는 식구는 언제나 젖은 수건을 사용하던 시절이 있었지요.

가까운 곳에서 지켜보던 예비 장인은 다음 차례에 사용할 다른 식구들을 배려하는 모습을 보고 '이 사람이면 딸을 시집보내도 걱정이 없겠다'는 생각을 하게 되었답니다.

사랑하는 동문 여러분!

위의 이야기와 같이 배려는 생활 속에서 묻어 나와야 한다는 생각을 해봅니다. 타인을 위한 배려는 입으로만 글로서만 하는 것이 아니라는 생각이 든답니다.

우리 모두의 작은 실천이 중요하지 않을까요?

권현길

서예-겨레의독도

문종두

보라저동해바다한가운데우뚝솟은미래의숨결독도를보라저동해바다에서타오르는태양을향해온누리를호령하는독도를보라오천년역사와함께한독도가전세계의새로운지표가될거침없는도전과정열의불꽃을고하노라

문종두

現) 하일초등학교 교감

萬里長城 이야기

정부오

흔히 '하룻밤을 자도 만리장성을 쌓는다.' 는 말은 '만난 지가 얼마 되지 않았지만 깊은 인연을 맺을 수 있다' 는 뜻으로 이해하는 경우가 많습니다. 그러나 원래의 어원은 전혀 다른 뜻으로 시작되었다고 합니다.

중국 진시황이 만리장성을 쌓을 계획을 세우고 기술자와 인부들을 모은 후에 대 역사를 시작했을 때이죠. 어느 젊은 남녀가 결혼하여 신혼생활 한 달여 만에 남편이 만리장성을 쌓는 부역장에 징용을 당하고 말았습니다. 일단 징용이 되면 그 성 쌓는 일이 언제 끝날 지도 모르는 상황에서 그야말로 죽은 목숨이나 다를 바 없었죠. 안부 정도는 인편을 통해서 알 수야 있었겠지만, 부역장에 한 번 들어가면 공사가 끝나기 전에는 나올 수 없기 때문에 그 신혼부부는 생이별을 하게 되었으며, 아름다운 부인은 아직 아이도 없는 터이라 혼자서 살 수밖에 없었습니다.

남편을 부역장에 보낸 여인이 외롭게 살고 있는 외딴 집에 어느 날 지나가던 나그네가 찾아 들었었죠 남편의 나이 쯤 되어 보이는 사내 한사람이 사립문을 들어서며 "갈 길은 먼데 날은 이미 저물었고, 이 근처에 인가라고는 이 집밖에 없습니다. 헛간이라도 좋으니 하룻밤만 묵어가게 해 주십시오?" 하고 정중하게 간청을 했죠.

여인네가 '혼자 살기 때문에 과객을 받을 수가 없다' 고 거절할 수가 없었던 이유는 주변에는 산세가 험하고 인가가 없기 때문이었습니다. 저녁 식사를 마친 후, 바느질을 하고 있는 여인에게 사내가 말을 걸었죠. "보아하니 이 외딴집에 혼자 살고 있는 듯한데 사연이 있나요?" 라고 물었습니다. 여인은 숨길 것도 없고 해서 남편이 부역가게 된 그 동안의 사정을 말해 주었죠.

밤이 깊어가자 사내는 노골적인 수작을 걸었고, 쉽사리 허락하지 않는 여인과 실랑이가 거듭되자 더욱 안달이 났었죠. "이렇게 살다가 죽는다면 너무 허무하지 않습니까? 그대가 돌아올 수도 없는 남편을 생각해서 정조를 지킨들 무슨 소용이 있습니까? 아직 우리는 너무 젊지 않습니까? 내가 당신의 평생을 책임질 테니 나와 함께 멀리 도망가서 행복하게 같이 삽시다."

사내는 별별 수단으로 여인을 꼬드기기 시작 했었죠. 하지만 여인은 냉랭했습니다. 사내는 그럴수록 열이 나서 저돌적으로 달려들었고, 여인의 판단은 깊은 야밤에 인적이 없는 이 외딴 집에서 자기 혼자서 절개를 지키겠다고 저항한다고 해도 소용없는 일이라는 것을 깨닫고 여인은 일단 사내의 뜻을 받아들여 몸을 허락하겠다고 말한 뒤, 한 가지 부탁을 들어달라고 조건을 걸었었죠.

귀가 번쩍 뜨인 사내는 어떤 부탁이라도 다 들어줄 테니 말해 보라고 했고. 여인은 "남편에게는 결혼식을 올리고 잠시라도 함께 산 부부간의 의리가 있으니 그냥 당신을 따라나설 수는 없는 일 아닙니까? 그러니 제가 새로 지은 남편의 옷을 한 벌 싸 드릴 테니 날이 밝는 대로 제 남편을 찾아가서 갈아입을 수 있도록 전해 주시고, 그 증표로 글 한 장만 받아 달라는 부탁입니다. 어차피 살아서 만나기 힘든 남편에게 수의를 마련해주는 기분으로 옷이라도 한 벌 지어 입히고 나면 당신을 따라 나선다고 해도 마음이 좀 홀가분할 것 같습니다. 당신이 제 심부름을 마치고 돌아오시면 저는 평생을 당신을 의지하고 살 것입니다. 그 약속을 먼저 해주신다면 제 몸을 허락하겠습니다."

여인의 말을 듣고 보니 그리 어려운 일도 아니고. 마음씨 또한 가상한지라 좋은 여인을 얻게 되었노라 쾌재부리며 '그렇게 하겠다.' 고 하고, '이게 웬 떡이냐…' 하는 심정으로 덤벼들어 자신의 모든 것을 동원해서 욕정을 채운 후 골아 떨어졌죠.

사내는 아침이 되어 흔드는 기척에 단잠을 깨었죠. 밝은 아침에 보니 젊고 절세의 미모에다 고운 얼굴에 아침 햇살을 받아 빛나니 양귀비와 같이 천하 미색이었죠. 사내는 저런 미인과 평생을 같이 살 수 있다는 황홀감에 빠져서 간밤의 피로도 잊고 벌떡 일어나서 어제의 약속을 이행하기 위하여

길 떠날 차비를 했고. 여인은 사내가 보는 앞에서 장롱 속의 새 옷 한 벌을 꺼내 보자기에 싸더니 괴나리봇짐에 챙겨 주는 것이었습니다.

사내 마음은 이제 잠시라도 떨어지기 싫었지만 하루라도 빨리 심부름을 마치고 와서 평생을 해로 해야겠다는 마음으로 부지런히 걸었었죠. 드디어 부역장에 도착하여 감독관에게 면회를 신청하면서. '옷을 갈아입히고 글 한 장을 받아 가야 한다.' 는 사정 이야기를 했더니 감독관이 "옷을 갈아입히려면 공사장 밖으로 나와야 하는데 한 사람이 작업장을 나오면 그를 대신해서 다른 사람이 들어가 있어야 하는 규정 때문에 옷을 갈아입을 동안 당신이 잠시 교대를 해 줘야 가능하다" 고 말하자. 사내는 '그렇게 하겠노라' 하고 여인의 남편을 만난 사내는 관리가 시킨 대로 대신 들어가고 그에게 옷 보따리를 건네주었죠.

남편이 옷을 갈아입으려고 보자기를 펼치자 옷 속에서 편지가 떨어졌습니다. "당신의 아내 해옥입니다. 당신을 공사장 밖으로 끌어내기 위해 이 옷을 전한 남자와 하룻밤을 지냈습니다. 이런 연유로 외간 남자와 하룻밤 같이 자게 된 것을 두고 평생 허물하지 않겠다. 각오가 서시면 이 옷을 갈아입는 즉시 제가 있는 집으로 돌아오시고 혹시라도 그럴 마음이 없거나 허물을 탓하려거든 그 남자와 교대해서 공사장 안으로 다시 들어가십시오."

자신을 부역장에서 빼내 주기 위해서 다른 남자와 하룻밤을 지냈다고 고백을 듣지만 그것을 용서하고 아내와 오손 도손 사는 것이 낫지, 어느 바보가 평생 못나올지도 모르는 만리장성공사장에 다시 들어가서 교대를 해주겠는가? 남편은 옷을 갈아입고 그 길로 아내에게 달려와서 아들 딸 낳고 행복하게 살았다는 이야기랍니다.

이거야말로 하룻밤을 자고 만리장성을 다 쌓은 것이 아닙니까? 하고많은 인간사에서 이처럼 다른 사람이 나 대신 만리장성을 쌓아준다면 다행한 일이겠지만 어리석은 그 사내처럼 잠시의 영욕에 눈이 어두워 자신도 모르는 사이에 남의 만리장성을 영원히 쌓아주고 있는 것이나 아닌지……

이 시대를 살아가는 우리에게 커다란 메시지입니다.

그리운 친구여!

지천명에 접어들다 보니 세월이 유수 같다는 어른들의 말씀이 너무나 가슴에 절실히 와 닿는구려.

졸업 앨범을 꺼내다 1980년이란 숫자가 눈에 띄었다오. 엊그제 같았던 까까머리 중학생의 앳된 얼굴이 벌써 33년의 세월을 훌쩍 넘기고 가끔 거울 속에 나를 마주한 아버지를 발견하곤 깜짝 놀라곤 한다오.

몇 년 전까지 항공고 앞에 있던 이발소의 흔적이 사라졌더군요. 당시엔 교모를 쓰니 비듬이 많아 빡빡머리 깎고 나면 빨래비누로 샴푸한 후 운동화 세척마냥 거친 솔로 머리를 문질렀었지……

어쩌다 농고 형님들에게 잡혀 학교 앞 점방에 낱담배 심부름 하던 기억들도 떠오르네요.

큰 길 도로가 위험해 학교 뒤편 논길을 자전거 길로 만든다며 열심히 부역에(?) 참여하였고, 초 · 중학도체육대회 응원을 카드섹션하다 보니 땡땡이 칠 수 없어 지겨워 죽던 일, 박정희 대통령 서거 등.

축구부와 배구부에서 두각을 나타냈던 임왕건 등 몇몇 친구들은 갑진생 체육대회에서 아직도 녹슬지 않는 기량을 보여 주더군요. 우리의 추억이 어린 소풍지 기월리 뻔덕(?)도 이제는 풀이 짙어 들어가질 못하겠더군요. 소풍 때 그곳에서 빵빵한 나팔바지와 터질 듯 볼륨감 넘치는 셔츠로 멋지게 차려있고 카세트의 디스코 음악에 빠져 엉덩이를 흔들어 대던 권형길 친구는 벌써 사위도 보고 다른 친구들도 얼마 있지 않으면 며느리 사위 볼 테고……

우리 세대는 격동의 세월 속에 너무나 큰 문명과 사고의 변화를 잘 견디고 적응하며 살아온 세대가 아닌가 싶네요. 스마트 폰의 다양한 활용법이 막혀 중학생 아들 녀석에게 물어보다 가끔씩 무시당하긴 해도 그럭저럭 잘 살아가고 있지요.

남산 보리밭에서 한껏 폼 내며 찍었던 사진과 앨범을 넘기며 친구 한 명 한 명을 들여다보니, 지난 추억이 흰 눈을 비집고 나온 보리 새싹 마냥 새록새록 떠오르네요.

친구님들의 소식을 그리워해보며 마음에 와 닿는 시 한 편을 소개하고자 합니다.

岩栖幽事 / 암서유사

與其結新知 不若敦舊好 / 여기결신지 불약돈구호
與其施新恩 不若還舊債 / 여기시신은 불약환구채

새로운 친구와 교제하기보다
옛 벗과 우정을 돈독히 하는 것이 좋다

새로운 사람에게 은혜를 베푸느니
묵은 빚을 갚는 것이 좋다

술은 해묵은 술이 좋고, 벗은 오래된 벗이 편하다
오랜만에 맛나도 어제 헤어진 것 같은 벗
어제 헤어지고도 오늘 간절히 그리운 벗

베푸는 기쁨도 좋지만 내가 갚아야
할 것은 없는지 부터 따져 봐야 할 것이다.

사랑하는 친구님들!

언제나, 어디에 서든, 현재 내 삶이 어떻게 처해있던, 명문 고성중 사나이임을 잊지 마시길……

정부오

30회 동창생들의 많은 참석과 관심을 바라며……

최경락

1977년 3월, 각각 다른 학교를 졸업한 240명 남짓한 밤톨 같은 머슴아들이 빡빡 깎은 머리에 새까만 교복을 입고 입학식을 가졌다.

요즘의 사관생도 제복 같은 교복에 교모를 쓰고 목깃에는 I-1, I-2, I-3, I-4 등 각자의 반 배지를 달고 교정에 줄지어 섰다.

낯선 환경에 대한 두려움, 압박감과 함께 중학생이라는 뿌듯함으로 시작한 3년. 그렇게 비포장도로를 자전거로 씽씽 달리며 3년을 보냈다. 그런데, 그때 정문에 늘어선 3학년 선부도 형님들의 인상은 왜 그리도 험하던지...

벌써 중학교를 졸업한 지도 33년이 지났다.

이번에 총동문회에서 「고중 사나이」라는 회지를 만든다는 소식을 들었다. 좋은 글귀, 좋은 사연으로 동참하고 싶었으나 짧은 재주라 마땅히 방법이 없다. 이참에 창립 4년째가 된 제30회 동창회의 존재를 알리며, 많은 친구들의 동참을 바라고 싶다.

지난 2009년 11월, 한 동창생의 제안으로 40여명의 친구들이 모여 고성중학교 30회 동창회를 창립했고, 4년차인 지금도 20여명의 친구들이 가끔씩 만나고 있다. 저녁식사와 함께 간단하게 소주 한잔하는 것이 전부이지만, 그래도 어릴 적 친구들과 함께 앉아 소주잔을 기울이며 시끌벅적 재밌게 지내고 있다. 작은 즐거움이지만 그 즐거움과 재미를 보다 많은 친구들과 나누고 싶은 것이 동창회에 모인 친구들의 한결같은 바램이다.

각자의 영역에서 제각기 열심히 바쁘게 살아가고 있겠지만 좋은 일이던 나쁜 일이던, 마음이 아프거나 친구들이 그리울 때 언제든지 동창회를 찾아주었으면 좋겠다. 고향을 지키고 있는 친구들의 넉넉하고 따뜻한 마음을 느낄 수 있을 것이라 생각하며, 많은 친구들의 다양한 소식을 기다린다.

한편, 이리저리 연락처를 찾는 과정에서 그리 많지 않은 나이임에도 몇몇 친구가 벌써 저 세상으로 돌아갔다는 소식도 있어 많이 안타까웠다. 내 인생이지만 내 뜻대로 되는 것이 아니니 어쩌겠는가.

먼저 간 친구들에게 삼가 조의를 표하며, 30회 동창회의 무궁한 발전과 함께 동창생들의 건강과 가정의 행복을 기원한다.

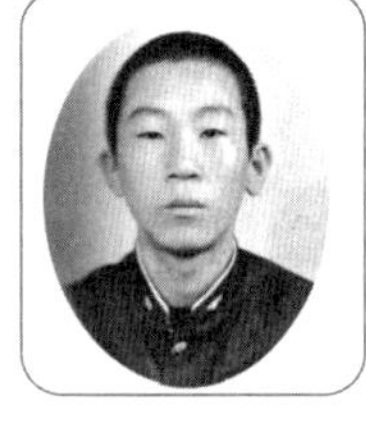

최경락

30회 동창회 창립 총무

밤비(夜雨)

김삼석

밤비
조용함이 좋아서 일까
아님 때 묻지 않은 순수함이 좋아서 일까
어둠을 뚫고 내리는
밤비만큼이나 얼굴이 다양한 녀석들이 있을까?

숫기가 없어
조용한 밤에만 살짝 기척도 없이 다녀가는 친구?
보는 이 없다고
우당탕탕 요란만 피다 가는 실속 없는 친구?
무슨 사연이 그렇게도 많은지
밤새토록 울분을 토하는 친구?
항상 귀와 마음을 즐겁고 편안하게 하는
목소리 좋은 녀석
오늘밤에는 과연 어떤 녀석이 다녀갈지
나도 살며시 창문너머로 귀 기우려본다

올커니 한 녀석이 왔나 보다
창문을 조금만 닫아 본다.
오잉? 벌써 다녀갔나?
그사이에 조용하넹
혹시 창문 여닫는 소릴 듣고 벌써 줄행랑쳤나?
숫기 없는 녀석이 다녀갔나 보다

싱거운 녀석 같으니라구?

눈이 시려온다
억지로 눈을 감아보지만
그를수록 머릿속은 더 맑아진다
간간이 들려오는 엔진소리만이
고요함을 방해한다.
잠시 억지로 눈을 감고 투정을 해보자

얼마 후 저만치서 발자국소리가 다시 들려온다
어라 이번에는 제법 발소리가 크다
얼마나 버티다 갈지 내심 지켜보기로 했다
점점 발자국소리가 커지더니
제법 장단도 맞춰 귀가 즐거워진다.
오랜만에 목소리 좋은 녀석이 왔나보다
가슴이 시원해지고 마음이 편안해진다
고마운 녀석
이렇게도 지친 내 마음을 달래주다니
눈이 자연스레 감긴다.
점점 고마운 녀석의 목소리도 멀어진다
얼마 있으면 또 다른 녀석이 오겠지…….

그리움

오늘밤은 변덕스런 바람이 찾아오고
나의 마음은 설레고 있다
예전에 그대와 함께
거닐고 바라보던
그 가로등 아래의 기억은
아무리 찾으려도 없는 얼굴이여
바람센 오늘은 더욱 그대 그리워
온밤 나의 마음은
나뭇잎에 매달린 물방울처럼
아련한 추억 한 가슴 품고 있나니
아…
그대는 어떻게 물방울 속으로 숨었는가.

김삼석

현) 재경고성중 동문회 사무국장
현) 아이비문화 대표

그리운 내 고향

이봉기

오늘도 사랑하기 위해 일상을 열심히 포용해야 한다. 쉼 없이 쏟아 부어도 부족한 일상의 일들이 한낱 공허함으로 다가온다 해도 후회 없는 마음을 바치는 농부의 마음처럼 신발 끈을 동여 메고 똥장군을 짊어지고 비탈진 밭두렁을 오르내리며 오이씨를 뿌리고 옥수수 모종을 바삐 찾으며 하늘의 천명 거스르지 않고 자연의 섭리대로 마음 가는 대로 씨 뿌리고 거름 흩어 놓아도 자연을 거스르지 않는 삶의 본질 앞에 허상의 옷을 벗어놓고 가만히 풀벌레 소리에 귀 기울인다.

어릴 적 엄마의 두터운 손이 오늘따라 왜 이렇게 짙게 그리워 오는지 모르겠다. 언제나 낮은 곳으로만 향하는 그대! 일상의 삶에 모두를 포용하는 평범함의 위대함이 절실히 마음에 와 닿는 이유는 어릴 적 가족의 사령관으로서 일당백으로 감당하시는 그대 따스한 온기 있는 그 손길, 아직도 식지 않고 내 가슴에 전해오고 외로움에 깔려 지쳐 흐느적거릴 때에 내 몸과 그림자가 서로 위로할 때에도 소리 없이 지켜보고 위로해 주던 그 손길, 오늘따라 한없이 그리워지고 보고 싶어 눈을 감아 그대를 담아본다.

삶의 언덕에 서서 빛깔과 향기에 조금은 벗어난 듯 달려온 지금, 더더욱 간절하고 준엄한 낮은 자의 목소리가 나의 태만함을 지적하고, 배움의 기회 부족한 아이들의 외침소리 끊이지 않고 낮은 곳으로 향하라 재촉하고 아우성을 치고 있다.

아이들의 외침 소리에 화답하여 달려가고자 하면 공에 올연히 취한 지인들의 그립고 다정한 사연들과 이른 새벽잠을 설치며 일터로 향하고 눈을 비벼 겨우 현장에 도착하여 땀으로 하루의 일을 시작하여 해가 지면 장비를 챙기고 내일을 기약하는 수많은 사람들의 진솔한 삶의 소리를 생생히 듣지 못할 것이요, 구차히 사사로운 정을 따르고자 하면 하소연을 들어주지 않을 것이니, 이 몸의 나아감과 물러남이 참으로 감당하기 어렵습니다.

하루의 인생만 남은 듯, 마치 해가 서산에 지려는 것처럼 숨이 곧 끊어지려고 하니 사람의 목숨이 위태로워 아침에 저녁 일을 생각할 수 없을 때, 한그루의 감나무를 심어야 할지 아니면 우편배달부의 일상에 깊이 몰입하여 평범의 위대함으로 나아갈 지 여러 생각들이 눈앞을 가린다.

까마귀처럼 사사로운 정으로 끝까지 이웃사람들의 애틋한 소리에 흠뻑 취하고 싶기도 하고, 어리석은 나의 정성을 가엽게 여기시고, 나의 작은 뜻을 들어주시던 다정하고 정다운 이들을 위하여 남은 생애 동안 함께 하고 싶은 마음 간절하기도 하다.

오솔길을 걷다보면 소나무 길을 가야 할지, 잣나무 길을 가야할지 아니면 잔디밭길에 머물려 기쁨을 누려야할지, 집으로 다시발길을 돌려야 할지 알기 어려운 삶의 길의 여정에서 그대에게 이글을 보내니 눈물이 앞을 가려 하고픈 얘기들을 빠뜨릴까 두려움이 밀려오고 송구스런 마음으로 여백을 하나하나 메워감에 그리움과 아쉬움이 한해를 정리하는 선남선녀처럼 메모지를 안고 혼자 서성거리며 회상에 잠긴다.

계절의 여왕인 오월의 한가운데 서서 짙은 아카시아 향내 흠뻑 마셔 취하고 연분홍의 자태 더더욱 아름다워 보이는 날 내 그리운 고향 고성만에서 철둑을 바라보고 어린 시절 끝없이 푸른 바다로 향하던 그 마음 오늘에야 비로소 내 가슴에 담고 당황포에서 학창시절의 친구 집에서 바다고기를 올려놓고 젊은 날의 그립고 다정한 사연들을 하나하나 들추어낸다.

거류산 중턱에선 젊은 날의 풋풋한 얘기들이 아직도 귓전을 맴도는데 내 마을 우산 뒤편엔 어느덧 가을의 향기가 묻어나고 간사지에선 거친 어부의 노래가 들려오고 정다운 친구가 불려주던 마암에선 가을 밤톨이 익어가고 내 학창시절의 절정을 수놓은 배둔의 거리엔 어느덧 도회의 그림자 짙게 그리워져 있지만, 아직도 옛 주인이 반기니 기쁨을 감추지 못하고 구만면의 깊은 시골의 그림자도 이제 옛 얘기가 되었고, 고성읍도 이젠 강남스타일로 바뀌었지만 아직도 남산에 올라 시내를 바라보면 옛 지인들의 음성 또렷이 들리고 고성의 들판에서 가을 추수가 농부들의 귀를 더 크고 돋보이게 하고, 그리운 추억들이 새록새록 돋아남아 생생함을 넘어 눈앞에 아른거린다.

이젠 젊은 날의 그리운 그곳으로 돌아가서 밭엔 가지 심고 감자 심어 옛날의 그 맛 느끼어 보고 싶고, 호박 심어 부침개 만들고, 고추 심어 지짐 만들어 친구들과 이웃들을 초대하여 얘기꽃을 피우고 금수, 찬수, 승수, 상봉, 경수, 삼석, 춘무, 충무, 진원, 영주, 창영, 미영, 미화, 정선 이런 동네 친구들의 이름을 불려보고, 석동, 장주, 현태, 응식, 진목, 상호, 영문, 정민, 동준, 수련, 정희, 윤선, 미전, 은경, 명숙, 은정, 명희, 영희, 성희, 형숙의 이름을 불려 그 곳으로 초대하고 싶다.

어릴 적 겨울 연못에서 스케이트를 타고 동네 회관 마당에선 자치기를 하고 구슬치기를 하면서 친구들과 동네 선후배들이 정을 나누고 나의 꿈을 방패연에 실어 저 멀리 미지의 세계로 눈에 돌리던 그때가 생생하게 떠올라 아직도 잊혀지지 않는다.

학우사 사거리를 지나 고성 중학교를 가던 지난날들이 아직도 봄 담쟁이 덩굴사이로 떠오르고 밤내 다리를 건너 냇가에 물장구치던 그날이 오늘따라 눈앞을 가리고 자전거 타고 간사지에서 조개를 잡던 어린 시절이 이렇게 생생한데 아지랑이 피던 3월의 내 고향은 잊혀지지 않고 진달래와 개나리로 남녘에서 북녘으로 봄을 전하던 뒷산 그 정답던 내 고향 고성 산하로 모든 것을 벗어놓고 돌아가고 싶다.

나무들은 무성하게 꽃을 피우려 하고 냇물은 도도하게 흐르지만 어둑어둑 희미해 지쳐있는 육신의 노예를 담아 주고 포용해 주는 내 마음의 보금자리인 청포도가 익어가는 그 곳, 말선이가 있는 그 포도원인 내 그리운 그곳으로 돌아가고 싶다. 내일이 오기 전에 돌아가고 싶다.

아내에게

한 겨울의 심장부에 서서 홀로 맞는 이 비
생각만 자욱하게 하네.

자연을 거스르지 않으면서
오랜 시간을 안으로 안으로만 채찍질하는
내적 기다림도 겨울비 속삭임에 물기 젖어
인간의 온기를 느끼게 한다.

심장 소리 하나둘 가슴으로 전이될 때
세상을 다 가진 듯 따스하게 한방 안에서 어우러지고
그리워서 애달퍼서 미워서 마음 가는 대로
눈가는 대로 보고 듣는 감정의 부스러기들을
마음에 의탁한 바에 따라 육체의 밖에서
한없이 방랑하기도 하고 육신의 노예가 되어서
한 톨의 밥풀떼기라도 세상과 나누는 얘기들을
위해 아껴 두어야 한다.

차디찬 북풍한설은 지난해 그토록 다정히 벗하여
오래도록 머물다 지쳐 잠들곤 했는데
올핸 흔적조차 보이지 않네.
민석도서관 창가엔 어느덧 어두운 그림자 드리우고
먹이 찾아 이산 저산 오가며 하늘을 휑 하니 도는
산새들은 바삐들 어디론가 가고 있는데
상처 입은 겨울 졸업식 꽃향기가 엄궁산 상아탑
뒤편에 짙은 향내를 드리운다.

한 조각배를 타고 손수 장만한 음식을 서로 권하고
하루살이 같은 인생을 천지간에 붙이고 있으니
아득한 겨울바다 저편의 지구 모퉁이에 잠시 머물다
사라지는 별똥별처럼 순간의 찬란함에 만족하며
가까운 지인들의 불평불만 내려놓고 룸메이트의

까칠함과 증오까지도 이내 존재 함께 함에 감사히
머리 숙이는 필부의 삶도 꿈이 있어 아름답다.

오늘도 겨울 밤하늘의 별 하나
기다리다 지쳐 조용히 떠오르지 않는
해를 품은 달만 야속타 보채며 마냥 겨울 바닷가
어린아이처럼 누군가를 향해 이름 없는 노래로 시로
사람의 발길 닫지 않는 한적한 길가에 피어있는 야생의 맥상화 되어
땅 끝 마을 사람의 소망을 외치고 인고의 시간의 위대함에 세대가 다르고
사정이 다를지라도 공감할 수 있는 내일을 위해 오늘도 빈 가슴을 남겨두고 초심으로 돌아가기 위해 한편의 시를 목 놓아 읊어본다.

이봉기

주목!!! 동문여러분

성년후견제도를 아시나요?

이장주

1. 이럴 경우 어떻게?

6.25전쟁 때 월남하여 서울동대문시장에서 포목점을 하면서 근검절약하여 몇 백억대의 재산을 모은 이모할머니는 2003년 예기치 못한 알츠하이머병(치매의 일종)에 걸려 병원신세를 지게 되었다. 그 후부터 의식이 왔다 갔다 해서 아무런 경제적 활동을 할 수 없게 되었다. 남편은 먼저 여의었고 슬하에는 4남1녀의 자녀를 두고 있었다. 어느 자식이든 예쁘지 않는 자식이 있으랴마는 이모할머니는 자녀들 중 셋째아들이 어렸을 때부터 부모 말을 잘 듣고 예쁜 짓만 골라 해서 제일 맘에 들었는데 현재는 형제들 중 가장 변변치 못하게 사는 것 같아 늘 안타까웠고 나중에 자신의 재산의 절반은 셋째에게 상속하리라 마음먹고 있었다. 그러나 예기치 못하게 치매에 걸려 자신의 뜻을 자식들에게 전할 길이 없게 되었다. 더군다나 이모할머니의 병원비는 쌓여만 가는데 자식들은 병원비를 부담하려고 하지 않았고 이모할머니의 예금통장에서 돈을 인출할 방법이 없었다. 병세는 더욱 깊어져 오랜 투병 끝에 2012년 1월에 사망하게 되었다. 한편, 이모할머니가 치매에 걸려 병원신세를 지고 있는 동안에 첫째아들이 이모할머니 몰래 이모할머니의 부동산을 자신과 처, 자녀 명의로 해두거나 일부는 처분하여 현금화하여 빼돌렸다. 이모할머니의 장례를 모두 치르고 자리를 함께 한 형제들은 이모할머니의 재산이 거의 남아 있지 않다는 것을 알고 아연 실색했다.

이럴 때 이모할머니의 뜻을 자식들이 알 수 있게 하고 자신의 병원비에 대한 걱정이 없도록 미리 어떤 법적 조치를 취해두었으면 어땠을까?

2013. 7. 1.부터 시행하는 성년후견제도라는 것이 있다. 기존에 거의 활용되지 않았던 행위무능력제도(금치산자, 한정치산자)를 폐지하고 실효성이 높은 성년후견제도를 도입한 것이다. 노령인구의 증가에 따라 질병이나

치매 등으로 인하여 사무를 처리할 능력이 없는 장애인 또는 노인 등의 인권보호와 재산의 관리, 사회복지의 수혜, 기타 사회생활에 필요한 긴요한 사무의 처리 등 새로운 후견제도가 필요하여 도입한 것이다.

2. 성년후견제도 소개

민법에 도입된 성년후견제도는 크게 법정성년후견제도와 임의성년 후견제도가 있다.

먼저 법정성년후견제도에 관하여 살펴보고 임의성년 후견제도를 살펴보겠다.

가. 법정성년 후견제도

법정성년후견제도는 질병, 장애, 노령 기타 사유로 인한 정신적 제약으로 사무를 처리할 능력이 지속적으로 결여된 사람에 대하여 본인, 배우자, 4촌 이내의 친족, 미성년 후견인, 미성년 후견감독인, 한정후견인, 한정후견감독인, 특정후견인, 특정후견감독인, 검사, 지방자치단체의 장이 가정법원에 청구하면 가정법원은 본인의 의사를 고려하여 성년후견개시의 심판을 함으로써 후견이 개시되고 심판원인이 소멸되면 위 청구하는 자들의 청구에 의해 성년후견종료심판을 한다.

성년후견개시심판이 있으면 그 심판을 받은 사람의 성년후견인을 직권으로 선임하고 성년후견인읜 복수로도 선임이 가능하고 법인도 성년후견인으로 선임될 수 있다. 성년후견인을 선임할 때는 가정법원은 피성년 후견인의 의사를 존중해야 하며 피성년 후견인의 건강상태, 생활관계, 재산상황, 성년후견인이 될 사람의 직업과 경험, 피성년 후견인과 성년후견인의 이해관계의 유무 등의 사정을 고려해야 하며 피성년 후견인은 자신의 신상에 관하여 그의 상태가 허락하는 한에서 단독으로 결정하야 하고, 거주와 이전, 주거, 면접교섭, 의학적 치료 등에 문제에 대해서는 피성년 후견인의 의사가 우선되어야 하고 성년후견인은 피성년 후견인과 늘 대화하면서 그의 희망사항이나 의사를 파악하도록 노력하도록 하고 있다.

성년후견인이 피성년 후견인을 치료 등의 목적으로 정신병원이나 그 밖의 다른 장소에 격리하는 경우에는 가정법원의 허가를 받아야 하고 신체를 침해하는 의료행위에 대해 피성년 후견인이 동의를 할 수 없는 경우에는 성년후견인이 그를 대신하여 동의할 수 있지만 의료행위의 직접적인 결과로 사망의 위험이 있거나 상당한 장애를 입을 위험이 있는 경우 법원의 허가를 받아야 한다. 긴급을 요하는 경우에는 사후허가를 청구할 수 있다.

피성년 후견인이 의사능력이 회복된 때에 유언을 할 수 있는데 이때는 의사가 심신회복의 상태를 유언서에 부기하고 서명 날인하여야 한다.(민법 제1063조)

성년후견인의 변경, 사임이 가능하다. 성년후견인은 후견감독인의 참여하에 피성년 후견인의 재산을 조사하여 그 목록을 작성해야 하며 피성년 후견인의 법정대리인이 된다. 피성년 후견인의 행위를 목적으로 하는 채무를 부담하는 법률행위를 대리하는 경우에는 본인의 동의를 받아야 하며 이해상반행위의 경우에는 후견감독인이 있는 경우를 제외하고는 특별대리인을 선임하도록 하고 있고, 피후견인을 대리하여 영업에 관한 행위, 금전을 빌리는 행위, 의무만을 부담하는 행위, 부동산 또는 중요재산에 관한 권리의 득실변경을 목적으로 하는 행위, 소송행위, 상속의 승인이나 한정승인, 상속포기 및 상속재산의 분할에 관한 협의 등을 하는 경우에는 후견감독인이 있는 경우에는 그의 동의를 받아야 한다.

가정법원은 필요하다고 인정되면 직권 또는 피성년 후견인, 친족, 성년후견인, 검사, 지방자치단체의 장의 청구에 의하여 성년후견감독인을 선임할 수 있다.

나. 임의성년 후견제도

가정법원에 법정성년후견을 신청하지 아니하고 후견계약을 체결할 수 있다. 민법에서는 질병, 장애, 노령, 그 밖의 사유로 인한 정신적 제약으로 사무를 처리할 능력이 부족한 상황에 있거나, 앞으로 부족하게 될 상황에 대비하여 미리 자신의 재산관리 및 신상보호에 관한 사무의 전부 또는 일부를 다른 자에게 위탁하고 그 위탁사무에 관하여 대리권을 수여하는 내용으로 하는 후견계약을 체결할 수 있다(민법제 959조의 14 제1항). 후견계약은 위임계약의 성질을 가진다. 후견계약은 공정증서로 체결하여야 하며 가정법원이 임의후견감독인을 선임한 때부터 효력이 발생하고, 후견계약의 이행과 운영을 할 때 본인의 의사를 최대한 존중해야 한다.

법정후견은 임의후견에 대해 보충적 역할을 하기 때문에 임의후견계약이 등기되어 있는 경우에는 원칙적으로 법정후견은 개시되지 않는다. 그러나 본인의 이익을 위하여 특별히 필요한 때에만 임의후견인 또는 임의후견감독인의 청구에 의하여 가정법원은 성년후견, 한정후견 또는 특정후견의 심판을 할 수 있고 심판을 받은 때 후견계약은 종료된다(민법 제959조의 20 제1항). 또한 후견계약을 체결한 때, 본인이 이미 피성년 후견인, 피한정후견인, 피특정 후견인인 경우에는 가정법원은 본인의 이익을 위하여 후견조치가 특별히 필요하다고 인정하는 경우에 임의 후견감독인을 선임하지 아니하지만 원칙적으로는 성년후견, 한정후견, 특정후견의 종료심판을 하여야 한다.

임의후견인의 임무는 후견계약의 내용에 따라 정해지며 후견계약은 재산관리와 신상의 보호 등에 관하여 피후견인이 차후에 재산관리결정과 신상결정을 할 수 없을 때 임의후견인이 본인을 갈음하여 결정하게 하는 권리를 부여한 계약이다. 그런데 이러한 결정을 할 수 없을 때가 언제인지 결정하기 어렵고 피후견인에게 불리한 계약일 수 있어 민법에서는 가정법원이 임의후견 감독인을 선임해야 후견계약이 효력이 발생되는 것으로 규정하여 피후견인을 보호하고 있다. 임의 후견인의 대리권 소멸은 등기하지 않으면 선의의 제3장에게 대항할 수없다. 이는 임의후견인과 거래하는 제3자를 보호하기 위한 규정이다.

가정법원은 후견계약이 등기되어 있고 본인이 사무를 처리할 능력이 부족한 상황에 있다고 인정할 때에는 본인, 배우자, 친족, 임의후견인, 검사, 지방자치단체장의 청구에 의하여 임의후견감독인을 선임한다. 본인이 아닌 자가 청구할 경우에는 본인이 의사를 표시할 수 있으면 미리 본인의 동의를 받아야 한다. 임의후견감독인은 임의후견인의 사무를 감독하며 그 사무에 관하여 가정법원에 정기적 보고하며, 가정법원은 필요하다고 인정하면 감독사무에 관한 보고를 요구할 수 있고 임의후견인의 사무 또는 본인의 재산상황에 대한 조사를 명하거나 그 밖에 임의 후견감독인의 직무에 관하여 필요한 처분을 명할 수 있다. 법정후견제도의 후견감독인에 비하여 후견계약에서의 임의후견감독인은 중요한 역할을 한다고 할 수 있다.

후견계약의 종료는 임의후견감독인 선임전일 때에는 본인 또는 임의후견인은 언제든지 공증인의 인증을 받은 서면으로 후견계약의 의사표시를 철회할 수 있고, 선임 이후에는 정당한 사유가 있는 때에만 가정법원의 허가를 받아 종료할 수 있다.

3. 성년후견제도의 활성화를 위하여

성년후견제도는 프랑스, 영국, 독일, 일본 등에서 시행되어 오고 있는 제도이다. 성년후견제도의 시행에 따라 후견인의 보수, 공증수수료, 등기비용 등 각종 비용이 발생하는데 이에 대한 부담이 문제될 수 있다. 특히 저소득층에서 이러한 비용으로 인해 혜택을 받지 못하는 문제를 해결할 필요가 있다.

피성년후견인의 생명과 관련한 의료행위, 즉 연명치료중단, 안락사, 수혈, 인공호흡기의 장착 문제 등에서 한계가 있다. 이러한 의료행위는 환자의 신체와 건강에 대한 위험을 수반하기 때문에 환자의 동의 또는 승낙을 받아야 적법한 행위가 된다. 성년후견인의 후견행위에 한계이다.

성년후견인이 사회적 약자인 피성년후견인의 재산상 이익을 취하거나 신체적 학대, 재산관리 소홀 등의 손해를 입히는 경우의 제재 또는 감독의 문제가 있다. 그 외 성년후견인의 전문적 양성과 교육, 피성년후견인의 프라이버시 문제, 가정법원의 관여정도 등 시행에 따라 구체적으로 해결해야 문제들이다.

장애인, 고령자 등 사회적 약자들이 성년후견제도를 통하여 인격이 보호되고 본인의 자유로운 의사가 존중받고 행복을 추구할 수 있도록 성년후견제도가 정착되어야 할 것이다. 그러기 위해서는 많은 고령자들이 활용할 수 있도록 널리 알려야 할 것이며 시행상의 문제들을 심도 있게 논의하여 잘 보완해 나가야 할 것이다.

이장주

법무법인 한강수석변호사

"고중싸나이가 지속발전 할수 있는 이유"

김재환

고중싸나이 발간에 즈음하여

글재주가 없는 나는 전혀 참여하기는 어려울걸로 생각하고 아예 손을 놓고 있었는데 친구로부터 연락이 왔다 "고중싸나이" 맞냐고 한페이지라도 내는게 예의 아니냐고 ㅎㅎ 헐 ~

졸필이지만 이해하시고 읽어 주시면 고맙겠습니다.^^*

우리가 끝까지 고중싸나이로 남아 있을수 있는 길은 단언컨데 우리가 진정으로 "건강"하게 생활하고, "건강"하게 살아있어야 가능하다고 생각합니다.^^*

그것이 바로 우리 고중싸나이의 미래라고 생각합니다.

살아있어야 만날 수 있습니다. 건강해야 볼수 있습니다.

요즈음 우리는 다가오는 미래가 어떻게 변할지도 모르는 전혀 상상하기도 어려운 예측불가능한 시대에 살고 있습니다.

또한 변화의 속도가 너무도 빨라서 미쳐 인식하기도 전에 지나쳐 버려서 어떤게 지나갔는지조차 헷 갈릴때가 있습니다.

이럴때 일수록 우리몸이 건강해져야 동문회도 있고 멋진 고중싸나이도 되는게 아니겠습니까? 그래서 저는 주제를 "약한몸을 강하게 만드는 법"에 대해서 말씀 드리고 싶습니다.

앞으로 2030을 전후로 하여 우리인간은 생물학적 진화를 멈춘다고 합니다.

진화를 멈추고 싶어서 멈추는 것이 아니라

로봇이 우리의 능력을 훨씬 앞서서 생물학적으로는 더 이상 인간이 필요치 않는 세상이 온다고 하는데

2040년경이 되면 인류의 주인이 로봇으로 바뀐다고 합니다. 이시기를 포

스트 휴먼(POSTHUMAN)의 시대라고 하는데 앞으로의 인류의 후계자는 로보 사피엔스(Robo sapiens)가 지구의 주인 노릇을 하는 세상된다고 합니다.(아마도 사람은 없어도 되지만 로봇이 없으면 돌아가지 않는 세상이 된다고 합니다.)

그럼 이 시대에서 우리가 로봇 사피엔스보다 더 뛰어나게 영속할수 있는 길은 뭘까요?

바로 우리몸을 건강하게 강하게 만드는 길입니다.

우선 몸이 약하면 마음이 약해집니다.

마음이 약해지면 매사에 좋은일 보다 나쁜일이 많이 생깁니다.

운명론적으로 보면 나쁜운명은 대부분 건강이 나쁘게 나온다고 합니다.

유명한 분의 말씀대로 건전한 육체에 건전한 정신이 깃든다는 말씀은 참으로 지당하신 표현인 것 같습니다.

우선 몸이 건강해지는 방법중 가장 탁월하고 빠른방법은 음식조절을 잘하는 것입니다.

음식이 체질을 망치거나 좋게 만드는 가장 중요한 요인입니다.

인스턴트 위주로 된 음식을 계속 먹고싶어 한다면 앞으로 몸은 더 나빠질수밖에 없겠죠 그러다보면 되는 일도 잘 안된답니다.

팔자도 사나워지고 몸이 약하면 인상도 나빠져서 얼굴이나 매력이 사라져버립니다.

습관이 건강을 만들고 운명을 만드는 것입니다.

식습관을 바꾸면 건강해지면서 운명도 좋아집니다.

건강해지시려면 과자,청량음료, 라면, 피자등은 가급적 피하시고 드시지 않는게 좋습니다. 너무나도 잘 알려진 얘기입니다마는 너무 잘 알려진 상식이어서 무감각하게 지나쳐 버리는건 아닌지요

건강해지기 위해선 건강한 습관을 되찾아야 합니다.

이때 가장 중요한 것은 내면에있는 스트레스를 해소하는 일입니다.

마음의 에너지는 건강에 큰 영향을 미칩니다.

몸이 약하다면 과도한 움직임을 자제하고 예민해진 마음을 달래주는 행

동이 필요 합니다.
여기에 효과적인 것이 바로 명상입니다.
명상은 반드시 눈을감고 해야하는 것은 아닙니다.
모든 행위를 멈추고 자신을 비춰보는 것을 명상이라 합니다.
먹고 자고 일하는 모든 것이 건강과 관련됩니다.
몸은 예민한 시스템으로 구성되어있습니다.
그 몸을 함부로 다루면서 건강해지기를 바랄 수는 없습니다.
제 답은 단순합니다.
먹는 것을 조절하는 것이 건강해지는 가장 좋은 지름길입니다.
우선 당신의 체질을 아는 것이 중요합니다.
사람마다 체질이 다르고 그에 따라 음식에 대한 반응도 약간 다를 수 있습니다.
자신의 체질을 아는것은 소양인인지 태음인인지를 아는것만을 의미하지는 않습니다.
식사를 할 때 음식을 먹으면 몸이 어떤 반응을 보이는지를 천천히 살펴만 보아도 음식과 체질을 알 수 있습니다.
그리고 다시한번 강조드리지만 인스턴트 식품은 무조건 피하시는게 좋습니다.
된장과 나물위주의 식사와 적당한 운동. 그리고 명상이 가장좋은 처방입니다. 여기에 덧붙이자면 양질의 단백질섭취를 하시는게 좋습니다.
말처럼 쉬우면 걱정할 것이 뭐냐고 물을 수 있습니다.
말은 쉽고 행동은 어렵지만 습관이 되면 행동처럼 쉬운게 없습니다.
자연스럽고 즐겁다고 생각한 습관은 오래전부터 이루어진 기억입니다.
처음의 경험이 오랜습관으로 굳어지는 동안 그 일은 타의든 자의든 우리의 기억으로 축척됩니다.
지금 쾌감으로 여기는 음식도 어떤 이들에게는 전혀 먹지못하는 불쾌감이기도 합니다.
자신의 체질을 의심하고 음식을 먹고난 직후 그 이후를 자세하게 살펴보시기 바랍니다.

눈을 감고 몸이 반응 하는 것을 잘 들어 보십시요

인스턴트 음식을 먹었을때와 자연식을 먹었을때의 반응을 잘 살펴보세요

"자신의 체질을 잘안다는 것은 우리가 오랬동안 전통적으로 믿어왔던 음식의 기억을 찾아가는것"입니다.

건강이 나빠지는데도 오랜세월이 걸리듯 건강해지는것도 시간이 걸립니다. 다시 강조하지만 "건강은 먹는것에서 결정이 됩니다".우리주변에 달콤한 쾌감을 순간적으로 자극하는 음식들을 몰아내십시오 (술 등등)

저도 아주 건강하지는 않지만 매일 10회이상의 팔굽혀펴기를 아침과 저녁에 하고 10분이내의 다리운동과 음식물이 소화가 되기전에는 잠자리에 들지 않도록 노력하며 좋은생각과 긍정적인 생각을 하기위해 노력하고 있습니다.

아무쪼록 우리 동문님들의 건강이 항상 최상의 수준이 될수 있도록 기원하는 바이며 "고중싸나이" 발간에 대하여 아낌없는 찬사를 보냅니다. 또한 제작과 기획등 수고로움음 마다하지 않으시고 원고를 다듬고 준비하시는 박진광선배님 김삼석선배님 최동림동문등 미쳐 소개해 드리지 못한 수고가 많으신 동문님들께도 깊이 감사드립니다. 부족한글 끝까지 읽어주셔서 감사 드립니다.^^*

김재환

NH개발 부장

이웃나라 일본 여행기

3학년 3반 곽대우

고성중학교 선배님들께서 힘쓰신 덕분에 나를 포함해서 4명이 해외 탐방으로 일본에 갈 수 있는 기회를 얻게 되었다. 이때까지 해외에 나가 본 적도 없고 비행기를 타보지 못해서 너무 흥분되고 우리학교 대표로 이런 곳을 갈 수 있어서 뿌듯함을 느꼈다. 출발하기 전 여행일정을 수도 없이 보고 옷가방을 챙겼다. 요즘 뉴스에서는 방사선 문제를 포함해서 일본 폭염 때문에 사람들이 많이 죽는다는 소식도 많이 들렸기 때문에 걱정도 많이 되기도 하였다. 설렘과 걱정을 안고 잠자리에 들었다.

첫째 날, 3박4일 일본여행 여정을 위해 아침 일찍 일어나 간단히 아침을 먹고 김해공항으로 출발한다. 공항에서 이현선 선생님과 가이드님을 만나 출국하였다. 전까진 꿈인지 생시인지 실감이 잘 나지 않았지만 비행기를 타니깐 이제야 실감이 나는 것 같다. 내 인생 첫 비행기라 너무 떨렸다. 이륙할 때 좌우로 많이 흔들릴 때는 롤러코스터 타는 것처럼 무서웠다. 조금 뒤 비행기가 안정을 찾고 구름 위를 달리는데 그땐 너무 신기했다. 2시간 비행시간 중 기내식을 먹는 시간이 있었다. 하늘 위에서의 밥은 그럭저럭 먹을 수 있었다.

2시간의 비행시간이 끝나고 일본 나리타공항에 도착했다. 우리나라 인천공항과 비슷하게 도쿄가 가까이 있다고 한다. 날씨가 덥다는 걱정과는 달리 일본 날씨가 구름이 많이 껴서 그런지 별로 덥지는 않았다. 가이드님이 관광하기 좋은 날씨라고 하신다. 멀리 있지 않은 도쿄를 향해 버스를 타고 이동한다. 이동할 때 마다 가이드님이 일본에 대해 이것저것 이야기를 많이 해주셨다. 일본에 대해 더욱 잘 알 수 있게 되었다.

잘 닦여진 도심의 도로를 달려 일본의 오다이바를 관광하기 위해 갔다. 최근 도쿄에서 가장 주목받는 지역으로 최신식 쇼핑타운과 어뮤즈먼트, 호텔, 방송국과 박람회장 등 다채로운 시설이 갖춰진 신 개념의 리조트식 타운이라 한다. 먼저 자동차 박람회를 갔다. 난 유명한 일본 자동차브랜드는 도요타 밖에 없다고 생각했지만 많은 유명한 자동차 브랜드가 있었다. 우리나라 자동차도 힘써서 많이 분발해야 한다고 생각했다. 다음으로 레인보우 브리지가 보이는 곳으로 예전에 미국에 개항하지 않기 위해 대포를 세워놓은 곳에 내렸다. 그래서 그런지 군데군데 거대한 쇠사슬이 주변에 있었다. 결국 미국에게 문호를 개방했다고 하는데 우리나라도 일본과 같이 서둘러 문호를 개방했으면 일본처럼 강대국이 되지 않았을까 하는 아쉬움이 많이 남는 장소 였다. 앞에 레인보우 브리지가 아주 잘 보였다. 레인보우브리지는 오다이바를 가기위해 건너야하는 유명한 다리라고 한다. 야간 조명에 비쳐진 모습은 정말 아름답다고 한다. 4일 중 3일 동안 이 다리를 건너보았는데 주변 경치가 참 아름다웠다. 그리고 눈에 띈 한 가지가 있었다. 바로 다리 앞에 세워진 자유에 여신상이었다. 미국에 있는 것과 모양이 똑같았다. 자유의 여신상은 레인보우 브리지와 함께 오다이바를 대표하는 상징물이라고 한다.

구경을 하다가 바로 신 도청 전망대로 출발했다. 도쿄를 한눈에 볼 수 있는 45층 전망대라고 한다. 생각보다 큰 빌딩은 몇 개 보이지 않았지만 특이한 모양의 건물이 많이 보였다. 일정상 낮에 가보았지만 야경이 아주 기대되는 곳이었다. 바로 신주쿠 거리로 갔다. 우리나라 번화가와 비슷하다. 갑자기 비가 와서 급히 우산을 챙기고 나왔다. 비가와도 많은 사람들이 북적북적 거리고 있다. 거리 이곳저곳을 돌아 다녔다. 배가 고파서 간단하게 먹을 수 있는 우리나라 떡볶이, 어묵과 같은 거리음식을 찾아 이리저리 돌아다녔지만 거리음식은 없고 모두 식당으로 된 곳 뿐이었다. 식당도 우리나라와 달리 거의 1인식 테이블이 있는 곳이 대부분이었다. 뉴스나 인터넷에서 이런 1인식 식당이 많다고 들었지만 실제로 보니깐 신기하고 놀라웠다. 일본 식당문화는 '대충 이런 것이구나.' 라는 것을 느꼈다. 그리고 거리에 오락실 같은 곳도 꽤 많이 보였다. 거리 관광이 끝나고 호텔로 가는 길 가이드님께서 많은 이야기를 해주셨다. 집들을 보면 모두 붙어있는데 그것은 지진이 났을 때 옆으로 넘어지지 않게 하기 위해서 그런 것이라고 한다. 또 일본인들은 우리와는 다르게 전원주택을 선호한다고 하는데 그것 또한 지진이 많이 일어나서라고 한다. 일본 창문을 보면 투명하였다. 그리고 역삼각형의 빨란 스티커가 붙어있는 창문을 볼 수 있었다. 이것도 지진이 일어났을 때 몸이 물건이 깔렸을 때 다른 사람에게 잘 보이기 위함이라하고 지진이 났을 때 구조를 위해 이 창문을 깨도 된다는 뜻이라고 한다. 이런 이야기를 듣고 나니 일본은 지진에 참 민감한 나라인 것 같다는 생각을 하였다. 그리고 이렇게 대비하는 일본도 지진이 오면 심각한 피해가 일어나게 되는데 만약 우리나라에 큰 지진이 나면 어떻게 될까라는 끔찍한 상상도 하게 되었다. 하루라도 빨리 우리도 언제 올지 모를 지진에 대비해야 한다는 생각이 들었다. 이런저런 이야기를 듣다가 호텔에 도착했다. 호텔에서 뷔페식 저녁을 먹고 방에 들어갔다.

여행 둘째 날. 어제와 똑같이 호텔에서 아침밥을 먹었다. 이날은 하루 종일 디즈니랜드에서만 있었다. 디즈니랜드로 가기 위해 버스로 이동하고 있었다. 거리에 검은 양복바지와 하얀 와이셔츠를 입은 사람들이 많이 보였다. 일본의 샐러리맨이라고 한다. 일본에서는 샐러리맨이 직업 중 절반 이상을 차지하고 있다고 한다. 이 사람들은 출근할 때 자동차나 버스를 이용하지 않고 지하철을 이용한다고 한다. 일본지하철이 아주 잘 되어있기 때문이라고 한다. 그래서 그런지 버스도 잘 보이지 않고 출근시간인데도 불구하고 우리나라와 달리 교통체증이 없다. 참 좋은 시스템이라고 생각된다. 우리나라는 출근시간만 되면 러시아워와 전쟁을 하기 때문이다. 버스가 달리고 달려 드디어 말로만 듣던 디즈니랜드를 직접 왔다. 가이드님이 오늘은 평일이라서 사람이 별로 없어 놀기 좋을 것이라고 한다. 디즈니랜드 입구에 도착했다. 바로 앞에 큰 성이 보이는데 그곳은 호텔이라고 한다. 노랗게 칠해져 있는데 정말 만화책에서 갓 나온 것 같이 만들어졌다. 저런 곳에서 한번 자보고 싶다는 생각이 든다.

입구에서 안으로 들어가려고 기다리고 있는데 사람들이 정말 많았다. 평일에 이렇게 사람들이 많은데 주말엔 얼마나 많은 사람들이 오게 될지 상상이 되지 않는다. 고맙게도 한국어로 된 가이드북이 있어서 그것을 보면서 어떤 놀이기구를 탈 것인지 어떻게 놀 것인지 의논을 하였다. 줄을 서서 기다려 안으로 들어왔다. 들어오자마자 많은 기념품 상점들이 줄지어 서 있는 것이 보였다. 우리는 바로 재미있다고 생각되는 놀이기구를 타려고 갔다. 12시 전까지는 놀이기구 타는 데에만 열중하였다. 디즈니랜드에서 제일 유명한 세 개 모두 탔다. 이제 디즈니랜드를 정복했다는 뿌듯함이 느껴졌다. 시간이 지나니 점점 긴 줄을 서서 기다리는 것과 걷는 것이 힘들어지기 시작했다. 얼마나 큰 지 한 바퀴만 돌아도 다리가 아파왔다. 마침 점심시간이 되어서 점심으로 햄버거를 먹었다. 점심을 다 먹고 돌아다니는데 사람들이 긴 줄을 서서 무언가를 기다리고 있다. 퍼레이드를 한다고 한다. 퍼레이드가 시작되었다. 디즈니에서 만들어진 모든 캐릭터들이 행진하는 듯하였다. 디즈니에서 이렇게 많은 캐릭터들을 만들었나 싶을 정도로 정말 많은 캐릭터들이 행진을 하였다. 기나긴 퍼레이드가 끝나고 우리는 기념품을 사기위해 기념품가게를 둘러보았다. 나는 거시서 동생선물을 하나 샀다. 기념품가게 여기저기를 둘러보다 보니 저녁때가 되었다. 일본식 음식을 먹고 싶어서 일식집을 갔다. 튀김, 우동, 돈가스를 시켜서 먹었다. 친구들은 느끼하다고 하는데 내가 둔해서 그런가 모르지만 난 느끼한지 모르고 맛있게 잘 먹었다. 계산할 때 계산서가 이상해서 서투른 영어를 사용해서 설명하는 해프닝이 생기기도 하였다 친구들이 워낙 똑똑해서 별 탈 없이 지나갔다. 나 혼자 이런 일이 생겼으면 잘 해결 되지 않았을지도 모른다. 역시 똑똑한 친구들과 같이 다녀야 일이 잘 풀린다. 디즈니랜드에서 모든 일정이 끝나고 다시 어제 묵었던 호텔로 갔다. 정말 피곤했던 하루였다.

여행 3째날. 이날의 첫 번째 여정은 아시호수에서 해적신을 타는 일이었다. 호수 전체를 도는 배였다. 30~40분 동안 배를 타고 있어야 했다. 출발하자마자 시원한 바람이 불어와서 정말 좋았다. 날씨만 좋으면 후지산을 볼 수 있다는 소식을 들어서 잔뜩 기대를 하고 승선하였지만 아쉽게 보지는 못하였다. 역시 멋진 자연의 풍경을 볼 수 있으려면 운이 따라야 한다는 생각이 잠시 들었다. 배를 타고 있는 동안 눈 여기저기를 돌리며 호수주변 풍경을 볼 수 있었다.

배에서 내려 간단히 점심을 먹고 난 후 오와쿠다니 계곡에 갔다. 현재 활동하고 있는 활화산의 열기를 느낄 수 있는 곳이라고 한다. 도착하자마자 화산에서 연기가 솟아오르고 유황냄새가 많이 났다. 그곳 온천에서 삶아진 달걀은 온천물과 화학작용을 하여 검은색으로 변한다고 한다. 그리고 달걀을 먹으면 1개당 7년을 더 살수 있다는 재미있는 이야기를 들었다. 화산을 올라갔다. 높이 올라 갈 때마다 유황냄새가 더 강하게 났다. 길옆에는 회색빛 온천물이 흐르는 곳도 종종 볼 수 있었다. 다 올라와서는 가게에서 달걀을 파는 곳이 있어서 달걀을 샀다. 달걀 껍데기만 검고 안의 살은 일반달걀과 같이 똑같은 하얀색이다. 뜨거운 온천물에 갓 삶은 달걀을 주어서 그런지 너무 뜨거워 먹기 힘들었지만 7년을 더 산다고 생각해서 참고 먹었다. 건강해지는 느낌이란 이런 느낌일까? 아무튼 맛있게 먹었다.

3일 째날 마지막으로 일본하면 유명한 온천에 갔다. 일본은 남녀 같이 사용하는 혼탕도 있는데 예전에는 많이 있었지만 지금은 사라지고 많이 없다고 한다. 온천물에 나와서 바람을 맞으면 온천에서 좋은 성분이 몸에 흡수가 잘된다고 한다. 우리는 '일본사람들은 온천에서 1시간30분 정도 머문다.' 고 하자, 평소 목욕탕도 별로 좋아하지 않고 목욕탕에서 1시간도 머무르지 못하는 나라서 어떻게 1시간30분을 있어야 할지 걱정이 되었다. 건물 안에 탕이 있고 밖에는 노천탕을 즐길 수도 있게 되어 있었다. 몸을 씻고 망설임 없이 노천탕으로 갔다. 물 밖으로 나와 바람을 맞고 다시 탕으로 들어가기를 계속 반복했다. 이때까지의 피로가 모두 풀리는 느낌이었다.

내가 상상한 것보다 더 좋은 것 같았다. 이런 기분 때문에 사람들이 일본에 오면 온천관광을 하는가 보다는 생각을 하였다. 노천탕은 겨울에 다시 오면 더 좋을 것 같았다. 노천탕에서 몸을 녹이고 있으니 순식간에 약속했던 시간이 다가왔다. 몸을 닦고 제시간에 맞춰 밖으로 나갔다. 일본인 버스 기사님이 놀랐다고 한다. 한국인들은 원래 시간보다 조금 늦게 오는데 우리는 제시간에 왔다는 것이다. 이 이야기를 듣고 웃기기도 하고 한편으로는 우리 일본인 기사님이 가지고 있는 한국인에 대한 조금은 부정적인 생각에 기분이 별로 좋지 않았다. 3일째 일정을 다 끝내고 맨 처음 왔던 나리타로 이동했다. 나리타에 있는 호텔에서 쉬었는데 이 호텔엔 wi-fi가 설치되어 있어서 가족과 친구들에게 연락을 할 수 있었다.

마지막 날. 나리타공항에 가기 전 한 일본 사찰로 갔다. 가족의 건강과 사업번창, 입학과 취업을 기원하기 위한 사찰이란다. 입구에서 약수터 같은 곳이 있었는데 물을 먹는 장소가 아니라 손과 입을 헹구는 곳이라고 한다.

안쪽에는 향을 피우는 곳이 있었다. 사람들은 그곳으로 가서 향 연기를 자신의 몸에 묻힌다. 그걸 왜 하는지는 모르겠지만 왠지 악귀를 쫓는 일과 비슷할 것 같아서 향 피우는 곳에 가서 다른 사람들이 하는 걸 따라했다. 1년간은 앞으로 하는 일이 잘 풀릴 것 같다. 사찰 안에는 우리나라 절과 같이 높은 탑이 있었다.

사찰을 구경을 끝으로 4일 동안 일본에서 모든 일정을 끝내고 집에 가기 위해 처음 왔던 나리타공항에 다시 왔다.

처음 일본에 왔을 때 느꼈던 설렘도 이제 끝이라고 생각하니 아쉬웠다. 즐겁고 재밌는 시간은 금방 지나간다더니 정말 그런 것 같다. 4일을 신나게 보고, 먹고, 즐긴 후 집으로 돌아오려니 많이 아쉬웠다. 앞으로 종종 일본에 갔던 생각들이 날 것 같다. 이곳에 오기 전까지는 독도문제, 야스쿠니 신사참배 등의 여러 문제 때문에 일본에 대한 생각들이 매우 좋지 않았다. 이곳에 와서 직접 일본사람도 만나보고 문화도 체험해보니깐 배울 점이 많은 나라이다. 다른 사람 배려하는 마음과 절약하는 습관, 질서 있는 모습은 우리가 더 발전하기 위해 본받아야할 점으로 생각된다.

한국행 비행기를 타고 김해공항에 돌아왔다. 이제 집이라는 생각을 하니 갑자기 피로가 몰려왔다. 집은 이렇게 긴장이 풀리는 편안한 휴식의 공간인가 보다.

멋진 경험을 하게 해 주신 재경동문회 선배님들의 따뜻한 후배 사랑에 다시 한 번 머리 숙여 감사드리며, 4일 동안 우리를 옆에서 챙겨주시며 이끌어 주신 이현선 선생님께도 감사의 마음을 전하고 싶다.

익숙함과 낯설음이 함께 하는 일본
'일본 여행을 다녀와서'

3학년 3반 김대경

우리 학교 재경동창회 선배님들께서 후배들을 위해 해외문화탐방 장학금을 주셔서 나를 포함한 3학년 4명은 일본여행을 하게 되었다.

7월 17일 출발 당일, 우리 일행은 김포국제공항에 모였다. 일본에 간다는 설렘으로 출국 수속 때 긴장을 해서 우왕좌왕하는 내 모습이 조금은 창피한 느낌이 들었다. 텔레비전에서처럼 멋있게 공항을 이용하고 싶은 마음이 있었는가 보다.

일본은 우리와 많이 다를 거라는 생각을 하고 일본에 도착했지만, 간판에 일본어가 써져 있다는 것 말고는 사람들의 모습이나 도심의 번화한 모습이 우리나라 대도시 같다는 느낌이 들었다.

도착하자마자 간 곳은 일본의 오다이바에 있는 자동차 전시장이었다. 오다이바에는 장애인을 배려하는 자동차들이 많았다. 장애인들이 이용하기에 아무런 불편함이 없을 정도의 다양한 장치들이 완벽하게 구비되어 있는 자동 차의 모습이 매우 인상적이었다.

우리나라에도 이런 장애인용 자동차가 다니는 걸 많이 본 적은 있지만 전시해 놓은 것을 본 것을 자세하게 살펴본 것은 처음이었다. 자동차 산업의 발전 모습을 다시 한번 확인할 수 있는 기회였던 것 같다.

그 다음으로 간 곳은 도쿄도청 전망대로 향하였다. 45층 높이의 아주 높은 전망대였다, 전망대에서 야경이 기대되는 곳이었지만 우리는 낮에 갔기 때문에 멋진 야경을 보지 못하는 아쉬움이 아주 컸다. 다음에 올 기회가 있을 때는 꼭 야경을 보고 싶다는 생각을 하면서 아쉬운 마음을 달랬다.

첫날 여정의 마지막은 신주쿠라는 일본의 번화가였다. 역시 번화가라 그런지 상점이나 음식점, 차와 사람들이 매우 많았다. 시간이 별로 없었고 처음 가 본 곳이라 많이 여기저기 헤매는 바람에 생각만큼 구경할 수 없었고 살만한 것도 없었다. 길을 둘러보던 도중 게임센터를 발견해서 들어가 보았는데 1층에는 크레인 게임만 있고 2층에는 도박장이어서 들어가지는 않았다. 또 3층에는 큰 게임기가 수십 대가 있었는데 그 자리마다 전부 사람들이 앉아있었다. 나도 게임을 해보고 싶은 생각이 들었으나 시간이 없어서 구경만 하고 나왔다.

호텔에서 첫날 여행의 피로를 풀고 다음날, 우리는 유명한 디즈니랜드에 갔다.

그 날은 평소보다 사람들이 적다고 가이드께서 말하셨는데 그런데도 사람들이 매우 많이 몰렸다. 놀이기구를 탈 때 차례를 기다리는 사람들이 많아 우리들도 줄을 서서 기다리게 되었는데 우리나라와 같이 주로 바깥에서 기다리는 것이 아니라 실내에서 기다리도록 시설이 되어 있어 더운 날임에도 매우 시원하게 즐길 수 있었다. 우리가 갔을 때 디즈니랜드가 30주년이라 축제를 많이 하고 30주년 관련 상품들을 많이 팔고 있었다. 30주년 기념처럼 특별한 날에 방문하여 특별한 경험을 할 수 있었다는 것이 우리를 더 기분좋게 만들었다. 호텔로 돌아가는 도중 디즈니랜드 옆에 커다란 건물

이 있었는데 그건 시월드라고 했다. 이곳도 다음에 기회가 되면 꼭 다녀 가고 싶다.

셋째 날에는 하코네시에 있는 화산에 갔다. 하코네시는 산이 많아서 주민들이 대부분 관광업으로 생활을 한다고 했다. 화산에 가기 위해 배를 탔는데 배가 중세시대의 해적선을 본떠 만들어 흥미로웠다. 화산에 가기 위해 강을 건너는 도중에 아름다운 건물들이 많았다. 가이드에게 물어보니 대부분 관광객들이 머무르는 호텔이라 하였다.

배에서 내린 뒤 산중턱의 주차장까지 버스를 타고 갔다. 주차장에서 정상까지 가는데 유황냄새가 나서 속이 메스꺼웠다. 산중턱에서 온천물이 계속 끓어서 연기가 많이 났었다. 산 정상에서 온천물에 삶은 달걀을 팔았는데 온천물 때문에 달걀 껍데기색이 검은색이었다. 맛은 일반 계란이랑 똑같았지만 검은 색이라 색다른 경험이었다. 책에서만 보던 화산을 가까이에서 접한다는 것이 정말 색다른 경험이었다.

산에서 내려온 뒤 점심을 먹고 온천에 갔다. 평소에도 일본의 온천에 가보고 싶었는데 이번 기회를 통해 가게 되어서 좋았다. 건물은 생각했던 것보다 아주 넓고 컸다. 온천에 들어가는데 우리나라 대중목욕탕과 비슷했다. 다른 점이라면 야외탕과 개인탕이 있다는 점이었다. 온천의 따뜻한 물 속에서 기분좋은 휴식을 하고 나니 몸이 한결 가벼운 느낌이 들었다.

온천에서 나온 뒤 호텔로 가는 도중에 작은 마트에 들렀다. 그곳에서 살 만한 것을 둘러보다 우리나라 식품을 두개나 발견해서 신기하고 반가웠다.

호텔에서 마지막 밤을 보내고 공항에 가기 전에 조그마한 신사에 들렸다.

신사에서 마네키네코라는 것을 팔았는데 마네키네코는 복과 재물을 불러온다는 고양이 인형이다. 하나 사려고 했지만 가격이 생각보다 비싸서 사지 않았다. 신사 내부는 우리나라 절과 비슷하게 생겼다. 신사 중간에 향을 피우는 곳이 있는데 사람들이 모여서 향을 태우고 그 냄새를 맡고 있었다. 그 모습을 보고 우리나라와는 절하는 방식이 조금 다르구나 생각하고 나도 한번 해보았지만 향냄새 때문에 중간에 그만두었다. 신사에서 제일 큰 건물 안에는 불상이 있는 곳이 유리로 막혀있고 그 앞에 돈을 넣는 곳이 있었다. 여러 건물들이 서로 이어져 있었지만 가보지는 못했다. 일본의 신사는 일본인들이 자신들의 신을 모셔 놓은 곳이다. 나라마다 숭배하는 신이 있고 그들만의 전통이 있다는 생각을 하게 되었다. 하지만 일본은 역사적으로 신사참배 때문에 신사에 대한 우리 나라 사람들의 이미지는 사람마다 조금씩 다를 것 같다는 생각을 하면서 그곳을 나왔다.

신사관광을 마친 뒤 공항으로 갔다. 출국시간 전까지 시간이 남아서 면세점을 둘러보았는데 여러 가지 물건들을 있었지만 가격들이 비싸서 학생인 내가 사기엔 무리인 것 같아서 구경만 하였다.

비행기를 타고 돌아올 때는 짧은 여정이 조금은 아쉬운 생각이 들었다. 좀더 일본의 다른 특징있는 지역을 더 여행하며 우리와 같은 점은 무엇인지, 다른 점은 무엇인지 제대로 비교해 보고 싶다는 생각이 들었다. 그리고 모교에 대한 자긍심이 많으신 훌륭한 선배님들 덕분에 일본 문화를 탐방하는 좋은 기회를 가지게 되었다는 것을 생각하니 선배님들에 대한 고마운 마음과 함께 이 좋은 혜택을 받은 나로서 앞으로 꿈을 위해 더 열심히 공부하며 모범적인 생활을 해야 겠다는 생각을 하게 되었다. 그렇게 된다면 나도 먼 훗날 후배들의 든든한 지원자가 될 수 있을 거라는 생각이 든다. 이런저런 생각을 하면서 나도 모르게 잠이 들었다가 눈을 뜨니 어느새 김해공항이었다. 돌아올 때의 아쉬움은 도착과 함께 날아가 버리고 집으로 돌아간다는 생각에 반가움과 편안함이 몰려왔다. 여행은 정말 멋진 경험인 것 같다. 새로운 곳에서의 낯선 경험은 내 생각과 마음을 더 키우는 좋은 도구라는 것을 어디선가 읽은 것 같은데 정말 그 말이 맞다는 생각이 든다.

세상을 향한 첫 발

3학년 2반 김민식

7월17일 이른 아침 들뜬 마음으로 3박4일의 일본여행을 위해 김해공항으로 출발했다. 이번 총동창회 선배님들께서 후배들을 위해 보내주시는 뜻 깊고, 의미 있는 여행이다.

물론 이현선 선생님 그리고 대우, 대경이, 창헌이와 같은 친한 친구들과 함께하는 여행이라 더욱더 좋았다. 김해공항에 도착하여 우리는 인증샷을 찍고 비행기에 탑승했다. 첫 해외여행의 기쁨에 조금 긴장되고 들뜬 마음을 접어두고 일정표를 보면서 일본의 문화에 대해서 휴대폰으로 검색도 하고 기본적인 인사말도 중얼거리면서 비행기 안에서 시간을 보냈다.

약 2시간 후 도쿄 나리타공항에 도착하여 첫 여행지인 오다이바로 향했다. 차 창 밖으로 보이는 건물들은 굉장히 웅장하면서도 조형미를 느낄 수 있을 정도로 건물마다 어떤 특색을 지니고 있는 듯했다. 오다이바는 도쿄만에 있는 대규모 인공 섬으로 최근에는 최신식 쇼핑타운으로 널리 알려져 있다고 한다. 이곳에는 수상버스를 탈 수 있는 정류장, 후지TV 스튜디오, 컨벤션센터 등 이곳을 하나하나 둘러보고 구경하면서 정말 일본의 뛰어난 기술력과 누구도 따라갈 수 없는 섬세함이 엿볼 수 있었다. 우리는 오다이바 제일의 쇼핑몰을 구경하고 도요타 전시관을 관람하면서 일본의 자동차 기술이 세계 제일이라는 것을 알게 되었고, 우리나라 또한 이와 어깨를 나란히 한다는 자부심을 가지게 되었다. 그리고 혼자서 타고 다니는 1인승 자동차도 있었다. 그 자동차는 내기 억에서 잊히지 않는다. 신 도청 전망대는 도쿄 시내를 한눈에 내려 볼 수 있었으며 다닥다닥 붙은 건물들을 보니 우리나라의 서울과 비슷하다는 생각이 들었다. 이렇게 가슴 설레는 첫날의 일정은 마치고 일본쇼핑몰에 있는 한국 음식점에 저녁을 먹으러 갔다. 그곳에서 우리는 김치찌개를 먹었는데 한국에서 먹던 음식을 일본에서 먹으니 기분이 묘했다.

둘째 날. 우리는 들뜬 마음으로 이번 여행 중 최고의 기대를 안고 있었던 디즈니랜드로 향했다. 이동하는 차 속에서 본 일본의 바깥풍경은 우리나라의 모습과 비슷한 듯하면서 조금 달랐다. 시내도 한산하고 차도 많지 않았다. 일본 사람들은 대중교통을 많이 이용하기 때문에 우리나라처럼 시내가 복잡하지 않다고 한다. 거리에서도 휴지 하나 볼 수 없을 정도로 깨끗하였다. 이런 모습들은 우리도 본받아야 할 것 같다는 생각이 들었다. 친구들과 이렇게 이야기를 나누는 사이에 디즈니랜드에 도착을 하였다. 하루 종일 모든 것을 잊고 이곳 디즈니랜드에서 친구들과 놀이기구를 타면서 즐겁게 놀면서 좋은 추억을 만들었다. 마침 지금은 디즈니랜드 30주년을 맞이하여 기념 퍼레이드 행사며 어느 때보다 볼거리가 많다고 하였다. 우리에게 익숙한 많은 만화 캐릭터들도 볼 수 있었는데 이 때는 살짝 동생생각이 났다. 무더운 날씨 탓에 조금은 피곤했지만 한국에서 타보지 못했던 신나는 놀이기구를 타면서 즐거운 하루를 보냈다.

셋째 날 아침 전날의 피곤이 풀리지 않았지만 호텔에서 아침식사를 한 후 가벼운 마음으로 하코네로 이동했다. 화산활동으로 만들어진 아시호수 해적선을 타고 호수를 건넜다. 해적선은 멀리서 볼 때는 어린 시절 동화책에서만 보던 멋진 해적선처럼 보였지만 통영에서 본 우리나라의 대표적인 거북선이 훨씬 멋지다는 생각이 들었다.

아시호수를 구경한 후 오와쿠다니 계곡을 올라갔다. 계곡 여기저기서 김이 모락모락 나고 특유의 유황냄새도 났다. 책에서만 보던 활화산을 직접 경험하니 너무나 신기하였다. 그리고 오와쿠다니의 명물인 검은 계란을 사 먹었다. 온천물에 익힌 계란은 장수의 상징으로 한 개를 먹으면 7년을 더 산다는 전설이 있다고 하였다.

우리는 사이좋게 달걀을 하나씩 먹었는데 달걀의 맛이 한국에서 먹던 맛과는 좀 다르다는 생각이 들었다. 점심으로 일본현지 정식 음식을 먹었다.

일본 음식은 우리나라와 다르게 양이 매우 작았다. 점심을 먹은 후 오늘의 마지막 일정인 모리노유 온천에 갔다. 모리노유 온천은 하코네의 산기슭에 위치한 온천으로 화산에서 내려온 물과 지하수가 섞여 몸에 매우 좋다고 한다. 우리는 일본에서 매우 유명한 온천에 몸을 담그면서 더욱더 건강해지는 느낌이 들었고 여행을 하면서 쌓였던 피로가 풀리는 듯한 느낌을 받았다. 온천을 다녀온 후 우리는 일본여행을 하면서 가장 기대했던 회전초밥 집에 갔다. 일본에서 먹는 초밥은 한국에서 먹는 초밥과는 비교도 안 될 정도로 종류도 많았고 맛도 좋았다. 일본에서 꼭 먹어 보고 싶었던 회전초밥을 먹어 보아서 매우 기분이 좋았다.

여행 마지막 날, 나리타산 신쇼우지 사찰을 구경하였다. 우리는 사찰을 구경하고 사찰 중앙에 있는 향의 연기를 몸에 묻혔다. 이 향의 연기를 몸에 묻히면 몸의 모든 병이 낫는다고 한다. 우리는 사찰에서 나온 후 일본의 전통 우동을 먹게 되었다. 일본의 전통우동은 우리나라의 우동과는 다르게 간이 전혀 되지 않은 면에 간장과 같은 소스를 찍어먹는 것이었다. 이 일본식 전통 우동은 우리나라의 우동보다 맛이 좋았다. 처음 먹어보는 거라 신기하기도 하였고 색다른 경험을 할 수 있어서 좋았다.

일본여행의 기쁨과 아쉬움을 남기고 비행기에 몸을 실었다. 비록 3박4일의 짧은 일정이지만 일본이 문화와 음식에 대해서 색다른 경험을 할 수 있었고, 책에서만 보고 말로만 듣던 일본인들의 질서의식과 문화수준에 대해서는 배울 점이 많았던 것 같다. 다시 한 번 기회가 된다면 일본에 다시 가보는 것도 좋을 것 같고, 이번에 해외여행을 함으로써 세계의 많은 나라와 문화를 경험하고 싶다는 꿈을 가지게 되었다. 이렇게 좋은 기회를 주신 총동창회의 선배님들과 학교 선생님들께 감사드리

며 이번 여행이 내게 준 의미에 대해서 다시 한 번 생각하였다. 앞으로도 내게 주어진 모든 일에 열심히 노력하여 좋은 후배, 훌륭한 선배가 되어 미래에 후배들에게 이러한 좋은 기회를 줄 수 있도록 해야겠다고 다짐해 본다.

선배님들이 주신 소중한 경험

3학년 1반 김수영

사람들은 누구나 마음속에 동경하는 세계로의 여행을 꿈꾼다. 그 중의 하나가 '유럽'이 아닐까 싶다. 그러나 그 꿈을 실현하는 사람은 많지 않다고 생각한다. 나도 어린 시절 책을 통해 수많은 나라들을 여행하였다. 그러면서 마음속에 '유럽'에 대한 꿈을 가지고 있었다. 책을 통해 만났던 유구한 역사와 문화의 현장 '유럽'. 그 꿈의 세계를 정말로 여행할 수 있는 기회가 나에게 주어지게 되었다.

우리 학교 재경동창회에서 주시는 장학금으로 유럽여행을 가게 되었다는 사실을 알게 된 후로 출발하는 날만을 손꼽아 기다렸다. 꿈에 그리던 유럽여행. 부모님을 떠나 혼자 다른 사람들과 함께 하는 여행에 대한 기대와 두려움으로 긴 시간이 지나가고 드디어 출발하는 날이 다가왔다. 7월 14일, 부모님께서 인천국제공항에 데려다 주셨다. 차를 타고 가는 동안 이런 기회가 나에게 또 있을까 라는 생각이 들기도 했다. 부모님과 이런저런 이야기를 나누면서 기다리다보니 어느새 인솔자를 만나고 드디어 비행기에 탑승 준비를 했다.

비행기를 타고 가는 동안 나는 잠을 청하려 했으나, 여행에 대한 기대감으로 긴장되어 이상하게 잠이 오지 않았다. 영화를 보기도 하고 조금은 무료하게 시간을 보냈다. 그리고는 잠이 들었고 자다보니 어느새 비행기는 프랑크푸르트 공항에 착륙 준비 중이었다. 기다리던 여행의 첫발을 내딛는 가슴 뛰는 설렘으로 흥분되었다.

비행기가 착륙하고 우리 팀은 또다시 독일에서 영국으로 가는 비행기에 탑승해야 했다. 나는 서둘러 비행기 표를 받고 탑승구를 확인하고 조금은 허기진 배를 채우기 위해 빵을 사먹었다. 한참을 기다리고 기다리자 드디어 영국으로 가는 비행기에 탑승을 했고 영국에 도착했다. 걱정하고 계실 부모님께 안부전화를 드리고 바로 잠을 청했다.

7월 15일. 유럽에서의 첫날, 우리는 영국에 있는 버킹검 궁전으로 향했다.

나는 버킹검 궁전에 도착하자마자 궁전의 웅장함에 너무도 놀랐다. 책에서만 보던 궁전은 실제로 엄청난 위용을 자랑하고 있었다. 무구한 역사와 왕실의 권위가 느껴졌다. 그리고 근위병 교대식을 봤는데 여름이라 털모자를 쓴 근위병들이 조금 불쌍해 보이기도 했지만 연주를 하며 당당히 걸어가는 근위병들이 한층 멋있어 보였다.

그런 다음 우리는 대영 박물관에 도착을 했다. 이 박물관은 세계 3대 박물관 중 하나로 손꼽히는 곳으로 영국에서 가장 오래된 역사를 자랑한다고 한다. 이곳에서는 그리스신전을 떠올리게 하는 거대한 외관과 엄청난 전시물들에 감동받았다. 그 규모만 해도 세계 최대여서 하루 만에 전시품을 모두 돌아보는 것은 불가능하다고 한다. 며칠을 두고 여유롭게 돌아봐야 박물관을 제대로 경험할 수 있지만 우리는 일부 전시품만 골라 감상하였다. 오래된 유럽의 신비한 역사의 현장에 있는 느낌이 말할 수 없는 감동을 주었다.

우리 팀은 다음으로 런던의 타워브리지로 향했다. 타워브리지로 향하던 중에 런던을 상징하는 2층 버스를 보았는데 이색적인 멋진 모습이었다.

우리 팀은 저녁을 먹고 이제 파리로 향하기로 했다. 파리로 향하기 위해 우리는 유로스타에 탑승했다. 처음 타보는 유로스타였지만 우리나라 일반 기차와 비슷했다. 유로스타를 타고 우리는 프랑스로 향했다. 프랑스에서의 멋진 여행은 뒤로 하고 우리 일행은 내일을 기약하며 호텔에 도착하자마자 잠에 빠졌다.

7월 16일. 유럽여행의 둘째 날이다. 우리는 아침을 먹고 가이드를 만나서 베르사이유 궁전으로 향했다. 베르사이유 궁전에 가는 길의 풍경도 멋있었다. 베르사이유 궁전에 도착하여 표를 사서 입장했다. 궁전의 외관도 웅장하고 멋있었지만 내부는 더 화려했다. 나는 베르사이유 궁전 내부에 있는 망사르가 완성한 거울의 방이라는 곳에 달려갔다. 그곳은 궁전 내에서도 가장 화려한 곳으로 손꼽히는 곳으로 세계 1차 대전에서 패전한 독일이 베르사이유 조약에 서명한 역사적인 장소로 유명하기 때문이다.

거울의 방을 보고 베르사이유 궁전을 나와 우리 팀은 달팽이 요리를 먹으러 출발했다. 프랑스 하면 떠오르는 달팽이 요리는 맛은 있었지만 개인적으로 호감 가는 요리는 아니었다. 점심을 먹고 우리 팀은 파리의 상징 에펠탑으로 향했다. 에펠탑 근처에 내려 우리는 사진도 찍고 에펠탑을 둘러보았다. 실제 에펠탑은 세워질 당시 흉물스럽다고 많은 사람들이 반대했다고 하지만 지금은 전 세계인들의 사랑을 받고 있는 조형물이다. 실제 쇠붙이의 느낌이 강하게 나는 탑이었다.

에펠탑을 보고 우리는 나폴레옹 제국의 영광의 상징인 개선문을 보러 출발했다. 개선문에 도착을 하고 나는 자유시간을 가졌다. 혼자서 파리 샹제리제 거리를 걷고 여유로운 시간을 보냈다. 자유시간이 끝나고 에펠탑 2층 전망대로 향했다. 2층 전망대에 오르기 위해 표를 사서 대기하다가 엘리베이터에 올랐다. 2층 전망대에 올라 말로만 듣던 에펠탑에 올라 파리 시내를 내려 보는 느낌이 정말 행복했다. 2

층 전망대에서 기념품도 사고 재밌는 시간을 보내고 난 후 나는 루브르 박물관으로 향했다. 루브르 박물관이 문이 닫혀있어 들어가지는 못했지만 아쉬운 대로 외관만 보고 우리는 오르세 미술관으로 갔다. 오르세 미술관에서 나는 반고흐의 '별이 빛나는 밤' 을 보았다. 별이 빛나는 밤을 보니 다른 작품들은 눈에 들어오지 않았다. 오르세 미술관을 둘러 본 후 우리는 유람선에 탑승했다.

유람선을 타고 강을 따라 파리를 둘러보는데 마침 밤이 되어 파리 에펠탑 야경을 볼 수가 있었다. 에펠탑을 밤에 보니 또 낮에 봤던 에펠탑과는 다른 느낌이 들었다. 수많은 불빛들이 아름다운 파리의 밤을 만들고 있었다. 에펠탑이 전 세계적으로 유명한 것은 바로 이 빛나는 야경 덕분이 아닌가 싶었다. 이렇게 우리는 에펠탑 야경을 보고 버스에 탑승하여 숙소로 향했다.

7월 17일. 우리는 호텔에서 아침을 먹고 리옹역으로 향했다. 리옹역에서 대기하다가 기차에 탑승하여 스위스 제네바로 향했다. 제네바에 도착하고 다시 제네바에서 샤모니 몽블랑으로 이동했다. 몽블랑에 도착을 하고 우리팀은 퐁듀를 먹었는데 빵에 치즈를 찍어 먹는 것이었다. 처음 맛본 퐁듀가 정말 맛있었다. 그래서 나는 다른 음식은 손도 안대고 오로지 퐁듀만 먹었다.

점심으로 퐁듀를 먹은 뒤 나는 브레방 전망대에 올라가기 위해 케이블카에 탑승했다. 케이블카를 타고 가던 중 암벽등반을 하는 사람도 볼 수 있었다. 우연히 암벽등반을 하다가 다친 사람을 헬기가 구조하는 광경을 목격할 수 있었다. 브레방 전망대는 정말 영화에 나올 만한 풍경을 가지고 있는 그러한 장소였다.

브레방 전망대에서 사진을 찍은 후에 우리 팀은 다시 케이블카에 탑승하여 내려왔고 이태리의 밀라노로 이동하여 다시 두오모 성당으로 향했다. 두오모 성당도 외관이 웅장했다. 두오모 성당을 둘러보고 우리는 스칼라 극장의 외부도 관람했다. 그런 뒤 우리 팀은 호텔로 향했고 나는 잠이 들었다.

7월 18일. 우리는 아침을 먹고 밀라노에서 피사로 이동했다. 피사에서는 대표적으로 피사의 사탑을 보았는데 정말 환상적이었다. 사람들은 기울어진 피사의 사탑을 받치는 모습의 사진을 찍기도 했다. 나는 피사의 사탑의 외관을 보고 돌아 다녔다. 이태리 피사의 거리를 걷는 것도 나쁘지 않았다. 피사의 사탑 근처에서 기념품을 파는 사람들도 있었다. 나는 구경을 마치고 팀에 합류하여 이탈리아의 수도이자 태양의 도시인 로마로 향했다. 로마에 도착 후 한식으로 저녁을 먹고 호텔로 가서 잠을 청했다.

7월 19일. 세계에서 가장 작은 나라이자 로마 교황청의 중심지인 바티칸 시국을 관광하기 위해 바티칸으로 향했다. 바티칸 시국 주변에는 성벽 같은 것이 둘러싸여 있었다. 실제 바티칸 시국으로 들어가니 정말 규모가 작았다. 우리 팀은 3대 박물관중 하나인 바티칸 박물관에서 여러 조각상과 미술품들을 관람하고 시스티나 예배당으로 향했다. 시스티나 예배당에서 미켈란젤로의 천정화를 감상했다. 교황의 지시로 미켈란젤로가 4년 만에 완성한 미켈란젤로의 천정화에는 창세기의 핵심적인 내용들이 독창적으로 묘사되어 르네상스를 대표하는 경이로운 그림으로 평가를 받고 있다고 한다. 미켈란젤로가 정말 위대한 화가라는 생각이 절로 드는 웅장한 그림이었다. 천정화를 감상한 뒤 우리 팀은 베드로 성당의 외관을 감상하러 출발했다.

베드로 성당은 정말 웅장했다. 외관을 보러 왔지만 내부로도 들어가 봤는데 정말 멋있고 감동적이었다. 성 베드로 대성당을 본 뒤 나와서 성 베드로 광장을 관광하고 팀에 합류하여 중국식으로 점심식사를 했다.

다음으로 로마시내 관광을 했는데 처음에 콜로세움으로 향했다. 콜로세움에 도착해서 내부에는 들어가지 않고 외관을 감상하며 자유시간을 가졌다. 플라비우즈 왕조 때 세워진 원형경기장으로서 고대를 배경으로 하는 수많은 영화 속에서 보던 익숙한 장소였다.

콜로세움을 관광한 후에 우리는 벤츠투어를 했다. 벤츠투어의 첫코스로 진실의 입으로 향했다. 중세 때 죄인을 심문할 때 사용했다는데 일종의 거짓말 탐지기인 셈인데, 인간의 양심을 믿었던 순박한 과거의 사람들이 떠올랐다. 진실의 입에 손을 넣고 사진을 찍은 뒤에 우리는 트레비 분수로 향했다. 트레비 분수는 동

전을 던지는 사람들로 복잡하였다. 동전을 한번 던지면 로마로 다시 방문할 수 있고, 두 번 던지면 사랑이 이루어지고, 세 번 던지면 사랑하는 사람과 이별한다는 전설이 있다고 한다. 다른 여행객처럼 우리도 그곳에 동전을 던지고 달콤한 아이스크림도 사먹었다. 벤츠투어를 끝내고 나는 판테온 신전으로 향했다. 그곳 역시 정말 웅장했다. 판테온 신전의 관람을 마친 뒤에 한식으로 저녁식사를 하고 나는 호텔로 들어가 잠을 청했다.

7월20일. 나는 아침 일찍 일어나 호텔에서 아침을 먹고 르네상스가 처음 꽃핀 도시인 피렌체로 이동했다. 4시간 동안 버스를 타고 이동해서 현지식으로 점심을 먹고 드디어 꽃의 성모마리아 성당을 감상했다. 성모마리아 성당은 상당히 웅장했다. 내부에도 들어가고 싶었으나 사람이 많았던 관계로 내부에는 들어가보지 못했다.

성당을 감상한 후에 나는 팀에 합류해서 단테의 생가를 지나가는 도중 그곳에 분장을 하고 노래를 부르면서 사진을 찍어주는 사람을 보았는데 사진 찍는데 돈을 지불해야 돼서 아쉽지만 사진을 찍지는 않았다. 단테의 생가를 지나고 나는 시뇨리아 광장을 들렀다가 미켈란젤로 광장을 들렀다. 그곳에서 사진도 찍고 자유시간도 가졌다. 그런 후 우리는 도시 베니스로 향했다. 베니스에 도착하여 나는 호텔로 들어가 잠을 청했다.

7월 21일. 나는 베니스에서 아침을 먹고 나폴레옹이 세상에서 가장 아름다운 응접실이라고 극찬했던 산 마르코 광장과 동서양의 건축양식이 절묘하게 어우러진 화려한 산 마르코 성당 외관을 감상한 뒤에 낭만의 베니스 곤돌라 관광을 했다. 나는 개인적으로 곤돌라 관광이 가장 인상 깊었던 것 같다. 곤돌라에 탑승하기 위해 우리는 대기하고 있다가 시간이 되자 바로 배에 탑승했다. 마침 내가 탄 배에서 배에 탄 이탈리아 사람이 노래를 불러주었는데 노래를 들으면서 나는 경치를 감상하며 여유를 즐겼다. 곤돌라를 타고 베니스를 관광하니 걸어서 관광할 때와는 또 다른 느낌이었다.

우리는 곤돌라 관광을 마친 뒤 이제 오스트리아로 출발했다. 오스트리아에 티롤지방의 아름다운 소도시 인스브루크에 도착을 하고 인스부르크에서 마리아 테레지아 거리를 걸었는데 상점을 둘러보려 했지만 일요일이라서 상점의 문이 닫혀있었기 때문에 그냥 거리만 걸었다. 하지만 이국적인 거리의 풍경이 아름다워서 조금도 지루하지 않았다. 다음으로 황금 지붕으로 가서 관람을 했는데 또 오스트리아의 매력을 한 번 더 느낄 수 있는 장소였다. 관람을 마친 뒤에 호텔로 돌아가서 투숙했다.

7월22일. 호텔에서 아침식사를 하고 바이에른 알프스 자락에 위치한 동화의 나라 퓌센으로 이동했다. 이곳에서 나는 동화 속 한 장면 같은 노이슈반스타인 성을 관광했는데 이곳은 디즈니랜드 성의 모델이며 백조의 성으로도 알려진 노이슈반스타인 성인데 나는 이곳을 도보로 올라가며 관광했다. 그리고 성의 외부를 감상했다. 이렇게 웅장한 성을 어떻게 지었을지 정말 궁금했다. 성을 관람하고 내려가면서 음료수를 사먹었는데 한국에 비해 물가가 비싸 음료수 한 병도 3유로나 하였다. 현지식으로 식사를 한 뒤에 나는 중세의 유럽의 고풍스러운 소도시 로텐부르크로 이동했다. 2시간 30분을 버스로 이동을 하고 우리 팀은 로텐부르크에 도착을 하여 마르크트 광장과 시청사들을 관광하고 저녁을 먹고 호텔에 투숙했다.

7월23일. 유럽에서의 마지막 날이 왔다. 아침을 먹은 뒤에 우리 팀은 로마틱 가도를 따라 중세 유럽의 고색창연한 분위기를 만끽하며 뷔르츠부르크로 이동했다. 약 한 시간 정도 버스를 타고 이동하자 뷔르츠부르크에 도착을 했다. 그곳에서 마리엔베르크 요새를 관광했는데 굉장했다. 엄청 튼튼해 보이는 외관은 물론 내부도 정말 정교했다. 그곳에서 독일 뷔르츠부르크 경치를 봤는데 멋있었다. 나는 요새를 본 뒤 레지덴츠 궁전으로 갔다. 레지덴츠 궁전을 마지막으로 유럽의 일정을 마무리하고 점심을 먹은 뒤 프랑크푸르트로 향했다.

그렇게 기대하던 유럽여행이 끝났다고 생각하니 아쉬움이 남았다. 시간이 빠듯하여 자세히 살펴보지 못한 곳도 있고, 지나고 보니 더 열심히 움직이며 관람했더라면 좋았을 텐데… 하고 후회되는 것도 많았다. 오랜 역사가 만들어 낸 웅장함이 바로 '유럽' 이었다.

여행 중 마주친 수많은 사람들의 여유 넘치고 활기찬 모습이 떠오른다. 앞으로 살아가면서 두고두고 곱씹으며 많은 의미를 던져 줄 멋진 여행이었다. 한국에 도착하는 동시에 생애 첫 유럽 여행을 무사히 마쳤다는 사실이 뿌듯함이 가득 차 올랐다. 내 몸과 마음이 이번 여행을 통해 한 뼘은 더 크지 않았을까 생각하며 집으로 향했다.

이 멋진 여행의 축복이 재경동창회 선배님들의 배려로 이루어졌다는 것을 다 시 한번 되새기며 선배님들의 기대에 어긋나지 훌륭한 사람이 되어야겠다고 다짐해 본다.

나를 업그레이드 시킨 일본 문화 탐방

3학년 2반 정창헌

2013년 7월 17일. 드디어 일본 여행길에 올랐다. 우리학교 재경동문회 선배님들께서 주신 일본탐방의 기회가 나에게 주어진 것이었다. 함께 여행길에 오른 대우 아버지의 차를 타고 공항으로 가는 내내 생애 첫 외국여행에 대한 기대로 마음이 설레였다. 공항에 도착 후 처음 보는 낯선 풍경들과 수많은 여행객들 사이에서 다른 세상에 온 듯한 느낌이었다. 출발 시간을 기다리면서 면세점 구경을 하는데 상품의 가격대가 내가 넘볼 수 있는 것이 아니었다. 아무튼 아이쇼핑을 실컷 하였다.

드디어 처음으로 비행기에 올라 출발하였다. 비행기가 날아오르는 순간은 마치 놀이기구를 타고 있는 것 같은 느낌이었다. 비행기가 하늘로 떠오르면서 엄청 흔들리는 바람에 순간 아시아나 항공 사건이 떠올랐다. 하지만 비행기는 역시 안전했다.

생애 최초의 기내식도 기대했던 것보다 맛이 없었다. 그러나 기내식의 맛을 싹 잊게 해주는 아름다운 하늘을 보고는 너무나 놀랐다. 땅 위에서 올려다보던 하늘과는 또 다른 멋진 하늘이 펼쳐졌다. 멋진 하늘을 사진으로 남기고 나니 어느덧 일본에 도착했다.

일본 공항에 도착 후 일행들을 만나 버스를 탔다. 공항 밖에서 보니 일본 차들은 대체적으로 너무 공격적으로 생겼다는 생각이 들었다. 차를 타고 1시간 30여분을 달리고 나니 도쿄 시내가 나왔다. 역시 일본의 수도는 수도였다. 차가 진짜 많았다. 도쿄시내에서 가장 뜨고 있는 동네인 오다이바를 갔다. 그 쪽엔 최신식 쇼핑타운과 어뮤즈먼트, 호텔, 방송국과 박람회장 등 다채로운 시설이 갖춰진 신 개념의 리조트식 타운이었다. 역시 한국과는 다른 문화에 나는 흠뻑 젖었다.

오다이바를 살펴보고 나서 신도청관광대를 갔다. 45층 전망대로서 도쿄의 경치를 한 눈에 볼 수 있다는 사실이 아주 인상적이었다. 인공적인 건축물로 이렇게 자연의 아름다움처럼 경관을 만들어 낼 수 있다는 게 너무 놀라웠다. 짧은 시간에 대한 아쉬움을 뒤로 한 채 우리는 신주쿠 여행을 하였다. 먼저 신주쿠에 가서 허기진 배를 채우기 위해 근처 식당으로 갔다. 거기서 우리는 규동이라는 음식을 먹었다. 고기 덮밥 같은 것인데, 함께 나온 날달걀을 익혀 먹는 줄을 모르고 날 것으로 먹었다. 하지만 생각보다 맛있었다. 다음 식사 때에도 근처 한국식당에서 한국음식을 먹었다. 우리 음식을 먹으니 기분이 좋았다. 한국음식을 먹으니 한국을 출발한 지 하루 만에 고향 생각이 나는 것 같았다.

다음 날 아침 우리는 호텔 조식을 먹었다. 호텔조식은 뷔페였는데 생각없이 많이 덜어 와서 음식을 남기게 되어 약간 눈치가 보였다. 아무튼 맛있는 아침을 먹고 기대하던 디즈니랜드로 향했다. 아침 일찍 갔는데도 벌써 사람들로 가득했다. 디즈니랜드로 들어가자마자 우리는 롤러코스터를 타러 갔다. 기대했던 것만큼의 짜릿함이 없어 약간 시시했다. 기구를 3개를 탔는데, 디즈니랜드에서 가장 무서운 기구라는데 사실 약간 실망스러웠다. 디즈니랜드는 놀이기구를 타는 것 못지않게 여러 가지 볼거리를 구경하러 오는 곳인데 우리는 단순히 놀이기구만 생각했던 것 같다. 놀이기구를 타고 나서 잠시 쉬면서 간식을 먹었다. 그리고는 다리가 아파서 배와 기차를 타면서 디즈니랜드를 둘러보았다. 화려하고 멋진 풍경들이 아주 볼만 했다. 디즈니랜드의 볼거리 중의 하나인 퍼레이드를 감상했는데 마치 동화속의 한 장면 같은 멋진 모습이었다. 그리고는 기념품을 사러 갔는데 상품의 종류는 엄청 많았지만 막상 사려고 하니 마땅히 살 만한 것이 없었다. 어느 장인이 유리로 장식품을 만드는 곳이 있었는데 가격이 오만원이나 하는 물건도 있었다. 여러 가지 물건들을 구경하고 나서 언제 다시 올지 모르기 때문에 비싸도 기념품을 사야겠다고 생각하고 조금 비쌌지만 볼펜과 필통 등을 샀다. 디즈니랜드는 우리가 동화 속 세상에 들어 와 있는 것 같은 착각을 느낄 정도의 멋진 궁전과 공원 등의 시설이 정말 인상적인 곳이었다. 디즈니랜드에서 저녁을 먹고는 호텔로 돌아가 편히 쉬었다.

다음 날 아침을 먹고 우리는 온천으로 갔다. 온천에 가기 전에 온천에서 만든 계란이 있는데, 일명 검은 계란이었다. 장수의 상징이라고 하는데 맛은 그냥 계란이었다. 그런 후 온천물에 목욕을 했는데 여행의 피로가 모두 사라지는 것 같았다. 물론 오랜 시간 온천물에 목욕하는 것은 흥미가 없지만 어른들이 오시면 좋아하실 것 같다는 생각을 하였다.

온천을 다 즐기고 우리는 제일 원하던 밥을 먹으러 갔다. 바로 회전초밥이었다. 여러 종류의 다양한 초밥을 정말 배부르게 많이 먹었다. 우리 조가 제일 많이 먹었는데 우리 중에서도 내가 제일 많이 먹었던 것 같다. 호텔로 돌아와서는 다른 날과 달리 쉽게 잠이 오지 않았다. 일본에서의 마지막이라고 생각하니 너무 아쉬워서였다. 친구들과 이런 저런 이야기를 하며 마지막 아쉬움을 달랬다.

일본에서의 마지막 밤을 보내고 마지막 여정으로 신사에 갔다. 일본의 전통문화와 조상 숭배의 정신을 느낄 수 있었다. 신사를 끝으로 일정을 마치고 공항으로 출발했다. 부모님을 위한 기념품을 사고 우리는 비행기에 올랐다.

내 생애 최초의 일본 여행을 통해 새로운 세상을 만난 것 같았다. 일본이라는 나라를 여행하면서 현대의 새로운 기술과 디자인, 일본인들의 의식과 삶의 모습, 전통적인 일본 문화 등을 느낄 수 있었다. 이 모든 경험이 선배님들 덕분이라고 생각하니 다시 한 번 감사의 말씀을 드리고 싶다.

내가 살고 있는 한국이 세상의 전부가 아니고, 나도 얼마든지 더 넓은 세상으로 나갈 수 있다는 생각을 하게 되었다. 넓은 세상이 내 무대가 될 수 있다는 무한한 가능성과 도전의식을 가져야겠다. 물론 공부도 열심히 해야 하지만 세상을 보는 관점도 넓혀야겠다는 생각이 들었다. 이제부터라도 내가 잘 났다는 생각은 버리고 아주 작은 존재라는 걸 명심하고 더 노력하며 원대한 꿈을 가져야겠다.

멋진 추억과 함께 긍정적인 도전의식이 생겼다는 점에서 의미 있는 여행이었다.

선배님, 감사합니다.

3학년 3반 곽대우

안녕하십니까? 저는 이번에 일본문화탐방을 다녀온 고성중학교 3학년 3반 곽대우라고 합니다.

우선 해외문화 탐방의 기회를 주신 선배님들께 감사의 인사를 올리고 싶습니다. 선배님들 덕에 일본 해외문화 탐방을 아주 재미있게 잘 다녀왔습니다. 평소 우리나라와 거리도 가깝지만 우리와 다른 문화차이 때문에 한번쯤은 가보아서 경험해보고 싶은 나라였습니다. 이 기회를 통하여 일본을 경험할 수 있어서 좋았습니다. 일본을 다녀와 본 결과 많은 것들을 알고 배우게 되었습니다.

원래 동방예의지국은 우리나라가 아니라 일본이 아닐까 라는 생각이 들 정도로 일본인들은 예의가 넘쳐나고 친절하여 놀랐습니다. 길에서 만나는 사람 모두가 타인에게 자세를 낮추고 친절함이 몸에 배여 있었습니다. 번화한 일본도심에서 화려한 모습의 사람들도 있었지만 검소하고 소박하다는 느낌을 많이 받았습니다. 일본사람들이 절약을 그렇게 한다고 들었는데, 그 특징이 고스란히 생활에서 드러나는 것 같았습니다.

이렇게 많은 것을 배우고 함께 간 친구들과 우정이 더욱 돈독해지는 기회가 되었습니다. '경험으로 사는 것은 값비싼 지혜이다.' 라는 말처럼 지혜에서 가장 중요한 것은 다름 아닌 많은 경험을 쌓는 것이라고 합니다. 이 기회는 앞으로 학교생활이나 사회생활을 하는데 큰 힘이 될 것입니다. 이런 기회를 준 이유는 앞으로 더 잘하라는 의미로 받들고 앞으로 자만하지 않고 학생으로서 본분을 잊지 않고 열심히 공부하고 훌륭한 사람이 되겠습니다.

우리 고성중학교처럼 후배들을 위해 이렇게 단결하고 힘쓰시는 선배님들은 참 드물다고 합니다. 그래서 저는 선배님들과 고성중학교가 정말 자랑스럽고 존경스럽습니다. 저도 나중에 선배님들처럼 후배 지원에 적극적으로 힘을 쓰겠습니다.

선배님, 진심으로 감사합니다. 저도 베풀면서 사는 멋진 사람이 되겠습니다. 선배님들의 기대에 어긋나지 않는 더욱 멋있는 고중 사나이가 되겠습니다.

곽대우 올림

선배님, 감사합니다.

3학년 3반 김대경

선배님들, 안녕하십니까. 저는 3학년 3반 김대경 입니다.

저는 이번에 선배님들 덕분에 일본문화탐방을 할 수 있어서 진심으로 감사하게 생각합니다. 평소 가까운 이웃나라인 일본에 대해 관심이 많아 한번 가보고 싶었는데 이런 좋은 기회가 저에게 주어져 멋진 체험을 하고 왔다는 와서 정말 기분이 좋았습니다.

일본에 가서 우리나라와는 다른 문화를 체험할 수 있어서 색다른 경험을 했습니다. 우리와 바로 옆 나라인데도 사람들의 생활하는 모습이 다르고 언어가 많이 다른 점들을 보고 서로 교류를 통해 다른 점은 무엇인지 또 같은 점은 무엇인지 공부를 통해 알아가야겠다고 생각했습니다. 일본에 문화 탐방에 가서 여러 가지들을 느끼고 경험해서 매우 유익하고 즐거운 시간을 보냈고 시간이 난다면 다시 한 번 더 여행을 가고 싶을 정도로 재밌었습니다. 넓은 세상을 만난 만큼 저희들은 더 성장했다고 생각합니다.

선배님들이 해외로 문화탐방을 보내주는 이런 학교에 제가 입학할 수 있어서 운이 좋다고 생각합니다. 졸업하신 선배님들이 든든하게 후배들을 키워주시고 지원해 주시는 학교라고 생각하니 더 자랑스럽습니다. 선배님들의 고마운 장학금으로 학교에서 재학생들이 엄청난 혜택을 받고 있다는 것을 알고 더 열심히 공부하는 학생들도 많습니다. 제가 일본문화탐방을 간다고 할 때도 주변의 친구들의 부러운 시선을 한 몸에 받았습니다.

선배님들의 고마움에 보답하는 길은 열심히 공부하여 고성중학교 졸업생으로서 학교의 명예를 드높이는 것이라고 생각합니다. 그리고 언젠가 저도 선배님들처럼 동문회에 참가하며 후배와 학교를 위하는 일에 동참하고 싶습니다.

다시 한 번 진심으로 감사드리며, 다음에 다시 만나 뵐 수 있었으면 좋겠습니다. 선배님들의 건강과 발전을 기원하겠습니다. 감사합니다.

2013년 7월 31일
김대경 올림

선배님, 감사합니다.

3학년 2반 김민식

안녕하십니까?

독서와 한자, 봉사를 우선으로 실천하는 고성중학교 3학년 김민식 입니다.

선배님들의 격려와 염려 덕분으로 해외문화탐방을 무사히 마치고 돌아왔습니다. 이번 해외문화탐방은 저희들에게 더 넓은 세상으로 나아가 많은 것을 보고, 듣고, 배우면서 자기 자신을 성장시키는 기회가 되었습니다.

여행가기 전 며칠 동안은 너무나 기뻐서 친구들과 주위 친척 분들께 자랑도 하고 친구들에게 부러움의 눈길도 많이 받았습니다. 제가 고성중학교 학생이자 훌륭하신 선배님들의 후배인 것이 너무나 자랑스러웠습니다. 이런 기회를 주신 의미가 무엇인가를 깊이 생각하면서 선배님들의 배려가 헛되지 않도록 해야겠다고 다짐합니다. 미흡한 글 솜씨로 저의 고마움과 감사함을 모든 선배님들께 전달할 수는 없겠지만 훌륭한 후배로 성장하는 모습으로 대신하겠습니다.

자랑스러운 선배님.

장학증서 수여식 날의 가슴 벅찬 감동은 아직도 잊을 수가 없습니다. 멀리서 저희들을 위해서 참석하여 주신 총동창회 회장님을 비롯하여 여러 선배님들의 주옥같은 말씀들에서 정말 후배들을 사랑하고 응원하시는 마음을 느낄 수 있었습니다.

특히 총동문회 회장님께서 '목표를 가지고 도전하라. 그러면 이룰 수 있다' 는 말씀을 가슴깊이 새기면서 생활하도록 하겠습니다. 그리고 저 또한 그날의 감동과 선배님들께 받은 사랑을 훗날 후배들에게 베풀 수 있는 멋진 선배가 되도록 하겠습니다.

앞으로 열심히 공부하여 제 꿈을 이루고 선배님들의 후배사랑 모교 사랑의 정신을 이어받아 오늘날 선배님들처럼 이 자리에 서서 후배들에게 꿈과 희망을 줄 수 있는 사람이 되도록 노력하겠습니다.

마지막으로 항상 공부보다는 독서를 강조하시고, 당장 눈앞의 성적보다는 책 읽는 습관을 중요시 하시는 교장선생님과 선생님들께 감사드리며, 앞으로 훌륭한 고성인, 자랑스러운 고중인이 되도록 하겠습니다.

다시 한 번 이 기회를 마련해 주신 선배님들께 고개 숙여 감사의 말씀 드리면서, 무더운 날씨에도 건강조심하시고 하시는 사업 번성하시길 바랍니다.

감사합니다.

2013년 7월 30일
김민식 올림

선배님, 감사합니다.

3학년 1반 김수영

존경하는 선배님!

무더운 8월입니다. 무더위 속에 몸 건강히 잘 계시는지요?

저는 선배님들이 주신 기회로 이번에 유럽여행을 무사히 다녀온 3학년 김수영 입니다.

먼저 저에게 이런 기회를 주시고, 인생에서 너무도 귀한 경험을 하게 해 주신 선배님들에게 감사의 말씀을 전합니다. 유럽여행을 하는 동안 그곳에서 많은 것을 느끼고 배우면서 제가 더욱 성장함을 느낄 수 있었습니다. 책 속에서 글로만 접했던 유럽의 많은 문화유산을 직접 눈으로 보고, 만지고, 느끼면서 제가 알고 있던 지식이 점점 단단해지는 느낌이 들었습니다.

그리고 바쁘고 힘든 여정 속에서 사람들과 어울리며 배려하며 즐겁게 여행하는 마음가짐도 조금씩 배울 수 있었습니다. 그러면서 제가 너무나 좁은 세계에 갇혀 편안하게만 있었다는 생각이 들면서 반성하기도 했습니다. 스스로 문화유적을 찾아다니며 배우는 동안 관심을 가지고 적극적으로 노력하지 않으면 아무것도 얻을 수가 없다는 생각이 들었습니다. 제가 노력한 만큼 얻을 수 있는 것이 공부만이 아니었습니다. 여행도 마찬가지였습니다. 그렇게 본다면 세상의 모든 것이 다 마찬가지 아닐까요? 스스로 목표를 세우고 노력한 사람만이 꿈을 이룰 수 있고 성장할 수 있다고 생각합니다.

이 모든 것이 선배님의 덕분입니다. 아무리 의지가 있어도 주변에서 지원해 주시는 분들이 안 계시면 그 만큼 꿈을 이루기 어려울 것입니다. 선배님들의 배려에 힘입어 저희가 이렇게 조금씩 발전하고 더불어 저희의 노력으로 또한 우리 학교가 발전할 수 있으리라 생각합니다.

앞으로도 고성중학교를 위해 노력하고 발전하는 학생이 되도록 노력하며, 선배님들이 보여주신 모교사랑, 후배사랑 정신을 이어받아 선배님들의 기대에 부흥하는 자랑스러운 학생이 되겠습니다.

다시 한 번 감사의 말씀 드리면서 더운 날씨에 건강하시길 빕니다. 감사합니다.

2031. 8. 1.
김수영 올림

선배님, 감사합니다.

3학년 2반 정창헌

존경하는 선배님들께.

저는 고성중학교 3학년에 재학 중인 정창헌이라고 합니다. 올해, 선배님들의 도움으로 일본 문화탐방을 건강하고 유익하게 잘 다녀왔습니다. 그래서 이렇게나마 선배님들께 저의 마음을 전해드리고 싶어 편지를 쓰게 되었습니다. 어설프지만, 아직은 어린 후배의 마음이라 여기시고 읽어주시면 감사하겠습니다.

지난 장학증서 전달식을 하던 날, 선배님들께서는 우리 한 명 한 명에게 증서를 수여하시고, 악수를 나누고, 안아주시면서 '이번에는 문화탐방 학생들을 잘생긴 순서대로 뽑았나?' 라고 하시면서 우리들의 기분을 한껏 들뜨게 만들어 주시기도 하셨습니다.

저는 그때, 여유 있게 웃으면서 저희들을 격려해주시는 선배님들의 느긋함까지도 존경스러웠고, 저도 이 다음에 저렇게 나이를 먹어가야겠다는 생각까지도 들었습니다. 뿐만 아니라, 선배님들 한 분 한 분께서 저희들에게 전해주시던 격려의 말씀들도 정말 진심이 담긴 따뜻한 마음의 메시지라고 여겨졌습니다.

선배님들의 격려 덕분으로 일본 여행은 정말 좋았습니다. 무덥다던 날씨도 우리가 갔을 때는 그저 시원해서 여행하기 너무 좋은 날씨였습니다. 그리고 역시 선진국답게 너무 깨끗하고 서비스가 좋은 나라였습니다.

이런 기회를 통해 세상에 대한 넓은 안목과 다양한 관점을 가지게 되어 더욱 뿌듯합니다. 저는 광고에 관심에 많습니다. 일본의 거리 곳곳을 누비면서 사진을 찍고, 앵글 속에 일본을 담으면서 추억도 새겨 넣었습니다.

내가 살고 있는 한국이 세상의 전부가 아니기에 언제든지 또 다른 세상으로 나갈 수 있는 가능성을 열어두기 위해 노력해야겠다는 생각도 했습니다. 문득, 생각이 납니다. 증서전달식을 하던 날, 선배님중의 한 분이 이런 말씀을 하셨습니다. '외국어는 필요할 때 얼마든지, 익힐 수 있다. 외국어를 익히기 위해서가 아니라, 안목을 넓히기 위해서 많은 경험을 하는 것이 정말 중요하다.' 는 말씀이 새삼스레 여겨졌습니다.

이제부터라도 내가 잘 났다는 생각은 버리고 아주 작은 존재라는 걸 알고 더 노력하고, 꿈을 좀 더 크게 가져야겠다는 생각을 했습니다. 좋은 추억을 남긴 여행 같아서 더 좋고, 항상 긍정적인 마인드를 가져야겠다는 마음도 가졌습니다. 재미있었던 만큼 아쉬움도 남는 여행이었습니다. 감사합니다. 항상 건강하십시오.

2013. 7. 30
선배님들의 자랑스런 후배가 되길 다짐하는 정창헌 올림.

동문회 역대임원을 소개합니다

初대(1981년)	회 장	김 윤 열(4회)		
2대~3대(82년~83년)	회 장	박 성 도(4회)		
4대(84년)	회 장	이 종 수(4회)		
5대~6대(85년~86년)	회 장	박 성 도(4회)		
7대~8대(87년~88년)	회 장	정 형 도(1회)		
9대~12대(89년~92년)	회 장	오 진 수(3회)		
13대~14대(93년~94년)	회 장	제 정 구(9회)		
15대~16대(95년~96년)	회 장	제 정 구(9회)		
	부회장	옥 치 규(12회)		
	사무국장	김 영 복(17회)	부회장	최 문 주(13회)
	총 무	김 재 중(23회)	사무차장	김 진 세(18회)
	감 사	문 승 찬(1회)	감 사	성 경 조(11회)
17대(97년~98년)	회 장	제 정 구(9회)		
	부회장	옥 치 규(12회)	부회장	최 문 주(13회)
	부회장	김 영 복(17회)		
	사무국장	김 영 만(18회)	사무차장	이 형 옥(19회)
18대(99년~2000년)	회 장	최 문 주(13회)		
	상임부회장	제 준 호(14회)	부회장	황 수 갑(16회)
	실무부회장	김 영 복(17회)		
	감 사	최 금 용(6회)	감 사	성 경 조(11회)
	사무국장	김 영 만(18회)	사무차장	강 성 기(19회)
	사무차장	이 형 옥(19회)	총 무	김 규 한(21회)
19대(2001년~2002년)	회 장	정 성(10회)		
	상임부회장	제 준 호(14회)	부회장	허 용 도(10회)
	실무부회장	김 영 복(17회)		
	감 사	성 경 조(11회)	감 사	김 형 기(13회)
	사무국장	김 영 만(18회)	사무차장	강 성 기(19회)
	사무차장	김 규 한(21회)	총 무	이 학 열(23회)
20대(2003년~2004년)	회 장	정 성(10회)		
	상임부회장	제 준 호(14회)	부회장	허 용 도(10회)

	실무부회장	김 영 복(17회)		
	감 사	성 경 조(11회)	감 사	김 형 기(13회)
	사무국장	김 영 만(18회)	사무차장	강 성 기(19회)
	사무차장	김 규 한(21회)	총 무	이 학 열(23회)
21대(2005년~2006년)	회 장	제 준 호(14회)		
22대(2007년~2008년)	상임부회장	조 정 립(15회)	부회장	정 종 수(13회)
	실무부회장	김 영 만(18회)	부회장	강 창 옥(21회)
	감 사성	경 조(11회)	감 사	김 종 환(19회)
	사무국장	강 성 기(19회)		
	사무차장	김 규 한(21회)	사무차장	이 학 열(23회)
23대(2009년~2010년)	회 장	정 종 수(13회)		
	부회장	천 강 우(16회)	부회장	최 윤 갑(17회)
	부회장	전 임 수(18회)		
	감 사	김 종 환(19회)	감 사	김 성 태(21회)
	사무국장	서 석 명(20회)	사무차장	김 진 율(24회)
	사무차장	전 영 재(22회)	사무차장	이 옥 근(25회)
24대(2011년~2012년)	회 장	천 강 우(16회)		
	부회장	박 수 안(17회)	부회장	김 종 환(19회)
	부회장	전 임 수(18회)		
	감 사	서 석 명(20회)	감 사	하 태 영(23회)
	사무국장	공 점 식(22회)	재무차장	김 진 율(24회)
	총무차장	전 영 재(22회)	홍보차장	이 옥 근(25회)
25대(2013년~	회 장	박 수 안(17회)		
	상임부회장	한 원 우(18회)		
	부회장	김 종 환(19회)	부회장	허 태 일(20회)
	부회장	백 승 재(14회)	부회장	남 을 한(20회)
	감 사	공 점 식(22회)	감 사	하 태 영(23회)
	사무국장	이 학 열(23회)	재무차장	김 진 율(24회)
	사무차장	정 연 두(26회)	홍보차장	이 옥 근(25회)

재경고성중학교동문회 연혁

본 회는 1990년 고성중학교총동문회 3년째 회장직을 맡아오던 오진수 회장님이 재경고성중학교동문회 발족의 필요성을 피력하여, 그해 10월 이금일(10회)동문과 강덕희(13회)동문이 주축이 되어 오진수(3회), 김상갑(6회), 신대도(6회), 이진상(7회), 구재운(8회), 최상갑(8회), 김선호(11회), 최창섭(12회), 강덕희(13회), 최정진(14회), 조정립(15회), 민원식(16회), 박수안(17회), 서정엽(18회), 허협(19회)동문께서 그 동안에 불특정하게 가져오던 모임을 구로공단의 모 식당에서 참석 발기하여 재경고성중학교 동문회를 발족하게 되었다.

특히 박수안동문은 전반적인 경비지출을 개인이 부담하여 동문회발족의 첫발을 내딛는데 힘을 실어주었다.

이후 약 6개월 후 1991년 김상갑(6회)동문을 초대회장으로 추대하여 비로소 회원 상호간의 친목도모와 모교발전 향상에 협조하고자 정식으로 在京固城中學校同門會를 발족하게 되었다.

初대 회장–김상갑(6회) 1991년 6월~1993년 7월(총무국장 : 조정립 15회)

2대 회장–이진상(7회) 1993년 7월~1995년 11월(총무국장 : 조정립 15회)

3대 회장–구재운(8회) 1995년 11월~1997년 7월(총무국장 : 최재규 16회)

4대 회장–故이성덕(9회) 1997년 7월~1999년 7월(총무국장 : 최재규 16회)

5대 회장–정성(10회) 1999년 7월~2001년 7월 3일(총무국장 : 윤동수 24회)

6대 회장–김선호(11회) 2001년 7월 4일~2002년 7월 7일(총무국장 : 박진광 23회)

7대 회장–김형복(12회) 2002년 7월 8일~2003년 7월 7일(총무국장 : 이종만 25회)

8대 회장–이근호(13회) 2003년 7월 8일~2004년 7월 5일(사무국장 : 이종만 25회)

9대 회장–심의표(14회) 2004년 7월 6일~2005년 9월 8일(사무국장 : 이종만 25회)

10대 회장–조정립(15회) 2005년 9월 9일~2006년 12월(사무국장 : 이종만 25회)

11대 회장-최재규(16회) 2007년 1월~2007년 12월(사무국장 : 이종만 25회)

12대 회장-최윤갑(17회) 2008년 1월~2008년 12월(사무국장 : 황문규 23회)

13대 회장-구성웅(19회) 2009년 1월~2009년 12월(사무국장 : 황문규 23회)

14대 회장-허태일(20회) 2010년 1월~2010년 12월(사무국장 : 강재환 29회)

15대 회장-이경복(21회) 2011년 1월~2011년 12월(사무국장 : 강재환 29회)

16대 회장-이강률(22회) 2012년 1월~2012년 12월(사무국장 : 최동림 32회)

17대 회장-박기석(23회) 2013년 1월~2013년 12월(사무국장 : 김삼석 31회)

▲ 아주까리 파종 [1966. 3. 21/유휴지 (교내)]

▲ 백일장 시상 전달식 [3B 최윤갑 (17회)]

▲ 봄소풍 [덕선리 (1971. 4. 22)]

▲ 미술부 시상 전달식 (1, 2, 3등 하종하, 이판세)

▲ 봉사활동 [하천제방보수 (1971. 8. 3)]

▲ 음악경연대회 (문화극장)

▲ 미술사생대회 (남산공원)

▲ 교련합동검열 대회

▲ 입장식광경 (군내 중학교 체육대회)

▲ 고중 배구선수

▲ 추계소풍 (씨름대회/1971. 10. 14)

▲ 높이뛰기의 순간

4회

4286년 고중4회 졸업 A반

4286년 고중4회 졸업 B반

4286년 고중4회 졸업 C반

4286년 고중4회 졸업 D반

4285年度 2-C 紀念 음악당앞

5회

▲ 단기 4286년 (서기 1953년) 11월 7일 삼산면 고중생

▶ 김태일 김성렬 최정택

허종오 ?

7회

▲3A반 단체사진

▲고칠회 모교 방문

▲고칠회 즐거운 오찬

▲3C반 단체사진

▲3D반 단체사진

▲고칠회 유적을 찾아서

10회

▲사진 뒤에서 두번째 줄 왼쪽에서 다섯번째가 최윤열입니다.

13회

▲수학여행

▲체육대회 본부

▶수업하는 모습(아이고 졸립다.)

▲3D반 수업광경

▲3B반 급우들의 모습

▲천년고도 서라벌을 찾어!

▲천년고도 서라벌을 찾어!

▲3A반

▲선도반 일동

▲수학여행(경주)

▲3D(담임 문재원 선생님)

▲옥천사 3E

▲학생회 간부 일동

▲체육대회

▲옥천사를 찾어!

17회

▲등교모습

▲3E반 수업광경(담임 이동철 선생님)

▲졸업앨범 편집위원

▲교문

21회

▲사진반

▲포부도 당당한 분열식

▲3B(담임 윤문석 선생님)

▲대의원회 광경

▲교내체육대회 준비체조

22회

▲8.15 광복절 경축식

▲날 좀 보이소야 (봄소풍)

▲김학렬 부총리기 쟁탈 고성군 중학교 대항 축구대회 광경

▲3B(담임 허남민 선생님)

▲교내 체육대회

▲봄소풍날의 스승과 제자

23

23회

▲23회 동창문집 I (2000년 5월)

▲23회 전동창 서울 나들이(창경궁 등/2010.6.13)

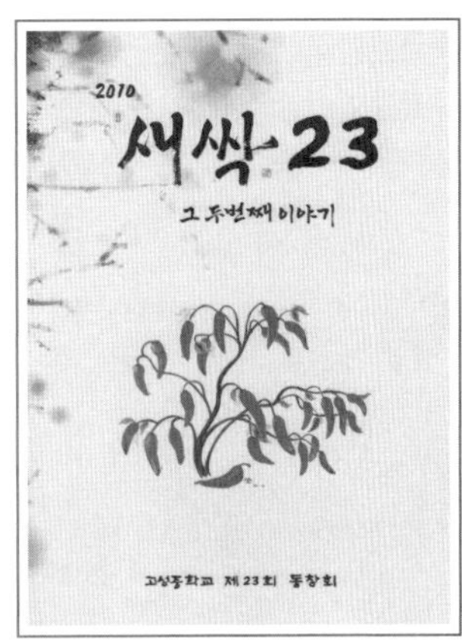

▲23회 동창문집 II (2010년 6월)

▲과학반 로케트 제작중

▲고 김학렬부총리배 축구대회 고중선수

▲3A(담임 이원식 선생님)

▲민주주의 시작, 전교 대의원회 모습

▲3학년 대의원 일동

▲72년 3월 여러분의 깨끗한 한표를(승공학생회선거)

24회

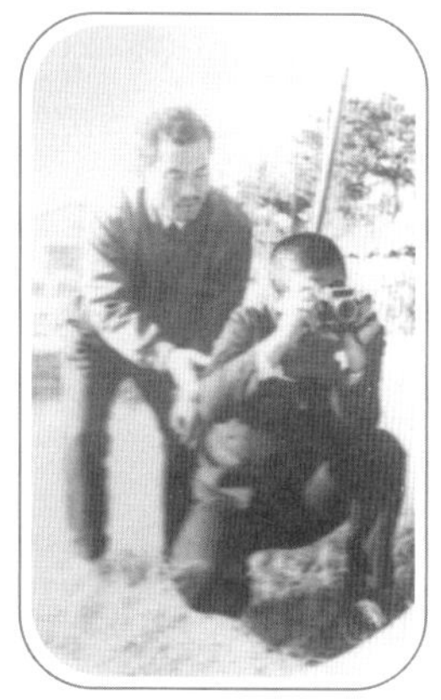

▲핀트를 맞추고 자! 찰칵

▲즐거운 야영

▲3D(담임 정영배 선생님)

▲이 삽을 높이 들라!

▲퇴비증산에 한몫을~

▲3B(담임 이상경 선생님)

▲3A(담임 진봉규 선생님)

30회

▲기적이 우네 3-1

▲에! 이번 주의 주훈은?

▲3-3, 빠사하다!

▲고중의 호랑이들

▲주산부, 장사 잘 하겠네

▲3-2(담임 이원식 선생님)

▲이겨야 산다-군내 초 · 중학교 체육대회

31회

▲3-4(담임 문승찬 선생님)

▲충과 효로 가득찬 우리

▲개교 30주년, 거리를 누빈 고중사나이들

▲선도부, 학교를 주름잡는 재단사

▲배구부, 우승의 기쁨

▲육상부, 고중을 빛낸 선수중의 선수

▲웅변부, 황금보기를 돌같이 하라

▲원예부, 꽃을 키우는 마음

32회

▲개교기념일

▲수학여행, 경복궁에서

중학시절 우리들의 꿈과 희망이 피어 영글던 그곳은?

사진으로 보는 고중사나이(해외문학탐방발대식)

▲제25대 동문회장 박수안

▲자랑스런 학생과 학부모

▲재경동문회장 / 동문회장 / 학교장
(박기석) (박수안) (이용훈)

▲공부 잘해 장학생 되는 것도 효도!

▲단체사진, 파이팅!

▲회기전달식

▲제17대 회장 박기석

▲접수대

▲행사전경

▲단체사진, 올해도 건강히!

2013년 가족동반 산행

▲관악산이네~

▲국기봉이라면 되겠네~

▲먹어야 산다~

▲가족과 함께 담소~

▲사당역 집결, 다왔는가베~

▲집행부 속초모임

▲고중사나이 편집위원 및 관계자 격려 성원(머치골)

▲「고중사나이」 발간추진 위원회 김선호 명예 회장님의 한 말씀

▲어~어~ 고성서 온 전어회네~(독산동 어느 식당)

▲ 2012년 2차 임원회의

2012년 총동문회 참석 및 가을여행

▲정자에서 한컷

▲단풍들었네~

▲지리산?

▲고성 갈모봉이네~

▲여기가 어디야? 좋네~

2012년 재경 동문, 가족 한마당 체육대회

▲경품이 잘 안보이네~

▲몇 개나?

▲웃기는~

▲뭐든 잘 돌리면 상준다~

▲개회식(마음은 경품에~)

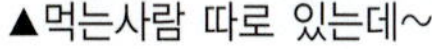

▲먹는사람 따로 있는데~

▲호흡이 맞아야지~

▲젖먹던 힘을 다해~

▲우리가 이겼다!

▲동문문집 「固中사나이」원고 청탁 광고(고성 미래신문 2013. 5)

▲동문문집 「固中사나이」원고 청탁 광고(고성신문 2013. 5)

▲남양주 '머치골 장어'에서 장어 먹고, 힘 좋은 「固中사나이」를 受胎(수태)하였다

동문문집『固中사나이』발간에 도움주신 분들

(단위:천원)

기수	성명	휴대전화	상 호 등	금액	기별소계	비고
4	황민준	010-9961-3261	재고 부산대학교 동문회 일동	100	100	
11	김선호	011-9777-2348	(주)일진스포츠 회장	1,000	1,000	광고
12	최판진	011-553-6113	고성농업협동조합장	500	500	광고
13	강덕희	010-4355-7754	고성신문사 사장	500	500	광고
16	강부래	016-859-3696		100	100	
17	동창일동			3,000	5,500	
	박수안	010-7158-8761	㈜한국 OGK 회장	2,000		광고
	박인목	010-3576-1626	세무법인 정담 회장	500		광고
18	동창일동		고성지역	300	2,400	
	박재식	010-4593-6008		200		
	백용기	010-9037-1622		100		
	이도원	010-5369-4133		100		
	이상혁	011-843-2005		200		
	이종석	010-3868-3854		200		
	차정대	010-9459-4872		100		
	한경우	011-593-3377		200		
	한원우	010-3571-1670		1,000		
19	김종환	010-6760-4000	㈜금강종합건설 대표이사	500	800	광고
	유종관	010-8441-1513		300		
20	허태일	010-9192-0808	태흥컨테이너㈜ 대표이사	500	500	광고
21	김춘모	011-258-5755		300	300	
22	동창일동			1,000	2,000	
	배성열	010-9630-2800	배성열 법무사 사무소	500		광고
	최규범	011-622-5039	고성축산업협동조합장	500		광고
23	동창일동			2,000	4,300	
	김종만	011-359-8825	국제통신공업 대표	500		광고
	박기석	010-9655-2011	세무법인 우주 대표세무사	500		광고
	박인기	011-9525-4129		200		
	이상성	010-3884-9001		100		
	이승운	011-9522-6768		300		
	이희수	011-840-7343		100		
	정종성	010-4901-9275		100		
	조규범	011-9519-5132		100		
	조민호	010-9610-0547		200		
	조영규	010-3863-4997		200		
24	동창일동			500	500	
28	이옥철	010-7793-0088	대우부동산 대표	300	300	광고
합 계					18,800	

특기: 동문문집『固中사나이』편집자와 관계자들의 노고를 격려하고, 순조로운 편집 교정 작업을 성원하는 뜻깊은 단합회식 자리를 두 차례에 걸쳐『固中사나이』발간추진위원회 김선호 명예회장이 비용을 부담하여 베풀어 주었다.

1 차: 2013년 7월 13일(토) 15시 남양주 소재 머치골(장어)매운탕
11회 김선호 명예회장, 5회 이연찬 고문, 7회 서병진, 편집고문 9회 백필기 동문
14회 심의표 재경고성향우회장 등 동문 약 30명 참석

2 차: 2013년 9월 12일(목) 19시 서울 독산동 한적한 어느식당
고성에서 당일 직접 공수해 온 해물, 전어회 오징어데침 꽃게탕 등등으로...
11회 김선호 명예회장, 3회 오진수 고문, 6회 신대도, 고문 7회 서병진, 편집고문 고성중학교 총동문회 박수안 회장, 재경고성중학교동문회 박기석 회장을 비롯한 동문 약 30여명 참석

편집후기

삼십여 차례의 모임 끝에 드디어 『固中사나이』라는 꽃 한 송이를 피우게 되었다.

언제부터였을까?

매번 모임이 설렘과 긴장의 연속이었으며, 창간호가 나오기까지 수고하신 여러 선후배님의 따스하다 못해 뜨거운 심장소리가 아직도 가슴에 잔잔히 전해오는 것 같다.

'모든 끝은 시작이다' 라고 했던가요?

아쉬움을 뒤로하고 두 번째 이야기를 설레는 마음으로 기다려본다.

찬란했던 지난여름에 수확한 보석들을 펼쳐놓고 떨리는 손길로 조각을 맞추다가 문득 감꽃을 볏짚에 꿰어먹던 어린 시절의 추억을 떠올려본다. 수십 년을 거슬러 소리 없이 찾아온 잔잔한 미소는 어느새 큰 감동으로 다가와 눈앞의 현실이 되었다.

재치와 감동이 있는『固中사나이』 동문문집!

나의 작은 설렘과 바람으로 시작된 『固中사나이』의 태동은 쉽지는 않았다. 긴긴 여름은 끝이 나지 않을듯하였으나 어느새 10월이 성큼 문 앞에 다가와 있다. 원고를 끝내야 한다는 중압감에 눌리기도 했으나, 마침표를 찍고 다시 읽어보는 그 느낌은 이루 말할 수 없이 뿌듯했다.

진정으로 최선을 다해 노력하면 이루지 못할 것이 없다던 옛 선현들의 말이 그른가? 나는 헛된 꿈을 꾸었단 말인가? 수없이 많은 날을 자문자답해 봐도 자신의 무능을 자책할 수밖에 없어 고통스러웠으며, 겁 없이 덤빈 무모함에 벌어진 입을 다물지 못해 황당해하기까지 했습니다. 그러나 멈출 수만은 없었습니다. 오직 하나, 『固中사나이』이기 때문이었습니다. 능력이 부치기에 부지런함으로 힘이 부치기에 끈기로 버티었습니다.

지난겨울부터 오늘 이 가을까지 시간의 흐름에 따른 당연한 결실인가 하여 마음이 무겁습니다. 이는 아마도『固中사나이』들의 드높은 명예에 조금의 흠결이라도 생기면 어쩌나 하는 두려움 때문입니다.

부족하고 잘못된 것에 대하여는 존경하는 동문선후배님들의 넓으신 아량으로 용서해 주시기 바랍니다. 새삼 『固中사나이』의 자랑스러움에 대한 저의 소회(所懷)를 이렇게 고백합니다.

고 : 고자미동국에는 인물들이 많다지만
중 : 중추적 인물들은 대부분 『固中』 일세
사 : 사람들 모두 그렇다 동감하니
나 : 나도 자연스레 인물이 되었는가?
이 : 이러한 행운과 영광은 우리들 것이니, 우리들이 더 잘 가꾸어나갑시다!

그간 저와 고락을 같이했던 강재환 편집부위원장과 김삼석 이찬수 편집위원에게 깊은 감사를 전하여 과정 속에 서운함이 있었다면 양해를 구합니다. 또한 동문문집 『固中사나이』 발간 추진위원회 박수안 추진위원장, 김선호 명예추진위원장, 서병진 편집고문께 지면을 빌려 그간의 지도와 편달 그리고 끝없는 신뢰와 격려에 대하여 깊이 감사드립니다. 동문문집 발간에 도움주신 모든 분들을 일일이 거명하여 감사드리지 못함을 용서해 주시기 바랍니다. 끝으로 서툴러 부족함이 있지만 우리들 모두의 노력에 의한 결실의 알곡 한 섬 『固中사나이』를 이 좋은 결실의 가을날에 동문여러분께 헌서(獻書)합니다.

감사합니다.

2013년 10월 12일 새벽 4시

편집위원	김삼석
편집위원	이찬수
편집부위원장	강재환
편집위원장	박진광